南南合作可再生能源技术转移模式探索

科学技术部　中国 21 世纪议程管理中心　编著
　　　　　　技术转移南南合作中心

科学出版社
北　京

内 容 简 介

21世纪以来，南南合作迈入新的发展阶段，通过技术转移建立的南南合作新模式应运而生。如今，广大发展中国家既要满足本国快速增长的能源需求，又要应对诸多全球性问题以实现可持续发展。本书从南南合作可再生能源技术转移模式探索的角度，对相关理论和实践进行了分析和探讨，系统梳理了可再生能源领域南南合作概况，并选取中国在生物质能、太阳能、小水电技术领域开展的南南合作实践案例，对相关技术转移经验进行了总结，为今后进一步开展可再生能源技术转移南南合作提出针对性建议。

本书可供气候变化和可持续发展领域从事南南合作技术转移相关研究与工作的学者、科研管理人员参考。

图书在版编目(CIP)数据

南南合作可再生能源技术转移模式探索 / 科学技术部中国21世纪议程管理中心，技术转移南南合作中心编著 . —北京：科学出版社，2020.6

ISBN 978-7-03-064722-1

I. ①南… II. ①科… ②技… III. ①再生能源–能源发展–技术转移–南南合作–研究 IV. ①F114.43 ②F416.2

中国版本图书馆 CIP 数据核字（2020）第 050336 号

责任编辑：王　倩 / 责任校对：樊雅琼
责任印制：张　伟 / 封面设计：无极书装

科学出版社 出版
北京东黄城根北街16号
邮政编码：100717
http://www.sciencep.com

北京建宏印刷有限公司 印刷
科学出版社发行　各地新华书店经销

*

2020年6月第 一 版　　开本：787×1092　1/16
2020年6月第一次印刷　印张：20
字数：490 000

定价：228.00元
（如有印装质量问题，我社负责调换）

本书编写委员会

主　　　编：黄　晶

副 主 　编：陈其针

执行副主编：仲　平　张　贤

编　　　委：李桂君　董仁杰　黄　燕　王　宇　王卫权　李玉龙
　　　　　　樊静丽　刘骊光　周宇光　董国锋　王　兵　贾　莉
　　　　　　刘笑宇　易冰星　刘家琰　夏玉辉　张　璐　付　延
　　　　　　史明威

本书各篇领衔作者

第一篇领衔作者：张　贤　刘笑宇

第二篇领衔作者：樊静丽　王卫权

第三篇领衔作者：李桂君　李玉龙

第四篇领衔作者：陈其针　刘骊光

第五篇领衔作者：黄　燕　董国锋

第六篇领衔作者：董仁杰　周宇光

第七篇领衔作者：仲　平　易冰星

序

南南合作兴起于 20 世纪 50 年代，经过几十年的发展，发展中国家间已初步形成了多领域、深层次的合作关系。进入 21 世纪以来，南南合作进入了新的发展阶段，全球治理环境的变化促成了南南合作技术转移新模式。随着气候变化逐渐成为国际社会讨论的焦点问题，人们开始认识到由全球变暖造成的自然灾害将在今后数年内导致某些地区人口大规模迁移、能源短缺及经济和政治动荡等严重后果。加强应对气候变化领域的南南合作，特别是"超越援助"的可再生能源技术转移南南合作，不仅能够在一定程度上帮助广大发展中国家避免走以牺牲环境为代价的发展道路，而且对于构建全球绿色、安全、可持续的能源系统具有重要意义。

在发展中国家参与全球治理和应对气候变化的过程中，各国的能源需求也在逐渐提升。可再生能源具有天然、清洁和自我再生的特性，成为许多国家破解能源困局，推进经济发展的关键领域。近年来，对于发展中国家开展的可再生能源领域的援助不断提速，但由于各国的经济和社会发展水平不尽相同，传统的可再生能源直接援助往往不能满足合作国切实的需求，导致有关产品和技术与当地发展现状不匹配。为消除壁垒，发展中国家与发达国家均展开了积极的探索，取得了一定成效。但由于大多数发展中国家的可再生能源产业起步较晚，从合作效果来看，仍然与建立全面共赢合作关系的目标存在很大差距，在战略融合、供需对接等多方面深化可再生能源南南合作的空间极大。

中国的可再生能源产业在近几十年内取得了长足进步，各类可再生能源发电装机容量居于世界前列，形成了较为完备的市场和政策支撑体系。中国在促进可再生能源发展的政策举措、科技与产业发展部署，以及吸收国际先进技术等方面所取得的经验，为其他发展中国家推动可再生能源技术和产业发展提供了借鉴和参考依据。在南南合作及"一带一路"倡议等框架支持下，中国在可再生能源技术转移南南合作领域发挥着日益重要的作用，积累了丰富的经验。在推动科技创新南南合作深入发展，共同提升国际合作和应对气候变化能力的过程中，中国不断探索可再生能源技术转移合作模式，与部分发达国家和发展中国家携手树立了技术转移南南合作品牌。

该书从开展新型南南合作探索与实践的角度出发，对可再生能源领域南南合作有关理论和应用进行了分析和探讨，梳理了中国和其他典型南方国家可再生能源发展现状，对南方国家间普遍存在的能源贫困问题进行了系统论述。通过对生物质能、太阳能及小水电等领域开展的可再生能源技术转移案例分析，归纳了中国可再生能源技术转移南南合作实践经验，并就合作实施过程中形成的长效机制进行了阐述。此外，该书还对南南三角合作过程与合作国家间开展政策的互联互通、供需调研等特色举措进行了探讨，希望能够对今后开展技术转移南南合作有所启发。

该书是多位从事可再生能源技术转移工作及相关行业专家集体智慧的结晶。分享中国在开展南南合作可再生能源技术转移工作中的探索与实践经验，有助于合作国家充分了解中国在可再生能源领域国际合作的能力、态度、经验和方法，也有助于可再生能源领域学者、科研管理者和企业决策人员了解南南合作可再生能源技术转移的发展趋势，为进一步推动共赢的创新型南南合作增添动力。

2020 年 5 月

前　言

在当前全球治理体系和国际秩序变革加快，各国间的相互联系和依存日益加深的新形势下，面对气候变化、经济社会发展不平衡、经济增长动能不足等诸多可持续发展难题，更多发达国家与发展中国家选择携手担当，同舟共济应对挑战。2015年9月，超过150位国家领导人在联合国可持续发展首脑会议上通过2030年可持续发展议程，其中确立了17项关乎人类命运的可持续发展目标。在《巴黎协定》通过后，各国在节能减排、绿色可持续发展方面的责任更加明确，越来越多南方国家对于构建绿色可持续的能源经济系统的需求进一步加深。因此，开展符合发展中国家国情的低碳领域的科技合作，已经逐渐成为推动南方各国实现可持续发展的重要途径，同时也是全球共同实现可持续发展目标的有效手段。

国际能源署（IEA）2017年发布的《能源技术展望》表明，为实现本世纪末将全球温升控制在2℃的目标，意味着全球需减少累计二氧化碳排放约760Gt。该目标的实现归根到底要依靠一系列低碳技术的推广应用，如可再生能源技术，碳捕集、利用与封存（CCUS）技术等。低碳技术转移和区域合作一直是气候变化谈判的焦点。《联合国气候变化框架公约》将应对气候变化技术，特别是低碳技术转移作为其长期优先发展事项，敦促发达国家主动向发展中国家进行低碳技术转移。据统计，全球约76%的技术转移在经济合作与发展（OECD）国家之间进行，而南北技术转移只占不到4%。南北合作低碳技术转移一直难以形成规模，其主要原因在于：技术专利费用昂贵，技术转移门槛太高；维护成本费用高，发展中国家难以负担；技术本身过于先进，不适应技术发展中国家国情；发展中国家技术接纳能力欠缺，造成技术落地困难。

中国的可再生能源发展在近20年取得了举世瞩目的成就，在加强南北低碳技术合作的同时，中国尤其重视南南合作，并作为北南南合作的链接点，积极加大投入，开展了大量理论研究与实践探索。以科学技术部与联合国开发计划署共同发起的中国-加纳/赞比亚可再生能源技术转移项目为例，2014年，中国、丹麦、赞比亚、加纳达成协议，同意由发达国家（丹麦）出资，支持中国和加纳、赞比亚开展低碳适用技术示范和经验分享，兼顾装备产品等技术示范和可再生能源技术转移软环境的打造，切实提升发展中国家应对气候变化和南南合作能力。该项目获得了国内各部门的一致好评和联合国前秘书长潘基文的高度认可和专门题词，作为科技与工业领域南南合作的典范参加了第二次联合国南南合作高级别会议同期举办的"中国与联合国南南合作 40 周年成果展",并成功入选联合国"南南合作与三角合作优秀实践",获得国家领导人高度评价。2019 年,技术转移南南合作中心正式成立,为中国积极落实 2030 年可持续发展议程,分享可持续发展经验和解决方案,配合"一带一路"等重大战略落地实施补充了有力的交流合作平台。

本书首先回顾了南南合作的兴起历程,系统研究了南南合作各阶段的特点,并引申出新形势下开展可再生能源领域南南合作的重要意义,阐述了中国在通过可再生能源南南合作落实联合国 2030 年可持续发展议程中发挥的作用。其次,梳理了南方国家经济社会发展现状和可再生能源技术需求,并针对其发展状况识别了适宜在当地推广的可再生能源技术。随后阐述了中国可再生能源产业体系建设的行动经验与启示,针对南南合作可再生能源项目的融资问题给出了解决方案和途径。针对中国近年来实施的可再生能源技术转移务实合作,本书选取生物质能、太阳能、小水电三项典型可再生能源技术转移的案例展开了说明,呈现了以往开展项目的实施方法经验总结。此外,本书还围绕南南三角合作政策互联、供需对接、软环境构建及能力建设等合作模式进行了探讨。最后,对可再生能源技术转移南南合作的挑战和机遇进行了分析论述,并提出具有针对性的建议。

本书由中国 21 世纪议程管理中心、技术转移南南合作中心、国际小水电中心、清华大学、中国矿业大学(北京)、中央财经大学、中国农业大学和中国能源研究会可再生能源专业委员会的研究人员合作完成。感谢中国矿业大学(北京)封晓伟、于鹏伟对本书统稿、编辑等极为细致的工作付出大量时间和精力,感谢联合国开发计划署白雅婷(Beate Trankmann)、文霭洁(Agi Veres)、戴文德(Devanand Ramiah)、库努森(Niles Knudsen)、徐天诺(Tina Stoum)、毕默林(Peter Morling)、Benjamin Moore、赵雅婷,及北京师范大学张九天研究员在项目推进中予以的大力支持。

开发利用可再生能源对于发展中国家具有重要意义。一方面,在经济快速增长的背景下,可再生能源供应与能源效率提升共同缓解了持续上升的能源需求压力;另一方面,发展可再生能源有助于发展中国家优化能源结构,促进能源系统低碳转型,从而加强发展中国家应对气候变化和促进可持续发展的能力建设。

由于可再生能源技术转移南南合作是一项复杂的系统性工作,编者在整理归纳过程中难免存在一定的疏漏、偏颇之处,敬请专家及同行学者批评指正。

编者
2020 年 5 月

目　　录

第一篇　概　　述

第1章　南南合作与可再生能源 3
  1.1　南南合作发展历程 3
  1.2　可再生能源技术南南合作的重要性 6
  1.3　本书理论体系与逻辑框架 9

第2章　可持续发展目标与中国可再生能源技术转移 13
  2.1　2030年可持续发展议程下的中国南南合作 13
  2.2　中国在可再生能源南南合作领域的成果贡献 19

第二篇　现状与需求

第3章　南方国家经济社会与能源发展现状 27
  3.1　南方国家经济社会发展总体特征 27
  3.2　典型南方国家经济与能源发展状况 34
  3.3　典型南方国家可再生能源发展状况 56

第4章　南方国家可再生能源技术需求 66
  4.1　南方国家能源贫困问题和可再生能源潜力 66
  4.2　可再生能源种类及对应技术 68
  4.3　南方国家可再生能源技术需求 71
  4.4　可再生能源技术需求影响因素 75

第三篇　中国举措

第5章　中国可再生能源发展部署 81
  5.1　中国可再生能源发展必要性与驱动力 81
  5.2　中国可再生能源发展顶层规划 85
  5.3　中国可再生能源发展路径 92

第6章　中国可再生能源发展现状与相对优势 100
  6.1　中国可再生能源发展总体状况 100
  6.2　中国可再生能源技术发展现状 110
  6.3　中国可再生能源发展相对优势 121

第7章 中国可再生能源发展政策支撑体系 ... 127
- 7.1 中国可再生能源政策法规 ... 127
- 7.2 中国可再生能源配额制度 ... 136
- 7.3 中国可再生能源激励机制 ... 144

第四篇 经验与启示

第8章 可再生能源技术转移的国际经验 ... 151
- 8.1 国际可再生能源技术转移途径 ... 151
- 8.2 发达国家可再生能源技术转移经验 ... 153
- 8.3 国际组织可再生能源技术转移经验 ... 159

第9章 可再生能源技术转移的中国经验 ... 166
- 9.1 贯彻政策方向，促进推广应用 ... 166
- 9.2 引进国外技术，借鉴国际经验 ... 168
- 9.3 密切结合民生，重视市场培育 ... 170
- 9.4 注重消化吸收，鼓励自主创新 ... 171
- 9.5 完善技术标准，规范产业行为 ... 173
- 9.6 强化能力建设，激发企业活力 ... 174

第10章 南南合作可再生能源项目融资机制 ... 175
- 10.1 南南合作可再生能源项目融资概况 ... 175
- 10.2 可再生能源技术发展融资模式分析 ... 178
- 10.3 南南合作可再生能源项目融资问题 ... 179
- 10.4 南南合作可再生能源项目成本效益分析 ... 184
- 10.5 BOT融资模式分析 ... 190

第五篇 典型案例

第11章 南南合作生物质能技术转移 ... 197
- 11.1 中国生物质能技术转移现状 ... 197
- 11.2 案例分析：中国援突尼斯沼气发电示范项目 ... 202
- 11.3 案例分析：中缅、中蒙清洁炉具技术转移项目 ... 206
- 11.4 经验总结 ... 208

第12章 南南合作太阳能技术转移 ... 212
- 12.1 中国光伏发电技术转移现状 ... 212
- 12.2 案例分析：阿特斯-巴西合资项目 ... 215
- 12.3 案例分析：云南能工环境资源股份有限公司援泰国项目 ... 217
- 12.4 经验总结 ... 219

第13章 南南合作小水电技术转移 ... 223
- 13.1 中国小水电技术转移可行性分析 ... 223

  13.2 案例分析：中国-赞比亚小水电技术转移项目 ········· 225
  13.3 案例分析：中国-加纳小水电技术转移项目 ············ 230
  13.4 经验总结 ··· 232

第六篇　合 作 探 索

第 14 章　南南合作可再生能源政策互联互通实践 ············ 239
  14.1 中国-加纳可再生能源技术转移项目背景 ············ 239
  14.2 建立中国-加纳可再生能源技术转移长效机制 ······· 240
  14.3 强化顶层设计：《加纳可再生能源发展规划（2018—2030）》 ····· 242
  14.4 出台行动方案：《中国-加纳可再生能源技术转移路线图》 ····· 248

第 15 章　南南合作可再生能源技术转移机制 ················· 255
  15.1 南南合作可再生能源技术转移原则 ··················· 255
  15.2 南南合作可再生能源技术转移模式 ··················· 256
  15.3 技术征集成果与实践 ································· 260
  15.4 可再生能源技术转移对接会机制 ····················· 270

第 16 章　构建南南合作可再生能源技术转移软环境 ········· 274
  16.1 构建软环境必要性 ···································· 274
  16.2 构建南南合作软环境 ································· 275
  16.3 软环境构建成果 ······································ 283

第七篇　未 来 展 望

第 17 章　南南合作可再生能源技术转移新前景 ··············· 287
  17.1 南南合作可再生能源技术转移新挑战 ················ 287
  17.2 南南合作可再生技术转移新机遇 ····················· 293
  17.3 南南合作可再生能源技术转移新启示 ················ 295

参考文献 ··· 301

第一篇

概　　述

第1章 南南合作与可再生能源

首席作者： 刘笑宇　易冰星
贡献作者： 王兵　王家兴　史明威　赵雪婷

当前，全球治理体系和国际秩序变革加快，各国间的相互联系和依存程度日益加深。在经济全球化的浪潮下，以国际规则为核心的"再全球化"趋势日益凸显。一方面，发达国家仍然是国际秩序的制定者，部分发展中国家在当前秩序下面临着产业结构失衡、经济增速放缓、外需锐减、资本外流等困境；另一方面，各国也正面临着气候变化带来的共同挑战，特别是2015年《巴黎协定》明确了各国在节能减排、实现可持续发展方面的责任后，越来越多的南方国家对于构建绿色可持续能源经济系统的需求进一步加深。深化发展中国家在应对气候变化的战略和政策、低碳可持续的经济发展道路建设、绿色技术的联合开发、技术转移与应用等领域的交流合作，逐渐成为推动南方各国实现可持续发展的重要途径。

1.1　南南合作发展历程

南南合作泛指两个或多个发展中国家通过交流知识、资源和技术专长以及开展区域间的合作行动（如建立由各国政府、区域组织、民间社会、学术界和私营部门参加的伙伴关系），从而实现集体发展的过程。因为大部分发展中国家处于南半球和北半球的南部，所以这一合作形式被称为南南合作。南南合作以政治互信、不附加政治条件为前提，以互利共赢、技术和经济合作为主线，坚持平等互利、共同发展，得到联合国大力倡导和推动（李贺和徐玉波，2016）。南南合作既是发展中国家自力更生、谋求进步的重要渠道，也是确保发展中国家融入和参与全球治理的有效手段。传统西方学者认为，南南合作是地方性的，处于无关紧要的位置，然而经过多年的发展，南南合作逐渐成为新兴南方地区和其他合作伙伴发展的重要引擎（南南合作金融中心，2017）。

1.1.1　不结盟运动促进南南合作的提出

20世纪50年代，针对东西方两大军事力量对抗殃及广大中小国家的情况，发展中国家自发开展了不结盟运动。其奉行独立自主和非集团宗旨，是发展中国家走向联合自强的新开端。

不结盟运动倡导南南合作的思想最早可以追溯到1955年4月18~24日于印度尼西亚

万隆举行的亚非会议（简称万隆会议）。这是亚非国家领导人的首次峰会，也是有史以来第一次没有欧美发达国家出席的国际会议。在求同存异精神的指导下，万隆会议通过了《亚非会议最后公报》，鼓励与会国在互利和互相尊重国家主权的基础上开展经济合作，并为开展区域经济合作提出了许多建议和措施。万隆会议首次提出了在亚非两洲间开展经济合作的构想，并确定在南南合作中实行"磋商"原则，促进了亚非国家中原料生产国和输出国组织的建立（耿殿忠，1995）。因此，万隆会议被世界广泛认为是南南合作的开端。在此之后，发展中国家之间开始在一些重要领域展开合作，如开展技术合作、开办合资企业、设立区域银行和保险机构、开展信息文化交流以及集体行动稳定商品价格等（高志平，2011）。

20世纪60年代，发展中国家就推动经济领域的合作进一步达成共识。1961年9月，在贝尔格莱德举行的第一次不结盟国家首脑会议上，与会首脑强调了在发展中国家之间开展经济合作的必要性和重要性，呼吁发展中国家进行经济合作交流。值得注意的是，此次会议鼓励发展中国家展开经济合作更多的是出于政治考虑，即为了"对付经济领域中的压力政策"，有别于经济上以互利共赢为目标的交流合作。

南南合作和不结盟运动的发展诉求，就联合国多边政策协调机制建设而言，于1964年取得了重大进展（查道炯，2018）。在为期约三个月（1964年3月23日~6月16日）的第一届联合国贸易和发展会议上，因与发达国家在一些重大问题上出现尖锐分歧，77个发展中国家或地区联合发表了《77国联合宣言》，呼吁建立新的、公平的国际政治和经济秩序，并组成77国集团，积极推动南南合作和南北对话进程，提升发展中国家在联合国框架下全球重大问题谈判的话语权，为发展中国家联合自强、维护主权领土完整、支持成员国独立发展发挥了重要作用。同年10月，第二次不结盟国家首脑会议在开罗召开，进一步强调了发展中国家应通过合作调整国际经济体系，主要体现在两个方面：一是创立全球层面的新经济结构；二是不断增强发展中国家之间的经济合作（Banerjee，1985）。

综上所述，20世纪五六十年代兴起的不结盟运动希望通过开展发展中国家合作表达和平发展的政治诉求，倡导积极开展经济合作，促进国际经济体系的变革，推动了南南合作概念的提出和发展。

1.1.2 南南合作在曲折中发展

20世纪80年代，石油、矿产等大宗商品价格上调导致国际贸易环境持续恶化，南南合作面临发展困境。出口市场份额占比较高的南方国家以大宗商品为武器，在国际竞争和谈判中占据优势，而依赖初级商品作为工业化、城镇化发展原材料的南方国家则在持续动荡中承受着初级商品贸易带来的损失，南南合作阵营内部的经济利益冲突逐渐显露。同时，发达国家开始对南方国家的要求持强硬立场，南北对话陷入僵局。

在此背景下，南方国家积极推进南南合作机制的建设。1983年4月4~7日，26个国家参加了在北京召开的南南会议，就发展中国家制定社会经济发展战略、打破南北对话僵局、推进南南合作等问题进行了探讨。1986年，在第八次不结盟国家首脑会议上宣布成立南方委员会,旨在寻找发展中国家经济问题的解决办法,帮助发展中国家减少对发达国家的依赖。

20世纪90年代,77国集团等南方国家组织开始重新活跃。1995年7月,在南方委员会的基础上,一个新的发展中国家政府间国际组织——南方中心正式成立,总部设在日内瓦。南方中心旨在促进南南团结,推动南北国家在平等的基础上增进理解、加强合作。尽管如此,由于南方国家技术水平普遍较低,工业基础薄弱,市场经济体系不够完善,这一时期的经济贸易合作往往以简单的公共设施援助和资金贷款(或赠款)为主。虽然这类合作为改善部分南方国家的社会和经济状况做出了贡献,但未从根本上改变南方国家的产业技术结构和不利国际贸易地位(申文和季宇,2016)。南南合作缺乏新活力的现实使其仅成为众多政治和经济事务的备选方案之一,在全球治理进程中的作用也随之降低。

1.1.3 新时期南南合作面临新形势

进入21世纪以来,南方国家的经济实力开始迅速增强。南方国家开始成为世界经济增长的主要贡献者,对世界经济增长的贡献率逐年提高,并长期维持在60%以上;南方国家经济与贸易规模占世界总体规模的比例不断提高,由2006年的25.99%增至2016年的38.69%(周文和冯文韬,2018)。

随着经济实力的增强,南方国家间的合作已经由早期的国家间援助、追求实现政治和经济独立,逐渐转变为经济发展合作,并且在实现联合国2030年可持续发展议程目标和推动新型全球化体系构建过程中发挥着越来越重要的作用。2017年世界对外直接投资总额由2016年的1.87万亿美元降至1.43万亿美元,减少了23.5%,主要原因在于发达经济体的对外直接投资减少;发展中经济体的对外直接投资始终呈现上升趋势,2017年其对外直接投资与发达国家基本持平(图1-1)。

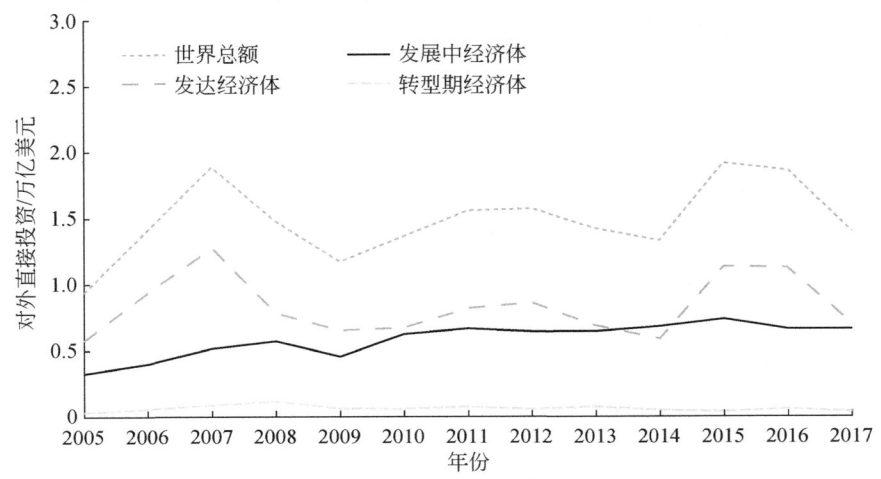

图1-1 2005~2017年按全球和经济体类别分列的对外直接投资

资料来源:联合国贸易和发展会议(United Nations Conference on Trade and Development,UNCTAD)的《世界投资报告》

发展中国家的经济差异化发展为南南合作取得突破提供了可能。近年来，部分南方国家经济取得长足发展，积累了不同于西方发达国家经济发展的、新的成功经验，改变了南南合作的一般方式，为引领南南合作创造了基础（周文和冯文韬，2018）。然而，不同国家的历史因素、社会制度、文化背景对新兴经济体合作有效开展的影响不容忽视。在全球化的今天，大多数走上市场经济道路的南方国家都处在全球性的经济链上，各国都在全球性市场上寻求与其互补的发展要素。以金砖国家为例，当前中国拥有巨大的市场潜力、庞大的外汇储备、健全的产业体系等发展优势，但也存在能源与原材料供应不足、人口红利逐步丧失等发展劣势；印度拥有国际领先的软件外包产业、潜在的庞大劳动力市场等发展优势，但也存在基础设施不足、社会改革停滞等发展劣势；俄罗斯拥有大宗能源、原材料物资，但缺乏足够的资金；巴西拥有农牧业优势和大量的自然资源，南非拥有先进的采矿业和优势性的地缘位置，但其市场相对狭小。这些国家在发展要素上的差异形成了比较优势，具备了互补可能，因此，与南北合作相比，南南合作带来了更高的成本效益。在技术合作及经济合作之后，南方国家间的合作开始逐步拓展到贸易、金融等多个领域，逐渐形成了"全方位、多层次、宽领域"的合作机制。

中国积极推动南南合作新模式，主张"授人以渔"的合作方式，通过经验交流和知识共享，加强欠发达国家能力建设，为新时期南南合作注入新活力。在联合国框架下，中国与其他发展中国家的可持续发展合作取得了良好的成效，其中中国政府与联合国开发计划署（United Nations Development Programme，UNDP）始终保持着广泛的合作关系，例如，由中华人民共和国商务部、马拉维灾害管理事务部、UNDP 共同开展的中国–马拉维–UNDP 灾害风险管理三方合作项目中，中国为马拉维易受灾害影响的区域（共 15 个）提供了灾害风险管理支持，并在当地成立了民防委员会，提高了马拉维建设抵御自然灾害基础设施和住所的能力；由 UNDP 发起的中国–赞比亚/中国–加纳可再生能源技术转移合作项目，致力于消除中赞、中加可再生能源技术转移过程中存在的政策和市场等多方面的壁垒，为赞比亚和加纳提供适宜当地发展的可再生能源技术，以经验共享的形式促进其能源转型，保证两国能源的可持续供应，为两国带来可持续的能源应，并为两国消除贫困、提高应对气候变化能力做出贡献；中亚地区综合减防灾与适应气候变化项目致力于帮助中亚各国减少灾害风险，提高应对气候变化和自然灾害的能力，为当地科研人员提供技术培训，并建立生态环境与资源数据共享服务平台，促进资源共享和能力建设。

进入 21 世纪后，南方国家的国际地位愈发不可忽视，欠发达南方国家与新兴国家间开展南南合作的需求越来越强烈，深入探索南南合作新模式已经成为必然趋势。

1.2 可再生能源技术南南合作的重要性

南南合作涉及农业、交通、能源、环境等多个领域，涵盖政策、经济、贸易、技术、知识等多层次的交流合作机制。近几十年来，包括"金砖国家"成员在内的众多发展中国家在经济发展方面取得了举世瞩目的成就。同时，发展中国家技术的进步为各国降低发展成本、优化增长模式作出了卓越贡献。《巴黎协定》通过后，越来越多南方国家对于构建绿色可持续能源经济系统的需求进一步加深。开展符合发展中国家国情的可再生能源领域合作，不仅有助于南方国家参与重塑全球发展与合作格局，还能有效推动南方各国携手实现可持续发展。

1.2.1 开展可再生能源领域南南合作的意义

可再生能源是在自然界中可以循环再生的能源，是人类取之不尽、用之不竭的能源。开发利用可再生能源对于发展中国家具有重要意义。一方面，在经济快速增长的背景下，可再生能源供应与能源效率提升共同缓解了持续上升的能源需求压力；另一方面，发展可再生能源有助于发展中国家优化能源结构，促进能源系统低碳转型，从而加强发展中国家应对气候变化和促进可持续发展的能力建设。此外，发展可再生能源可有效帮助发展中国家降低能源进口依赖，提升能源安全水平。发展以可再生能源为代表的清洁能源，是欠发达地区实现清洁电力供给，促进经济发展的有效途径。

由于许多发展中国家所处的自然环境、发展阶段以及在发展进程中所面临的问题具有一定的相似性，符合发展中国家国情的气候和环境友好的可再生能源领域合作前景十分广阔。例如，随着社会经济发展和能源需求的不断攀升，非洲能源基础设施和电力供应不足成为制约当地发展的瓶颈，依靠自然资源维系发展的传统模式不可持续，环境保护与经济较快增长的矛盾愈发突出。其可再生能源资源丰富但开发不足，具有非常大的发展空间（李合和王宇栋，2017）。在这样的背景下，可再生能源以其天然、清洁和自我再生的特性，成为了许多国家在能源领域开展技术合作的焦点。《中非合作论坛——北京行动计划（2019-2021年）》中，"加强能源、资源领域政策对话和技术交流，对接能源、资源发展战略，开展联合研究，共同制定因地制宜、操作性强的能源发展规划"被列为经济合作领域能源资源合作类别中的重要一项。此外，中非双方还将特别鼓励发展和提升环境友好型生产技术利用能力和自然资源管理效率，利用可再生能源和节水系统，降低生产成本，提高气候变化适应力。在政策层面，可再生能源在有效支持各国间，特别是发展中国家间的能源可持续发展战略对接、促进能源交流、扩大经济合作领域的重要性显著提高。

深化利用南南合作的各项机制和平台，开展符合国情的可再生能源技术交流合作，对于发展中国家链接区域化和全球化的可持续发展具有积极的推进作用。技术层面的务实合作作为有效支撑各国可持续发展战略对接的实践，不仅能够推动南方国家间的发展经验交流，增强各国科技研发、吸收与应用的能力，还能够有效地将减缓和适应气候变化技术与消除贫困、改善民生和绿色发展相结合，助力发展中国家积极落实联合国2030年可持续发展议程，共同实现可持续发展目标。

1.2.2 新时期可再生能源技术南南合作形势

技术转移是新时期可再生能源技术南南合作的重要途径，包括战略政策的协调、技术成果的推广、应用能力的增强、意识水平的提升等方面。历史上主要是由发达国家向发展中国家提供技术支持和资金援助，帮助发展中国家开展减缓和适应气候变化领域的技术研究和推广。然而发达国家往往对南方国家发展情况的认识不够充分，导致援助技术不能很好地匹配发展中国家的需求，无法在输入国落地生根。近年来快速崛起的新兴国家积累了大量发展经验，经历并克服了大多数南方国家都会遇到的可持续发展问题，能够充分理解其他发展中国家的切实痛点。因此，在新兴国家与欠发达国家之间开展的可再生能源技术转移往往能够很好地适应当地的发展水平和实际需求，与新兴国家开展合作开始逐渐成为新时期可再生能源南南合作的重要模式。

中国作为世界上最大的发展中国家，为推动可再生能源技术南南合作做出了积极贡献。中国仅用了前后两个30年就实现了工业化和经济社会的巨大进步（李小云和肖瑾，2017），但高污染、高排放的发展模式也带来了严重的环境污染问题，使中国同时面临着发展经济、消除贫困与减缓气候变化、治理环境污染的多重压力。中国的经验表明，相比化石燃料，可再生能源能够提供更加可持续的电力供应，满足社会和经济发展的需要。近年来，中国政府采取强有力的政策和措施推动可再生能源技术取得巨大进步。在南南合作框架下，中国帮助其他发展中国家，特别是最不发达国家发展可再生能源，积极地传授技术、贡献资金、分享经验，已经在生物质能等领域为一些发展中国家提供了技术援助（陈雄，2018）。

中国长期致力于推动发展中国家可再生能源技术合作，为其他国家提供绿色、低碳、可持续的能源供给方案，助力南方各国在实现经济发展的同时加强生态环境保护。在2009年第四届中非合作论坛（FOCAC）上，国务院总理温家宝宣布对非洲开展100个清洁能源项目，包括一些以太阳能为重点的小型项目。2015年12月，在南非举行的中非合作论坛约翰内斯堡峰会开幕式上，国家主席习近平宣布中国将提供600亿美元支持非洲绿色经济发展（商务部，2015）。在过去的几十年间，中国开展了大量的小水电、太阳能、风能等多种可再生能源技术南南合作，部分合作国电力供应短缺的压力因此得到缓解。

南南合作并非是要取代南北合作，而是作为南北合作的有益补充，为更多发展中国家人民带来可持续发展福祉。例如，中国科学技术部与联合国开发计划署在2014年共同发起的中国-加纳/赞比亚可再生能源技术转移项目，就是在联合国管理框架下开展的北南南三边合作旗舰项目。该项目由发达国家丹麦出资，支持中国和加纳、赞比亚开展低碳适用技术示范和经验分享，兼顾装备产品等技术示范和可再生能源技术转移软环境的打造，切实提升发展中国家应对气候变化和国际合作能力。2019年，技术转移南南合作中心正式成立，为中国积极落实《2030年可持续发展议程》，分享可持续发展经验和解决方案，配合"一带一路"等重大战略落地实施补充了有力的交流合作平台。

当前，在世界各国的努力下，可再生能源南南合作已具备了良好的基础，但仍然面临诸多挑战。可再生能源在广大南方国家具有广阔的发展前景，但其技术的发展需要稳定的政策环境和健全的市场监管制度。传统的技术转移缺乏软环境打造，很大程度上导致了技术转移后难以在合作国家大规模推广。发展中国家迫切需要建立统筹兼顾的可再生能源政策体系，通过制定一系列友好的外交和优惠政策，在引进国外可再生能源技术投资的同时，为其在国内的落地打造良好的发展环境。不可否认的是，"超越援助"的南南合作关系仍处于建设阶段，但发展中国家科技创新合作已经起步，并逐渐加快了探索的步伐，各国正在积极寻求可再生能源领域的南南合作机遇。

1.3　本书理论体系与逻辑框架

随着南南合作的进一步加深，开展有关可再生能源领域的南南合作，实现各南方国家之间的优势互补，共同解决发展过程中的能源和环境问题已成为南南合作的重要组成部分。基于此，本书就可再生能源领域的南南合作实践中存在的问题、机遇与挑战进行了系统的梳理和总结，同时结合具体的案例分析，为开展更加深入的可再生能源领域的南南合作提供支持与参考。

本书的逻辑框架如图 1-2 所示。

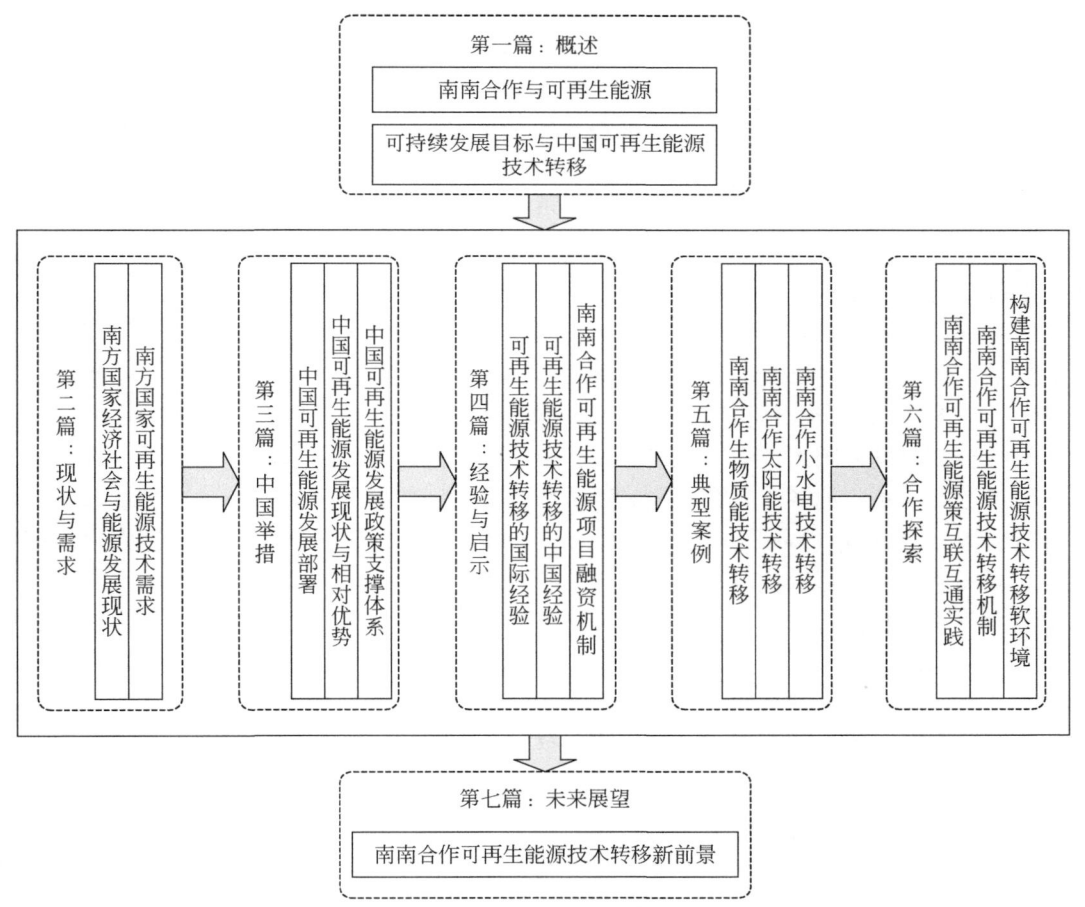

图 1-2　本书的逻辑框架

本书共分为七篇 17 章，其中第一篇为概述，包含第 1 章和第 2 章的内容，主要对开展可再生能源领域南南合作的背景历程进行回顾，明确开展可再生能源领域南南合作的重要性和意义；第二篇为现状与需求，包含第 3 章和第 4 章的内容，主要对南方国家能源发展现状进行总结分析，明确南方国家开展可再生能源南南合作的迫切需求；第三篇为中国举措，包含第 5~7 章的内容，介绍中国可再生能源发展的支撑体系以及发展现状，明确中国在可再生能源领域发展的比较优势；第四篇为经验与启示，包含第 8~10 章的内容，在整理总结国际可再生能源领域合作经验的基础上得出中国吸收国外可再生能源技术的经验，并对可再生能源南南合作中存在的融资问题进行研究分析；第五篇为典型案例，包含第 11~13 章的内容，主要对中国在生物质能、太阳能和小水电领域的南南合作典型案例进行分析；第六篇为合作探索，包含第 14~16 章的内容，依托中国开展南南三角合作的实践，列举了有关活动和机制；第七篇为未来展望，包含第 17 章的内容，对未来进一步开展可再生能源领域南南合作的挑战和机遇进行阐述，并给出相关建议。本书详细内容如下。

第 1 章对南南合作的发展历程进行梳理和回顾，介绍南南合作运动的兴起和发展趋势，同时对进入 21 世纪后开展创新型南南合作新趋势进行总结，并在此基础上从宏观层面介绍可再生能源领域南南合作的重要性和新形势。

第 2 章论述中国在可再生能源南南合作中的关键作用。以联合国 2030 年可持续发展议程为背景，阐述中国在积极响应可持续发展议程的过程中，通过南南合作带动其他发展中国家落实可持续发展，开创性地引领了可再生能源技术南南合作的重要历程，并从现有成效、推进全方位交流合作以及对技术输出输入国的贡献方面说明中国已成为新时期可再生能源南南合作的重要连接点。

第 3 章总结世界各南方国家经济社会和能源异同点以及可再生能源发展的现状和前景。按照世界银行（World Bank）对国家的分类标准，从 GDP 和人均 GDP、城镇化率、就业和人口老龄化、产业结构四个方面对全球低收入国家、中低收入国家和中高收入国家的经济社会状况进行阐述。为进一步明确各南方国家经济等发展差异，按照世界银行的全球六地区分类，对各地区非高收入国家经济社会现状和能源情况进行阐述。最后基于国际可再生能源署（International Renewable Energy Agency，IRENA）数据，对典型南方国家可再生能源发展现状进行阐述。

第 4 章通过数据对比分析，阐述南方国家普遍面临的能源贫困问题和可再生能源的开发潜力，明确南方国家开展可再生能源南南合作的迫切需求。同时，介绍各类可再生能源的技术种类和各能源种类下的具体技术与设备的优缺点，总结各技术种类的适用范围和适用对象，以供各国进行技术选择。最后阐明可再生能源技术需求的影响因素，便于各国多方面、多角度地选择适用的可再生能源技术种类。

第 5 章展示中国在可再生能源科技与产业发展方面所作出的努力。首先从 2030 年可持续发展议程、应对气候变化、加强生态文明建设、能源总量和结构调整以及科技创新等方面剖析促进可再生能源发展的国内外驱动因素，然后从总体规划、多部门协同、专项扶持、普及推广和科技交流与合作等方面论述中国推进可再生能源技术发展的规划，最后从水电、风电、太阳能、生物质能、其他能源和国际合作等方面总结中国可再生能源技术的发展路径。

第 6 章梳理并总结中国可再生能源的发展现状，包括总体的利用情况、在电力部门内的整合现状、其他非电力部门可再生能源利用情况、中国可再生能源的资源分布、可再生能源带动的投资与就业以及不同种类可再生能源产业的发展情况（包括生物质能、太阳能、小水电及风能），并在此基础上从政策支持、技术发展、创新利用等方面简要介绍中国可再生能源发展的比较优势，总结中国在可再生能源利用方面取得的进步和成就。

第 7 章详细论述中国支持可再生能源发展的政策体系。首先分时间段说明自中华人民共和国成立至今的中国可再生能源政策法规的发展过程和具体内容，其次对可再生能源配额制度发展历程、具体内容以及意义和展望等进行全面剖析，最后从财政金融补贴和碳排放市场交易体制两个方面补充说明推动可再生能源快速发展的激励机制。

第 8 章总结并分析可再生能源技术转移的国际经验，主要包括发达国家经验、国际组织引导的技术转移机制、中国的技术转移行动三个方面，详细叙述依靠国际技术转移帮助发展中国家提高能源发展水平的有效途径及其可行性。同时对中国可再生能源技术转移的行动与法规制度进行整理和分析，并对中国国内技术合作和同美国、欧盟、发展中国家的合作进行归纳梳理，在此基础上提出吸收国际经验和推进可再生能源技术转移的几点启示。

第 9 章介绍可再生能源技术转移的中国经验，阐明中国政府高度重视可再生能源发展并积极开展可再生能源领域的国际合作，充分发挥本土优势，结合中国实际情况引进国外先进技术，同时注重吸收和创新，为中国可再生能源的快速发展打下基础。结合中国可再生能源商业化发展促进项目、中丹风能发展项目和中德合作可再生能源技术援助项目的具体案例分析，对中国引进并吸收国外先进技术、联合开展人才培养及有关政策制定等方面得出的经验进行总结，点明开展国际合作的重要性，对其他国家引进和吸收国外技术具有一定的参考价值。

第 10 章分析当前发挥主要作用的融资机制并对未来的发展进行预测。不完善的融资机制在很大程度上阻碍可再生能源合作项目的实施，本章在调研南南合作项目融资机制现状的基础上，总结中国在非洲开展可再生能源合作项目中面临的主要融资问题和挑战，阐述主要的融资模式及未来的发展趋势，并在应用成本效益分析方法的基础上，结合加纳农村可再生能源项目的案例分析，说明未来南南合作在可再生能源项目建设中可以采用的融资模式，最后详细介绍建设-经营-转让（build-operate-transfer，BOT）这一主流融资模式。

第 11 章介绍中国南南合作中生物质能技术的转移现状，并对中国开展的沼气与清洁炉具合作案例进行详细分析。本章以生物质能的代表性技术——沼气工程为例，从技术转移概况、特点、国家间合作方式和取得成效等方面进行阐述，并在此基础上总结中非生物质能利用南南合作技术转移取得的经验。

第 12 章总结中国太阳能技术转移的优势及可行机制，并以光伏技术为主，通过典型案例分析总结中国太阳能技术转移经验。本章以中国光伏产业、技术总体情况为基础，总结出中国光伏技术转移在技术、产业、政策上的三大优势，并对光伏技术转移的可行性进行分析，最后通过阿特斯阳光电力集团、云南能工环境资源股份有限公司两个太阳能技术转移案例分析总结太阳能技术转移经验，即商业运作是技术转移的有效模式，政策支持是技术转移的重要保障，能力建设是技术转移的关键因素。

第 13 章分析中国南南合作中小水电技术转移的现状与具体案例。在中国开展的可再生能源技术转移工作中，小水电技术转移是重要的组成部分。鉴于中国在小水电方面已有较为成熟的实用技术与发展经验，本章以中国-赞比亚/中国-加纳小水电技术转移为主要案例，从项目介绍、项目执行、项目成果与经验等方面展开详细论述。最后总结小水电技术转移相关经验，为许多正面临能源和电力短缺的亚非拉国家提供参考。

第 14 章主要介绍可再生能源技术的政策互联互通实践。本章以中国-加纳可再生能源技术转移项目为依托，通过对项目背景、加纳可再生能源发展规划、《中国-加纳可再生能源技术转移路线图》编制，以及加纳可再生能源长效机制建立的详细介绍，系统地展示中国开展可再生能源技术转移项目的政策互联互通实践。最后通过总结中国-加纳可再生能源技术转移项目的经验与成果，积累可供借鉴的技术转移经验。

第 15 章提出南南合作可再生能源技术转移机制与征集实践的具体内容和方法。本章以中非合作为主要讨论对象，首先讲述在可再生能源技术转移原则前提下的技术转移方式，然后讲述南南合作可再生能源技术转移工作的征集与筛选方法和主要创新点，最后通过对全章的总结，体现出中国本着"授人以渔"的思想，立足于合作国家的可再生能源需求，有针对性地开展可再生能源技术转移。

第 16 章主要讲述南南合作可再生能源技术转移软环境的构建。本章首先向读者表明可再生能源技术转移软环境构建的重要性，继而通过一系列中外（非洲为主）软环境构建案例引出可再生能源技术转移的具体方法和措施，然后根据时间顺序列出中国在软环境打造方面的成果，提出关于新时代南南合作框架下中非可再生能源技术转移的未来畅想，最后总结发展中国家之间构建技术转移软环境过程中存在的问题，并根据经验分享、案例分析等得出相关结论。

第 17 章指明南南合作可再生能源技术转移的未来行动方向。在回顾南南合作可再生能源技术转移发展历程的基础上，从国际能源格局、国际合作模式、政策、资金、技术、人才、标准和市场等方面总结提炼制约南南合作可再生能源技术转移持续深入发展的主要问题，同时对南南合作可再生能源技术转移中存在的重大机遇进行识别，并对关键问题提出针对性的建议。

第 2 章　可持续发展目标与中国可再生能源技术转移

首席作者： 刘笑宇　易冰星
贡献作者： 王　兵　魏世杰　史明威

2015 年 9 月，联合国可持续发展峰会宣布了 17 个可持续发展目标，主要涵盖消除饥饿和贫困、清洁饮用水和环卫设施、就业与经济增长、创新和基础设施建设、环境友好的消费和生产模式、气候行动与合作六个方面。中国依托自身特点和优势，制定本国发展方案，深入开展南南合作框架下的可再生能源技术转移，推动中国和其他发展中国家可持续发展目标的实现。

2.1　2030 年可持续发展议程下的中国南南合作

联合国 2030 年可持续发展议程提出后，中国积极制定本国发展方案，在落实本国可持续发展议程的同时，通过南南合作带动其他发展中国家落实可持续发展，取得了显著成效。作为世界上最大的发展中国家，中国开创性地拓展了可再生能源技术南南合作的新路径，为其他发展中国家实现可持续发展要求下的可再生能源利用提供了更具参考意义的经验和指导。

2.1.1　中国积极响应 2030 年可持续发展议程，制定本国发展方案

2015 年 9 月，联合国可持续发展峰会通过了 2030 年可持续发展议程，为未来 15 年世界各国的发展和国际合作指明了方向。2030 年可持续发展议程强调经济、社会与环境三个维度上的平衡与协调发展，包含优质教育、体面工作、经济增长，以及经济适用的清洁能源、气候行动和伙伴关系等 17 项可持续目标。这些目标的设定最大限度地兼顾了国际社会的共同利益，适用于所有国家。中国政府高度重视全球发展事业，积极推动各方把发展问题置于全球宏观政策框架的核心位置，全面深入落实 2030 年可持续发展议程。

2016 年，国务院总理李克强主持了 2030 年可持续发展议程主题座谈会，宣布我国将发布《中国落实 2030 年可持续发展议程国别方案》，同时明确了建设技术银行的目标。同年，绿色技术银行作为落实联合国 2030 年可持续发展议程和应对气候变化《巴黎协定》的重大举措，被列入《"十三五"国家社会发展科技创新规划》。2017 年，"一带一路"国际合作高峰论坛后，绿色技术银行有关工作被科学技术部纳入《关于落实习近平主席在"一

带一路"国际合作高峰论坛科技创新倡议的实施方案》，以期汇聚资源节约、环境友好、安全高效、生命健康等可持续发展重点领域中的先进实用绿色技术，强化科技与金融相结合并实现科技成果的资本化，加快科技成果转移转化和产业化，打造同步服务于国内可持续发展和绿色技术领域南南合作的综合性服务平台。在坚持改革、开放、创新理念的指导下，绿色技术银行将持续从两方面发挥重要作用：第一，着力发挥绿色技术银行在落实联合国2030年可持续发展议程中的引领作用，促进国内先进技术向国外转移，以技术"走出去"支撑科技强国建设；第二，加强科技与金融资本等要素的融合，加快科技成果转化，促进科技与经济的紧密结合。作为中国落实联合国2030年可持续发展议程的重要行动，绿色技术银行将持续依照"政府引导、社会参与、公益性服务、市场化运作"的机制，完善绿色技术转移转化机制的创新实践，促进中国应对气候变化的先进适用技术向广大发展中国家转移。

2016年12月，国务院印发《中国落实2030年可持续发展议程创新示范区建设方案》，就示范区建设做出明确部署。国家可持续发展议程创新示范区为破解新时代社会主要矛盾、落实新时代发展任务做出示范并发挥带动作用，为全球可持续发展提供了中国经验。2018年3月，国务院正式批复同意深圳市、太原市、桂林市建设首批国家可持续发展议程创新示范区。其中，深圳市以创新引领超大型城市可持续发展为主题，重点针对资源环境承载力和社会治理支撑力相对不足等问题，集成应用污水处理、废弃物综合利用、生态修复、人工智能等技术，实施资源高效利用工程、生态环境治理工程、健康深圳建设工程和社会治理现代化工程等，为超大型城市可持续发展发挥示范效应。太原市以资源型城市升级转型为主题，重点针对水污染与大气污染等问题，集成应用污水处理与水体修复、清洁能源与建筑节能等技术，实施水资源节约和水环境重构、用能方式绿色改造等行动，为全国资源型地区经济转型发展发挥示范效应。桂林市针对生态修复和环境保护等问题，统筹各类创新资源，集成应用生态治理、绿色高效生产等技术，打造自然环境优美、生态产业发达、人与自然和谐相处、百姓殷实安康的可持续发展样板城市。国家可持续发展议程创新示范区建设以推动科技创新与社会发展深度融合为着力点，探索具有中国特色、地方特点的可持续发展之路，针对可持续发展问题提出以科技为核心的系统解决方案，为广大发展中国家提供了宝贵经验。2019年5月14日，国务院又批复同意郴州市、临沧市、承德市建设国家可持续发展议程创新示范区，示范区的规模不断扩大，引领作用持续增强。

2.1.2 中国持续推进南南合作，助力他国可持续发展

改革开放前，中国的南南合作主要基于政治考虑；改革开放后，中国的南南合作开始寻求经济上的互利共赢。进入21世纪，随着"走出去"步伐的加快，南南合作成为中国推动企业走向全球以及参与全球发展治理的重要途径（崔文星，2016）。中国高度重视联合国2030年可持续发展议程，通过建立南南合作援助基金、中国-联合国和平与发展基金、气候变化南南合作基金等机制，积极助力其他发展中国家落实可持续发展议程。2015年9月，中国宣布设立南南合作援助基金，首期提供20亿美元用于支持发展中国家落实2015年后发展议程增加对最不发达国家投资，并免除有关最不发达国家、重债穷国、内陆发

展中国家、小岛屿发展中国家截至 2015 年底到期未偿还的政府间无息贷款债务等。2017 年 5 月,中国宣布增资 10 亿美元,南南合作援助基金成为中国政府支持其他发展中国家落实 2030 年可持续发展议程的专门援助性质基金。

就取得的成就而言,中国政府与联合国框架下的国际组织建立了广泛的合作关系。中国与其他发展中国家的可持续发展合作取得了良好的成效。

1. 开展多边合作促进共同发展

在各种多边机制的框架内,中国同其他发展中国家就全球性重大热点问题保持沟通与协调,共同维护广大发展中国家的利益。1991~2016 年,中国与东盟贸易额增长近 57 倍,累计投资额增长近 355 倍。中国已连续 8 年成为东盟第一大贸易伙伴,而东盟也连续 6 年成为中国第三大贸易伙伴。随着中国-东盟自由贸易区升级谈判完成,区域经济一体化进程将进一步加快,有望实现到 2020 年中国与东盟贸易额达到 1 万亿美元、新增双向投资 1500 亿美元的目标(中国政府网,2017)。2019 年 4 月 25~27 日,第二届"一带一路"国际合作高峰论坛在北京举办,多个国家的元首、政府首脑等汇聚北京,共同商议增进合作。中国与东盟国家的合作体现在多个方面。例如,"一带一路"倡议提出后,中老铁路成为首条以中国企业为主投资建设、与中国铁路网直接联通的国际铁路。在印度尼西亚,中国参与建设的雅万高铁连接了印度尼西亚首都雅加达和旅游名城万隆,是推动印度尼西亚经济发展的重大建设工程,也是中国和印度尼西亚共建"一带一路"的重要标志性项目。中国企业投资承建的越南海阳燃煤电站、永新燃煤电厂一期是代表中国水平的大项目,也是"一带一路"倡议与越南"两廊一圈"规划加快推进的一个缩影。越南海阳燃煤电站项目计划总投资超过 18 亿美元,由中国能源建设集团有限公司与马来西亚捷硕公司共同投资,是截至合同签订时中国在越南单笔投资金额最大的项目;永新燃煤电厂一期项目是中国企业在越南最大的 BOT(build-operate-transfer,建设-经营-转让)投资项目。

2. "一带一路"建设带动多领域协同发展

在共建"一带一路"过程中,中国建立了"一带一路"生态环保大数据服务平台,将继续实施"绿色丝路使者计划",并同有关国家一同实施"一带一路"应对气候变化南南合作计划;继续实施共建"一带一路"科技创新行动计划,同各方一道推进科技人文交流、共建联合实验室、科技园区合作、技术转移四大举措;积极实施创新人才交流项目,未来 5 年支持 5000 人次中外创新人才开展交流、培训、合作研究;支持各国企业合作,推进信息通信基础设施建设,提升网络互联互通水平。2017 年中国与"一带一路"沿线国家贸易额达 7.4 万亿元,同比增长 17.8%;中国企业对沿线国家直接投资 144 亿美元,在沿线国家新签承包工程合同额 1443 亿美元,同比增长 14.5%(中国政府网,2018)。

非洲是发展中国家最为集中的大陆,也是"一带一路"建设的重要组成部分。在中非合作中,中国始终尊重非洲国家发展诉求,切实解决非洲国家发展过程中遇到的实际问题,为非洲国家减贫、实现自主发展和可持续发展做出了重大贡献。一是促进中非贸易平衡发展。作为非洲第一大贸易伙伴,中国承诺免除与中国建交的非洲最不发达国家 95% 产品的关税，通过实施贸易促进援助项目，改善非洲国家软硬件条件，提高贸易便利化水平。二是拓展中非相互投资。中国企业赴非洲投资，并已逐步形成多元化的投资格局，促进当地经济增长。中国为非洲提供"两优"贷款业务，设立了中非发展基金、非洲中小企业发展专项贷款和中非产能合作基金，相应地，非洲企业对中国投资也日渐活跃。三是支持非洲基础设施建设。中国帮助非洲国家兴建住宅、铁路、公路、桥梁、通信、电力等基础设施，促进非洲工业化水平提高。四是帮助非洲国家建设公共福利设施，改善民生。五是提高非洲人力资源水平。中国对非洲国家的援助注重"授人以渔"：在项目建设的同时注重对当地劳动力的培训；为更多非洲国家官员和技术人员提供来中国参加各类培训的机会；不断增加来中国留学的奖学金名额等。2015年中非合作论坛约翰内斯堡峰会以来，中国全面落实中非"十大合作计划"，在基础设施、经济贸易合作、和平安全、科教文卫、减贫惠民、民间交往等领域深入推进。2018年中非合作论坛北京峰会开幕式上，国家主席习近平发表题为《携手共命运 同心促发展》的主旨讲话，强调携手打造新时代更加紧密的中非命运共同体，重点实施好产业促进、设施联通、贸易便利、绿色发展、能力建设、健康卫生、人文交流以及和平安全"八大行动"。为推动"八大行动"顺利实施，中国承诺愿以政府援助、金融机构和企业投融资等方式，向非洲提供600亿美元支持，同时免除与中国有外交关系的非洲最不发达国家、重债穷国、内陆发展中国家、小岛屿发展中国家截至2018年底到期未偿还政府间无息贷款债务。这些实实在在的举措推动了中非合作走上更加快速发展的轨道。

3. 通过南南合作加强应对气候变化能力

作为可持续发展的重要组成部分，中国在应对气候变化南南合作方面同样做出了许多努力。2005~2007年，中国共开展115个气候变化南南合作项目，项目资金总额达到1.8亿美元。其中30个项目的重点是提供技术、物资和设备，其余85个项目共培训了来自122个发展中国家的3506名专业人员，人均费用为4300美元。2012年，中国宣布"'十二五'期间应对气候变化援助资金比'十一五'期间翻一番"的目标。增加的资金将主要用于气候适应、能源效率、低碳技术创新推广、低碳城市规划建设、低碳发展政策制定等方面的能力建设活动。2011~2017年，中国累计安排7亿余元，用于开展气候变化南南合作，已为有关发展中国家培训了1000余名应对气候变化领域的官员和技术人员，范围覆盖五大洲的120多个国家。

中国积极开展气候变化南南合作，加快筹建气候变化南南合作基金，推动实施南南合作"十百千"项目，帮助其他发展中国家提高应对气候变化的能力。中国为小岛屿发展中国家、最不发达国家、非洲国家及其他发展中国家提供实物和设备援助，对其参与气候变化国际谈判、政策规划、人员培训等方面提供大力支持。同时，可再生能源技术转移逐渐成为南南合作的重点领域之一。2015年以来，中非可再生能源技术转移项目支持加纳能源委员会制定了《加纳可再生能源发展规划（2018—2030）》；连续3年举办中非可再生能源技术转移对接会，成功与百余家中非企业建立合作关系；建成了中英双语的南南合作可再生能源技术供需平台，提供了完整的线上和线下南南合作可再生能源技术转移数据库；

形成《中国-加纳可再生能源技术转移路线图》《中国-加纳/赞比亚可再生能源技术转移障碍与对策分析》等多项研究报告；并分别在中国和非洲举办中非可再生能源技术转移系列培训，帮助伙伴国提升清洁能源使用率，助力南方国家巩固和提升可持续发展能力。

中国在气候变化方面的南南合作经历了两个阶段：一是"授之以鱼"阶段。2012年6月，中国在联合国可持续发展大会上宣布开展应对气候变化南南合作。《中国经济导报》数据显示，2011~2015年底，中央财政安排4.1亿元用于支持气候变化国际合作。截至2015年底，国家发展和改革委员会已与20个发展中国家签署了22个应对气候变化物资赠送谅解备忘录，累计对外赠送LED灯120余万支、LED路灯9000余套、节能空调2万余台、太阳能光伏发电系统8000余套。其中，与多米尼克、马尔代夫、汤加、斐济、萨摩亚、安提瓜和巴布达、缅甸、巴基斯坦8个国家的谅解备忘录由国家主席习近平和国务院总理李克强见证签署。"授之以鱼"阶段采用的传统的南南合作模式，以赠送商品为手段，合作的长期性和持续性不佳，不利于我国与其他发展中国家开展深层次的气候变化南南合作。二是"授之以渔"阶段。2015年12月，气候变化南南合作基金正式建立，在发展中国家开展10个低碳示范区、100个减缓和适应气候变化项目及1000个应对气候变化培训名额，即应对气候变化"十百千"项目。"太阳能联盟"和"非洲可再生能源倡议"等行动为区域和全球低碳转型做出了重大贡献。"授之以渔"阶段，我国以先进适用的科学技术的推广为主，有利于我国技术转移、企业"走出去"及产业输出，标志着我国气候变化南南合作进入较高阶段。

通过南南合作推动可持续发展，有利于建立中国与合作国家间长久的合作伙伴关系。双方互惠互利，为后续进一步消除合作国之间经济与文化交流、贸易与技术转移等壁垒打下良好的基础。同时，有利于避免其他发展中国家走"先污染，后治理"的老路子，对于促进南方国家经济的可持续发展，提升应对气候变化能力具有重要意义。

2.1.3 中国引领可再生能源技术转移，开拓南南合作新路径

南南合作可再生能源技术转移是实现可持续发展目标的主要举措之一。中国始终高度重视南南合作可再生能源技术转移在推动全球实现可持续发展目标中的作用，并以其为纽带团结广大发展中国家，推动南南合作进入新阶段。

南南合作推动可再生能源投资，将有力促进"人人享有可再生能源"倡议的实现。2011年9月，联合国秘书长潘基文提出"人人享有可持续能源"倡议，力争到2030年实现"确保全世界的人口普遍享有现代能源服务；将能源效率提高一倍；将全球可再生能源使用的比例提高一倍"的目标。南南合作可再生能源不仅能够有效推动"人人享有可持续能源"倡议，还对具体国家和地区的发展意义重大。以赞比亚为例，根据世界银行的数据，截至2017年，赞比亚通电率仅为40.3%。由于最基本的社会服务必须依靠电力资源才能实现，通电率较低这个问题影响了赞比亚600万人口，甚至教育事业也受到电力问题的影响——电力供应充足，儿童才能在夜晚有更长的学习时间。为此，我国积极落实2030年可持续发展议程，协助其他国家获得清洁可持续的能源供给，并取得了良好的前期成果

（中华人民共和国外交部，2017）。

进入新南南合作时期以来，中国全方位部署可持续发展科技创新南南合作，在可再生能源子领域成绩尤其显著。中国通过与 UNDP、联合国粮食及农业组织（Food and Agriculture Organization of the United Nations，FAO）等国际组织开展多边合作，为加纳、赞比亚等国的可再生能源系统建设提供技术支持，并开展了一系列的培训与能力建设活动。2015 年，国家主席习近平正式宣布中国将设立南南合作援助基金，首期提供 20 亿美元，支持发展中国家落实 2015 年后发展议程。此外，中国积极承担国际责任，推动建设中国–联合国和平与发展基金、气候变化南南合作基金、亚洲基础设施投资银行、金砖国家新开发银行，帮助其他发展中国家落实 2030 年可持续发展议程。表 2-1 列出了中国在可再生能源南南合作领域的政策实施情况。

表 2-1 中国在可再生能源南南合作领域的政策实施情况

年份	平台/文件	政策
1983	《中华人民共和国农业法》	利用农业生产中的秸秆提供新能源，解决农村能源不足
1999	UNDP 协议	通过利用全球环境基金（Global Environment Fund，GEF），提高我国可再生能源商业化开发的能力
2001	《新能源和可再生能源产业发展"十五"规划》	积极利用全球环境基金、世界银行、联合国开发计划署和亚洲开发银行等国际组织和有关国家政府的资金和技术，加快新能源和可再生能源产业化发展
2009	中非合作论坛	在中非合作论坛框架下推出八项新的援助措施，包括可持续发展目标相关的应对气候变化、提升粮食安全、深化医疗卫生合作等
2015	《中国对非洲政策文件》	支持非洲在农业现代化、公共卫生防控体系、气候变化和环境保护等各可持续发展领域的技术转移，吸引更多中国企业到非洲投资，建立生产和加工基地并开展本土化经营，增加当地就业、税收和创汇，促进产业转移和技术转让
2015	《推动共建丝绸之路经济带和 21 世纪海上丝绸之路的愿景与行动》	将设施联通设定为优先领域和首要目标，并确定了交通、能源、通信三大基础设施建设重点，同时为可持续发展相关领域的基础设施建设和运营等方面的南南合作提供了一个全面合作的框架
2016	《中共中央关于制定国民经济和社会发展第十三个五年规划的建议》	扩大对外援助规模，完善对外援助方式，为发展中国家提供更多免费的人力资源、发展规划、经济政策等方面咨询培训，扩大科技教育、医疗卫生、防灾减灾、环境治理、野生动植物保护、减贫等领域对外合作和援助，加大人道主义援助力度。主动参与 2030 年可持续发展议程
2016	《中国落实 2030 年可持续发展议程》	开展水和环境、基础设施建设、提高抵御灾害、科学技术的能力建设、水产养殖技等领域的技术支持
2017	《"一带一路"生态环境保护合作规划》	以污染防治、生态保护、环保技术与产业以及可持续生产与消费等领域为重点，探索制定绿色对外援助战略与行动计划。推动将生态环保合作作为南南合作基金等资金机制支持的重要内容，优先在人才交流、示范项目等方面开展绿色对外援助
2018	组建中华人民共和国国家国际发展合作署	召开中非合作论坛第七届部长级会议，发布《中非合作论坛–北京行动计划（2019—2021 年）》，支持开展经济社会发展规划方面合作，继续利用南南合作援助基金，支持非洲国家实现 2030 年可持续发展目标和非盟《2063 年议程》服务国家外交总体布局、共建"一带一路"以及推动南南合作

多年来，中国在致力于自身发展的同时，始终坚持向经济困难的发展中国家提供力所能及的援助和技术支持。通过可再生能源南南合作行动，建立巩固中国与广大发展中国家的友好关系，促进彼此的经济发展和社会进步，实现互利共赢。

2.2 中国在可再生能源南南合作领域的成果贡献

作为拥有先进可再生能源技术的发展中国家，中国乐于分享自身的发展经验以推动其他发展中国家的可持续发展。在可再生能源南南合作中，中国通过一系列的实践获得了切实有效的成果，同时积极参与全方位交流，扩大自身影响，最终为国内外带来了远远超越可再生能源开发利用领域的深远贡献，成为可再生能源南南合作的关键连接点。

2.2.1 中国在可再生能源南南合作中取得明显成效

中国可再生能源资源丰富，风能、太阳能、生物质能、水能、海洋能和地热能等技术开发资源潜力为40亿~46亿tce（吨标准煤当量）（黄其励等，2011）。在中国政府推行的一系列政策支持下，可再生能源产业取得了长足发展，小水电、太阳能、风能、生物质能等技术已处于世界领先地位。依托自身的技术优势和发展经验，中国积极利用南南合作进行可再生能源技术转移，帮助其他发展中国家发展和利用可再生能源。

中国在可再生能源南南合作领域的一些项目在全球引起反响，包括中国-肯尼亚小型太阳能光伏系统、太阳能热水系统技术推广示范项目、面向发展中国家应对气候变化适用技术转让研究、赞比亚大型独立光伏电站以及微型电网项目等（新能源网，2011）。2010~2012年，中国在清洁能源等领域积极开展与其他发展中国家的合作，为58个发展中国家援建了太阳能路灯、太阳能发电等可再生能源利用项目64个（高翔，2016）。中国-赞比亚/中国-加纳可再生能源技术转移项目致力于为赞比亚和加纳提供适宜当地发展的可再生能源技术，以经验共享的形式促进其能源转型，并提升其清洁能源使用效率，为消除两国贫穷、提高其应对气候变化能力做出杰出贡献。据国际能源署统计，中国在撒哈拉以南非洲的24个国家承建的发电项目，在2014年已经开工且预期到2024年前竣工的发电项目共有49个，总装机达9111MW（占同期非洲撒哈拉以南装机的20%）。

为推进可再生能源南南合作持续深入发展，中国也不断总结发展经验并展望未来发展前景。2014年在中国贵阳召开的"点绿成金·南南共赢"论坛上，来自金融、环境等领域的多位专家结合实际情况与案例，从南南合作推动可再生能源投资的国际视野和经验、中国政策、金融创新和实践、非政府组织的作用等方面，探讨可再生能源南南合作的现状、前景及趋势，为可再生能源南南合作带来了新思路。

经过对可再生能源技术南南合作的不断实践和经验总结，中国取得了突出成效，已成为重要的技术输出国和推动可再生能源南南合作的中坚力量。

2.2.2　中国积极参与推进可再生能源南南合作交流

1. 南南合作可持续发展高级论坛

中国积极承办南南合作可持续发展高级论坛，分享发展经验和重要观点，不断提升本国在南南合作事务中的参与度和贡献度。2013 年，南南合作国际组织亚太委员会在中国香港举办了南南合作可持续发展高级论坛。联合国大会以及南方国家和地区对本次论坛高度重视，重要官员悉数到场。中国国际商会也始终对南南合作的项目给予支持与帮助，很多会员企业通过商会参与南南合作项目。论坛上，南南合作国际组织亚太委员会表示，近期将加快投资合作，组织南方国家与金砖国家、发达国家更多、更好地互动，在基础设施、矿产能源等领域争取更多机会和支持，实现南方国家真正意义上的可持续发展。

2015 年，南南合作可持续发展高级论坛再次在中国香港举行，来自众多国际组织的嘉宾在论坛上呼吁增加可再生能源在全球能源消费中的比例，以实现可持续发展。在全球范围内，清洁、可再生能源的利用正受到越来越多的重视。为支持联合国 2015 年后发展议程和"人人享有可持续能源十年"（2014～2024 年）行动计划，南南合作可持续发展高级论坛号召各国政府、相关国际组织整合利用可再生能源、提高能效，在满足不断增加能源需求的同时实现可持续发展（新华网，2015）。中国可再生能源企业积极参与献言，提出了大力发展生物质能，进行资源、能源综合利用的战略（河南省人民政府，2015）。

2. 南南合作下的低碳发展及投融资解决方案国际论坛

中国作为"一带一路"的倡议者，拥有开展南南合作主导平台和解决低碳发展投融资的丰富经验。利用这一优势，中国也积极组织了针对具体问题的交流平台，为其他发展中国家提供帮助。2017 年，南南合作下的低碳发展及投融资解决方案国际论坛在北京举办，论坛旨在分享中国低碳发展经验，促进发展中国家的对话及合作。科学技术部、国家能源局、国家开发银行等单位的政府官员及代表和"一带一路"沿线的巴基斯坦、马来西亚、塔吉克斯坦、肯尼亚等 25 个国家的 70 多位政府官员及代表参加了此次论坛。

为了支持低碳经济转型，论坛为与会代表介绍了中国的清洁能源技术，讨论了如何根据各国国情引进相关技术，分享了具体的发展融资创新模式案例，探讨了如何让其他发展中国家从中国的低碳解决方案与发展金融经验中获益。从中国的经验来看，除了国企、央企，较多私营企业也拥有优秀的人才资源和技术能力。私营企业不但能够推动双边合作，还能提供重要的资金支持，已逐渐成为技术创新和低碳发展的枢纽。因此，让私营企业参与推动中等收入国家经济增长对于确保低碳发展议程的优先地位和可行性至关重要。

3. 全球南南发展博览会

全球南南发展博览会是联合国为支持发展中国家、开展南南合作提供的一个系统性平台，旨在展示发展中国家为实现联合国千年发展目标的成功经验。2008 年至今，一年一届的高层会议及博览会已征集、展示了上百个国家、联合国组织、私营企业及民间社团组织提供的发展成果，并邀请相关企业参与南南合作项目。全球南南发展博览会已成为推动南南合作的重要机制，是中国及其他发展中国家合作交流的重要平台。

2018年，全球南南发展博览会在纽约联合国总部举行。中国在南南合作中的地位得到充分肯定。其中，UNDP与中国商务部国际贸易经济合作研究院、国有资产监督管理委员会研究中心等联合主办了南南合作包容性伙伴关系的会议，包括联合国高级官员、各国政府代表、企业代表等近百位代表在会上分享了各自在中国如何通过传统和创新的模式，加快落实2030年可持续发展议程的经验和成果。会议还重点介绍了由主办单位合力调研撰写的《中国企业海外可持续发展报告》。在全球南南发展博览会举行的40余项主题的活动中，可再生能源是一项重要的议题，通过这一平台，中国在可再生能源南南合作的成功经验得到广泛传播，推动中国在更大范围开展南南合作，为更多国家贡献了中国智慧。

2.2.3　中国可再生能源技术转移的重要贡献

1. 可再生能源技术转移对技术输出国的贡献

（1）应对产能过剩，实现产业升级

过去十余年，中国部分地区的可再生能源一直被视为第三次工业革命的驱动力。中国政府大力支持可再生能源技术发展，期望通过提高可再生能源的能源供应份额，改善以煤炭为主的能源结构，推进"经济脱碳"目标的实现。以风能技术为例，自2013年以来，世界风力涡轮机制造商前十名一直被中国公司垄断。然而，经过10多年爆炸性的增长，中国风电行业遇到了危机，风力发电场的经济效益较低，导致地方政府的投资意愿逐渐降低，转而推广涡轮机制造设施。与此同时，全国各地生产的发电设施增加，制造能力显著过剩。面对饱和的国内市场和竞争激烈的欧美市场，许多中国公司转而进入具有良好风能和太阳能潜力的非洲新兴市场。可再生能源技术转移不仅解决了国内产能过剩问题，也推动了合作国清洁能源工业发展，对促进绿色经济转型有较大贡献。2017年，中国光伏组件出口总额达到106亿美元，其中对非洲出口了3.86亿美元，同比增长30%，出货量超过1.2GW，同比增长37%。中国光伏出口企业以其优质的产品和服务日益得到非洲市场认可。

此外，中国在可再生能源领域的海外业务大多涉及发电设施开发，意味着可再生能源技术转移不仅扩大了出口，而且有效反哺了中国的新能源产业发展，尤其是对于一些在产业链上受到国内外市场萎缩冲击最严重的企业。"走出去"这一过程，通过就业与经济增长、清洁生产和经济转型等方面推动了中国迈向可持续发展目标的进程。

（2）维护伙伴关系，提振产业经济

中国的对外援助促进了合作国的经济和社会发展，也促进了出口和对外投资。开展多种形式的互利合作，有助于促进双边友好关系的建立和深化，实现互利共赢的可持续发展。

就直接效应而言，对外援助直接带动了国内产品的出口。中国对合作国提供一般民用或生活等可再生能源商品和技术，直接带动了中国该类产品的出口，而通过低息贷款和合作项目基金等方式建设合作项目则带动了国内机器设备、物质产品的出口。从外溢效应来看，除出口产品数量增加之外，技术转移促使国内企业提高产品质量，并增强了产品的国际知名度，是一种开拓新出口市场的方式。2009～2017年，中国对非直接投资流量由14.39亿美元增加到41.05亿美元，存量也由93.32亿美元增加到432.97亿美元，存量增幅达364%。截至2017年底，中国在非洲设立的境外企业超过3400家（国家统计局，2018a）。中国在对非投资过程中形成了多种具有中国特色的模式，包括技术转移+示范工程模式、援助合作模式、工程援助+投资开发模式、境外经贸区合作模式、资源-信贷-项目模式和一揽子合作模式等，这些模式都将继续推动中非未来投资合作。从间接效应来看，中国对外的长期技术转移和援助有助于中国企业向外投资。中国企业长期在合作国实施或承揽中国政府和国际组织的合作项目，使合作双方增进了彼此间的了解。近年来通过实施"走出去"战略，中国企业在技术、设备和资金等方面的实力明显增强。开展对非经济合作业务也使得中国企业获取了大量对外投资经验，为开拓境外市场创造了条件。

2. 可再生能源技术转移对技术输入国的贡献

（1）开发自身禀赋，提升能源供给

解决发展中国家日益增长的能源需求问题迫在眉睫。以撒哈拉以南非洲为例，2016年，仍有6.2亿人无法使用电力，近7.3亿人口依靠传统的固体生物质进行炊事。同时，这些地区具备丰富的水电、风能、太阳能、生物能等资源，开发潜力巨大。在中国政府、联合国工业发展组织（United Nations Industrial Development Organization，UNIDO）发起的"点亮非洲"项目中，中国在喀麦隆、埃塞俄比亚、肯尼亚等10个国家边远农村地区建设了100个村级微型水电站，受益人口达10万余人；在塞拉利昂、赞比亚、津巴布韦等5个国家各建了一座示范小水电站，受益人口近30万。

（2）促进平等发展，巩固伙伴关系

除了改善能源获取、促进经济发展之外，可再生能源技术转移为技术输入国实现"减少不平等"和"促进目标实现的伙伴关系"等可持续发展目标提供了有效助力。例如，在中国气候变化南南合作基金发起的合作项目中，任何一个合作国都有资格获得资金和技术支持，这极大地帮助了更多发展中国家以更加积极的姿态参与到全球气候治理行动中，促进更加稳固合作伙伴关系的形成。此外，可再生能源基础设施建设可以帮助欠发达国家减少农村贫困人口，缓解气候变化带来的发展压力，缩小国家内部的发展差距，改善城乡二元结构。

（3）培育产业链条，提升就业机会

通过多年实践，许多发展中国家在与中国开展南南合作可再生能源技术转移的过程中建设形成了完整的绿色能源产业链条，并为当地劳动力市场创造了新的就业机会，在技术进步的同时提高了本国人均收入。例如，截至2013年，中国水利水电建设企业承建了非洲90%以上的水电站，装机容量累计超过5000万kW，在努力帮助当地摆脱电荒的同时为当地人提供了4.2万个就业岗位。

（4）加强能力建设，加快自主发展

通过与中国开展可再生能源领域经验分享和技术合作，更多发展中国家为本国培养了大批人才，增强了自主发展的造血能力。仅在2010~2012年，中国在58个发展中国家开展了援建太阳能路灯、太阳能发电等可再生能源利用项目共64个，为120多个发展中国家举办了50期环境保护和应对气候变化培训班，培训官员和技术人员4000多名，培训领域包括低碳产业发展与能源政策、生态保护、水资源管理与水土保持、可再生能源开发利用等。绿色发展理念也间接通过技术合作、人力资源开发合作、志愿者服务、精神激励等方式得以传播，中国的发展理念正在深刻影响着发展中国家的知识精英。

（5）助力经济发展，强化发展能力

基础设施建设是经济发展过程中的重要影响因素，尤其是对低收入经济体而言。基础设施建设对内可以改善生产生活条件，对外可以优化投资环境，从而为社会经济发展创造更好的条件。而太阳能路灯、沼气和水电等可再生能源产品和技术可为发展中国家基础设施建设提供有力支撑，为技术输入国经济发展营造良好环境。同时，清洁能源技术的发展也强化了技术输入国的可持续发展能力。

第二篇

现状与需求

第3章 南方国家经济社会与能源发展现状

首席作者： 樊静丽　贾　莉
贡献作者： 侯清源　王家兴　史明威　王　浩

发展中国家人口众多，经济发展水平参差不齐。城市化水平、质量及收入水平整体较低，两极分化严重，大量人口需要摆脱贫困。当前大多数发展中国家以经济快速发展作为首要目标，经济增长离不开能源的生产和消费，而日益严峻的气候和能源安全问题促使发展中国家开始寻找一条安全、绿色、可持续的发展之路。开展可再生能源领域的南南合作可以加强发展中国家之间的技术交流与转让，使可再生能源在减少碳排放、应对能源危机方面发挥更大作用。本章按照世界银行对国家、地区和经济水平的分类，以不同地区非高收入国家为研究对象，重点分析其GDP、城镇化水平和产业结构，并对其能源生产与消费结构、可再生能源发展情况进行介绍，更全面地了解各国能源发展的情况。

3.1 南方国家经济社会发展总体特征

"南方"或"全球南方"主要指位于南半球的发展中国家和地区。"全球南方"包括亚洲（除日本、新加坡、韩国，以及中国的香港、澳门和台湾外）、中美洲、南美洲、墨西哥、非洲和中东（除以色列外）（United Nations Office for South-South Cooperation，2019）。世界银行以各国2017年人均国民总收入（GNI）为标准，将国家分为四大类，即低收入国家（人均GNI为995美元及以下）、中低收入国家（人均GNI为996~3895美元）、中高收入国家（人均GNI为3896~12 055美元）、高收入国家（人均GNI为12 056美元及以上）。经考察，部分南方国家（如阿联酋、阿根廷等）属于高收入国家，因此未将其纳入分析（表3-1）。

表3-1　国家分类和地区对照表

地区	低收入国家	中低收入国家	中高收入国家
撒哈拉以南非洲	布隆迪	安哥拉	博茨瓦纳
	贝宁	科特迪瓦	加蓬
	布基纳法索	喀麦隆	赤道几内亚
	中非共和国	刚果（布）	毛里求斯
	刚果（金）	佛得角	纳米比亚
	科摩罗	加纳	南非
	厄立特里亚	肯尼亚	

续表

地区	低收入国家	中低收入国家	中高收入国家
撒哈拉以南非洲	埃塞俄比亚	莱索托	
	几内亚	毛里塔尼亚	
	冈比亚	尼日利亚	
	几内亚比绍	苏丹	
	利比里亚	圣多美和普林西比	
	马达加斯加	斯威士兰	
	马里	赞比亚	
	莫桑比克		
	马拉维		
	尼日尔		
	卢旺达		
	塞内加尔		
	塞拉利昂		
	索马里		
	南苏丹		
	乍得		
	多哥		
	坦桑尼亚		
	乌干达		
	津巴布韦		
中东与北非	叙利亚	吉布提	阿尔及利亚
	也门	埃及	伊朗
		摩洛哥	伊拉克
			约旦
		突尼斯	黎巴嫩
			利比亚
欧洲与中亚	塔吉克斯坦	格鲁吉亚	阿尔巴尼亚
		吉尔吉斯斯坦	亚美尼亚
		摩尔多瓦	阿塞拜疆
		乌克兰	保加利亚
		乌兹别克斯坦	波斯尼亚和黑塞哥维那
		科索沃	白俄罗斯
			哈萨克斯坦
			北马其顿

续表

地区	低收入国家	中低收入国家	中高收入国家
欧洲与中亚			黑山
			罗马尼亚
			俄罗斯
			塞尔维亚
			土库曼斯坦
			土耳其
南亚	阿富汗	孟加拉国	马尔代夫
	尼泊尔	不丹	
		印度	
		斯里兰卡	
		巴基斯坦	
东亚与太平洋	朝鲜	密克罗尼西亚联邦	美属萨摩亚
		印度尼西亚	中国
		柬埔寨	斐济
		基里巴斯	马绍尔群岛
		老挝	马来西亚
		缅甸	瑙鲁
		蒙古国	泰国
		菲律宾	汤加
		巴布亚新几内亚	图瓦卢
		所罗门群岛	萨摩亚
		东帝汶	
		越南	
		瓦努阿图	
拉丁美洲与加勒比海	海地	玻利维亚	伯利兹
		洪都拉斯	巴西
		尼加拉瓜	哥伦比亚
		萨尔瓦多	哥斯达黎加
			古巴
			多米尼克
			多米尼加
			厄瓜多尔
			格林纳达
			危地马拉

续表

地区	低收入国家	中低收入国家	中高收入国家
拉丁美洲与加勒比海			圭亚那
			牙买加
			圣卢西亚
			墨西哥
			秘鲁
			巴拉圭
			苏里南
			圣文森特和格林纳丁斯
			委内瑞拉

资料来源：World Bank（2019）

3.1.1 GDP 与人均 GDP

不同地区的 GDP 与人均 GDP 差异较大。以 2017 年为例，各地区非高收入国家中，东亚与太平洋地区的 GDP 最高，为 12.6952 万亿美元（2010 年不变价美元，余同），欧洲与中亚地区的人均 GDP 最高，为 9294.77 美元。撒哈拉以南非洲地区的 GDP 和人均 GDP 都最低，分别为 1.752 万亿美元和 1651.372 美元（图 3-1）。

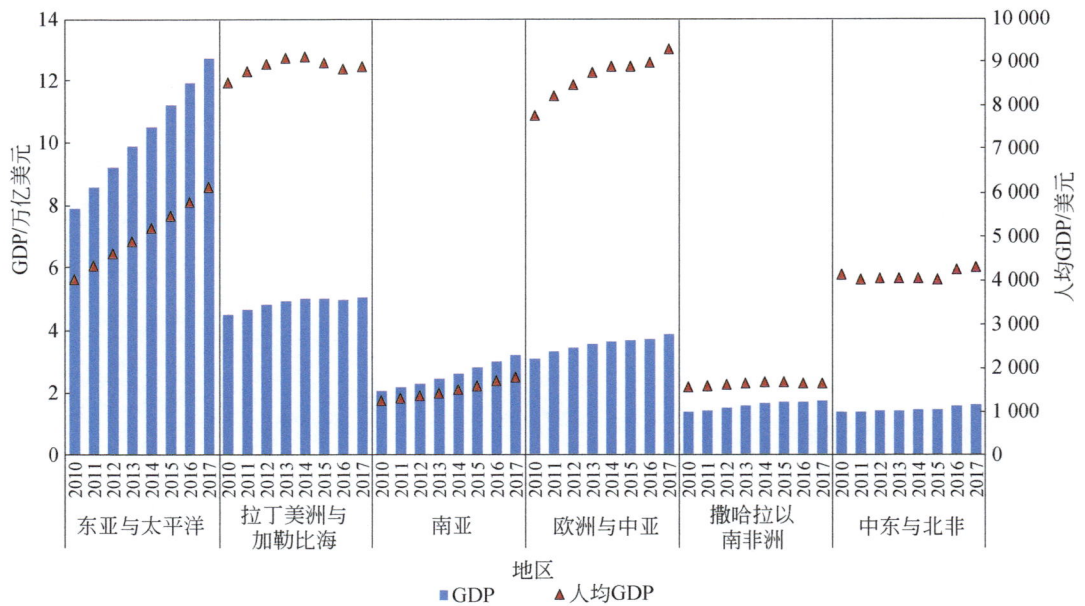

图 3-1　2010~2017 年世界各地区非高收入国家 GDP 与人均 GDP 情况

资料来源：World Bank（2019）

各地区非高收入国家 GDP 增速呈现逐渐下降的趋势，2010~2017 年各地区的 GDP 增长率下降了 1~4 个百分点，其中降幅最大的是拉丁美洲与加勒比海地区，下降了约 4 个百分点。非高收入国家经济正逐渐从高速增长转变为平稳与缓慢增长。部分地区出现经济负增长的情况，如 2015~2016 年的拉丁美洲与加勒比海地区，以及 2011 年的中东与北非地区（表 3-2）。

表 3-2　2010~2017 年世界各地区非高收入国家 GDP 增长率　　（单位:%）

年份	东亚与 太平洋地区	欧洲与 中亚地区	拉丁美洲与 加勒比海地区	中东与 北非地区	南亚地区	撒哈拉以南 非洲地区
2010	9.78	5.15	5.64	5.24	9.10	5.58
2011	8.46	6.55	4.26	−0.96	6.27	4.55
2012	7.51	3.68	3.06	2.87	5.50	4.55
2013	7.19	4.01	2.76	1.61	6.09	4.99
2014	6.76	2.24	1.30	2.09	6.99	4.68
2015	6.49	0.56	−0.34	1.04	7.61	2.94
2016	6.33	1.51	−0.42	7.42	6.84	1.22
2017	6.59	4.03	1.63	2.97	6.53	2.53

资料来源：World Bank（2019）

虽然非高收入国家 GDP 近年来增速逐渐放缓，但依旧保持较高水平。2010~2017 年，非高收入国家 GDP 增长率保持在 3% 以上且始终高于世界水平，相比之下高收入国家 GDP 增长率长期在 3% 以下（表 3-3）。

表 3-3　2010~2017 年世界不同收入水平国家 GDP 增长率　　（单位:%）

收入水平	2010 年	2011 年	2012 年	2013 年	2014 年	2015 年	2016 年	2017 年
高收入国家	2.99	1.88	1.25	1.40	2.02	2.34	1.66	2.23
中低收入国家	7.44	5.54	5.22	5.61	5.66	5.65	5.15	5.33
中高收入国家	7.47	6.34	5.26	5.04	4.21	3.37	3.92	4.75
低收入国家	7.26	4.22	6.38	5.65	5.79	3.43	3.21	5.11
世界	4.32	3.18	2.51	2.62	2.86	2.86	2.51	3.14

资料来源：World Bank（2019）

3.1.2　城镇化

不同地区的非高收入国家城镇化率差距较大。2017 年，拉丁美洲与加勒比海地区的城镇化率为 79.32%，在各地区中最高。南亚地区的城镇化率最低，仅为 33.54%。城镇化率增长最快的是东亚与太平洋地区，2010~2017 年增长了 7.05%。欧洲与中亚地区增长最慢，2010~2017 年仅增长了 1.13%（表 3-4）。

表 3-4 2010～2017 年世界各地区非高收入国家城镇化率 （单位：%）

年份	东亚与太平洋地区	欧洲与中亚地区	拉丁美洲与加勒比海地区	中东与北非地区	南亚地区	撒哈拉以南非洲地区
2010	47.62	65.62	77.30	58.96	30.80	35.93
2011	48.67	65.78	77.60	59.25	31.16	36.45
2012	49.68	65.94	77.90	59.54	31.54	36.95
2013	50.69	66.09	78.19	59.83	31.92	37.46
2014	51.69	66.25	78.48	60.13	32.31	37.98
2015	52.69	66.41	78.77	60.48	32.71	38.50
2016	53.69	66.58	79.05	60.81	33.12	39.02
2017	54.67	66.75	79.32	61.14	33.54	39.54

资料来源：World Bank（2019）

多个地区南方国家存在城镇化率和经济发展水平不相匹配的问题，其中以城镇化率最高的拉丁美洲与加勒比海地区最为突出。拉丁美洲与加勒比海地区非高收入国家的城镇化率已经接近甚至超过部分高收入国家，但人均 GDP 差距较大。2017 年该地区高收入国家的城镇化率为 81.52%，人均 GDP 为 41 539.85 美元，与之相比，非高收入国家的城镇化率为 79.32%，人均 GDP 仅为 8897.97 美元。其他地区的南方国家也都存在不同程度的城镇化率和经济发展水平不相匹配的问题，这与部分南方国家采用以服务业提高城镇化率的方式有关。

南方国家存在城镇人口高度集中、巨型城市人口占比过高等问题。2017 年低收入国家城市人口大量集中在最大城市，其最大城市人口占城镇总人口的 30% 以上，远高于世界平均水平（16.05%）。从超过 100 万人的城市群中的人口占总人口的比例来看，2017 年中高收入国家为 28.61%，高于世界平均水平（23.71%）（表 3-5）。

表 3-5 2010～2017 年世界不同收入水平国家部分城镇化指标 （单位：%）

项目	收入水平	2010 年	2011 年	2012 年	2013 年	2014 年	2015 年	2016 年	2017 年
最大城市人口占城镇总人口的比例	低收入国家	31.51	30.99	30.78	30.71	30.68	30.65	30.62	30.58
	中低收入国家	15.97	15.97	15.98	16.00	16.02	16.03	16.04	16.06
	中高收入国家	11.87	11.84	11.80	11.75	11.71	11.68	11.64	11.61
	世界	16.15	16.11	16.08	16.07	16.06	16.06	16.05	16.05
超过 100 万人的城市群中的人口占总人口的比例	低收入国家	11.26	11.15	11.12	11.13	11.18	11.36	11.58	11.72
	中低收入国家	14.76	14.93	15.10	15.29	15.48	15.67	15.87	16.08
	中高收入国家	25.81	26.24	26.63	27.01	27.41	27.81	28.21	28.61
	世界	22.27	22.47	22.66	22.85	23.05	23.26	23.49	23.71

资料来源：World Bank（2019）

3.1.3 产业结构

各地区非高收入国家产业结构不同。2017年欧洲与中亚地区、拉丁美洲与加勒比海地区的非高收入国家农业占比较低,分别为5.32%和4.69%,而服务业占比较高,分别为54.40%和61.63%。南亚地区、撒哈拉以南非洲地区的非高收入国家农业占比高于其他地区,分别为15.96%和15.81%。另外,各地区非高收入国家服务业占比整体呈上升趋势,部分地区工业占比下降迅速,如2010~2017年,东亚与太平洋地区的非高收入国家工业占比由44.70%下降到39.57%,服务业由44.36%上升到51.15%。相比之下,欧洲与中亚地区产业结构未出现大幅度变化(图3-2)。

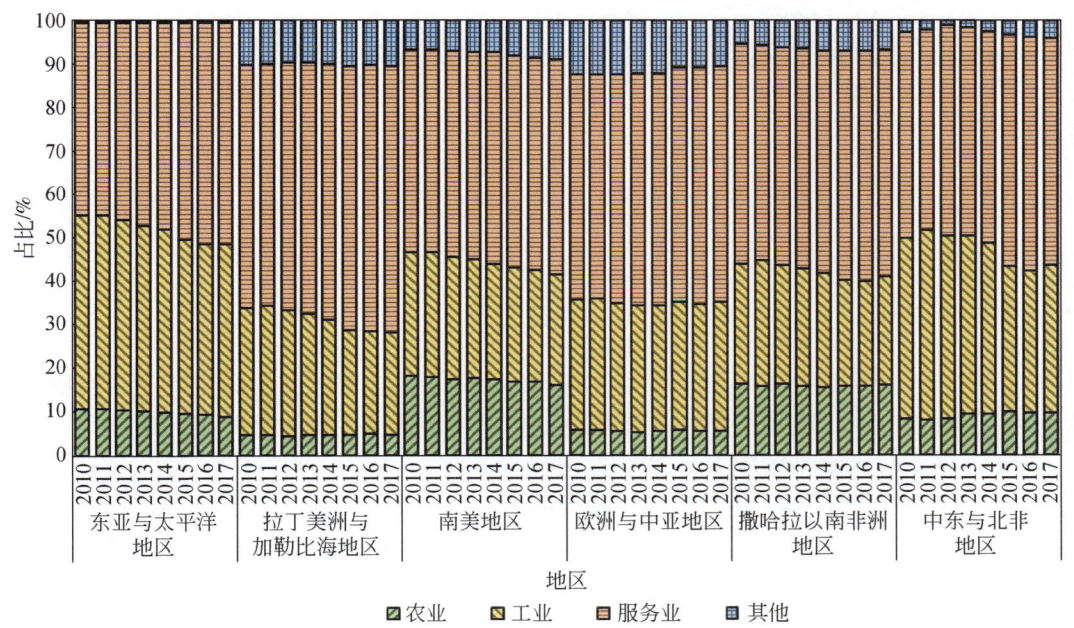

图3-2　2010~2017年世界各地区非高收入国家产业结构

资料来源:World Bank(2019)

收入水平越高的国家,其产业结构中农业占比越低、服务业占比越高。中高收入国家农业、工业占比持续下降,服务业占比逐渐上升。2010~2017年,中高收入国家的工业占比下降4.50%,服务业占比上升5.45%,与之相比,中低收入国家工业占比下降2.74%,服务业占比上升2.72%。低收入国家承载着来自中高收入国家的产业转移,工业占比缓慢上升(图3-3)。低收入国家经济落后,其产业结构中服务业占比较高,农业和工业次之。南方国家需要加强南南合作,促进落后国家工业发展。

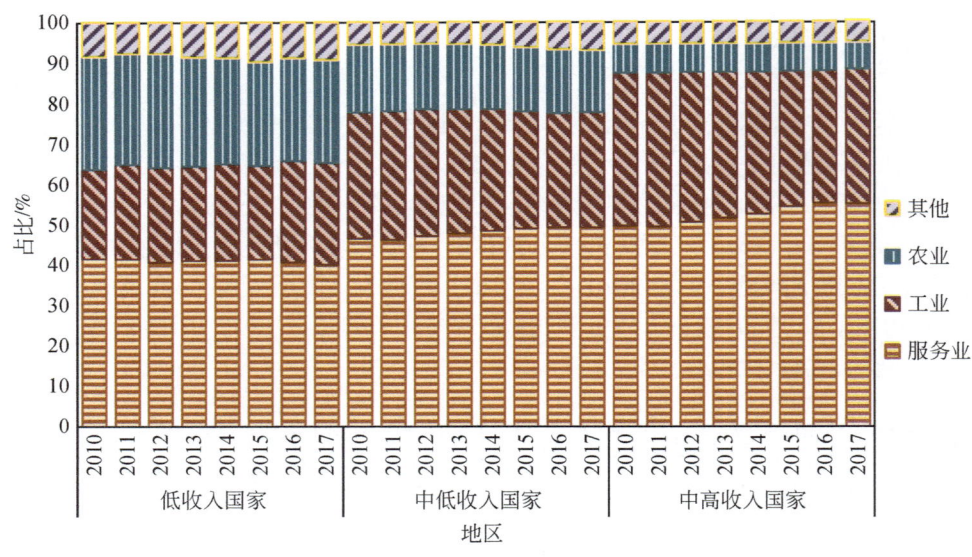

图 3-3　2010~2017 年世界不同收入水平国家产业结构
资料来源：World Bank（2019）

3.1.4　小结

南方国家经济发展水平较低，人均 GDP 差距较大，城镇化率偏低，产业结构整体较为落后，需要进一步调整和发展。不同收入水平的南方国家经济发展水平差距较大，中等（中低和中高）收入水平国家各经济指标都优于低收入国家。南方国家应加强南南合作，利用各国不同的发展优势，通过经济与政策的全方位合作实现各国优势互补，以缩小发展差距。南方国家间的合作常是跨地区或多地区的合作，不同地区南方国家有不同的经济特点，只有因地制宜地采取有利政策才能实现共同发展。

3.2　典型南方国家经济与能源发展状况

3.2.1　撒哈拉以南非洲地区

撒哈拉以南非洲地区没有高收入国家，地区整体经济发展水平较低，城镇人口所占比例也较低，人均 GDP 极低且不同国家差距较大。撒哈拉以南非洲地区能源生产以石油和生物质燃料为主，且生产的石油主要用于出口，本国加工量较少，大量农村人口以生物质为生活能源。

1. GDP 与人均 GDP

撒哈拉以南非洲地区中高收入国家集中在几内亚湾沿岸和非洲南部，低收入和中低收入国家则分布在非洲内陆和非洲东部沿印度洋一带。近年来，撒哈拉以南非洲地区 GDP 增速逐渐放缓，2010～2017 年 GDP 增长率由 5.58% 下降到 2.53%（World Bank，2019），人均 GDP 水平低且各国差距大。赤道几内亚和加蓬是沿几内亚湾国家，2017 年人均 GDP 分别为 11 287.86 美元和 9385.81 美元，同时撒哈拉以南非洲地区有 21 个国家人均 GDP 不足 1000 美元，仅有 9 个国家人均 GDP 在 3000 美元以上（表 3-6）。

表 3-6 撒哈拉以南非洲地区 2017 年人均 GDP 分布情况　　（单位：个）

指标	1 000 美元以下	1 000～1 500 美元	1 500～2 000 美元	2 000～3 000 美元	3 000～4 000 美元	5 000～10 000 美元	10 000 美元以上
国家数量	21	7	5	2	3	4	2

资料来源：World Bank（2019）

2. 城镇化

如图 3-4 所示，撒哈拉以南非洲各国的城镇化率普遍较低。2017 年，该地区非高收入国家城镇化率仅为 39.54%，远低于世界平均水平（54.82%）。有 30 多个国家城镇化率低于 50%，其中 13 个国家城镇化率低于 30%。低收入国家城镇化率普遍在 30%～50%，普遍低于中等收入国家。

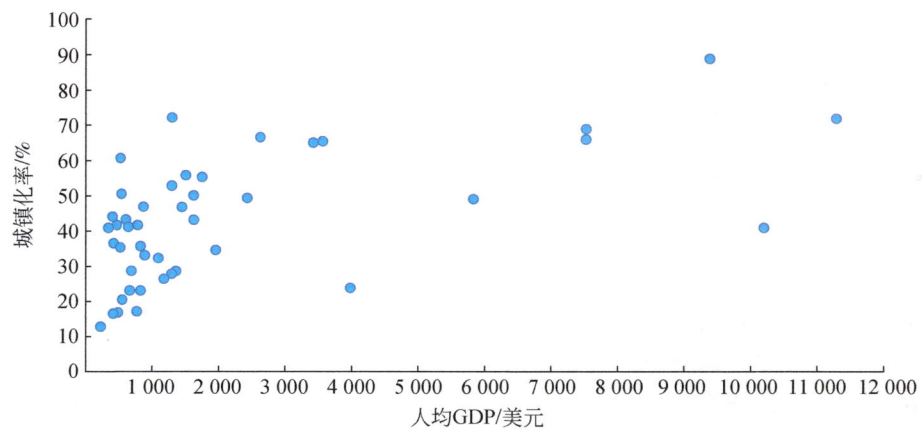

图 3-4　2017 年撒哈拉以南非洲地区城镇化率和人均 GDP 散点图
资料来源：World Bank（2019）

3. 产业结构

撒哈拉以南非洲地区非高收入国家的农业和服务业占比较高，工业占比较低。其中有 10 多个国家农业和服务业占比之和超过 60%，工业发展明显不足，如乍得的服务业占比为49.13%，而工业占比仅为14.78%（表3-7）。自20世纪80年代非洲各国实行新自由主义政策后，大量国有企业被私有化改造，出现去工业化现象，工业占比逐渐下降，与世界其他地区差距日益加大。1990年以来，非洲的制造业占GDP的比例逐年下降，东非从1990年的13.4%下降到2008年的9.7%，西非从13.1%下降到5%，南非从22.9%下降到18.2%（梁益坚，2015）。撒哈拉以南非洲地区工业体系不完善，工业以原材料开采业为主。虽然部分行业发展水平较高，但这类行业无法刺激农业生产并带动其他行业发展。例如，尼日利亚是非洲石油资源最丰富的国家，但又是汽油最短缺的国家，虽然每年出口大量原油，但无法修建本土炼油厂及形成完整石油产业（梁益坚，2015）。

表3-7　2017年撒哈拉以南非洲地区部分国家产业结构　　（单位:%）

国家	收入水平	农业	工业	服务业
乍得	低收入国家	49.13	14.78	33.90
多哥	低收入国家	41.76	17.04	30.13
坦桑尼亚	低收入国家	30.13	26.37	37.50
肯尼亚	中低收入国家	6.12	16.53	43.62
莱索托	中低收入国家	23.14	31.95	52.52
毛里塔尼亚	中低收入国家	20.85	28.37	35.51
博茨瓦纳	中高收入国家	1.99	30.26	58.40
加蓬	中高收入国家	5.21	45.29	42.46
南非	中高收入国家	2.29	25.90	61.49

资料来源：World Bank（2019）

4. 能源生产与消费

撒哈拉以南非洲地区能源生产以石油和煤炭为主，天然气也占有部分比例（图3-5）。英国石油公司（BP）统计数据中没有薪柴等生物质燃料的生产量，实际上该地区生物质生产也占据着很大比例。2017年，撒哈拉以南非洲地区石油生产量为237.07Mtoe（百万吨石油当量），煤炭为154.51Mtoe，天然气为62.98Mtoe，水电、核电和可再生能源之和不足15Mtoe（BP，2018）[①]。从2017年能源生产结构来看，石油占比为50.51%，煤炭为32.92%，天然气为13.42%（图3-5）。撒哈拉以南非洲地区石油生产主要用于出口。西非是非洲石油重要生产地区，2017年西非石油出口214.2Mtoe，占该地区石油生产量的90.35%（BP，2018）。

---

① 本节中可再生能源指非水电可再生能源。

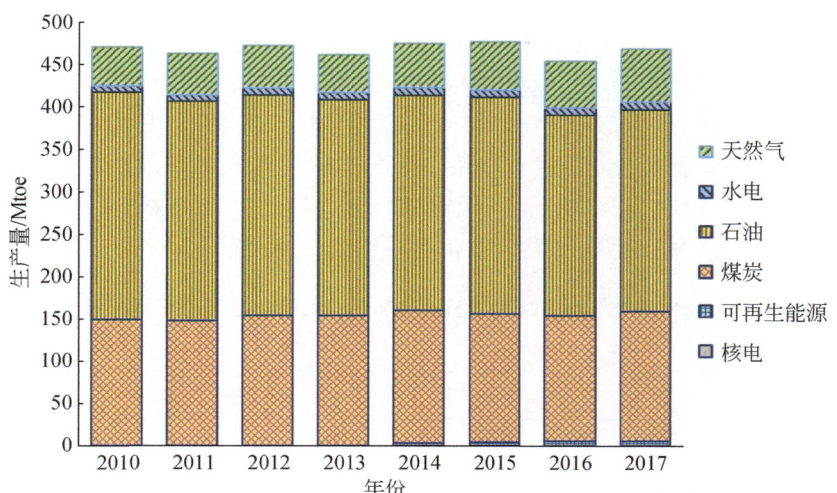

图 3-5　2010~2017 年撒哈拉以南非洲地区非高收入国家能源生产量

数据通过非洲生产总量减去北非国家中数据确定的国家生产量计算获得，部分国家某项能源产量较少可忽略。其中，水电、核电以 12TW·h=1Mtoe 换算

资料来源：BP（2018）

撒哈拉以南非洲地区能源消费以石油、煤炭、天然气和水电为主（图3-6）。2017年，该地区石油消费量为 124.03Mtoe，煤炭为 88.38Mtoe，天然气为 39.35Mtoe，水电为 25.76Mtoe，可再生能源和核电之和不足 8Mtoe。从 2017 年能源消费结构来看，石油占比为 43%，煤炭为 33%，天然气为 14%，水电为 9%。

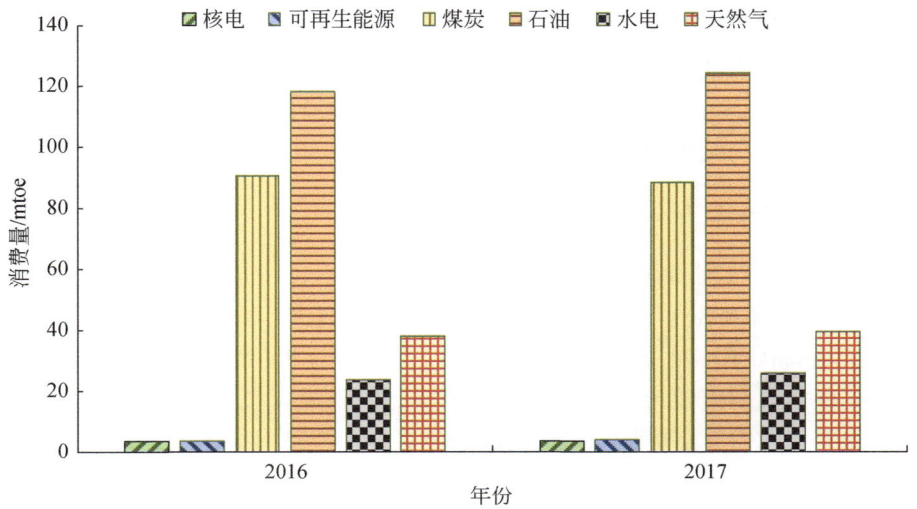

图 3-6　2016 年和 2017 年撒哈拉以南非洲地区非高收入国家能源消费量

数据通过非洲消费总量减去摩洛哥、埃及和阿尔及利亚计算获得。核电、水电和可再生能源是将其发电量换算为火电厂生产同等电量所消耗的化石燃料，假设转换效率为 38%（经济合作与发展组织的火力发电的平均转换效率）

资料来源：BP（2018）

撒哈拉以南非洲地区非高收入国家可再生能源产业发展迅速，以水电为主，近年来风电、光伏发电和生物质发电也发展迅速。2018 年撒哈拉以南非洲地区水电装机容量为 30 767.3MW，其中安哥拉（2698.9MW）、埃塞俄比亚（3817.3MW）和南非（3479.2MW）等装机容量较高；风电、光伏发电和生物质发电装机容量之和为 8451.9MW，其中埃塞俄比亚风电发展较快，南非光伏发电和风电发展较快。2018 年该地区水电装机容量约是 2010 年的 1.4 倍，风电装机容量约是 2010 年的 77 倍，光伏发电装机容量约是 2010 年的 25 倍，生物质发电装机容量约是 2010 年的 1.6 倍（表 3-8）。

表 3-8　2010～2018 年撒哈拉以南非洲地区非高收入国家各项可再生能源装机容量

（单位：MW）

类型	2010 年	2011 年	2012 年	2013 年	2014 年	2015 年	2016 年	2017 年	2018 年
水电	21 963.1	22 101.4	22 760.6	23 927.4	24 043.4	24 567.7	26 491.7	29 922.8	30 767.3
风电	37.4	132.4	145.7	492.9	806.2	1 520.0	1 926.2	2 548.0	2 863.8
光伏发电	161.2	232.1	307.1	617.5	1 603.0	1 909.5	2 842.1	3 412.7	4 100.8
生物质发电	951.8	1 036.9	1 128.7	1 221.9	1 376.6	1 415.3	1 425.6	1 431.6	1 487.3

注：数据通过非洲装机总容量减去埃及、摩洛哥、突尼斯、利比亚和阿尔及利亚装机容量计算获得

资料来源：IRENA（2019a）

3.2.2　中东与北非地区

中东与北非地区拥有丰富的油气资源，发达的石油产业是各国的经济支柱，但因中东地区安全局势长期紧张，部分国家经济发展常因战乱受到负面影响。另外，高度发达的石油经济加快了中东国家城镇化进程。由于特殊的地理环境，各国城镇人口相对集中在主要大城市。北非国家农业占比较高，中东国家农业占比逐渐提高。各国工业占比迅速下降，服务业正逐渐成为国民经济的主导产业[①]。

1. GDP 与人均 GDP

2017 年，中东与北非地区非高收入国家的 GDP 为 1.634 万亿美元，人均 GDP 为 4301.20 美元（World Bank，2019）。各国间人均 GDP 差距大，部分国家人均 GDP 超过 5000 美元，而有些国家不足 1000 美元（表 3-9）。中东与北非地区经济增长不稳定，且增长较慢，虽然存在短期内增长率突然提高的情况，但难以保持（图 3-7）。中东与北非地区常因政局动荡，国内安全形势恶化而出现经济衰退。2011 年，利比亚战争爆发，利比亚 GDP 快速下降；2015 年，也门冲突开始后，也门 GDP 保持负增长状态，由 2015 年的 241 亿美元下降到 2017 年的 196 亿美元（World Bank，2019）。

---

① 部分发展中国家为高收入国家，在经济分析中并没有包括在内，如阿联酋、沙特阿拉伯、阿曼等。

表 3-9　2010～2017 年中东与北非地区非高收入国家人均 GDP　（单位：美元）

地区	国家	2010 年	2011 年	2012 年	2013 年	2014 年	2015 年	2016 年	2017 年
北非	阿尔及利亚	4 463.39	4 504.92	4 564.44	4 596.22	4 675.89	4 759.6	4 827.72	4 820.43
	埃及	2 602.48	2 593.21	2 593.11	2 590.95	2 608.26	2 665.23	2 725.56	2 785.25
	利比亚	12 120.56	4 578.53	10 208.67	8 823.55	6 697.1	6 073.41	5 848.94	7 314.62
	摩洛哥	2 834.20	2 942.04	2 987.32	3 077.32	3 113.8	3 209.71	3 204.86	3 292.45
	突尼斯	4 140.15	4 014.92	4 127.4	4 196.78	4 271.33	4 270.87	4 269.14	4 303.96
中东	伊朗	6 531.93	6 622.67	6 052.52	5 964.18	6 161.1	6 007	6 733.91	6 910.57
	伊拉克	4 502.75	4 695.36	5 178.42	5 390.01	5 253.63	5 218.39	5 725.72	5 449.97
	约旦	3 679.19	3 578.77	3 481.69	3 401.08	3 348.83	3 297.89	3 258.49	3 238.25
	黎巴嫩	8 858.28	8 450.11	8 107.08	7 754.77	7 445.75	7 147.27	7 083.82	7 102.64
	加沙	2 338.72	2 441.62	2 713.72	2 521.19	2 420.99	2 641.8	2 655.54	2 494.06
	也门	1 309.23	1 112.35	1 108.9	1 132.1	1 101.12	894.63	754.06	692.52

注：无叙利亚、吉布提数据

资料来源：World Bank（2019）

图 3-7　2010～2017 年中东与北非地区非高收入国家 GDP 增长率

资料来源：World Bank（2019）

2. 城镇化

中东与北非地区非高收入国家城镇化高于世界平均水平，该地区收入水平越高的国家，城镇化水平越高。2017 年，中东与北非地区城镇化率为 61.14%，高于世界平均水平。其中，中高收入国家城镇化率大多在 70% 以上，四个中低收入国家有三个在 60% 以上，低收入国家则在 60% 以下，部分国家城镇化水平已经接近高收入国家。由于地理和气候原因，中东地区存在城镇人口集中现象，大量人口集中在主要城市群和大城市。2017 年黎巴嫩和叙利亚城镇化率虽分别只有 38.34% 和 28.67%，但超过 100 万人的城市群中的人口占总人口的比例为 38.33% 和 28.67%（World Bank，2019）。

3. 产业结构

2010年以来，中东与北非地区农业占比较低但正逐渐提高，工业占比迅速下降，服务业占比保持快速上升。2010年中东与北非地区农业、工业和服务业占比分别为8.18%、41.45%和47.71%，而2017年分别为9.53%、34.11%和52.43%。北非国家农业占比在10%左右，如2017年突尼斯农业占比为9.54%，埃及为11.48%。中东国家农业占比有所提高，如2010年伊朗农业占比为6.49%，2017年提高到9.50%，约旦、黎巴嫩等的农业占比也有不同程度提高（World Bank，2019）。中东与北非地区整体工业占比呈快速下降趋势，其中，伊拉克和伊朗下降最明显，2010年两国工业占比分别为55.79%和44.21%，2017年则为42.96%和34.91%，降幅均超过10个百分点（表3-10）。

表3-10　2010~2017年中东与北非地区部分国家产业结构工业占比　　（单位:%）

国家	收入水平	2010年	2011年	2012年	2013年	2014年	2015年	2016年	2017年
阿尔及利亚	中高收入国家	50.49	49.63	47.86	44.25	42.31	35.73	34.74	37.24
伊朗	中高收入国家	44.21	47.92	43.34	42.88	39.62	32.97	33.86	34.91
伊拉克	中高收入国家	55.79	62.55	60.58	57.69	56.54	41.96	37.50	42.96
摩洛哥	中低收入国家	25.66	26.61	26.41	26.17	26.49	26.09	25.99	26.13
埃及	中低收入国家	35.78	35.95	39.25	39.89	39.89	36.63	32.46	33.75
突尼斯	中低收入国家	28.98	29.81	29.64	28.77	26.88	24.95	24.00	23.12

资料来源：World Bank（2019）

中东与北非地区整体服务业占比迅速扩大，服务业在拉动经济增长上的作用越来越大。2010~2017年阿尔及利亚服务业占比提高了7.43%。部分国家存在服务业占比小幅度下降的情况，如2016年伊朗和伊拉克服务业占比分别为55.23%和57.36%，2017年则下降为54.35%和52.21%（World Bank，2019）。

4. 能源生产与消费

得益于大量的石油资源，中东地区能源生产以石油和天然气为主，而北非地区除石油和天然气外还有部分煤炭生产。2017年，中东与北非地区非高收入国家石油生产量为611.7Mtoe，天然气为343.4Mtoe，煤炭为143.8Mtoe（北非为143Mtoe，中东为0.8Mtoe），水电、核电和可再生能源之和为17.5Mtoe（BP，2018）。从2017年能源生产结构来看，石油占比为54.79%，天然气为30.76%，煤炭为12.88%，水电、核电和可再生能源之和为1.57%（图3-8）。

在能源消费方面（图3-9），2017年，中东与北非地区非高收入国家天然气消费量为301.46Mtoe，石油为249.16Mtoe，煤炭为88.20Mtoe（中东为1.30Mtoe，北非为86.90Mtoe），水电、核电和可再生能源之和为17.41Mtoe（BP，2018）。从2017年能源消费结构来看，天然气占比为46%，石油为38%，煤炭为13%，核电、水电和可再生能源之和为3%（图3-9）。

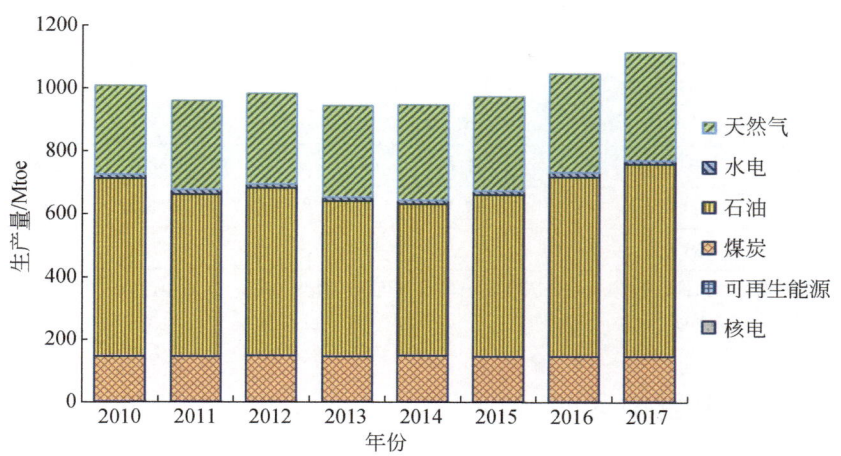

图 3-8　2010～2017 年中东与北非地区非高收入国家能源生产量

数据通过中东地区各项能源产量和减去中东部分高收入国家各项产量并加上北非五国各项能源产量计算获得

资料来源：BP（2018）

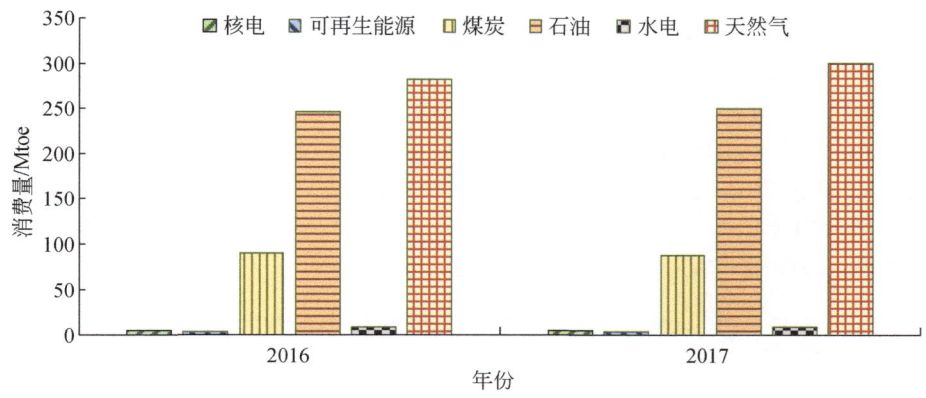

图 3-9　2016 年和 2017 年中东与北非地区非高收入国家能源消费量

资料来源：BP（2018）

中东与北非地区非高收入国家可再生能源以水电为主，风电和光伏发电装机容量较低，但产业发展迅速，生物质能源发展较慢。2018 年中东与北非地区水电装机容量为 20 553.0MW，其中伊朗（13 135.3MW）、埃及（2850.8MW）和伊拉克（2514.3MW）装机量较高。2018 年中东与北非地区风电装机容量为 1950.1MW，约是 2010 年的 3 倍，其中埃及（1125.0MW）和突尼斯（245.0MW）装机容量较高。2018 年中东与北非地区光伏装机容量为 2580.2MW，约是 2010 年的 55 倍，其中安哥拉（425.0MW）和约旦（396.0MW）装机容量较高。2018 年中东与北非地区生物质装机容量仅为 98.2MW（表 3-11）。

表 3-11　2010～2018 年中东与北非地区非高收入国家各项可再生能源装机容量

（单位：MW）

类型	2010 年	2011 年	2012 年	2013 年	2014 年	2015 年	2016 年	2017 年	2018 年
水电	15 288.3	15 547.3	16 138.3	16 658.3	17 822.3	19 842.3	20 064.3	20 406.7	20 553.0
风电	700.0	703.2	831.6	861.6	947	1 275.6	1 384.1	1 398.1	1 950.1
光伏发电	47.0	69.7	73.6	109.5	141.4	308.7	858.6	1 381	2 580.2
生物质发电	83.9	83.9	85.9	85.9	90.8	90.8	97.8	98.2	98.2

注：数据通过北非与中东地区各非高收入国家各种类可再生能源装机容量加和计算获得

资料来源：IRENA（2019a）

3.2.3　欧洲与中亚地区

欧洲与中亚地区经济发展水平较高，人均 GDP 较高，城镇化水平变化较小，整体产业结构较稳定。

1. GDP 与人均 GDP

欧洲与中亚地区非高收入国家大多是苏联解体后产生的国家和东欧国家，这些国家基础设施建设水平较高，经济基础好，GDP 水平较高。2017 年该地区 GDP 为 3.8624 万亿美元，人均 GDP 为 9294.76 美元。在欧洲与中亚地区非高收入国家中，土耳其人均 GDP 最高，为 14 936.40 美元，而塔吉克斯坦最低，为 1020.14 美元。低收入国家中，塔吉克斯坦 GDP 增速较高，2010～2017 年保持 6%～8% 的高速增长。中等收入国家 GDP 增速逐渐降低，部分国家出现经济负增长情况（2017 年多国 GDP 增速有所回升），其中，乌克兰因战乱，GDP 增速大幅度下降（表 3-12）。

表 3-12　2010～2017 年欧洲与中亚地区部分国家 GDP 增长率　　（单位：%）

国家	收入水平	2010 年	2011 年	2012 年	2013 年	2014 年	2015 年	2016 年	2017 年
亚美尼亚	中高收入国家	2.20	4.70	7.20	3.30	3.60	3.20	0.20	7.50
阿塞拜疆	中高收入国家	4.85	0.07	2.20	5.80	2.00	1.10	-3.10	0.10
哈萨克斯坦	中高收入国家	7.30	7.40	4.80	6.00	4.20	1.20	1.10	4.10
俄罗斯	中高收入国家	4.50	5.28	3.66	1.79	0.74	-2.83	-0.22	1.55
土库曼斯坦	中高收入国家	9.20	14.70	11.10	10.20	10.30	6.50	6.20	6.50
格鲁吉亚	中低收入国家	6.25	7.22	6.35	3.39	4.62	2.88	2.85	4.83
吉尔吉斯斯坦	中低收入国家	-0.47	5.96	-0.09	10.92	4.02	3.88	4.34	4.58
乌克兰	中低收入国家	3.83	5.47	0.24	-0.03	-6.55	-9.77	2.44	2.52

资料来源：World Bank（2019）

2. 城镇化

欧洲与中亚地区的总体城镇化率较高，各国城镇化率没有较大变化，个别国家出现了城镇化率下降的情况。2010 年该地区城镇化率为 65.62%，2017 年为 66.75%，提高了约 1 个百分点。亚美尼亚城镇化率反而下降了 0.34 个百分点（表 3-13）。

表 3-13　2010～2017 年欧洲与中亚地区部分国家城镇化率　　（单位:%）

国家	收入水平	2010 年	2011 年	2012 年	2013 年	2014 年	2015 年	2016 年	2017 年
亚美尼亚	中高收入国家	63.44	63.34	63.24	63.16	63.11	63.09	63.08	63.10
阿塞拜疆	中高收入国家	53.41	53.64	53.88	54.15	54.42	54.71	55.02	55.34
哈萨克斯坦	中高收入国家	56.83	56.90	56.97	57.05	57.12	57.19	57.26	57.34
俄罗斯	中高收入国家	73.69	73.73	73.79	73.86	73.95	74.05	74.16	74.29
土库曼斯坦	中高收入国家	48.49	48.83	49.18	49.54	49.92	50.32	50.73	51.15
格鲁吉亚	中低收入国家	55.54	55.92	56.30	56.69	57.07	57.45	57.84	58.23
吉尔吉斯斯坦	中低收入国家	35.31	35.35	35.42	35.52	35.64	35.78	35.94	36.14

资料来源：World Bank（2019）

国土面积大的国家城镇化较均衡，城镇人口集中程度较低。俄罗斯、乌克兰和哈萨克斯坦的超过 100 万人的城市群中的人口占总人口的比例分别为 22.97%、12.01% 和 15.40%。而南高加索地区存在城市人口集中的情况，其中亚美尼亚、格鲁吉亚和阿塞拜疆 2017 年最大城市人口占城镇总人口的比例分别为 58.25%、49.78% 和 41.38%（World Bank，2019）。

3. 产业结构

在农业方面，欧洲与中亚地区非高收入国家整体农业占比较低，大多数国家农业占比有所下降，少部分国家有所上升。2010 年该地区非高收入国家农业占比为 5.78%，2017 年为 5.32%，占比缓慢下降。吉尔吉斯斯坦农业占比由 2010 年的 17.45% 下降到 12.33%，俄罗斯由 3.34% 上升到 4.01%（World Bank，2019）。欧洲与中亚地区部分国家工业占比快速下降，如阿塞拜疆工业占比由 2010 年的 59.77% 下降到 2017 年的 49.58%，降幅明显，哈萨克斯坦由 40.60% 下降到 32.22%，其他国家（如罗马尼亚、阿尔巴尼亚）都有所下降；部分国家工业占比有所上升，如俄罗斯工业占比由 2010 年的 30.00% 上升到 2017 年的 30.05%，格鲁吉亚和土耳其也有不同程度上升。欧洲与中亚地区非高收入国家整体服务业占比有所上升，由 2010 年的 52.17% 上升到 2017 年的 54.40%，但是各国变化不尽相同。如阿塞拜疆服务业占比由 2010 年的 27.93% 上升到 2017 年的 37.48%，增幅明显，俄罗斯服务业占比由 53.12% 上升到 56.18%。相反，格鲁吉亚服务业占比由 61.38% 下降到 57.63%，乌兹别克斯坦、乌克兰、塞尔维亚服务业占比也有不同程度下降（表 3-14）。

表 3-14　2010～2017 年欧洲与中亚地区部分国家产业结构　　（单位:%）

国家	收入水平	农业		工业		服务业		其他	
		2010 年	2017 年	2010 年	2017 年	2010 年	2017 年	2010 年	2017 年
亚美尼亚	中高收入国家		14.94		25.29		51.32		8.45
阿塞拜疆	中高收入国家	5.52	5.63	59.77	49.58	27.93	37.48	6.77	7.30

续表

国家	收入水平	农业		工业		服务业		其他	
		2010年	2017年	2010年	2017年	2010年	2017年	2010年	2017年
哈萨克斯坦	中高收入国家	4.51	4.36	40.60	32.22	51.68	57.42	3.21	5.99
俄罗斯	中高收入国家	3.34	4.01	30.00	30.05	53.12	56.18	13.54	9.75
罗马尼亚	中高收入国家	5.00	4.36	37.83	30.07	46.41	56.18	10.76	9.40
阿尔巴尼亚	中高收入国家	17.96	18.99	24.94	20.89	44.03	47.49	13.08	12.63
格鲁吉亚	中高收入国家	7.28	6.88	19.32	22.64	61.38	57.63	12.02	12.84
土耳其	中高收入国家	9.03	6.08	24.60	29.16	54.29	53.37	12.08	11.39
塞尔维亚	中高收入国家	8.53	6.01	23.68	26.38	51.17	49.99	16.62	17.62
乌兹别克斯坦	中低收入国家	17.95	16.99	30.25	29.47	42.63	39.85	9.16	13.70
吉尔吉斯斯坦	中低收入国家	17.45	12.33	26.27	26.46	49.34	50.38	6.95	10.83

资料来源：World Bank（2019）

4. 能源生产与消费

欧洲与中亚地区非高收入国家能源生产以天然气、石油和煤炭为主，水电、核电和可再生能源产量相对较少。2017年，该地区非高收入国家天然气生产量为710.07Mtoe，石油为703.19Mtoe，煤炭为310.44Mtoe，核电为26.53Mtoe，水电为27.19Mtoe，可再生能源仅为3.85Mtoe（BP，2018）。从2017年能源生产结构来看，天然气占比为39.86%，石油占比为39.48%，煤炭占比为17.43%，核电、水电和可再生能源占比之和不足4%（图3-10）。

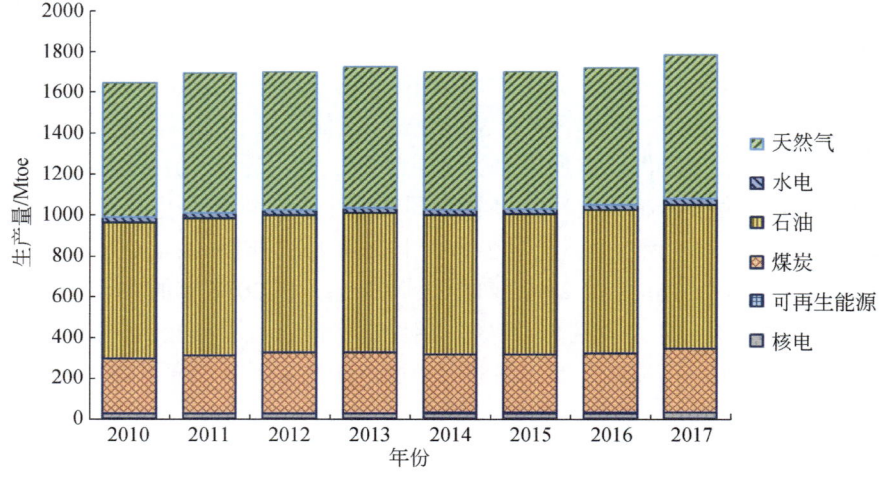

图3-10　2010~2017年欧洲与中亚地区非高收入国家能源生产量
资料来源：BP（2018）

欧洲与中亚地区非高收入国家能源消费以天然气、煤炭和石油为主，可再生能源占比较低。2017 年，该地区非高收入国家天然气消费量为 548.71Mtoe，石油为 262.18Mtoe、煤炭为 207.28Mtoe，核电为 68.52Mtoe，水电为 73.15Mtoe，可再生能源仅为 9.70Mtoe（BP，2018）（图 3-11）。从 2017 年能源消费结构来看，天然气占比为 47%，煤炭为 18%，石油为 22%，水电和核电均为 6%。

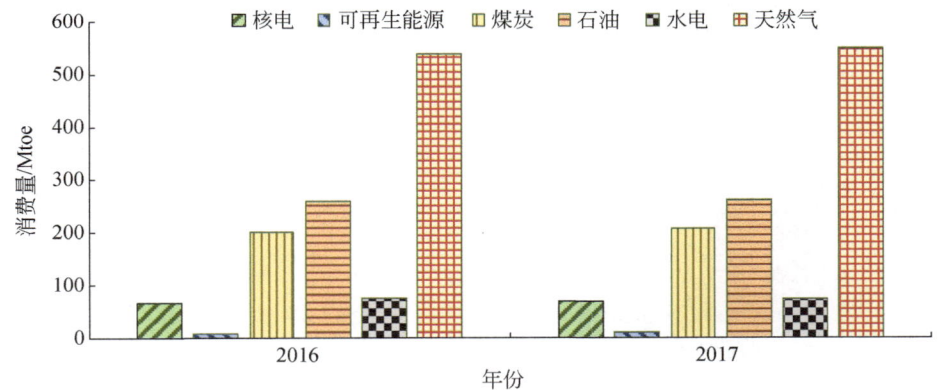

图 3-11 2016 年和 2017 年欧洲与中亚地区非高收入国家能源消费量

数据通过独联体国家各项能源生产量加上部分欧洲非高收入国家计算获得，其他国家产量较小而数据缺乏故不作考虑

资料来源：BP（2018）

欧洲与中亚地区非高收入国家可再生能源以水电为主，风电和光伏发电发展较快，生物质有一定发展。2018 年该地区水电装机容量为 124 237MW，其中俄罗斯（51 478MW）和土耳其（28 291MW）装机容量较高；风电装机容量为 12 356MW，其中土耳其（7005MW）和罗马尼亚（3030MW）装机容量较高；光伏发电装机容量为 10 502MW，其中土耳其（5064MW）、乌克兰（2003MW）、罗马尼亚（1377MW）装机容量较高；生物质发电装机容量为 2414MW，其中俄罗斯（1370MW）装机容量较高（表 3-15）。

表 3-15 欧洲与中亚地区非高收入国家各类可再生能源装机容量　（单位：MW）

类型	2010 年	2011 年	2012 年	2013 年	2014 年	2015 年	2016 年	2017 年	2018 年
水电	102 676	104 346	109 414	113 600	116 143	118 935	120 495	122 158	124 237
风电	2 302	3 419	5 025	6 601	8 197	9 031	10 274	11 215	12 356
光伏发电	36	356	1 447	2 567	3 230	3 623	4 451	7 563	10 502
生物质发电	1 426	1 424	1 487	1 618	1 914	2 021	2 136	2 279	2 414

资料来源：IRENA（2019a）

3.2.4　南亚地区

南亚地区整体经济发展时间较短，经济水平较低，人口基数大，人均 GDP 与世界平均水平差距较大；城镇化水平低，大量人口生活在农村地区，使用传统生物质燃料作为生活用能。南亚地区产业结构中农业占比正逐渐降低，工业发展不足，服务业占比高。

1. GDP 与人均 GDP

南亚地区经济水平落后，人口基数大，人均 GDP 偏低，城市基础设施较差。2017 年，该地区 GDP 总量为 3.1828 万亿美元，人均 GDP 仅为 1779.70 美元，远低于世界平均水平（10 636.25 美元）。近年来南亚地区经济保持高速发展，GDP 增速常年保持在 6% 以上，人均 GDP 由 2000 年的 1252.17 美元增加到了 2017 年的 1779.70 美元（表 3-16）。

表 3-16 2010~2017 年南亚地区部分国家 GDP 增长率　　　　　　（单位:%）

国家	收入水平	2010 年	2011 年	2012 年	2013 年	2014 年	2015 年	2016 年	2017 年
马尔代夫	中高收入国家	7.27	8.57	2.52	7.28	7.33	2.88	7.29	6.91
孟加拉国	中低收入国家	5.57	6.46	6.52	6.01	6.06	6.55	7.11	7.28
不丹	中低收入国家	11.73	7.89	5.07	2.14	5.75	6.64	8.02	4.63
印度	中低收入国家	10.26	6.64	5.46	6.39	7.41	8.15	7.11	6.68
斯里兰卡	中低收入国家	8.02	8.40	9.14	3.40	4.96	5.01	4.47	3.31
巴基斯坦	中低收入国家	1.61	2.75	3.51	4.40	4.67	4.73	5.53	5.70
尼泊尔	低收入国家	4.82	3.42	4.78	4.13	5.99	3.32	0.59	7.91
阿富汗	低收入国家	14.36	0.43	12.75	5.60	2.72	1.45	2.26	2.67

资料来源：World Bank (2019)

2. 城镇化

南亚地区发展较晚，人口基数大，农村人口占比较高，城镇化率低。2017 年，该地区城镇化率仅为 33.54%，低于世界平均水平。随着经济的快速发展，南亚地区城镇化水平正逐步提高。其中，孟加拉国城镇化率由 2010 年的 30.46% 提高到 2017 年的 35.86%，印度、不丹等国也有所提高（表 3-17）。孟加拉国城市人口高度集中，2017 年最大城市人口占城镇总人口的比例为 31.99%（World Bank，2019）。

表 3-17 2010~2017 年南亚地区部分国家城镇化率　　　　　　（单位:%）

国家	收入水平	2010 年	2011 年	2012 年	2013 年	2014 年	2015 年	2016 年	2017 年
马尔代夫	中高收入国家	36.43	36.85	37.27	37.69	38.11	38.53	38.95	39.38
孟加拉国	中低收入国家	30.46	31.23	31.99	32.76	33.54	34.31	35.08	35.86
不丹	中低收入国家	34.79	35.59	36.37	37.15	37.92	38.68	39.43	40.17
印度	中低收入国家	30.93	31.28	31.63	32.00	32.38	32.78	33.18	33.60
斯里兰卡	中低收入国家	18.23	18.21	18.20	18.20	18.22	18.26	18.31	18.38
巴基斯坦	中低收入国家	35.00	35.20	35.41	35.61	35.82	36.03	36.23	36.44
尼泊尔	低收入国家	16.77	17.11	17.46	17.82	18.18	18.56	18.94	19.34
阿富汗	低收入国家	23.74	23.95	24.16	24.37	24.59	24.80	25.02	25.25

资料来源：World Bank (2019)

3. 产业结构

南亚地区经济落后,农村人口数量大,农业占比高。但随着经济的快速发展,南亚各国农业占比均有所下降。2010 年该地区农业占比为 17.98%,2017 年下降到 15.96%。其中印度和孟加拉国降幅明显,2010~2017 年,印度农业占比由 17.51% 下降到 15.46%,孟加拉国由 17.00% 下降到 13.41%。印度农业发展水平不足,1990~2010 年,印度粮食产量平均增长率为 1.6%,而人口平均增长率高达 1.9%(李大薇,2009),粮食供应水平难以满足其社会发展需求。南亚地区工业占比持续下降。2010~2017 年,南亚地区工业占比由 28.50% 下降到 25.49%,降幅明显。其中,印度由 2010 年的 30.08% 下降到 2017 年的 26.30%,巴基斯坦由 19.71% 下降到 17.94%。而孟加拉国工业占比有所上升,由 24.95% 上升到 27.75%。南亚地区服务业占比逐渐提高,服务业正逐渐成为各国拉动经济增长和推进城市化进程的支柱产业。2010 年南亚服务业占比为 46.72%,2017 年为 49.68%。其中,2017 年印度服务业占比为 48.74%(World Bank,2019)。以服务业拉动经济增长的发展方式带来了严重的社会两极分化问题。在印度,居民中收入最高的 10% 的人口收入在全部国民收入中所占的份额超过 50%,其收入增长占全部个人收入增长额的 2/3(王英,2012)(表 3-18)。

表 3-18　2010~2017 年南亚地区产业结构　　　　　　　　　　(单位:%)

产业	2010 年	2011 年	2012 年	2013 年	2014 年	2015 年	2016 年	2017 年
农业	17.98	17.88	17.39	17.58	17.27	16.73	16.71	15.96
工业	28.50	28.69	28.21	27.34	26.70	26.28	25.71	25.49
服务业	46.72	46.73	47.51	47.93	48.84	48.98	48.99	49.68
其他	6.81	6.70	6.89	7.15	7.18	8.02	8.59	8.87

4. 能源生产与消费

南亚地区非高收入国家能源生产以煤炭、天然气和石油为主,水电和核电较少。2017 年,该地区非高收入国家煤炭生产量为 296.06Mtoe,天然气为 77.16Mtoe,石油为 40.43Mtoe,水电为 14.29Mtoe,核电为 3.79Mtoe,可再生能源为 8.40Mtoe(BP,2018)。从 2017 年能源生产结构来看,煤炭占比为 67.27%,天然气为 17.53%,石油为 9.19%,水电为 3.25%,核电和可再生能源占比之和不足 3%(图 3-12)。

南亚地区非高收入国家能源消费以煤炭为主,天然气、石油占比较高,水电、可再生能源和核电占比较低。2017 年,该地区非高收入国家煤炭消费量为 434.75Mtoe,石油为 264.09Mtoe,天然气为 104.49Mtoe,水电为 38.80Mtoe,可再生能源为 22.83Mtoe,核电为 10.29Mtoe(BP,2018)。从 2017 年能源消费结构来看,煤炭占比为 50%,石油为 30%,天然气为 12%,水电为 4%,可再生能源为 3%,核电为 1%(图 3-13)。实际上,南亚地区落后农村还大量使用生物质燃料作为生活用能。以印度为例,2016 年印度可再生能源和生物质在终端能源消费中占 28.58%,其中大多数是薪柴等农业废弃物(IEA,2019)。

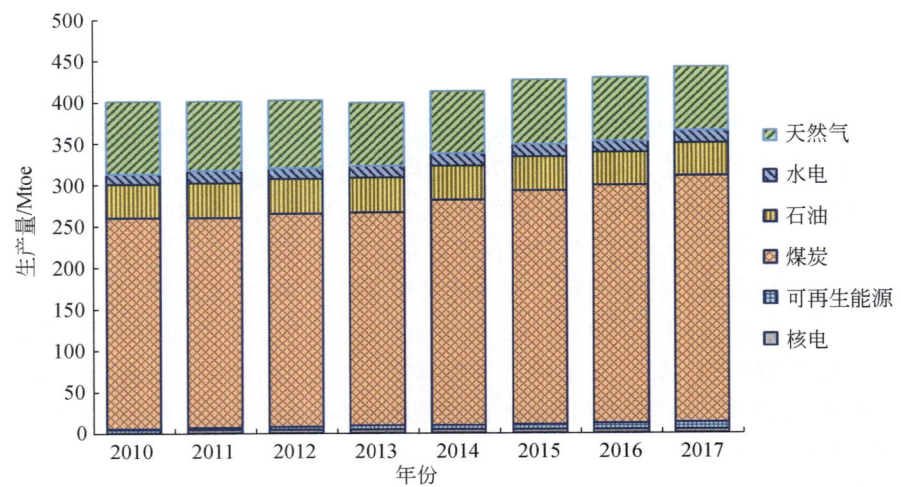

图3-12 2010~2017年南亚地区非高收入国家能源生产量

数据通过南亚国家各种类能源生产量加和计算获得，因为部分能源中部分国家能源产量较低而数据不足，在计算中未做考虑（如尼泊尔、不丹、阿富汗等国），如石油数据仅有印度而无其他国家

资料来源：BP（2018）

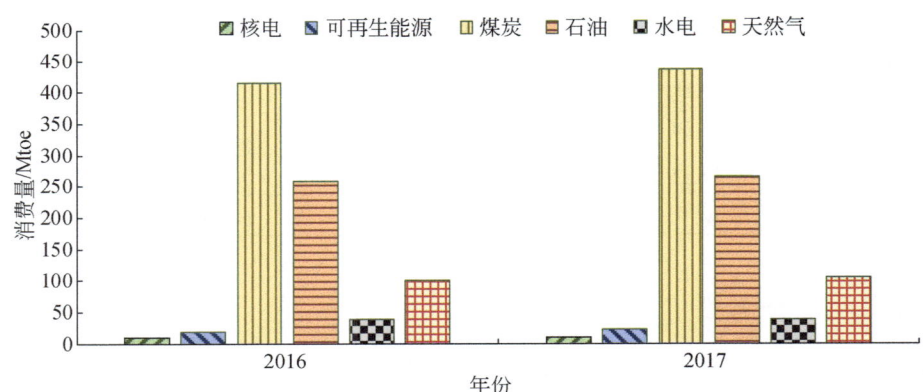

图3-13 2016年和2017年南亚地区非高收入国家能源消费量

资料来源：BP（2018）

南亚地区非高收入国家可再生能源发展较早，各项可再生能源都有快速发展。2018年该地区非高收入国家可再生能源装机容量中，水电为64 943MW，其中印度（50 066MW）、巴基斯坦（9900MW）装机容量较高；风电为36 625MW，光伏发电为29 111MW，生物质发电为10 699MW，其中，风电、光伏发电和生物质发电装机容量主要来自印度，其他国家较少。2018年各项能源装机容量中，水电约是2010年的1.26倍，风电约是2.77倍，光伏发电约是244.6倍，生物质发电约是3.07倍（表3-19）。

表 3-19　南亚地区地区非高收入国家各类可再生能源装机容量　（单位：MW）

类型	2010 年	2011 年	2012 年	2013 年	2014 年	2015 年	2016 年	2017 年	2018 年
水电	51 430	53 217	54 093	55 622	57 052	58 952	59 595	61 774	64 943
风电	13 227	16 225	17 435	18 612	22 806	25 529	29 428	33 789	36 625
光伏发电	119	645	1 074	1 573	3 862	5 845	10 333	19 030	29 111
生物质发电	3 490	4 028	4 289	4 564	5 486	5 963	9 412	9 937	10 699

资料来源：IRENA（2019a）

3.2.5　东亚与太平洋地区

东亚与太平洋地区整体 GDP 较高，但因其人口基数大，人均 GDP 较低。东亚地区城镇化率迅速提高，城市人口快速增加。在产业结构方面，农业和工业占比下降迅速，服务业已经成为其发展的支柱产业。东亚最大的工业国——中国正在进行新一轮产业转移，其东部沿海劳动密集型产业正向内陆地区和东南亚各国转移，部分东南亚国家工业占比也因此有所提高。

1. GDP 与人均 GDP

东亚与太平洋地区整体 GDP 较高，但因其人口基数大，人均 GDP 低于世界平均水平。2017 年，该地区 GDP 为 12.6952 万亿美元，人均 GDP 仅为 6137.94 美元。其中，中国人均 GDP 快速增长，由 2010 年的 4560.51 美元增长到 2017 年的 7329.08 美元。2010 ~ 2017 年，东亚与太平洋地区 GDP 增长率保持在 6% 以上（表 3-20）。

表 3-20　2010 ~ 2017 年东亚与太平洋地区部分国家 GDP 增长率　（单位：%）

国家	收入水平	2010 年	2011 年	2012 年	2013 年	2014 年	2015 年	2016 年	2017 年
中国	中高收入国家	10.64	9.54	7.86	7.76	7.30	6.90	6.70	6.90
马来西亚	中高收入国家	7.42	5.29	5.47	4.69	6.01	5.09	4.22	5.90
泰国	中高收入国家	7.51	0.84	7.24	2.69	0.98	3.02	3.28	3.91
印度尼西亚	中低收入国家	6.22	6.17	6.03	5.56	5.01	4.88	5.03	5.07
缅甸	中低收入国家	9.63	5.59	7.33	8.43	7.99	6.99	5.86	6.76
越南	中低收入国家	6.42	6.24	5.25	5.42	5.98	6.68	6.21	6.81

资料来源：World Bank（2019）

2. 城镇化

东亚与太平洋地区和南亚地区情况相似，发展时间短，人口基数大。进入 21 世纪后，凭借充足的廉价劳动力和庞大的市场，该地区承接了大量来自发达国家的产业转移，使其工业与服务业快速发展，带动其城镇化水平迅速提高。2000 年东亚与太平洋地区城镇化率仅为 36.56%，2010 年达到 47.62%，2017 年为 54.67%，已接近世界平均城镇化率（World Bank，2019）。2010 ~ 2017 年，中国城镇化率由 49.23% 提高到 57.96%，提高了

8.73%，印度尼西亚提高了4.75%，泰国提高了5.34%，马来西亚、缅甸等也有不同程度的增长（表3-21）。东南亚各国普遍存在城市人口集中在某一城市或某一地区的现象。例如，2006年印度尼西亚的4500万城市人口中，约有80%居住在爪哇岛的苏门答腊—雅加达—巴厘—班东城市走廊地区，而所有超过50万人口的大城市几乎都集中在这一地区（高强和董启锦，2006）。

表3-21 2010～2017年东亚与太平洋地区部分国家城镇化率 （单位:%）

国家	收入水平	2010年	2011年	2012年	2013年	2014年	2015年	2016年	2017年
中国	中高收入国家	49.23	50.51	51.77	53.01	54.26	55.50	56.74	57.96
马来西亚	中高收入国家	70.91	71.61	72.28	72.93	73.58	74.21	74.84	75.45
泰国	中高收入国家	43.86	44.70	45.45	46.19	46.94	47.69	48.45	49.20
印度尼西亚	中低收入国家	49.91	50.60	51.28	51.96	52.64	53.31	53.99	54.66
缅甸	中低收入国家	28.89	29.08	29.27	29.46	29.65	29.86	30.08	30.32
越南	中低收入国家	30.42	31.08	31.75	32.43	33.12	33.81	34.51	35.21

资料来源：World Bank（2019）

3. 产业结构

虽然东亚与太平洋地区农业占比较高，但是随着地区经济的快速发展，其占比迅速下降，部分国家农业产量不能满足本国需要，对外依赖程度较高。例如，中国大豆产量严重不足，依赖对外进口。2016年，中国大豆产量为1293.70万t，大豆进口量为8391.00万t，且大豆进口量逐年上升，如2014年为7140.31万t，2015年为8169.19万t（国家统计局，2018b），大豆严重依赖对外进口已经影响到中国的粮食安全。2010～2017年，东亚与太平洋地区农业占比由10.44%下降到8.72%，降幅明显。其中，2010年柬埔寨农业占比为33.87%，缅甸为36.85%，2017年分别下降到23.38%和23.33%，泰国、菲律宾等也有不同程度下降（World Bank，2019）。东亚与太平洋地区整体工业占比下降明显。随着经济的发展，被称为"世界工厂"的中国也开始进行产业转移，其沿海地区大量劳动密集型工业正逐渐向内陆欠发达地区、东南亚、南亚和非洲地区转移，使东南亚部分国家工业占比有所增加（李敦瑞，2018）。2010年东亚与太平洋地区工业占比为44.70%，2017年下降到39.57%。其中，中国工业占比由2010年的46.40%下降到2017年的40.46%，下降了5.94个百分点。泰国、印度尼西亚的工业占比也有所下降。缅甸、越南工业占比有所上升，分别由2010年的26.47%和32.13%上升到2017年的36.29%和33.40%（表3-22）。

表3-22 2010～2017年东亚与太平洋地区部分国家工业占比 （单位:%）

国家	收入水平	2010年	2011年	2012年	2013年	2014年	2015年	2016年	2017年
中国	中高收入国家	46.40	46.40	45.27	44.01	43.10	40.93	39.88	40.46
马来西亚	中高收入国家	40.50	39.82	40.14	39.89	39.92	39.07	38.29	38.79
泰国	中高收入国家	40.01	38.07	37.43	36.98	36.84	36.22	35.78	35.05
印度尼西亚	中低收入国家	42.78	43.91	43.59	42.64	41.93	40.05	39.29	39.37

续表

国家	收入水平	2010年	2011年	2012年	2013年	2014年	2015年	2016年	2017年
缅甸	中低收入国家	26.47	31.29	32.37	32.36	34.49	34.47	35.03	36.29
菲律宾	中低收入国家	32.57	31.35	31.25	31.12	31.33	30.90	30.75	30.45
越南	中低收入国家	32.13	32.24	33.56	33.19	33.21	33.25	32.72	33.40

资料来源：World Bank（2019）

东亚与太平洋地区服务业占比增长较为迅速，已经超过其他产业，成为拉动经济发展和促进城镇化的支柱产业。2010 年该地区服务业占比为 44.36%，2017 年增长到 51.15%，增幅明显。其中，中国、缅甸、菲律宾服务业占比增长较快，分别由 2010 年的 44.07%、36.67% 和 55.11%，增长到 2017 年的 51.62%、40.37% 和 59.88%，增幅均超过 3%（World Bank，2019）。

4. 能源生产与消费

东亚与太平洋地区非高收入国家能源生产以煤炭为主，石油、天然气和水电也占据一定比例。在 2017 年能源生产量中，煤炭为 2074.61Mtoe（72.9%），石油为 308.40Mtoe（10.72%），天然气为 321.35Mtoe（11.17%），水电为 107.40Mtoe（3.73%），可再生能源为 40.35Mtoe（1.51%），核电为 22.56Mtoe（0.78%）（BP，2018）（图 3-14）。

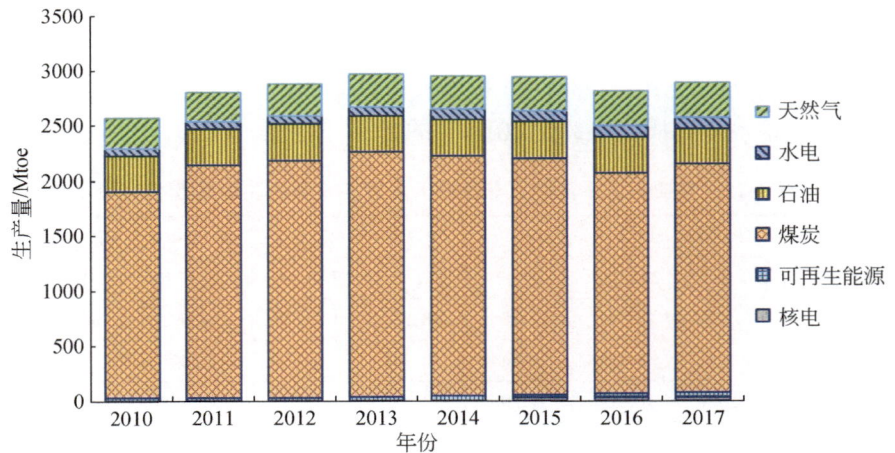

图 3-14　2010～2017 年东亚与太平洋地区非高收入国家能源生产量
数据通过东亚与太平洋非高收入国家各种类能源生产量加和计算获得，因为部分能源中部分国家能源产量较低而数据不足，在计算中未考虑，如柬埔寨、斐济等国
资料来源：BP（2018）

东亚与太平洋地区非高收入国家能源消费以煤炭和石油为主，水电和天然气也占比较高。在 2017 年能源消费量中，煤炭为 2068.78Mtoe（54.87%），石油为 880Mtoe（23.35%），天然气为 350.73Mtoe（9.30%），水电为 291.63Mtoe（7.73%），可再生能源为 117.7Mtoe（3.12%），核电为 61.26Mtoe（1.62%）（BP，2018）（图 3-15）。

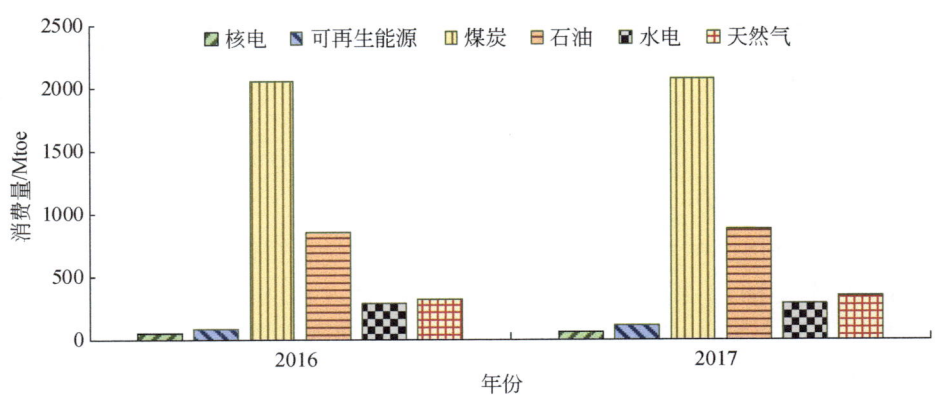

图 3-15 2016 年和 2017 年东亚与太平洋地区非高收入国家能源消费量
数据通过东亚与太平洋非高收入国家各种类能源生产量加和计算获得，因为部分能源中部分国家能源产量较低而数据不足，在计算中未做考虑，如柬埔寨、斐济等国
资料来源：BP（2018）

东亚与太平洋地区可再生能源装机容量大，各类可再生能源发展迅速。2018 年，该地区水电装机容量为 408 426MW，其中中国（352 261MW）和越南（17 989MW）装机容量较高；风电装机容量为 187 315MW，其中中国（184 696.3MW）装机容量较高；光伏发电装机容量为 182 031MW，其中中国（175 031.7MW）装机容量较高；生物质发电装机容量为 21 708MW，其中中国（13 235MW）和泰国（4095MW）装机容量较高。2018 年各项能源装机容量中，水电约是 2010 年的 1.63 倍，风电约是 2010 年的 6.21 倍，光伏发电约是 2010 年的 161.81 倍，生物质发电约是 2010 年的 2.57 倍（表 3-23）。

表 3-23 东亚与太平洋地区非高收入国家各类可再生能源装机容量（单位：MW）

能源	2010 年	2011 年	2012 年	2013 年	2014 年	2015 年	2016 年	2017 年	2018 年
水电	250 705	271 166	292 580	327 479	353 136	371 190	386 177	399 168	408 426
风电	30 181	46 951	62 346	77 705	98 123	132 543	150 345	166 446	187 315
光伏	1 125	3 345	7 402	19 144	30 593	46 325	82 702	136 707	182 031
生物质	8 442	9 161	10 224	12 200	13 392	15 410	16 889	19 375	21 708

资料来源：IRENA（2019a）

3.2.6 拉丁美洲与加勒比海地区

拉丁美洲与加勒比海地区发展较早，经济发展水平较高，城镇化率已经接近部分发达国家，人均 GDP 高于其他地区的发展中国家。产业结构中服务业占比较高，工业占比持续下降。

1. GDP 与人均 GDP

2017 年，拉丁美洲与加勒比海地区 GDP 为 5.0553 万亿美元，人均 GDP 为 8897.97 美元。与东亚与太平洋地区和南亚地区相比，拉丁美洲与加勒比海地区 GDP 增速较慢且逐渐放缓。2010 年，GDP 增长率为 5.64%，2014 年下降至 1.30%（如巴西、墨西哥 2014 年 GDP 增长率相比于 2010 年大幅度下降，巴西 2010 年为 7.54%，而 2014 年仅为 0.51%），并在 2015 年和 2016 年出现了负增长，2017 年重新上升到 1.63%（表 3-24）。

表 3-24　2010~2017 年拉丁美洲与加勒比海地区部分国家 GDP 增长率　（单位:%）

国家	收入水平	2010 年	2011 年	2012 年	2013 年	2014 年	2015 年	2016 年	2017 年
巴西	中高收入国家	7.54	3.99	1.93	3.01	0.51	-3.55	-3.47	0.98
哥伦比亚	中高收入国家	4.35	7.36	3.90	4.57	4.73	2.96	1.96	1.79
古巴	中高收入国家	2.39	2.80	3.01	2.75	1.05	4.44	0.51	1.78
墨西哥	中高收入国家	5.12	3.66	3.64	1.35	2.80	3.29	2.90	2.04
秘鲁	中高收入国家	8.33	6.33	6.14	5.85	2.38	3.25	3.95	2.53
苏里南	中高收入国家	5.16	5.85	2.69	2.93	0.26	-3.41	-5.56	1.69
萨尔瓦多	中低收入国家	2.11	3.81	2.81	2.38	1.98	2.38	2.58	2.32

资料来源：World Bank（2019）

2. 城镇化

拉丁美洲与加勒比海地区城镇化率较高，人口高度集中在大城市群，城镇人口集中在最大城市。2010 年该地区城镇化率为 77.30%，远高于世界平均水平，2017 年增长到 79.32%。不同国家城镇化率差距大，2017 年委内瑞拉、巴西和哥伦比亚城镇化率分别为 88.18%、86.31% 和 80.45%，海地和洪都拉斯仅为 54.35% 和 56.46%（World Bank，2019）（表 3-25）。拉丁美洲国家存在严重的城镇人口集中现象，从 2017 年超过 100 万人的城市群中的人口占总人口的比例来看，玻利维亚为 41.60%，巴西为 41.38%，哥伦比亚为 43.38%；从 2017 年最大城市人口占城镇总人口的比例来看，玻利维亚达到 23.45%，秘鲁高达 40.77%（World Bank，2019）。人口高度集中在大城市的结果是出现严重的两极分化和大量城市贫民窟现象。巴西最大城市——圣保罗的人口在 2012 年已达到 2039 万人，占总人口的 12% 左右，而超过 100 万人的城市群中的人口占总人口的 40%。2012 年巴西的城市贫困率为 15.9%，即约有 2500 万城市人口生活在贫困线以下（张亚勾和张嘉俊，2014）。

表 3-25　2010~2017 年拉丁美洲与加勒比海地区部分国家城镇化率　（单位:%）

国家	收入水平	2010 年	2011 年	2012 年	2013 年	2014 年	2015 年	2016 年	2017 年
巴西	中高收入国家	84.34	84.63	84.92	85.21	85.49	85.77	86.04	86.31
哥伦比亚	中高收入国家	77.96	78.34	78.70	79.06	79.42	79.76	80.11	80.45

续表

国家	收入水平	2010 年	2011 年	2012 年	2013 年	2014 年	2015 年	2016 年	2017 年
委内瑞拉	中高收入国家	88.08	88.11	88.12	88.13	88.14	88.15	88.17	88.18
洪都拉斯	中低收入国家	51.89	52.54	53.20	53.86	54.51	55.17	55.81	56.46
海地	低收入国家	47.51	48.49	49.48	50.46	51.44	52.43	53.40	54.35

资料来源：World Bank（2019）

3. 产业结构

拉丁美洲与加勒比海地区产业结构中农业占比较低，较为稳定。2010 年该地区农业占比为 4.61%，2017 年为 4.70%（表 3-26）。2010~2017 年，海地农业占比由 25.68% 下降到 17.58%，圭亚那由 18.77% 下降到 12.69%，而玻利维亚由 10.38% 上升到 11.58%，苏里南由 9.69% 上升到 12.56%，巴西、洪都罗拉的农业占比也都呈上升趋势（World Bank，2019）。2011 年以前，拉丁美洲与加勒比海地区工业占比在 28%~29% 波动，2011 年以后迅速下降，由 2011 年的 29.46% 下降到 2017 年的 23.25%（World Bank，2019）。部分农业占比较高的国家正在快速工业化，工业占比有所上升。海地工业占比快速上升，由 2010 年的 43.58% 上升到 2017 年的 56.76%，上升了 13.18%，同样的，圭亚那、洪都罗拉、古巴和牙买加等都有所上升。2010 年巴西、哥伦比亚工业占比分别为 23.26% 和 31.28%，2017 年下降为 18.47% 和 26.64%，玻利维亚、墨西哥、秘鲁等国都有不同程度的下降（World Bank，2019）。拉丁美洲与加勒比海地区服务业占比较高，随着近年来去工业化程度的加深，占比进一步上升。而农业占比较低、经济较发达的国家则正在去工业化，工业占比逐渐降低。2010 年拉丁美洲与加勒比海地区服务业占比为 56.27%，2017 年上升到 61.63%。海地、巴西、哥伦比亚服务业占比分别从 2010 年的 17.99%、59.61% 和 53.48%，上升到 2017 年的 22.51%、63.06% 和 57.93%（World Bank，2019）。

表 3-26　拉丁美洲与加勒比海地区非高收入国家产业结构　（单位:%）

产业	2010 年	2011 年	2012 年	2013 年	2014 年	2015 年	2016 年	2017 年
农业	4.61	4.64	4.48	4.62	4.55	4.56	4.94	4.70
工业	28.98	29.46	28.75	27.66	26.38	24.05	23.27	23.25
服务业	56.27	55.89	57.07	58.01	59.20	60.91	61.47	61.63
其他	10.14	10.01	9.70	9.71	9.87	10.47	10.32	10.42

4. 能源生产与消费

拉丁美洲与加勒比海地区非高收入国家能源生产以石油和天然气为主，水电和煤炭也占据一定比例。2017 年，该地区非高收入国家石油生产量为 466.56Mtoe（58.75%），天然气为 186.46Mtoe（23.48%），煤炭为 70.32Mtoe（8.85%），水电为 56.31Mtoe

(7.09%),可再生能源为12.27Mtoe,核电为2.22Mtoe(可再生能源和核电两者占比不到2%)(BP,2018)(图3-16)。

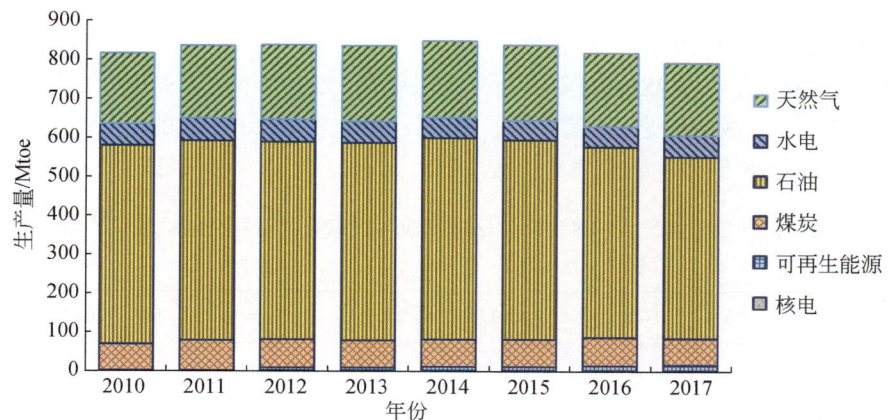

图3-16 2010~2017年拉丁美洲与加勒比海地区非高收入国家能源生产量

数据通过拉丁美洲与加勒比海地区非高收入国家各种类能源生产量加和计算获得,因为部分能源中部分国家能源产量较低或数据不足,在计算中未做考虑,如巴拿马、乌拉圭等

资料来源:BP(2018)

拉丁美洲与加勒比海地区非高收入国家能源消费以石油、天然气和水电为主。2017年,该地区非高收入国家石油消费量为353.38Mtoe(47%),水电为155.03Mtoe(21%),天然气为161.73Mtoe(22%),煤炭为38.03Mtoe(5%),可再生能源为33.31Mtoe(4%),核电为6.03Mtoe(1%)(BP,2018)(图3-17)。

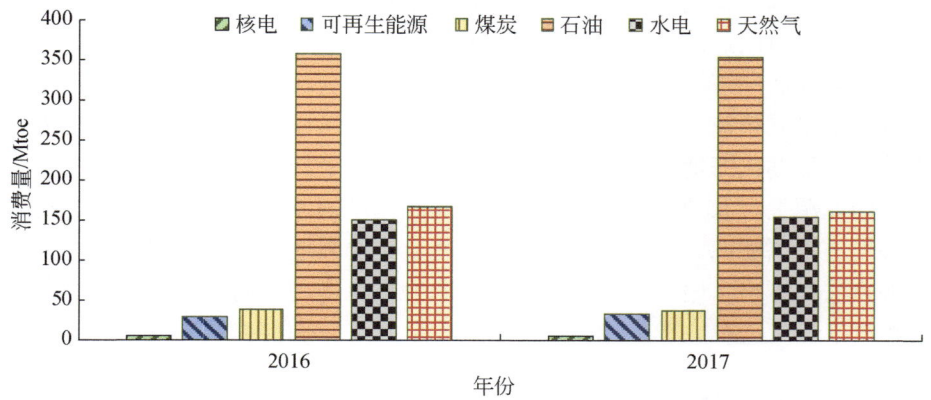

图3-17 2016年和2017年拉丁美洲与加勒比海地区非高收入国家能源消费量

数据通过对各能源非高收入国家消费量加和计算获得,由于数据缺乏,部分高收入国家(如巴拿马、乌拉圭等)的能源消费也纳入了计算

资料来源:BP(2018)

拉丁美洲与加勒比海地区水电和生物质产业发展较早,装机容量高,风电和光伏发电

近年来快速发展。2018 年，该地区水电装机容量为 169 497MW，其中巴西（104 195MW）和哥伦比亚（11 842MW）装机容量较高；风电装机容量为 20 986MW，其中巴西（14 401MW）和墨西哥（4875MW）装机容量较高；光伏发电装机容量为 6421MW，其中巴西（2296MW）和墨西哥（2555MW）装机容量较高；生物质发电装机容量为 18 918MW，其中巴西（14 781.9MW）装机容量较高。2018 年拉丁美洲与加勒比海地区各项能源装机容量中，水电约是 2010 年的 1.25 倍，风电约是 2010 年的 12.37 倍，光伏发电约是 2010 年的 98.78 倍，生物质发电约是 2010 年的 1.88 倍（表 3-27）。

表 3-27 拉丁美洲与加勒比海地区非高收入国家各类可再生能源装机容量

（单位：MW）

类型	2010 年	2011 年	2012 年	2013 年	2014 年	2015 年	2016 年	2017 年	2018 年
水电	135 593	137 460	139 712	141 948	147 262	151 203	160 743	164 625	169 497
风电	1 696	2 431	4 293	4 945	8 338	12 065	15 534	17 961	20 986
光伏发电	65	84	203	261	400	964	1 358	2 832	6 421
生物质发电	10 049	11 192	12 237	14 191	15 278	16 620	17 981	18 584	18 918

注：不包括萨尔瓦多
资料来源：IRENA（2019a）

3.2.7 小结

不同地区南方国家发展情况差异较大。总体来看，撒哈拉以南非洲地区经济发展水平较低；中东与北非地区经济发展水平较高，但其经济发展高度依赖石油，同时地区较为动荡；欧洲与中亚地区经济发展水平较高，但近年来经济发展缓慢；南亚地区经济发展水平落后，但近年来发展快速；东亚与太平洋地区经济发展迅速，但其发展质量仍需进一步提高；拉丁美洲与加勒比海地区经济发展早，经济发展水平较高。

各地区的能源生产和消费结构不同，可开展跨地区的能源与经济合作，通过优势能源及技术互补促进各国能源产业进一步发展。南南合作要因地制宜，采取适合不同地区经济政治的发展方法和策略，通过双赢合作促进共同发展，进一步消除贫困并缩小各南方国家的发展差距。

3.3 典型南方国家可再生能源发展状况

南方国家经济快速发展的同时，能源生产和消费量也快速提高。各国主要发展本国储量较多、开发较容易的能源。近年来，可再生能源成本快速下降，为各南方国家调整能源生产结构、解决能源短缺问题和促进能源结构优化指出了新方向。

本节对各地区典型国家的可再生能源发展水平进行分析，总结其优势和不足，以此对世界不同地区发展中国家的可再生能源发展情况进行对比。表3-28为各地区选取的在可再生能源行业发展上具有代表性的南方国家,通过对以下国家进行分析来代表地区发展情况。

表 3-28 各地区具有代表性的南方国家

地区	撒哈拉以南非洲地区	中东与北非地区	欧洲与中亚地区	南亚地区	东亚与太平洋地区	拉丁美洲与加勒比海地区
国家	南非	埃及	俄罗斯	印度	中国	巴西

3.3.1 水电

相比于其他可再生能源技术,水电技术相对成熟。开发水电能有效缓解国家能源供给压力,保证能源安全,同时减少碳排放。但由于水电项目建设规模大、成本高、建设时间长、对生态环境影响较大、发电量受环境影响大等特点,只有在水电可开发量大、经济实力较强、水电工程建设水平较高的国家才适合进行大型水电项目的建设。而小水电因其成本较低、规模较小、生产灵活、对生态环境影响小等特点,非常适合为农村等经济欠发达地区供电,在各国都有不同程度发展。

图3-18和图3-19展示了各代表地区的水电发电量与装机容量。南非水资源短缺,基本属于干旱地区。2000年南非水电装机容量为2406.7MW,2003年一度增长到2741.7MW,2004年又下降到2102.7MW,2004~2014年装机容量保持在2100MW左右。2015年,南非茵古拉(Ingula)水电站一期工程建成投产,其水电发电量提高到3416.2MW。南非水电发电量整体在1TW·h上下波动,无太大变化。

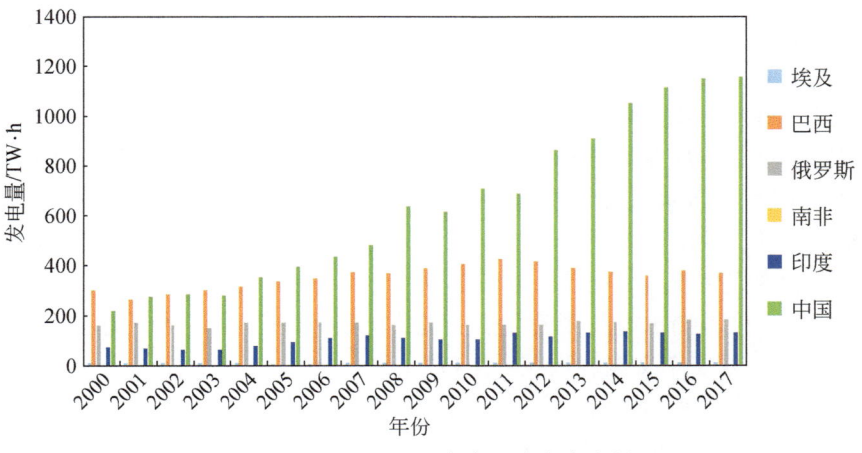

图 3-18 2000~2017年各国水电发电量
资料来源:BP(2018)

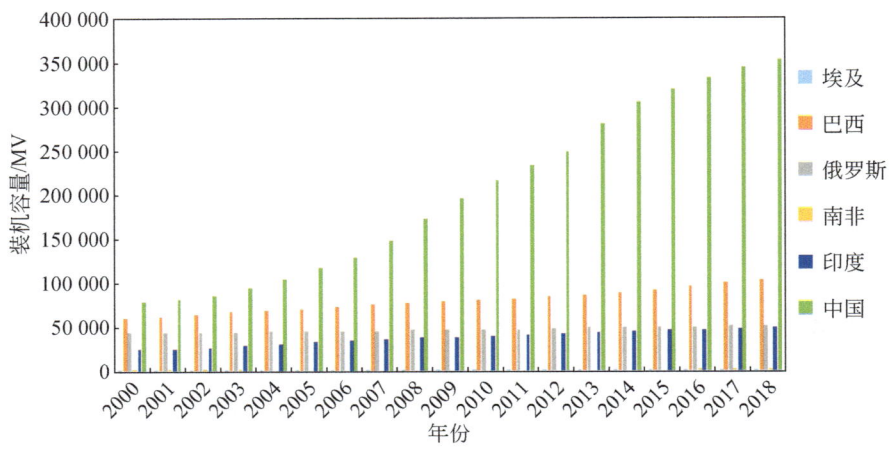

图 3-19　2000~2018 年各国水电装机容量

资料来源：IRENA（2019a）

埃及境内的尼罗河具有丰富的水力资源，其水电开发历史也较早。埃及在尼罗河上建成多座水电站，在阿斯旺高坝、阿斯旺 1 号、阿斯旺 2 号以及伊纳斯拦水闸（Esna Lock）等水电站建成并投产后，约 95% 的尼罗河水力资源得到开发利用。进入 21 世纪以来，埃及水电装机容量略有扩大，但幅度较小。2000~2007 年埃及水电装机容量保持在 2786MW 左右，2008 年装机容量提升到 2850.8MW，后保持不变。埃及水电建设带来了很多益处，如防止了多次洪水和干旱，扩大了耕作面积，确保了农作物灌溉，但也导致了诸多环境问题，如大坝下游水位下降，泥沙堆积导致水位抬高，河岸冲刷严重与水质下降等（汪秀丽，2005）。

俄罗斯水能储量丰富，技术力量雄厚，其现有水电项目大多是苏联时期建造的。进入 21 世纪以来。俄罗斯水电装机容量有所提升。2000 年，俄罗斯水电装机容量为 44 242.4MW。2000~2018 年，俄罗斯水电装机容量不断上升，2018 年达到 51 478MW。近年来，俄罗斯将重点放在对已有的水电项目进行修复和现代化改造上。2016 年初，俄罗斯水电集团公司对 14 台水电机组进行了修复和现代化改造。卡马水电站 23 台水电机组均更换了转轮等设备，发电能力提高了 14%。对伏尔加格勒水电站、日古利水电站等也都进行了一定程度的现代化改造。同年，对雷宾斯克水电站和乌格利奇水电站更换了事故检修闸门和防护格栅。俄罗斯水电集团公司全面现代化项目计划更换 55% 的水轮机、42% 的发电机和 61% 的变电器（李文慧和周波，2017）。

印度有比较丰富的水力资源，其水电行业发展较快，发电量增长迅速。2000 年印度水电发电量仅有 76.99TW·h，2006 年达到 112.61TW·h，2017 年达到 135.64TW·h。从水电装机容量来看，印度在 2000 年为 25 246.6MW，2004 年达到 31 055.3MW，2010 年突破 40 000MW，2018 年达到 50 066MW，2000~2018 年其水电装机容量以每年 1378.85MW 的速度迅速增长。尽管如此，印度水电开发量依旧不足，开发建设阻碍较大。因移民安置、资金、交通、文化保护等问题，印度建设项目较少，水电工程大多建立在同一水系上（亚达夫和刘泽文，2011）。印度水电建设还需要继续探索与发展。

中国水电行业发展非常迅速，10年间修建了多个大型水电项目，其水电工程技术水平已经居于世界前列。中国水电发电量保持高速增长，2000年为222.41TW·h，2007年达到485.26TW·h，2014年突破1000TW·h，达到1051.14TW·h，2017年达到1155.77TW·h。中国在"十一五"期间投入了大量资金进行水电建设，建成了一批高水平的水电站。2012年三峡电站最后一台水电机组投产，总装机容量达到2240万kW，位居世界第一。2000年中国水电装机容量为79 352MW，2002年中国已经成为世界上水电装机容量最大的国家，并保持稳定增长，2018年中国水电装机容量达到352 261MW，2000~2018年中国水电装机容量以每年15 161.63MW的速度增长。然而，由于电力生产地和电力消耗地相距较远，传输困难，弃电情况严重阻碍了中国水电行业发展。2014年四川电网弃水（电量）为97亿kW·h，云南电网弃水（电量）为170亿kW·h，地方实际统计量甚至高于数据显示量（张博庭，2016）。

巴西水力资源丰富，其水电发展历史也相应较早，技术较成熟。巴西全国近80%的电力需求由大型水电站供给。1991年在巴拉那河流域建成的伊泰普水电站，其发电容量为14 000MW，曾被誉为"世界上最大的水电站"。进入21世纪，巴西水电装机容量逐渐提高，2000年为61 063MW，2010年为80 703MW，2018年达到104 195MW。2000~2018年巴西水电装机容量以每年2396.22MW的速度增长。然而，巴西水电发电量不够稳定。受干旱天气的影响，巴西近几年雨季较短，水电发电量有所下降。2010~2012年巴西水电发电量保持在400TW·h以上，2012~2017年其水电发电量平均值为374.90TW·h，最高值为390.99TW·h（陈敏曦，2017）。

3.3.2 光伏发电

作为世界上最丰富的可再生资源，太阳能分布广泛，是一种理想的可再生能源。最近几年，随着光伏发电技术的进步和世界多晶硅产能的提升，光伏发电配套设备成本逐渐下降。南方国家光伏产业迅速发展，其光伏相关产品产能也迅速扩大。但行业规范不足、配套政策不全面、电网基础设施落后、输电储电技术不足限制了光伏产业进一步发展，有些国家出现了光伏发电难以消纳的弃光现象。

如表3-29所示，南非光伏发电产业起步较晚，但发展迅速。2010年南非光伏发电装机容量为2.0MW，2013年达到261.6MW，2014年达到1162.9MW，2018年高达2958.8MW。

表3-29 2000~2018年部分国家光伏发电装机容量　　　　（单位：MW）

年份	埃及	南非	中国	印度	俄罗斯	巴西
2000	0.1		33.5	1.1		
2001	0.5		38.0	5.5		
2002	0.6		56.5	6.7		

续表

年份	埃及	南非	中国	印度	俄罗斯	巴西
2003	0.6		66.6	7.9		
2004	0.6		76.6	7.8		
2005	0.6		141.2	11.6		
2006	0.6		160.2	9.6		
2007	0.7		199.0	25.1		
2008	0.9		253.0	27.7		
2009	1.3		414.8	39.4		
2010	15.0	2.0	1 024.5	65.4		1.0
2011	35.0	5.7	3 113.0	565.8		1.0
2012	35.0	11.3	6 725.5	926.0	0.1	2.0
2013	35.0	261.6	17 761.7	1 336.1	1.3	5.0
2014	35.0	1 162.9	28 401.7	3 518.3	6.6	15.0
2015	45.0	1 351.7	43 551.7	5 396.4	61.7	22.9
2016	68.0	2 174.0	77 801.7	9 646.7	76.7	80.0
2017	189.0	2 486.4	130 816.2	17 872.8	235.7	1 097.0
2018	770.0	2 958.8	175 031.7	27 097.6	545.7	2 296.0

资料来源：IRENA（2019a）

埃及光伏发电行业虽起步较早，但在近几年才开始快速发展。2000年埃及光伏装机容量仅为0.1MW，2009年达到1.3MW，2011~2014年保持在35MW，2015年以后光伏发电快速发展，2018年达到770.0MW（表3-29）。2015年，埃及启动本班（Benban）太阳能电站项目，并于2019年完工，成为全球最大的光伏电站项目。同时，埃及还投资建设太阳能电池板生产厂以促进其国内光伏产业的发展（张雪伟，2018）。

俄罗斯具有丰富的太阳能资源，其南部、贝加尔边疆区、滨海边疆区和整个远东地区日照时间都很长。虽然光伏发电行业起步较晚，但发展很快。2012年俄罗斯光伏装机容量为0.1MW，2016年达到76.7MW，2018年已有545.7MW。

印度光伏发电行业起步早且发展快。2000年印度光伏发电装机容量为1.1MW，2010年达到65.4MW。2010年以后印度光伏发电行业进入高速增长期，2011年光伏发电总装机容量达到565.8MW，2013年为1336.1MW，2017年为17 872.8MW，2018年为27 097.6MW。2011~2018年印度光伏发电装机容量以每年3790.26MW的速度高速增长。其中，屋顶光伏发电发展迅速，几乎各地区都制定了相关政策，允许屋顶光伏接入电网，将多余电能出售以抵消自身使用电网费用。2015年印度政府计划在2022年将全国的屋顶光伏项目装机容量扩大至40GW，占目标总装机容量的40%（葛晓敏，2018）。

中国光伏发电行业起步早，依托有利政策，光伏发电行业发展非常迅速，在2015年成为世界上光伏发电装机容量最大的国家。2000年中国光伏发电装机容量仅为33.5MW，2007年达到199.0MW。2008年以后中国光伏发电进入高速发展期，2010年装机容量为

1024.5MW，2013 年达到 17 761.7MW，2016 年达到 77 801.7MW，2018 年为 175 031.7MW。2008~2018 年中国光伏发电装机容量以每年 17 477.87MW 的速度增长。中国光伏发电装机容量的高速增长对电网等基础设施提出了较高要求。近年来，中国多晶硅、光伏组件等产品出现产能过剩现象。同时，中国光伏主要产地集中在西部地区，而用电区主要集中在中东部地区，产地与用电区的地理距离限制了光伏的传输，电源装机容量超过电网配置能力。2015~2017 年西北地区弃光电量高达 186.12 亿 kW·h，平均弃光率达 19.57%。新疆、甘肃弃光率更是高达 32.48% 和 32.91%（蒋莉等，2018）。通过开展可再生能源领域的南南合作，利用国际市场消纳过剩产能，并帮助发展中国家改善能源供给情况将是未来中国可再生能源进一步发展的动力之一。

巴西光伏发电行业起步晚，但近几年发展迅速。2010 年巴西光伏发电装机容量仅为 1.0MW，2014 年达到 15.0MW，2015~2018 年进入快速发展期，2016 年为 80.0MW，2017 年为 1097.0MW，2018 年为 2296.0MW。随着光伏产品成本继续下降，巴西光伏发电行业将保持快速发展。

3.3.3 风电

风电有广阔的开发前景，全球风能资源量约为 130TW，是全球可利用水能资源总量的 10 倍以上。同时，比起火电等污染性传统能源，风电环境成本更低。开发风电能大幅度减少碳排放，有利于优化能源结构和保护生态环境。

近年来，南方国家风电产业迅速发展。风电设备逐渐升级，高功率的风力发电机逐渐投入生产。随着风电建设成本下降，其经济性也逐渐体现。由于风电对自然条件要求较高，不同季节发电量波动较大。部分国家因成本和风能能源储量较低等条件所限，风电行业发展较慢。

如表 3-30 所示，南非风电行业起步相对较晚，且近几年才有所发展。2002 年南非风电装机容量为 3.2MW，2002~2007 年其装机容量未有变动。2012 年装机容量达到 10.2MW。2013 年以后，南非风电进入高速发展期，2013 年装机容量为 257.0MW，2015 年达到 1079.0MW，2018 年为 2094.0MW。2011 年南非政府发布《综合电力资源计划》（Integrated Resource Electricity Plan 2010—2030），要求在 2030 年风电装机容量达到 9200MW。随着风电设备成本下降，南非风电将保持快速发展。

表 3-30　2000~2018 年部分国家风力发电装机容量　　（单位：MW）

年份	埃及	南非	中国	印度	俄罗斯	巴西
2000	69.0		341.0	941.0	3.0	22.0
2001	69.0		383.0	1 563.0	3.0	24.0
2002	69.0	3.2	449.0	1 606.0	7.0	22.0
2003	69.0	3.2	547.0	2 461.0	9.0	24.0

续表

年份	埃及	南非	中国	印度	俄罗斯	巴西
2004	145.0	3.2	763.0	3 813.0	9.0	24.0
2005	145.0	3.2	1 060.0	4 433.9	10.0	29.0
2006	230.0	3.2	2 070.0	6 315.0	10.0	237.0
2007	310.0	3.2	4 200.0	7 844.5	10.0	247.0
2008	390.0	8.4	8 387.7	10 242.5	10.0	398.0
2009	435.0	8.4	17 599.4	10 925.0	10.0	602.0
2010	550.0	10.2	29 633.5	13 184.0	10.0	927.0
2011	550.0	10.2	46 354.6	16 179.0	10.0	1 426.0
2012	550.0	10.2	61 596.9	17 299.7	10.0	1 894.0
2013	550.0	257.0	76 730.5	18 420.4	10.0	2 202.0
2014	550.0	569.0	96 819.1	22 465.3	10.0	4 888.0
2015	750.0	1 079.0	131 047.7	25 088.2	10.9	7 633.0
2016	750.0	1 473.0	148 516.9	28 700.4	10.9	10 124.0
2017	750.0	2 094.0	164 391.7	32 848.5	45.9	12 294.0
2018	1 125.0	2 094.0	184 696.3	35 288.1	105.9	14 401.0

资料来源：IRENA（2019a）

埃及风电行业起步较早，其风电发展至今已形成了一定的规模。2000~2003 年埃及风电装机容量保持在 69.0MW，2010~2014 年保持在 550.0MW，2015 年提高到 750.0MW，2018 年已有 1125.0MW。埃及计划在加巴尔·埃尔-泽特（Gabal El-Zeit）地区修建装机容量为 250MW 的风电场（张雪伟，2018）。2019 年，埃及可再生能源项目拉斯·加勒布（Ras Ghareb）风电场运营并投产。

俄罗斯风能资源储量具大，其北极地区风能资源丰富且分布广泛，技术可开发量约为 1 亿 MW，约占全球风能资源的 20%。受自然条件的限制，俄罗斯风电行业虽然发展较早，但整体较为落后，仅有几个陆基风电场。2000 年俄罗斯风电装机容量为 3.0MW，2005~2014 年为 10.0MW，2017 年为 45.9MW，2018 年为 105.9MW。俄罗斯风电开发率还较低，需进一步发展。

印度重视风电行业发展，其风电行业起步早且发展迅速。2000 年印度风电装机容量就已达到 941.0MW，并持续快速增长，2018 年达到 35 288.1MW。2000~2018 年印度风电装机容量以每年 1908.17MW 的速度增长，有效缓解了其供电不足的问题。印度风电的发展离不开政策的大力支持。2010 年，印度发电刺激计划（GBI）规定，风力发电并入国家电网享受税收优惠，政府将为并入国家电网的风电项目提供 0.5 卢比/(kW·h) 的补贴。但是印度电力基础设施较差，输电线路维护不力，电网系统老化，使风电产能难以被输送到偏远地区（苏晓，2013）。

中国风电行业起步早且发展非常迅速，在发展中逐步实现了由进口到出口的转变，已经成为风电行业的领头国家。2000 年中国风电装机容量为 341.0MW，2005 年增长到 1060.0MW，2009 年为 17 599.4MW，2011 年中国成为世界上风电装机容量最大的国家（46 354.6MW），并持续快速增长，2018 年达到 184 696.3MW。2006 年以后中国风电行业进入快速发展阶段，2006~2018 年中国风电装机容量以每年 15 218.86MW 的速度增长。2005 年中国具备了自主生产兆瓦级风力发电机的能力，其风电制造已具有较强的技术水平。如今，中国风电企业已经在世界多国参与竞标，中国风电开始走向世界。风力发电的电力产地和消耗地往往相隔较远，对电网输电能力有很高要求。中国风电发展核心区域位于西北、东北和华北地区，而中西部地区电网建设依旧不足。2011~2014 年蒙东、吉林和甘肃平均弃风率分别为 22.70%、22.51% 和 20.31%，2015 年吉林弃风率达到 42.96%，2015 年上半年全国弃风率为 15.17%。高弃风率严重影响了中国风电行业的健康发展（周强等，2016）。

3.3.4 生物质发电

20 世纪 70 年代石油危机后，各国开始重视生物质发电的开发。生物质具有分布广泛、可再生、污染低、含硫量和灰分相对较低和含氢量较高等优点，是理想的化石燃料替代能源。近年来，生物质发电发展迅速，各国生物质发电量都有所增加。

如表 3-31 所示，南非生物质发电装机容量略有提高，但变化不大。2000 年南非生物质发电装机容量为 241.7MW，2011 年增长到 246.0MW，2018 年为 264.7MW。

表 3-31　2000~2018 年部分国家生物质发电装机容量　　（单位：MW）

年份	埃及	南非	中国	印度	俄罗斯	巴西
2000	67.0	241.7	1 100.0	346.9	1 241.4	2 657.1
2001	67.0	241.7	1 120.0	415.3	1 282.7	2 661.4
2002	67.0	241.7	1 652.0	483.9	1 254.7	2 670.0
2003	67.0	241.7	1 850.0	613.4	1 262.8	2 695.9
2004	67.0	241.7	1 900.0	749.5	1 277.5	3 124.0
2005	67.0	241.7	2 000.0	995.3	1 266.8	3 339.0
2006	67.0	241.7	2 500.0	1 289.1	1 266.8	3 701.0
2007	67.0	245.9	3 000.0	1 602.1	1 262.8	4 103.0
2008	67.0	245.9	3 270.0	2 271.7	1 252.6	5 054.0
2009	67.0	245.9	4 600.0	2 577.3	1 234.2	5 717.0
2010	67.0	245.9	3 446.4	3 214.3	1 197.2	7 927.0

续表

年份	埃及	南非	中国	印度	俄罗斯	巴西
2011	67.0	246.0	3 807.7	3 750.8	1 197.2	9 028.4
2012	67.0	246.0	4 617.2	4 013.8	1 197.2	9 922.4
2013	67.0	246.0	6 089.0	4 276.4	1 197.2	11 601.4
2014	67.0	246.0	6 652.6	5 137.7	1 370.0	12 342.4
2015	67.0	250.7	7 976.9	5 605.3	1 370.0	13 310.5
2016	67.0	255.7	9 269.5	9 009.3	1 370.0	14 187.0
2017	67.0	259.7	11 234.0	9 512.9	1 370.0	14 559.0
2018	67.0	264.7	13 235.0	10 253.1	1 370.0	14 781.9

资料来源：IRENA（2019a）

埃及生物质发电基本没有发展。2000年以来，埃及生物质发电装机容量基本保持在67.0MW，其发电量也仅在310~330GW·h波动。

俄罗斯生物质发电发展水平较低，装机容量和发电量增长速度相对较慢。2000~2018年，俄罗斯生物质装机容量由1241.4MW增长到1370.0MW，增长了10.4%。发电量上，2000年仅为22GW·h，2000~2016年有所波动，但整体变化较小，始终在20~50GW·h。

印度城镇化率较低，有超过60%的人口居住在农村，同时其丰富土地资源中的大量农业废弃物为生物质发电提供了原料。印度面临电力供应不足的问题，2016年印度通电率为84.52%，超过10%的人口没有用电。发展生物质发电能有效解决农村用电问题。2000年印度生物质发电装机容量为346.9MW，发电量为2550.7GW·h。2006年装机容量达到1289.1MW，2018年为10 253.1MW。2000~2018年印度生物质发电装机容量以每年550.34MW的速度增长。

中国是农业大国，每年有大量农业废弃物产生。中国落后地区农村广泛燃烧农业废弃物作为生活能源，但燃烧效率低，环境污染大。中国生物质发电产业发展较快，2000年生物质发电装机容量为1100.0MW。2008年以后进入快速增长阶段。2008年装机容量为3270.0MW，2014年达到6652.6MW，2018年到达13 235.0MW。2008~2018年中国生物质发电装机容量增长了9965MW，约是2008年装机容量的3倍。

巴西是生物质能源生产大国，其生物质能源起步较早且发展迅速。巴西大面积的森林与甘蔗废渣为生物质发电提供了大量原料。2000年巴西生物质发电装机容量为2657.1MW，并于2015年达到13 310.5MW，超过美国成为世界上生物质发电装机容量最大的国家，2018年达到14 781.9MW。2003~2018年巴西生物质发电装机容量以每年805.73MW的速度上升，增长了12 086MW。

早在20世纪70年代，巴西就开始发展生物燃料技术，如今已成为全球乙醇燃料第二大生产国和第一大出口国。如图3-20所示，巴西生物燃料产量呈上升趋势发展，到2017

年已达到 17 500ktoe。同时，巴西是世界上唯一实现乙醇生产成本低于汽油的国家。这主要得益于巴西生产燃料作物的农业条件较好，特别是甘蔗生产周期短，生产季节无限制，非常适合进行生物乙醇制取。

图 3-20　1990～2017 年巴西生物燃料产量

资料来源：BP（2018）

3.3.5　小结

近年来，可再生能源在各地区和国家都有所发展。随着可再生能源的技术进步和成本降低，其在应对气候变暖、改变能源结构、保证能源安全和保证国家用电方面将发挥越来越大的作用。

南方国家正处在经济发展的关键时期，大力发展可再生能源能有效缓解各国能源问题，促进各国调整能源结构。通过加强发展中国家之间的南南合作，实现技术转移、优势互补，可进一步促进可再生能源高速高质发展，使其在解决全人类面临的全球气候变暖等问题上做出更大贡献。

第 4 章　南方国家可再生能源技术需求

首席作者： 王卫权　袁潇洋
贡献作者： 史明威　秦　媛　张家林　刘小树

本章介绍了南方国家目前存在的能源贫困问题和可再生能源的发展前景，从常见的可再生能源技术种类出发，从技术的经济性、可靠性、便利性、当地实际需求、当地资源和设施情况、当地政策环境六个维度分析了南方国家可再生能源技术的影响因素。基于上述分析，发现适合技术转移的可再生能源技术往往应具备以下特点：①当地资源丰富，可开发量大；②简单实用，便于操作和维护；③成本适中，稳定可靠；④集中式利用和分布式能源相结合，分布式能源优先。

4.1　南方国家能源贫困问题和可再生能源潜力

4.1.1　南方国家能源贫困问题突出

21 世纪以来，南方国家经济迅速发展，能源消费量迅速提高。然而，由于技术发展水平相对落后，且能源密集型产业占比较高，南方国家的能源供给不能很好地满足日益增长的需求，从而导致其能源贫困问题突出。大多数南方国家的人均耗电量远低于发达国家水平，如图4-1所示，各收入水平国家间的人均耗电量水平相差较大。2014 年高收入国家人均耗电量（8834.35kW·h）是中高收入国家（3516.73kW·h）的两倍以上，是中低收入国家（767.17kW·h）的 10 倍以上，可见中低收入南方国家的能源贫困问题依然相当严重。

南方国家能源贫困问题常由以下因素导致：缺乏电力接入、缺少现代化清洁燃料供应、缺少现代化清洁燃烧设备。根据国际能源署（International Energy Agency，IEA）《世界能源展望 2015》，2013 年有 12 亿人（约占当时人口的 17%）无法获得电力供应（2010 年为 12.67 亿人），其中 95% 的人口生活在撒哈拉以南非洲地区以及亚洲的发展中国家。即使对于电力供应相对充足的南方国家来说，其电力供应质量仍有待提高，如尼日利亚和中非共和国每月有 30 次左右的电力中断，每次停电在几分钟到几小时不等。另外，2013 年仍有超过 27 亿人（约占当时世界人口的 38%）依赖传统的固体生物燃料进行烹饪，其中撒哈拉沙漠以南非洲地区比例最高（80%）。

撒哈拉以南非洲地区的能源贫困问题尤为严重。该地区 48 个国家的用电量之和与西班牙几乎相同，但人口总量是西班牙的 18 倍。截至 2012 年，撒哈拉以南非洲地区的 48

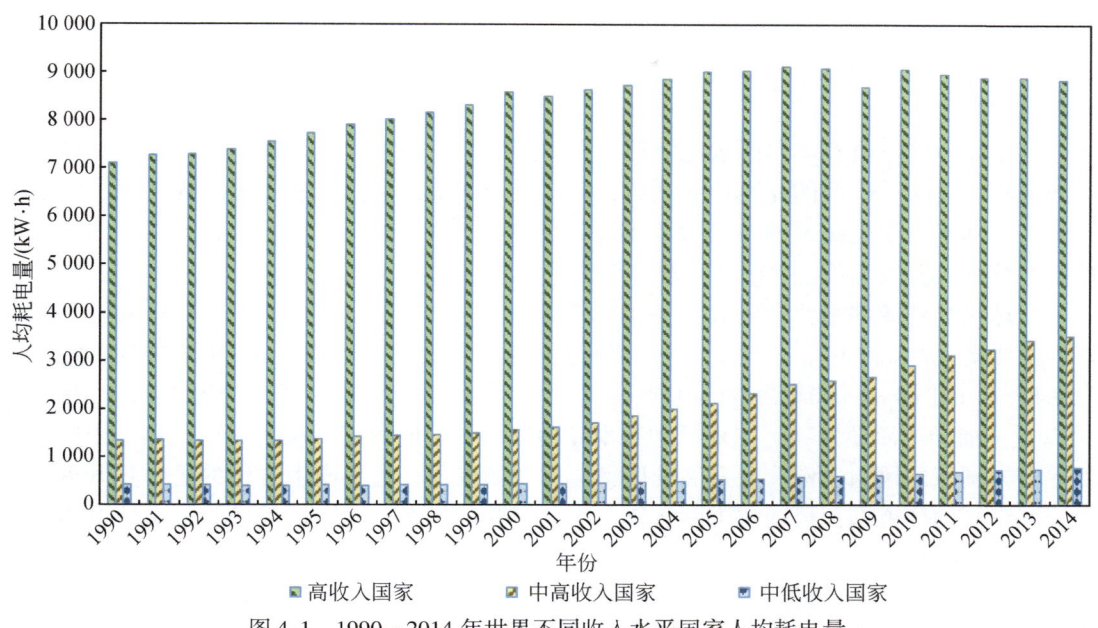

图 4-1　1990~2014 年世界不同收入水平国家人均耗电量
资料来源：World Bank（2019）

个国家的电源并网装机容量仅为 83GW，且其中一半以上位于南非（伍浩松和张焰，2018）。2015 年，非洲超过 6.3 亿人生活在无电环境中，利比里亚等国的无电人口占比高达 90%。此外，2015 年撒哈拉以南非洲地区人均汽油消费量为 701kg，仅高于贫困人口众多的南亚次大陆（张建新和朱汉斌，2018）。

能源贫困问题带来的影响日益突出，严重阻碍了南方国家的经济和社会发展。同时，南方国家能源技术发展尚不成熟，难以独自解决经济社会发展带来的能源短缺问题。因此，开展可再生能源领域的南南合作，引进其他南方国家相对成熟的可再生能源利用技术来开发本国的可再生能源，能够带来绿色可持续的能源供给，从而在很大程度上缓解南方国家能源贫困的状况。

4.1.2　南方国家可再生能源开发利用潜力巨大

可再生能源在全球范围内有可观的储量。而不同国家和地区因资源禀赋差异，可再生能源开发利用潜力有所不同。

世界许多地区具有丰富的太阳能资源。其中非洲地区太阳能资源尤为丰富，每年蕴含的潜在电力资源高达 155 万亿~170 万亿 kW·h，位居所有新能源之首（王涛和赵跃晨，2016）；中国是南方国家中发展较快的国家，西北和东北有很高的太阳能发电潜力，其光伏发电输出功率普遍在 1500kW·h/kWp[①] 以上；南亚地区光伏发电输出功率平均在

[①]　kWp 是峰值功率，p 指 peak。光伏发电机，通常用峰值功率来表示，即通常所说的峰瓦。

1400kW·h/kWp 以上；拉丁美洲和中东地区同样有可观的太阳能资源储量。太阳能资源丰富的南方国家应大力开展南南合作，通过开发相关技术，充分利用地区资源，解决当地电力供应问题。

多个南方国家具有丰富的水能资源，如中国的长江和黄河流域、印度的恒河流域、埃及的尼罗河流域、巴西的亚马孙河流域、东南亚地区等。非洲水能资源尤为丰富，有学者指出，非洲水力发电技术的可开发潜能是 283GW，年均发电量可达到 1200TW·h，占全球水电技术可开发潜能的 8%（王涛和赵跃晨，2016）。

全球风能资源储量非常巨大，各地均有不同程度的风能资源分布。非洲风能资源丰富，主要集中在北非和南非地区，每年可开发的风能约为 53 000TW·h；中国内蒙古地区风电密度（wind power density）在 400W/m^2 以上；南美洲南部地区风电密度普遍在 1000W/m^2 以上；加勒比海地区、远东地区和东南亚地区也有不同程度的风力资源富集。中国、印度等南方国家的风力发电产业发展均取得了可观的成果，随着南南合作的进一步开展，风力资源丰富的南方国家可通过国际合作，充分借鉴其他南方国家发展经验，走适合当地的可再生能源发展道路。

可再生能源有着储量大、可持续性强、环保且种类多样等特点，其迅速发展为南方国家解决能源贫困问题提供了可能。随着技术水平的提高，可再生能源的可靠性也在逐渐增强。虽然可再生能源在提高南方国家能源使用量、解决偏远地区用电问题方面发挥的作用越来越大，但由于其技术种类较多，效用差别大，受环境和其他因素限制较多，不同地区应依照当地的经济与环境情况采用适宜的可再生能源技术。

4.2 可再生能源种类及对应技术

技术转移是南南合作的重要内容，也是南方国家实现可持续发展的重要手段。可再生能源主要包括太阳能、风能、生物质能、水能、地热能、海洋能等，表 4-1 为现有的主要可再生能源种类及其对应的具体技术。可再生能源技术因具有清洁、可持续、资源丰富、低碳等特点，成为全球诸多国家优先发展的领域，并在近年来取得了快速发展。《联合国气候变化框架公约》（United Nations Framework Convention on Climate Change，UNFCCC）始终将促进技术转移当作重要目标，旨在从根本上解决南方国家可持续发展的问题。

表 4-1 现有的主要可再生能源种类及其对应的具体技术

可再生能源种类	具体技术
太阳能	光伏发电
	光热发电
	热水器
	太阳灶
	太阳能水泵

续表

可再生能源种类	具体技术
风能	陆上风电
	海上风电
生物质能	生活垃圾焚烧发电
	农林废弃物发电
	沼气
	生物柴油
	生物燃料乙醇
	生物质炭气油多联产
	生物质气化
	生物质成型燃料
地热能	地热供热
	地热发电
海洋能	潮汐能
	波浪能
	海流能
水能	小水电
	大水电

4.2.1 太阳能技术

太阳能是来自太阳的辐射能量,由太阳内部氢原子发生氢氦巨变释放出的巨大核能产生。地球轨道上的平均太阳辐射强度为 $1369W/m^2$,地球赤道周长为 40 075.02km,可计算出地球可获得的太阳能达 173 000TW。在海平面上太阳能标准峰值强度为 $1kW/m^2$,地球表面某一点 24h 的年平均辐射强度为 $0.20kW/m^2$,相当于 102 000TW 的能量。尽管太阳辐射到地球大气层的能量仅为其总辐射能量的二十二亿分之一,但高达 173 000TW 的数量意味着太阳每秒钟照射到地球上的能量为 $1.465×10^{14}J$,相当于 500 万 tce 的热值。

光-热转换是指接收或聚集太阳辐射并运用其能量产生热能,是太阳能热利用的基本方式。太阳能产生的热能可以广泛地应用于采暖、制冷、干燥、蒸馏、温室、烹饪以及工农业生产等各个领域,并可进行太阳能热发电和热动力。太阳能热水系统是目前中国太阳能热利用的主要形式,利用太阳能将水加热储存于水箱中以便利用。

光-电转换是指接收太阳辐射使之转换为电能的过程。太阳能光伏发电是太阳能光-电转换的主要形式,利用太阳能电池的光伏效应将太阳辐射直接转换为电能。

光-化学转换亦称光化学制氢转换技术,是指将太阳辐射转化为氢的化学自由能再加以利用的发电形式。

4.2.2 风能技术

风能是指由空气流动所产生的动能，是太阳能的一种转化形式。太阳辐射造成地球表面各部分受热不均匀，引起大气层中压力分布不平衡，在水平气压梯度的作用下，空气沿水平方向运动形成风。风能资源的总储量非常巨大，但其能量密度较低且不稳定。在一定的技术条件下，风能可作为一种重要的能源得到开发利用。

相较于其他可再生能源，风能的利用技术较为单一，即动能转换，利用空气动能推动风机运转从而产生电能、热能、机械能等。风能利用的主要形式有风力发电、风力提水、风力供热等，其中风力发电的能力取决于风能密度和可利用的风能年累计小时数。风能密度是单位迎风面积可获得的风的功率，在一定风速范围内，与风速的三次方和空气密度成正比。

4.2.3 生物质能技术

生物质能包括所有的植物、动物、微生物及其生产的废弃物所蕴含的能量。除矿物燃料以外，所有来源于动植物的有机能源物质均属于生物质能，如木材及森林废弃物、农业废弃物、水生植物、油料植物、城市和工业有机废弃物、动物粪便等。生物质能的利用方式较为多样，主要有直接燃烧、热化学转换和生物化学转换三类技术。

直接燃烧是指生物质与氧气进行的快速放热和发光的氧化反应，可以产生热能并用来制热或发电。新型的生物质炉具技术以及固化成型技术可有效提升生物质燃烧热效率。

热化学转换是指在一定的温度和条件下使生物质气化、炭化、热解和催化液化，以生产气态燃料、液态燃料和化学物质的技术。例如，气化技术是将固体生物质置于气化炉内加热，同时通入介质气体，来产生品位较高的气态燃料。

生物化学转换包括沼气转换和乙醇转换技术等。沼气转换是将各种生物质在隔绝空气等条件下经过微生物发酵作用产生可燃性气体的技术。乙醇转换是利用糖质、淀粉和纤维素等原料经发酵制成乙醇的技术。

4.2.4 水能技术

水是重要的能量载体，在落差大、流量大的地区，水能资源尤为丰富。水力发电是水能应用的主要形式之一，指利用水的压力或者流速冲击水轮机使之旋转，从而将水的力学能转化为机械能或电能的技术。水电站作为水能的重要利用形式，除了产生电能外，在环保、灌溉、生态多样性以及应对气候变化方面也有特殊的地位。经济发展相对欠缺的发展中国家更加青睐建设规模小、投资要求低、实用性强的小水电技术。小水电具有以下优势：

1）调度灵活。小水电机组启停迅速，依靠水库优势建立的小水电站如果采用自动化调控,甚至有能力参与电力负荷峰谷调节,使电网运行更加可靠。

2)生产成本低。小水电的运行寿命长,价格稳定,效益好,坚固耐用,且人力成本低,运行人员数仅为火电站的 1/20～1/10。除初期建设费用外,小水电不需要燃料费,日常运行维护费很少。相比于火电站,小水电站能源利用率较高,适合农村地区供电使用。

3)综合效益强。一个水利工程常可同时取得灌溉、防洪、供水、发电、航运、养殖和改善环境等多方面的效应。通过合理规划、适度开发和梯度开发,可以解决一条河流沿岸多地的用电问题,同时提高农业生产能力和抵抗洪灾与干旱等自然灾害的能力。

南方国家由于基础设施较差,农村地区常缺乏稳定供电,且没有有效的水利设施进行灌溉和防洪,小水电是此类沿河农村地区较好的技术选择。小水电开发前必须全面考察河流环境情况和特点。在兼顾经济效益和环境效益的同时,选择最优地点建设合理装机容量的小水电,防止不合理开发导致的下游河段局部脱水、发电设施产生油污和噪声污染、河道淤积等威胁当地可持续发展的生态环境问题。

4.2.5 地热能技术

地热能是地球内部的热释放到地表所产生的能量。地热资源是指在当前技术、经济和地质环境条件下,从地壳内部能够科学、合理地开发出来的热能量和地热流体中的热能量及其伴生的有用组分。地热资源按赋存形式可分为水热型(又分为干蒸汽型、湿蒸汽型和热水型)、地压型、干热岩型和岩浆型四大类;按温度高低可分为高温型(>150℃)、中温型(90～150℃)、低温型(<90℃)三大类。地热能的利用方式主要分为地热发电和地热直接利用两大类。

地热发电是利用地下热水和蒸汽为动力源的发电技术,分为一次蒸汽法、二次蒸汽法、混合蒸汽法、双循环法、全流发电法和干热岩法等。

地热直接利用是指不需要进行热、电能量转换的地热利用,即地热非电利用,包括直接用于加热、冷却和各种形式的工农业利用及医疗、旅游等。

4.2.6 海洋能技术

海洋能是指蕴藏在海洋中的可再生能源,它包括潮汐能、波浪能、潮流能、海流能、海水温差能和海水盐度差能等不同的能源形态。海洋能按储存能量的形式可分为机械能、热能和化学能。潮汐能、波浪能、海流能、潮流能为机械能,海水温差能为热能,海水盐差能为化学能。海洋能技术是指将海洋能转为电能或机械能的技术。

4.3 南方国家可再生能源技术需求

受南方国家经济发展水平、人员技术、基础设施条件等限制,并非所有可再生能源技术均适合向南方国家转移。因此,找准南方国家可再生能源技术需求十分重要。本节参考已有文献、南方国家能源发展规划、已有可再生能源技术转移经验以及非洲等地的实地考察结果，提出南方国家典型的可再生能源技术需求。

4.3.1　太阳能技术需求

（1）光伏水泵技术

光伏水泵技术具有解决灌溉问题，提高粮食产量，减少人口贫困等优点，南方国家接受度较高。大多数南方国家日照资源丰富，具有使用光伏水泵技术的资源条件。

光伏水泵基本原理是利用太阳能电池将太阳能直接转换为电能，然后驱动各类电动机带动水泵从深井、江、河、湖、塘等水源提水，具有无噪声、全自动、高可靠性、供水量与蒸发量适配性好等优点。联合国开发计划署、世界银行、联合国亚洲及太平洋经济社会委员会（United Nations Economic and Social Commission for Asia and the Pacific，UNESCAP）等国际组织都先后充分肯定了其合理性与先进性。在这些国际组织的支持下，全球已经有数万台不同规格的光伏水泵在不同地区和国家运行。在亚洲、非洲、拉丁美洲及中东的南方国家，光伏水泵技术已为许多贫困地区带来相当可观的经济效益，加速了这些地区的发展步伐。

与柴油机水泵相比，光伏水泵初期投资较大，但其具有高可靠性和低维护成本等优点。在设备生命周期内，光伏水泵成本低于柴油机水泵。很多较落后的南方国家存在交通不便、化石能源利用程度较低的问题，采用光伏水泵是很好的选择。

（2）家庭光伏并网型发电系统

家庭光伏是利用太阳能电池将太阳能直接转化为电能的一种小型家庭并网型发电系统，适应于城市和农村家庭供电。家庭电网与太阳能发电并网，太阳能发电可用于家庭用电消耗，多余电量可并网销售。当电网因故障出现停电时，可由太阳能独立供电。

家庭光伏并网型发电系统便于安装，可靠性高，在解决农村用电上有很好的应用前景，城市楼房也可铺设家庭光伏以生产并使用清洁电能。世界多国通过政策推动家庭光伏技术的发展，如中国对家庭光伏进行政策补贴，印度也采取了类似的政策。

（3）家庭风光互补型并网发电系统

家庭风光互补型并网发电系统是将太阳能光伏发电技术和风力发电技术两者结合，构建一种小型风光互补模式的并网型新能源发电系统，适用于城市和农村家庭供电，能有效解决单独风电和光伏发电不稳定的缺陷。太阳能与风能在时间上和地域上都有很强的互补性，白天光强时风小，夜间光弱时风大。采取并网发电可有效提高能源利用率，多余能源也可出售给电网。家庭风光互补型并网发电系统与家庭光伏并网型发电系统优点相似，但有着更好的能源利用率，能充分利用太阳能和风能资源，适合风能和太阳能资源均丰富的地区使用。生产的电力可以选择出售给电网公司和供家庭自身使用。其成本低，易安装且可靠性高，非常适合农村供电使用。

（4）太阳能路灯技术

太阳能路灯可用于代替传统公用电力照明的路灯，无需线缆，无需供电，采用直流供电控制,具有稳定性好、寿命长、发光效率高、安装维护简便、安全性能高、节能环保、经济实用等优点,可广泛应用于城市主次干道、小区、工厂、旅游景点、停车场等场所。

太阳能路灯独立于电网使用,其铺设对基础设施要求较低,适合农村等基础设施较差的地区供电。太阳能路灯充分利用太阳能而不依靠电网,在节能减排方面有很大效用。

(5) 太阳能手电技术

太阳能手电将日间收集的阳光转变为电能为电池充电,从而在夜间使用。

太阳能手电具有方便实用、低碳环保的特点,适用于家庭或户外照明、狩猎、徒步旅行和露营、军事、警卫、交通勘查等工作,方便缺电、少电地区使用。

(6) 太阳能干燥技术

太阳能干燥技术直接利用太阳能干燥物料,或先通过太阳能集热器加热干燥介质,干燥介质再逐步干燥物料。该技术常用空气作为干燥介质。

太阳能干燥热源来源广泛,在光辐射较强地区可用性高。因不需要其他化石燃料作为热源且以空气为干燥质,可方便且独立地使用。交通不便、能源紧张地区的居民可利用太阳能干燥技术进行生产生活。

(7) 光伏并网发电技术

光伏并网发电系统是指太阳能光伏发电与常规电网相连的光伏发电系统,在系统中由光伏发电系统和常规电网共同承担供电任务。当有阳光时,产生的电能可直接供给用电器消耗并将剩余的电能输入电网,或者直接将产生的全部电能并入电网。当没有太阳光时,负载用电全部由电网供给。

因为电能输入电网,并网光伏系统并不需要蓄电池作为储能设备,从而提高了能源利用效率,降低了能量损耗和设备成本。系统中需要专用的并网逆变器保证输出电能稳定且达到电网使用标准。并网光伏系统能够并行使用电网电力和光电为本地交流负载供电,降低系统的负载断电率。并网光伏系统还可对公用电网进行调峰。光伏发电进入大规模商业化应用就是将太阳能光伏系统接入常规电网,实现联网发电。

部分南方国家正处在经济快速发展时期,其电力供应往往出现需求大于供给的情况。实行光伏并网发电可以有效缓解电力不足问题,同时还能提高电网质量和提高用电稳定性,是南方国家解决能源贫困问题较好的选择。

4.3.2 风能技术需求

风能技术种类繁多,传统的离网型风力发电系统在已经广泛应用于多个南方国家的合作中,而小规模、中低风速的风机技术合作还有待深化。

小规模、中低风速的风电设备以小型、微型风力发电设备为主,通常是指单机功率在100kW以下的风电设备,可根据需要增加或变更组件大小,安装简便且周期较短,具有使用范围广、投资小、对资源要求不高等优点,与传统的离网型风力发电设备有很大区别。低风速下的发电性能改进是小型风力发电设备发展的主要方向,低速旋转的叶片蕴含的动能更小,因此叶片断裂后所造成的安全隐患更小。目前部分风电设备制造企业已经研制出了高质量的小型低速风力发电设备成品。

小型风力发电设备适用于风力资源较丰富，但电网设施不足的局部地区，且能够根据使用地点选定设备。如中亚部分草原地区，虽然交通较差但具有较好的风力资源，大力发展小型低速风力发电设备可有效解决牧民用电问题。小型低速风力发电设备的低投资成本使其适合于小集体使用，为南方国家解决落后地区用电问题提供了新的选择。

4.3.3 水能技术需求

水电是一种开发历史早且技术趋于成熟的可再生能源。大水电建设成本高，项目从落地到投产时间较长，利润回报较慢，大多数是政府投重资按计划修建的，其建设考虑因素较多，不适合作为商业项目归企业开发建设。与之相反，小水电成本低，建设快，技术成熟且长期维护成本低，适合企业投资。

（1）流域梯级开发技术

流域规划技术包括小流域梯级开发、龙头水库开发、高水头电站跨流域开发等，通过系统研究，找出整个流域水力资源利用率最大、发电效益最大、社会效益和环境效益最优的开发方案。目前，小水电流域规划技术发展迅速，并逐步推广应用到小水电开发中。

小水电对自然环境影响较小，利用流域梯级开发可更好地选择开发地点，做到最大限度利用流域水力资源，非常适合应用于沿河村庄的水利供电。

（2）小水电站运行技术

目前，小水电站设备技术已经开始由常规设备向微机型设备转型，运行技术由自动控制系统向计算机数字控制。经济较发达地区已在部分水电站和变电站采用了先进的调度自动化系统和变电站综合自动化系统，实现了无人值班。技术改造和节能技术在各地也得到普遍推广应用，一些小水电站通过采用新技术和新装备，效率大幅度提高，取得了可观的经济效益。

通过采取统一调度的运营技术，可统筹本地区或跨地区的小水电发电，以达到最大发电量。部分南方国家技术力量不足，科技水平较低，需要水电技术较发达的国家对其进行技术指导和科技支援，帮助其建立有效的小水电运营系统。

4.3.4 生物质能技术需求

南方国家的农村地区一次能源供应多来自生物质。对生物质的需求使当地环境承受着较大的压力，对当地生态系统造成了严重的影响。在生物质能方面，南方国家需要提高能源利用效率，充分利用农业废弃物、牲畜粪便和城市垃圾生产沼气，以满足农村一次能源需求。

（1）沼气生产的典型技术

沼气由有机物质在厌氧条件下，经过微生物发酵分解作用产生。

水压式沼气池具有结构简单、施工方便、使用寿命长、力学性能好、造价较低、易于管理等特点。这种沼气池优点是常温发酵,对发酵原料预处理要求不高,可建于猪栏、牛舍下,节约用地。非洲和东南亚国家的部分农村以燃烧薪柴和秸秆作为生活能源。大力发展农村沼气可有效利用农业废物,方便农村居民生活用能,减少各种空气污染物的排放。

(2)大中型沼气技术

大中型沼气工程是指沼气发酵装置或日产气量具有一定规模的沼气工程,对技术水平要求较高。该技术以处理一定浓度的有机废水为目的,沼气是该过程的副产物。目前该技术广泛应用在有机废水处理中,特别是食品化工行业和农业废水。大中型沼气生产适合在废物产出量较大的地区使用,如城市或大型农场。

4.4 可再生能源技术需求影响因素

可再生能源技术种类多,技术适用性差别大。在考虑某项技术的应用时,必须全面考虑技术的实用性和可持续性。不同的南方国家因其发展阶段、产业结构和资源状况不同,对可再生能源技术也有不同的需求。本节介绍选择技术时所应参考的各项指标,帮助各国更加全面地选择适宜的可再生能源技术。

4.4.1 技术的经济性

技术的经济性需考虑绝对性和相对性,绝对性是指其单位能量的成本,相对性是指相对于当地其他能源的经济性。可再生能源发电技术作为可再生能源最广泛、体量最大的使用形式,其经济性受到多种因素的影响。可再生能源发电经济数据指标体系见表4-2。

表4-2 可再生能源发电经济数据指标体系

参数种类	参数名称	单位	备注
项目基础信息	所在地区		国家或者国家的具体省份
	技术种类		风电、光伏发电、水电等
	装机容量	MW	项目规模
	建设年份		项目建设周期
项目投资成本	总投资	元/kW	
	设备投资	元/kW	
	土建投资	元/kW	
	其他投资	元/kW	
	自有资金比例	%	
项目投资成本	贷款比例	%	
	贷款利率	%	
	还款期限	年	

续表

参数种类	参数名称	单位	备注
项目运行成本	发电小时数	h	
	自用电比例	%	主要针对生物质发电
	固定运行成本	元/kW	
	职工人数	人	
	职工工资	元/人	
	可变非燃料成本	元/(kW·h)	
	维修成本	元/(kW·h)	
	其他运行成本	元/(kW·h)	
	燃料成本	元/kg	主要针对生物质发电
	发电效率	kg/(kW·h)	主要针对生物质发电

在绝对经济性方面，可再生能源的度电成本快速下降。国际可再生能源署《改变的力量：2025年前太阳能和风能成本下降潜力》报告预测，到2025年太阳能光伏、槽式聚光光热、塔式光热、陆上风电和海上风电的成本将大幅度下降。2025年太阳能光伏度电成本较2015年将下降58%，从13美分/(kW·h)降至5.5美分/(kW·h)，可再生能源成本的快速下降可为经济较落后地区能源发展提供更多选择。可再生能源度电成本预测见表4-3。

表4-3 可再生能源度电成本预测

技术种类	发电成本/[美分/(kW·h)]		下降百分比/%
	2015年	2025年	
太阳能光伏	13	5.5	58
槽式聚光光热	17	11	35
塔式光热	17	9	47
陆上风电	7	5	29
海上风电	18	12	33

在相对经济性方面，除陆上风电和水电外，当前可再生能源发电的度电成本相对于化石能源成本偏高。虽然可再生能源的广泛利用有更好的环境效益，但对于一些发展程度较低的南方国家而言，经济性仍是影响可再生能源应用的首要因素。截至2018年底，中国光伏度电成本已经降至0.4~0.5元/(kW·h)。但在其他南方国家建设光伏项目，度电成本将上升至0.6~0.7元/(kW·h)，当地居民用电价格为0.8~0.9元/(kW·h)，对于低收入水平南方国家来说偏高。当可再生能源与当地其他电源相比发电成本相当或者更低时，可再生能源技术更具有发展潜力。例如，非洲的吉布提，当地没有基本的电网设施，用电需求多由柴油发电机组满足，其度电成本为1.5~1.8元/(kW·h)，远高于光伏发电和风力发电成本。因此，在此类地区，可再生能源技术反而具有经济竞争力。

4.4.2 技术的可靠性

对于可再生能源技术来说,其可靠性是指在整个寿命期内能稳定地为居民提供所需要的能源。可靠性需要满足两个条件之一:①不发生故障;②发生故障后能方便地、及时地修复,以保持良好功能状态。目前南方国家的可再生能源技术、设备和产品生产能力较弱,多从国外进口,维修难度大、维修时间长,这将影响当地居民用能,进而影响民生,甚至可能导致当地居民以后直接拒绝使用该类可再生能源技术。

2000年后,全球可再生能源进入快速发展阶段,根据国际可再生能源网络《可再生能源全球现状报告2018》,全球可再生能源发电装机容量已经达到2195GW(包含水电),但在大多数南方国家,可再生能源装机容量依旧偏低,且不被当地居民认可。可再生能源技术要简单可靠才能被南方国家居民接受并充分使用。我国生产的光伏帽子、光伏背包、光伏手电筒、光伏收音机、光伏冰箱、光伏充电器等产品很受非洲居民的欢迎,主要原因之一就是操作简单,易于使用。

转移的技术要稳定可靠,以保障居民稳定用能,提升其对可再生能源的接受度。使用可靠性高的技术设备可以减少对发电或者供热设备的维修从而降低成本。可再生能源发电技术种类繁多,在技术转移的初期,应选择技术成熟的小水电、分布式太阳能光伏发电和生物质能发电等技术。

4.4.3 技术设备的便利性

可再生能源技术设备要符合当地居民需求,必须考虑在南方国家和落后地区是否便利实用。其中便利既包括交通运输便利,也包括居民使用便利和维修便利等。

交通运输便利,即可再生能源技术设备可拆卸组装,运输条件要求较低。部分南方国家基础设施不足,很多能源贫困地区同时也是交通落后地区。落后的交通设施难以承载大型可再生能源设备运输,因此必须考虑可再生能源技术设备的可拆卸性和轻便性。

居民使用便利,即可再生能源技术设备对居民文化水平和技术水平要求适合当地水平。部分南方国家教育落后,居民文盲率较高,当地居民可能难以充分使用复杂的可再生能源设备。因此,可再生能源技术设备必须做到简便耐用,以适应当地居民使用。同时应考虑配备部分技术人员长期在当地进行技术支持,在设备落地投产的同时保证技术落地,让当地居民做到能够自己使用和维护。

维修便利,即可再生能源技术设备要适合当地工业水平。可再生能源技术设备的零部件应具有高可替代性、高适用性,最好做到可再生能源替换零部件本地生产、本地维修、本地维护。同时进行生产技术转移,让可再生能源技术设备在当地实现长期持续生产。

4.4.4 当地实际需求

技术转移是转移方和接受方之间的合作,必须以接受方的实际需求为前提。南方国家数量众多，分布广泛，对可再生能源技术的需求差异较大。中国–加纳/中国–赞比亚可再生能源技术转移合作项目中开展了可再生能源技术清单征集，通过广泛征集，共收集到200余项可再生能源技术，涵盖太阳能、风能、生物质能、水电等多个领域，但是在与非洲沟通过程中发现，并非所有技术都符合当地实际需求。以加纳为例，其最感兴趣的是太阳能水泵和可再生能源照明技术。

4.4.5 当地资源和设施情况

当地资源禀赋是可再生能源技术转移的决定性因素。可再生能源技术转移必须因地制宜。以越南为例，越南水能资源丰富，理论可开发量约为31GW，技术可开发量约为18.9GW；越南拥有约3000km长的海岸线，沿海地区风能资源丰富，风能理论资源开发量为513GW，实际可开发量为120GW；越南位于热带地区，具有丰富稳定的太阳能资源，其可开发量在13GW左右；越南的西北部和中部地区地热资源丰富，预计地热发电潜力为1.4GW；越南有谷壳、甘蔗渣、咖啡壳及碎木屑等生物质能原料，发电潜力为$1\sim1.6$GW，因此越南具备风能技术、水能技术、太阳能技术、生物质能技术和地热能技术开发的资源条件。但是对于吉布提来说，其主要资源为太阳能和风能，因此主要具备太阳能技术和风能技术开发的资源条件。

4.4.6 当地政策环境

可再生能源的发展离不开政府大力支持。政策环境对可再生能源的发展具有重要作用，具体政策包括可再生能源法、可再生能源中长期发展规划、减缓和应对气候变化政策、税收优惠、电价政策、融资政策等。这些政策一方面可以给可再生能源开发企业带来信心和收益保障，另一方面可以提高当地居民对可再生能源的认识和接受程度。产品标准和电站标准也是南方国家选择可再生能源技术的重要影响因素之一，南方国家的标准体系差别较大，这给可再生能源的市场准入带来了障碍，影响了可再生能源在南方国家的技术转移应用。

总结以上影响因素，可以得出南方国家需要的可再生能源技术应具备如下条件：①当地资源丰富，可开发量大；②简单实用，便于操作和维护；③成本适中，稳定可靠；④集中式利用和分布式能源相结合，分布式能源优先。

第三篇

中国举措

第 5 章　中国可再生能源发展部署

首席作者： 李桂君　李玉龙
贡献作者： 董辰昱　汪永生　田宗博　李　凯　李宇航　温　全

中国作为最大的发展中国家，长期面临着统筹国内国际发展的关键挑战，既要解决国内发展中出现的新问题、新任务，以满足经济社会发展和人民生活的需要，又要作为负责任大国积极参与全球治理，贡献中国力量。谋求科技突破和实现创新引领是关键路径。可再生能源作为有巨大发展潜力的可持续能源，技术发展空间广阔，符合中国的现实需要。为了积极推进可再生能源发展，中国政府从国家层面制定了一系列的科技规划，并在可再生能源领域投入了大量资金，同时为了实现可再生能源的技术应用和产业转化，行业部门也制定了不同类别和层次的产业发展规划。

5.1　中国可再生能源发展必要性与驱动力

在转变经济发展方式和应对气候变化的双重约束下，发展可再生能源成为顺应时代潮流和满足自身发展需要的必然选择。无论是在国际上积极落实 2030 年可持续发展议程、承担应对气候变化的国际责任，还是在国内加强生态文明建设、优化能源结构、实现能源消费总量控制目标、推进可再生能源技术创新的要求，都亟须通过大力发展可再生能源解决相关问题。

5.1.1　落实联合国 2030 年可持续发展议程的需要

2015 年 9 月，联合国可持续发展峰会通过了 2030 年可持续发展议程，为未来 15 年世界各国的可持续发展和国际合作指明了方向。作为世界上最大的发展中国家，中国高度重视并积极响应联合国 2030 年可持续发展议程，将其与中国中长期发展规划进行了有机结合，制定并发布了《中国落实 2030 年可持续发展议程国别方案》。目前可持续发展议程各项落实工作已经在中国全面展开，其中可再生能源的应用作为实现可持续发展目标的主要途径和手段受到了重点关注。

根据方案，中国在"确保人人获得负担得起、可靠和可持续的现代能源"方面明确了四个目标，并阐述了清晰的执行方案。首先，中国将通过持续实施城市配电网建设改造，推进小城镇、中心农村电网改造升级，到 2020 年实现全国农村动力电能全覆盖；通过全面实施能源惠民工程，加快光伏扶贫项目和贫困地区能源开发项目建设，确保到 2030 年实现人人都能获得负担得起的、可靠的现代能源服务。其次，中国通过优化能源结构，提高化石能源利用效率，增加清洁能源消费比例，最终形成以非化石能源和天然气为主的能源结构，并实现非化石能源占一次能源消费比例达到20%左右的目标，进而设立了到2030年大幅度增加可再生能源在能源结构中所占比例的目标。再次，中国将大力推进物联网、大数据、人工智能等高新技术改造能源产业，推进基于生态文明建设的低碳、绿色城镇化发展，建设清洁低碳、安全高效的现代能源体系，推动能源管理体系、计量体系和能耗在线监测系统建设，开展能源评审和绩效评价，促进能效大幅度提高，从而实现到2030年全球能效改善率提高一倍的目标。最后，中国也承诺加强国际合作，促进清洁能源的合作研究和技术的发展，包括可再生能源、能效，以及先进和更清洁的化石燃料技术，并促进对能源基础设施和清洁能源技术的投资；根据发展中国家，特别是最不发达国家、小岛屿发展中国家和内陆发展中国家各自的支持方案，为所有人提供可持续的现代能源服务。上述任务均重点体现出中国对可再生能源发展的迫切需求和高度重视。

5.1.2 履行应对气候变化国际责任的需要

中国坚持减缓与适应并重的原则，主动控制碳排放，落实应对气候变化行动的承诺，增强适应气候变化的能力。针对国内行动，制定并发布《"十三五"控制温室气体排放工作方案》，从低碳引领能源革命、打造低碳产业体系、推动城镇化低碳发展、加快区域低碳发展、建设和运行全国碳排放权交易市场、加强低碳科技创新、强化基础能力支撑和广泛开展国际合作八个方面提出控制温室气体排放的重点任务。继续实施《国家应对气候变化规划（2014—2020年）》《国家适应气候变化战略》等重大政策文件，不断加强应对气候变化科技创新和体制机制创新，形成了人与自然和谐发展现代化建设的新格局。2015年，中国政府向联合国提交《强化应对气候变化行动——中国国家自主贡献》，提出中国二氧化碳排放在2030年左右达到峰值并争取尽早达峰、单位国内生产总值二氧化碳排放比2005年下降60%～65%等自主行动目标，为中国中长期应对气候变化工作指明了方向。作为中国强化应对气候变化行动政策和措施之一，构建低碳能源体系要求在做好生态环境保护和移民安置的前提下，积极推进水电开发，安全高效发展核电，大力发展风电，加快发展太阳能发电，积极发展地热能、生物质能和海洋能，到2020年，风电装机容量达到2亿kW，光伏装机容量达到1亿kW，地热能利用规模达到5000万tce。

作为负责任大国，中国为全球气候治理积极贡献中国智慧和方案，与各国一道推动达成《巴黎协定》，是首批签署和较早批准《巴黎协定》的国家，创新性推动了中美元首出席《巴黎协定》批准文书交存仪式，为推动协定尽早生效做出了历史性贡献。2016年中国建设性参加联合国气候变化马拉喀什会议并推动会议取得成果。

积极履行减缓与适应全球气候变化措施，通过传递减排经验，加强国际合作是中国主动承担应对气候变化责任的需要。为满足这方面的需求，中国不断推动在应对气候变化过程中具有重要作用和合作可能的可再生能源领域技术的发展，为全球共同应对气候变化问题贡献力量。

5.1.3 面向新时代生态文明建设的需要

生态文明建设是关系中华民族永续发展的根本大计。生态兴则文明兴，生态衰则文明衰。中国环境容量有限，生态系统脆弱，污染重、损失大、风险高的生态环境状况还没有根本扭转，并且独特的地理环境加剧了地区间的不平衡。"胡焕庸线"东南方 43% 的土地上，居住着全国 94% 左右的人口，以平原、水网、低山丘陵和喀斯特地貌为主，生态环境压力巨大；"胡焕庸线"西北方 57% 的土地，居住着全国 6% 左右的人口，以草原、戈壁沙漠、绿洲和雪域高原地貌为主，生态系统非常脆弱。这对中国的生态文明建设提出了迫切需求。党的十八大以来，中国把生态文明建设作为统筹推进"五位一体"总体布局和协调推进"四个全面"战略布局的重要内容，开展一系列根本性、开创性、长远性工作，提出了一系列新理念、新思想、新战略。为践行推进生态文明建设，十八大报告提出了"优、节、保、建"四大战略任务。其中"节"就是要全面促进资源节约，推动资源利用方式的根本转变，加强全过程节约管理，大幅度降低能源、水、土地消耗强度，提高利用效率和效益。推动能源生产和消费革命，支持节能低碳产业和新能源、可再生能源发展，确保国家能源安全。

在党的十九大报告中，针对"美丽中国"的生态文明建设目标的阐释又有了新的突破和创新。首先，十九大报告在总结以往实践的基础上提出了构成新时代坚持和发展中国特色社会主义基本方略的"十四条坚持"，其中明确地提出了"坚持人与自然和谐共生"的原则。在具体论述生态文明建设的重要性时，报告提出了"像对待生命一样对待生态环境""实行最严格的生态环境保护制度"等论断。其次，十九大报告不仅提出了建设生态文明的总体指导思想，而且还提出了切实可行的具体措施。就总体指导思想而言，报告明确提出了"既要创造更多物质财富和精神财富以满足人民日益增长的美好生活需要，也要提供更多优质生态产品以满足人民日益增长的优美生态环境需要"的观点。为实现"美丽中国"这一中华民族追求的新目标，应主动采取节能减排、发展可再生能源、增加森林碳汇、建立全国碳排放权交易市场、推进气候变化立法等一系列措施。

生态文明建设的理念逐渐深入人心，目标不断拓展深化，作为实现生态文明建设的具体任务和必然选择，发展可再生能源的需求日益增加，相应的行动也需不断增强。

5.1.4 实施能源消费总量控制和结构调整的需要

能源是人类社会发展的物质基础，能源安全是国家安全的重要组成部分。2016 年 12 月，国家发展和改革委员会、国家能源局印发了《能源生产和消费革命战略（2016—2030）》，明确强调："到 2020 年，全面启动能源革命体系布局，推动化石能源清洁化，根本扭转能源消费粗放增长方式，实施政策导向与约束并重。能源消费总量控制在 50 亿吨标准煤以内，煤炭消费比重进一步降低，使清洁能源成为能源增量主体，能源结构调整取得明显进展，非化石能源占比 15%；单位国内生产总值二氧化碳排放比 2015 年下降

18%；能源开发利用效率大幅提高，主要工业产品能源效率达到或接近国际先进水平，单位国内生产总值能耗比 2015 年下降 15%，主要能源生产领域的用水效率达到国际先进水平；电力和油气体制、能源价格形成机制、绿色财税金融政策等基础性制度体系基本形成；能源自给能力保持在 80% 以上，基本形成比较完善的能源安全保障体系，为如期全面建成小康社会提供能源保障。"

战略进一步明确："2021—2030 年，可再生能源、天然气和核能利用持续增长，高碳化石能源利用大幅度减少。能源消费总量控制在 60 亿吨标准煤以内，非化石能源占能源消费总量比重达到 20% 左右，天然气占比达到 15% 左右，新增能源需求主要依靠清洁能源满足；单位国内生产总值二氧化碳排放比 2005 年下降 60%—65%，二氧化碳排放在 2030 年左右达到峰值并争取尽早达峰；单位国内生产总值能耗（现价）达到目前世界平均水平，主要工业产品能源效率达到国际领先水平；自主创新能力全面提升，能源科技水平位居世界前列；现代能源市场体制更加成熟完善；能源自给能力保持在较高水平，更好地利用国际能源资源；初步构建现代能源体系。展望 2050 年，能源消费总量基本稳定，非化石能源占比超过一半，建成能源文明消费型社会；能效水平、能源科技、能源装备均达到世界先进水平；成为全球能源治理重要参与者；建成现代能源体系，保障实现现代化。"

为实现能源革命战略目标，中国需选择重点突破领域，通过示范建设和实施重大工程，推动落实各项战略任务。开展非化石能源跨越发展行动被确定为可再生能源这一重点领域的具体任务，为可再生能源的全面推进指明了方向："优化风电和光伏发电布局，加快中东部可再生能源发展，稳步推进'三北'地区风光电基地建设，建立弃风率和弃光率预警考核机制，实现可再生能源科学有序发展。鼓励可再生能源电力优先就近消纳，充分利用规划内输电通道实现跨区外送。大力推进生物质能原料基地建设，扩大生物质能利用规模。开展地热能示范县、示范乡镇建设。开展海洋能示范项目建设。在生态优先前提下积极有序推进大型水电基地建设，因地制宜发展中小型水电站，大力推进抽水蓄能电站建设，科学有序开发金沙江等水电。到 2030 年，非化石能源发电量占全部发电量的比重力争达到 50%。"此外，积极推进和开展农村新能源行动，"更好发挥能源扶贫脱贫攻坚作用，改善贫困地区用能条件，通过建设太阳能光伏电站、开发水电资源等方式，探索能源开发收益共享等能源扶贫新机制。建立农村商品化能源供应体系，稳步扩大农村电力、燃气和洁净型煤供给，加快替代农村劣质散煤，提高物业化管理、专业化服务水平。统筹推进农村配电网建设、太阳能光伏发电和热利用。在具备条件的农村地区，建设集中供热和燃气管网。就近利用农作物秸秆、畜禽粪便、林业剩余物等生物质资源，开展农村生物天然气和沼气等燃料清洁化工程。到 2030 年，农村地区实现商品化能源服务体系。"

在中长期的能源总量控制和结构调整的双重约束下，作为能源革命的重点突破领域，中国可再生能源已经取得了一定的进步，同时仍需依照其目标规划、体系构建、项目建设以及推广路径等进一步推进，以兼顾能源变革和经济发展的需要。

5.1.5 推进科技创新驱动可再生能源发展的需求

能源科技创新是能源可持续发展的关键要素。可再生能源技术在我国科技规划以及财政投入支持下取得了长足发展，规模效应产生的技术进步和成本降低为可再生能源的有序发展奠定了重要基础。能源科技的进步，既需要尊重能源科技创新规律，也需要重视创新体系的建立和完善，从而提高创新能力，促进能源产业的健康发展，实现能源结构的合理调整。中国《"十三五"能源领域科技创新专项规划》明确提出了要将清洁高效能源技术构建为中国具有国际竞争力的现代产业技术体系，并作为构筑国家先发优势的主要任务和战略任务进行部署。

"十五"期间，中国科技投入约为 25 亿元；"十一五"期间，中国科技投入约为 136 亿元；"十二五"期间，中国科技投入增长到约 150 亿元；"十三五"期间，中国科技投入有望再创新高。国家重点研发计划"可再生能源与氢能技术"重点专项中，太阳能相关项目 10 个，风能项目 4 个，生物质能项目 4 个，海洋能与地热能项目各 1 个，氢能项目 8 个，可再生能源耦合与系统集成项目 4 个，共拨经费约 6.565 亿元。另外，十九大报告提出，构建市场导向的绿色技术创新体系，发展绿色金融，壮大节能环保产业、清洁生产产业、清洁能源产业。这为进一步推动可再生能源科技创新提供了重要保障。

在此影响下，以风能、太阳能为代表的中国可再生能源产业获得了快速发展和巨大成就。2018 年末，中国可再生能源装机容量约占世界总发电装机容量的 38.3%，可再生能源发电量约占世界总发电量的 26.7%。风力发电、太阳能光伏发电、太阳能集热面积的安装应用连续多年稳居世界第一。同时，技术创新驱动下的成本持续降低有利于可再生能源系统高效、稳定和规模化应用，同时带来了巨大的减排效益。2006~2015 年，中国可再生能源技术实现累积减排约 8.5 亿 t 二氧化碳。

5.2 中国可再生能源发展顶层规划

可再生能源的发展规划对于引导和扶持中国可再生能源产业的发展发挥着重要作用。为了从顶层设计上促进中国可再生能源科技发展，在党中央和国务院的统一协调领导下，国家发展和改革委员会、科学技术部、财政部、工业和信息化部等部门高度关注并积极、持续地支持和实施可再生能源技术及产业发展规划，推动可再生能源的发展。本节围绕可再生能源科技规划领域开展的一系列工作进行回顾和总结。

5.2.1 强化可再生能源产业发展总体规划

2006 年，《中华人民共和国可再生能源法》《国家中长期科学和技术发展规划纲要(2006—2020 年)》实施以来，政府部门、行业协会、能源企业、研发机构积极响应，以政策规划和科技计划等形式引导风能、太阳能、生物质能等多种可再生能源技术的发展与应用，为可再生能源的发展指明了方向。"十一五""十二五""十三五"期间，国家出台的能源及可再生能源发展规划阐明了中国能源，特别是可再生能源发展的指导思想、基本原则、目标、重点任务和政策措施，成为这一时期中国可再生能源发展的总体蓝图和行动纲领。科学技术部先后颁布了国家"十一五"和"十二五"科技发展规划，将新能源和可再生能源大规模经济利用作为国家重大战略需求能源领域基础研究的重点问题，并优先支持可再生能源技术发展和示范推广应用重点领域。科学技术部在"十二五"期间还专门颁布了太阳能发电、风力发电、智能电网技术与装备等科技专项规划，对可再生能源及相关技术的研发与示范推广进行了全面、系统布局。2016年2月，《关于推进"互联网+"智慧能源发展的指导意见》正式发布，指出"能源互联网是推动我国能源革命的重要战略支撑，对提高可再生能源比重，促进化石能源清洁高效利用，提升能源综合效率，推动能源市场开放和产业升级，形成新的经济增长点，提升能源国际合作水平具有重要意义。"同年4月，国家发展和改革委员会、国家能源局印发《能源技术革命创新行动计划（2016—2030年）》，明确今后15年的能源创新工作重点、主攻方向以及重点创新行动的时间表和路线图，以指导能源技术创新。同年7月，国务院印发《"十三五"国家科技创新规划》，明确"十三五"期间将发展智能电网、大规模可再生能源并网与消纳、电网与用户互动等技术研发及应用作为重点突破领域。这些规划的颁布实施，从国家战略层面确立了可再生能源技术的重要地位。表5-1展示了2008年以来，中国出台可再生能源领域的主要发展规划。

表5-1 中国可再生能源领域的主要发展规划的内容

出台时间	文件名称	与可再生能源发展相关的科技规划
2008年	《可再生能源发展"十一五"规划》	加快可再生能源开发利用，提高可再生能源在能源结构中的比重；解决农村无电人口用电问题和农村生活燃料短缺问题；促进可再生能源技术和产业发展，提高可再生能源技术研发能力和产业化水平
2009年	全国人民代表大会常务委员会关于修改《中华人民共和国可再生能源法》的决定	对保障性收购、资金支持等可再生能源发展中的热点问题做出明确规定
2011年	《国家"十二五"科学和技术发展规划》	加大先进适用技术研发和推广力度，促进技术转移和成果产业化应用。针对可再生能源、节能技术等重大战略技术方向进行重点部署，开发一批重大战略产品和技术系统
2012年	《可再生能源发展"十二五"规划》	扩大可再生能源的应用规模，促进可再生能源与常规能源体系的融合；显著提高可再生能源在能源消费中的比重；全面提升可再生能源技术创新能力，掌握可再生能源核心技术，建立体系完善和竞争力强的可再生能源产业
2012年	《太阳能发电科技发展"十二五"专项规划》	实现太阳能大规模利用，发电成本可与常规能源竞争；突破规模化生产和规模化应用技术；全面布局开展晶体硅电池、薄膜电池及新型电池技术研发；全面部署材料、器件、系统和装备科技攻关
2013年	《能源发展"十二五"规划》	加快太阳能多元化利用，推进光伏产业兼并重组和优化升级；大力推广与建筑结合的光伏发电，提高分布式利用规模；立足就地消纳建设大型光伏电站，积极开展太阳能热发电示范；加快发展建筑一体化太阳能应用，鼓励太阳能发电、采暖和制冷、太阳能中高温工业应用

续表

出台时间	文件名称	与可再生能源发展相关的科技规划
2013年	《国家重大科技基础设施建设中长期规划（2012—2030年）》	针对风能、太阳能、生物质能、地热能、海洋能等能量密度低、随机波动等问题，探索预研能量捕获、储能、转换、并网研究设施建设，促进可再生能源规模化高效利用
2016年	《可再生能源发展"十三五"规划》	推动可再生能源产业自主创新能力建设，促进技术进步，提高设备效率、性能与可靠性，提升国际竞争力；建设可再生能源综合技术研发平台，建立先进技术公共研发实验室，推动全产业链的原材料、产品制备技术、生产工艺及生产装备国产化水平提升，加快掌握关键技术的研发和设备制造能力；充分发挥企业的研发创新主体作用，加大资金投入，推动产业技术升级，加快推动风电、太阳能发电等可再生能源发电成本的快速下降
2016年	《能源发展"十三五"规划》	适度加大开工规模，稳步推进风电、太阳能等可再生能源发展；显著提高电力系统调峰和消纳可再生能源能力；推动可再生能源上游制造业加快智能制造升级，提升全产业链发展质量和效益；探索组建新能源与可再生能源产权交易市场
2016年	《"十三五"国家科技创新规划》	聚焦部署大规模可再生能源并网调控、大电网柔性互联、多元用户供需互动用电、智能电网基础支撑技术等重点任务；开展太阳能光伏、太阳能热利用、风能、生物质能、地热能、海洋能、氢能、可再生能源综合利用等技术方向的系统、部件、装备、材料和平台的研究
2016年	《能源技术革命创新行动计划（2016—2030年）》	研究基于可再生能源及先进核能的制氢技术、新一代煤催化气化制氢和甲烷重整/部分氧化制氢技术、分布式制氢技术、氢气纯化技术，开发氢气储运的关键材料及技术设备，实现大规模、低成本氢气的制取、存储、运输、应用一体化，以及加氢站现场储氢、制氢模式的标准化和推广应用
2017年	国家能源局关于可再生能源发展"十三五"规划实施的指导意见	在加强可再生能源目标引导和监测考核，加强可再生能源发展规划的引领作用，加强电网接入和市场消纳条件落实，创新发展方式促进技术进步和成本降低，健全风电、光伏发电建设规模管理机制，加强和规范生物质发电管理、多措并举扩大补贴资金来源、加强政策保障等方面提出指导意见；同时发布了2017~2020年风电新增建设规模方案、2017~2020年光伏电站新增建设规模方案、生物质发电"十三五"规划布局方案
2018年	"可再生能源与氢能技术"重点专项项目名单	专项按照太阳能、风能、生物质能、地热能与海洋能、氢能、可再生能源耦合与系统集成技术6个创新链（技术方向），共部署38个重点研究任务；专项实施周期为5年（2018~2022年），按照分步实施、重点突出的原则，2018年拟在6个技术方向启动32~64个项目，拟安排国拨经费总概算为6.565亿元

5.2.2 营造跨部门协作良好科技环境

通过多部门协同行动，制定了"自上而下"的多项鼓励可再生能源技术发展的政策，并根据实际发展情况对政策进行了扩展补充，为可再生能源技术的稳步推进提供了充足动力和有力支撑。2007年，为有效落实《国家中长期科学和技术发展规划纲要（2006—2020年)》确定的重点任务，并为《中国应对气候变化国家方案》的实施提供科技支撑，科学技术部等14个部门联合发布了《中国应对气候变化科技专项行动》，旨在统筹协调中国在气候变化领域的科学研究与技术开发，全面提高国家应对气候变化的科技能力。该行动计划明确了4个方面的重点研究任务：一是气候变化的科学问题；二是控制温室气体排放和减缓气候变化的技术开发；三是适应气候变化的技术和措施；四是应对气候变化的重大战略与政策。

多部门相继联合出台了多项政策，包括"可再生能源与新能源国际科技合作计划"、"金太阳"示范工程、"首都蓝天行动计划"、《"十三五"国家科技创新规划》、《国家科技创新基地优化整合方案》和《进一步深化管理改革 激发创新活力 确保完成国家科技重大专项既定目标的十项措施的通知》，使得可再生能源发展取得显著成效。各项政策的颁布时间、主要内容、颁布部门见表5-2。

表5-2 中国可再生能源领域多部门联合颁布主要政策

颁布时间	政策名称	主要内容	颁布部门
2007年	"可再生能源与新能源国际科技合作计划"	重点支持太阳能发电与太阳能建筑一体化、生物质燃料与生物质发电、风力发电、氢能及燃料电池、天然气水合物开发等领域基础科学与应用技术研究。由科学技术部与国家发展和改革委员会联合协调有关政府部门、国际组织和重要科研机构，成立"计划"国际科技合作指导委员会，启动国际合作机制，并安排专项启动资金，吸引外国政府和国际组织的资金共同推动实施	科学技术部、国家发展和改革委员会
2009年	"金太阳"示范工程	中央财政从可再生能源专项资金中安排一定资金，支持光伏发电技术在各类领域的示范应用及关键技术产业化	国务院
2013年	"首都蓝天行动计划"	推动能源结构调整、新能源汽车、工业和建筑节能、大气监测预警等领域的科技成果转化和示范应用。通过采取示范、推广可再生能源多项措施来改善首都的空气质量	科学技术部、环境保护部、北京市政府
2016年	《"十三五"国家科技创新规划》	围绕构筑国家先发优势；增强原始创新能力；拓展创新发展空间；推动大众创业万众创新；破除束缚创新和成果转化的制度障碍，全面深化科技体制改革；夯实创新的群众和社会基础，加强科普和创新文化建设六方面对推进创新驱动发展战略进行了部署。提出部署大规模可再生能源并网调控等重点任务，实现智能电网技术装备与系统全面国产化	国务院

续表

颁布时间	政策名称	主要内容	颁布部门
2017 年	《国家科技创新基地优化整合方案》	解决现有基地之间交叉重复、定位不够清晰的问题，进一步推进国家科技创新基地建设。到 2020 年初步形成布局合理、定位清晰、管理科学、开放共享、多元投入、动态调整的国家科技创新基地建设发展体系	科学技术部、财政部、国家发展和改革委员会
2018 年	《进一步深化管理改革激发创新活力 确保完成国家科技重大专项既定目标的十项措施的通知》	明确课题申报和批复程序要求，减少实施周期内的各类评估、检查、抽查、审计等活动，精简课题验收程序，实现信息互联共享，赋予重大专项科研人员更大的技术路线决策权，进一步优化概预算管理方式，开展基于绩效、诚信和能力的重大专项科研管理改革试点，完善以增加知识价值为导向的激励措施，加大特殊人才薪酬激励力度，弘扬科学精神与转变科研作风	科学技术部、国家发展和改革委员会、财政部

5.2.3 推动可再生能源技术专项立项与实施

为推动可再生能源技术创新和低成本规模化应用，针对不同的可再生能源技术，科学技术部政府部门出台了一系列专项扶持计划，取得了明显成效。"十一五"期间，科学技术部根据《中华人民共和国可再生能源法》《国家中长期科学和技术发展规划纲要（2006—2020 年）》等有关要求，围绕太阳能光伏发电、光热利用、风力发电、生物质能、海洋能、地热能等方向安排实施了一批技术研发工程项目。"十二五"期间加大了对可再生能源推广应用的支持，设立了太阳能发电专项、风力发电专项及智能电网专项，可再生能源产业开始全面规模化发展，进入了大范围增量替代和区域性存量替代的发展阶段。以风电技术发展为例，科学技术部"十一五"期间设立了可再生能源技术专题，"十二五"期间设立了风力发电专项，2018 年又选定 4 个风电类项目为重点专项。在科技计划引导下不断支持风电技术、风电装备以及风电产业研究发展，促进了中国具有自主知识产权的大型风电设备研发、风电技术开发以及人才队伍建设的进程，保障了中国风电技术和产业的规模化发展。在国家科技计划的支持下，中国在可再生能源技术研发示范和产业化方面取得了一系列重要进展，攻克了一批核心关键技术，促进了可再生能源开发利用效率的快速提高和成本的快速下降，引领了可再生能源产业发展。

为迈向全球产业价值链的中高端，"十三五"期间，中国提出了发展清洁高效能源技术等具有国际竞争力的现代产业技术体系的发展战略，为推动中国可再生能源持续健康发展奠定了坚实基础。针对当前中国可再生能源在推动能源结构调整方面的作用不断增强、可再生能源技术装备水平显著提升、可再生能源发展支持政策体系逐步完善的现状，中国进而提出了发展可再生能源大规模开发利用技术，重点加强高效低成本太阳能电池、光热发电、太阳能供热制冷、大型先进风电机组、海上风电建设与运维、生物质发电供气供热及液体燃料等技术的研发及应用，以及发展智能电网技术，重点加强大规模可再生能源并网与消纳、分布式能源以及能源互联网和大容量储能、能源微网等技术的研发及应用，使得中国可再生能源的发展得以紧抓前沿，重点突出，有序推进。

为强化科技创新规划的实施保障，各级政府部门不断健全领导机制，强化规划实施中的职责，充分调动社会各界的积极性和创造性，从政策法规、资源配置、监督评估等方面完善任务落实机制，为可再生能源发展规划的落地提供了切实保障。为强化可再生能源科技规划协调管理，科学技术部与相关机构编制了专项领域科技创新规划，细化落实主要目标和重点任务，形成了以《"十三五"国家科技创新规划》为统领、专项规划为支撑的国家科技创新规划体系；建立符合性审查机制，科技重大任务、重大项目、重大措施的部署实施，要与规划任务内容对标并进行审查；健全部门之间、中央与地方之间的工作会商与沟通协调机制；加强年度计划与规划的衔接，确保规划提出的各项任务落到实处；建立规划滚动编制机制，适时启动新一轮创新规划战略研究与编制工作。

5.2.4 加快可再生能源技术普及与推广

积极开展可再生能源科普宣传，也是促进可再生能源产业发展的关键因素。2007年，科学技术部与国家发展和改革委员会等部门，联合颁布了节能减排全民行动实施方案，提出节能减排科技行动以科技创新为主线，整合社会资源，调动公众开展节能减排的积极性；此外，积极参与节能服务体系建设，利用职工技术协会等科技中介机构，开展技术开发、转让、咨询和服务活动，并通过科技成果展示、发布、洽谈等多种途径，促进职工节能减排技术成果进入市场。《中华人民共和国可再生能源法》实施十几年来，科学技术部会同有关机构、行业协会通过组织各类科技讲座、科普展览等系列活动，重点宣传节能减排和可再生能源知识，提高了社会公众对大力发展可再生能源的认识，并进一步树立了保护生态环境的意识。

面对新时期挑战，中国将进一步完善国家科普基础设施体系，大力推进科普信息化，促进可再生能源领域创新创业与科普相结合，提高科普基础服务能力和水平。各级能源和科学技术部门应大力开展教育、培训和宣传，促使全社会应对气候变化的行动意识进一步提升。通过政府引导，利用多元化媒体广泛宣传，发挥企业和公众的积极性，逐步形成全社会共同关注、广泛参与的低碳发展格局。例如，生态环境部组织开展"全国低碳日"活动，举办应对气候变化主题展览，组织低碳"进社区""进校园"等活动。中央主要新闻媒体及互联网媒体等对应对气候变化领域的重大新闻事件给予全方位报道。中国企业积极践行绿色、低碳发展的理念，探索低碳转型新技术。公众积极自觉地选择低碳出行、低碳饮食、低碳居住、购买节能低碳产品等低碳生活方式。多层次、多形式、多主体的低碳发展以及可再生能源技术宣传推广，使得人们对低碳技术尤其是可再生能源技术的接受度逐步提升，为可再生能源发展提供了良好环境和有力支持。

5.2.5　加强可再生能源领域科技交流与合作

2002年中国加入了《京都议定书》的清洁发展机制,通过积极开发可再生能源项目,为全球温室气体减排做出贡献。为使中国可再生能源发展紧跟国际前沿并在一定程度上发挥引领作用,同时为全球治理做出贡献,中国积极开展了与欧盟等发达国家、各类发展中国家以及IEA、UNDP等国际组织的科技交流与合作。2009年,中美两国共同出资1.5亿美元,设立中美清洁能源联合研究中心,在包括可再生能源、建筑节能、电动汽车在内的清洁能源领域开展广泛合作。中国与IEA加强了可再生能源技术合作,并已加入光伏发电、风力发电、太阳能热发电、海洋能等一系列实施协议;科学技术部代表中国政府参加了每年一度的由全球23个主要经济体参与的清洁能源部长会议(CEM)。

"十三五"以来,中国能源领域的国际合作不断深化。"一带一路"倡议下的能源合作全面展开,电力、油气、可再生能源和煤炭等领域技术、装备和服务合作成效显著,双多边能源交流广泛开展,中国对国际能源事务的影响力逐步增强。2017年,为推进"一带一路"建设,让古丝绸之路在能源合作领域焕发新的活力,促进各国能源务实合作迈上新的台阶,国家发展和改革委员会、国家能源局共同制定并发布《推动丝绸之路经济带和21世纪海上丝绸之路能源合作愿景与行动》,着重在七个领域加强合作,并着重强调推动人人享有可持续能源,落实2030年可持续发展议程和《巴黎协定》,推动实现各国人人能够享有负担得起、可靠和可持续的现代能源服务,促进各国清洁能源投资和开发利用,积极开展能效领域的国际合作,积极完善全球能源治理结构。

中国还积极投身到南南合作、共促发展的事业中,创新发展机制与理念,与其他发展中国家分享经验,并提供技术、资金、人才等支持。以中国–赞比亚/中国–加纳可再生能源技术转移合作项目为例,该项目为创新性的国际技术转移三方合作机制:由丹麦政府提供项目资金,由UNDP负责整体项目协调,由中国向赞比亚、加纳两国进行可再生能源技术转移。该项目不仅涉及可再生能源技术的转移与示范,而且着重突出技术转移所需软环境的打造和能力建设。一方面,有助于识别并填补赞比亚、加纳技术转移政策环境的空白;另一方面,有助于加强国内企业与研究机构对非洲国家深入开展技术合作的能力。不仅是中国对非洲援助方式从"实物支持向技术分享"转变的重要体现,同时也是中非双方借鉴发展经验、加强科技应对气候变化南南合作的有益探索。此外,近年来,科学技术部积极支持中国科研机构、大学和企业与埃及、马来西亚等国家机构共建联合实验室。中非共建的可再生能源高水平联合实验室,有助于构建机构间长期、稳定的合作关系,有利于资源的共享,促进开展高水平联合研发、技术示范、培养青年人才等。

中国与其他国家和国际组织机构在可再生能源领域的合作,进一步积累了可再生能源技术应用经验,拓展了国内可再生能源应用范围,推动了可再生能源技术进步。

5.3 中国可再生能源发展路径

中国幅员辽阔，可再生能源种类齐全，要实现可再生能源技术的有序发展和持续推进，需要综合考虑中国的实际情况和不同技术发展的适宜条件，制定具有针对性的发展策略。为充分开发中国的可再生能源并实现多种技术的同步发展，中国已针对水电、风电、太阳能、生物质能和其他能源制定了各自的发展路径，并突出强调了国际合作的重要作用。

5.3.1 水电发展：推动技术进步与保护生态环境并行

水电是中国最早开始使用的可再生能源，并已形成相对成熟的技术体系，包括复杂地质条件下的高坝工程技术，超大型地下洞室群设计与施工关键技术，流域梯级水电站多目标优化调度技术，大型高效水电机组设计、制造和安装技术，水电开发生态修复技术，水能资源与先进水电技术研发能力建设等。同时，在水电发展的过程中，中国根据资源属地地质特点，明确了相关生态保护要求，以避免水电开发带来的生态环境损害。中国境内江河众多，不仅有长江、黄河、珠江等流域广、支流多、水量大的江河，也有分布广的中小流域。在开发利用水电时，不仅要积极推动大水电基地建设，还要控制小水电的开发。根据"干流优先开发，支流优先保护"的原则，推进雅砻江两河口、大渡河双江口等水电站建设，严格控制中小流域、中小水电开发，维护流域生态健康。除此之外，《可再生能源发展"十三五"规划》提出要同时加快抽水蓄能发展，积极完善水电运行管理机制，推动水电开发扶贫工作。

在"干流优先开发，支流优先保护"原则的指导下，"十二五"时期，全国开工建设水电1.6亿kW，其中抽水蓄能电站4000万kW；新增水电装机容量7400万kW，其中新增小水电1000万kW，抽水蓄能电站1300万kW。到2018年，全国水电装机容量约达到3.5亿kW（图5-1）。大水电基础建设有序开展，中国的"西电东送"规模不断扩大，长江上游、金沙江、雅砻江、大渡河、澜沧江、黄河上游、南盘江、红水河、怒江、雅鲁藏布江等大型水电基地建设不断扩大，北部、中部、南部输电通道建设逐渐完善。2017年水电"西电东送"规模达到8452万kW，2020年预计达到11 792万kW。

案例1：在控制中小流域水电开发上，泉州市永春县具有较多经验。在20世纪中叶，泉州市永春县是小水电发祥地，可以说是全国小水电的标杆，被列入第二批农村水电初级电气化县，泉州市水电因此得到快速发展，截至2017年底，全市共有水电站736处，装机容量为82.55万kW，开发程度达97%，年发电量为24.2亿kW·h。但是受早期水电建设理念限制，一些水电站影响了局部河段和一些小支流，使其存在诸多问题，如全市水资源开发程度过高，影响水生态；早期设备过于老旧，存在安全隐患；小型水电站经济效益差；用水矛盾突出，水资源用于发电，导致灌溉供水等功能受到影响。为解决这些问题，泉州市以永春县为试点，陆续开展小水电站的退役，截至2018年，全市已有42座小水电

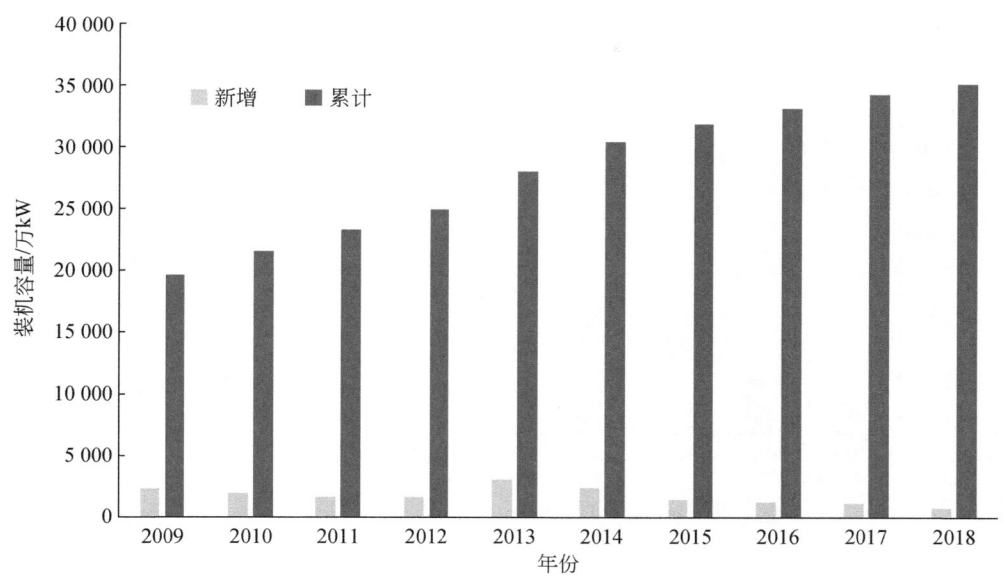

图 5-1　2009~2018 年全国水电新增和累计装机容量
资料来源：中国电力企业联合会电力统计信息

站完成退役。同时泉州市打造流量在线监控设施，一旦发现下泄生态用水不足，立刻发出警示。在泉州市政府的带领下，泉州市的水电站建设逐渐规范，形成了生态友好、社会和谐的绿色水电发展局面。

5.3.2　风电发展：因地制宜提升产业竞争力

近年来，中国风电以因地制宜为发展原则，以大型和海上风电技术为主要对象，整体已经取得了快速发展。中国风能资源丰富，主要分布在东北、华北、西北地区，即"三北"地区，"三北"地区风能资源占全国 90% 以上，内陆地区的山脊、江河、台地等特殊地形也有风能可以利用，可以发展小型风电站。中国风电装机容量已经位于世界前列，截至 2018 年，中国风电累计装机容量达到 1.8 亿 kW，年发电量超过 3660 亿 kW·h，基本形成了完整的、具有国际竞争力的风电装备制造产业（图 5-2）。

风电是近几年来中国发展过程中较为领先的可再生能源，对于风能资源的开发利用，《可再生能源发展"十三五"规划》中提到要加快开发中东部和南部地区风电的进程，按照"因地制宜、就近接入"的原则，推动分散式风电建设。在充分挖掘本地风电消纳能力的基础上，借助"三北"地区已开工建设和明确规划的特高压跨省（自治区）输电通道，按照"多能互补、协调运行"的原则，统筹风、光、水、火等各类电源，在落实消纳市场的前提下，最大限度地输送可再生能源，扩大风能资源的配置范围，促进风电消纳。

中国"十三五"期间风电技术的研发重点是突破大型风电技术，推广大型风电的应用。加快攻克海上风电技术难关，保证海上风电开发项目的有效推进；研究适用于 200~300m 高度的大型风电系统成套技术，开展大型高空风电机组关键技术研究；深入开展海

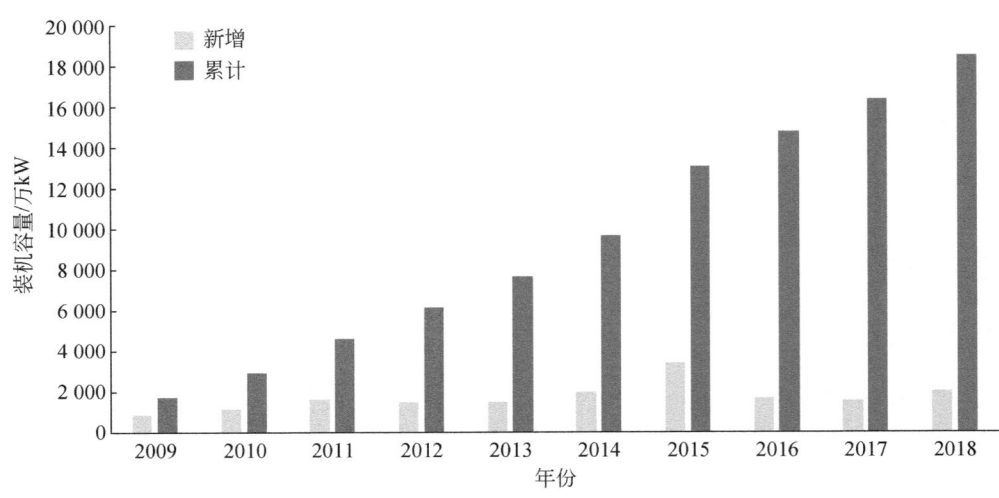

图 5-2　2009～2018 年全国风电新增和累计装机容量
资料来源：中国电力企业联合会电力统计信息

上典型风资源特性与风能吸收方法研究，自主开发海上风资源评估系统。

案例 2：金风科技天润湖北石首桃花山风力发电项目是针对低风速地区风电场的示范项目。天润湖北石首桃花山风电场位于石首市桃花山镇，地处低山、丘陵，海拔为 150～300m，并位于冻雨结霜环境。该项目容量为 49.5MW，安装 24 台 GW115/2000 超低风速直驱永磁机组和 1 台 GW93/1500 低风速机组。直驱永磁机组的技术特点是确保该机组在低风速地区的发电效能更高。桃花山风电场自 2015 年 9 月并网以来，风机可利用率达到 99.7%，平均无故障时长达到 623.6h，设备运行稳定。与装机容量相同的燃煤机组相比，该风电场每年可节约标准煤 3 万 t、水资源 32 万 t，每年可减少烟尘 188.2t、二氧化硫 679.5t、氮氧化合物 1504.3t、二氧化碳 10.88 万 t。

案例 3：广东省揭阳海滨新区推动建设海上风电设施，已核准海上风电总装机容量 640 万 kW，国家电力投资集团有限公司 90 万 kW 海上风电项目率先开工建设，中国广核集团有限公司等近海深水区海上风电项目前期工作加快推进，积极引进海上风电研发、风机制造等配套项目，打造海上风电产业基地。

5.3.3　太阳能发展：促进多方利用并融入城乡建设

太阳能是全球最具潜力的可再生能源之一，加快对太阳能的开发利用是目前中国能源发展的重要任务之一。太阳能在中国分布广，资源多，并且根据太阳能的分布特点，将其发展方向确定为集中开发和分布式利用相结合的模式。在荒漠地区应大力发展大型光伏电站，在城市农村等人口密集地区应利用小型装置进行太阳能热发电。城市建设中应加快太阳能热水器的使用，农村地区则应大力推广太阳房和太阳灶的使用。太阳能利用主要分为三个方面：光伏发电、太阳热能、太阳热能发电，其发展阶段以及发展方式不尽相同。

截至 2015 年，太阳能年利用量相当于替代化石燃料 50 万 tce。太阳能发电装机包括光伏电站装机、太阳能热发电装机、并网和离网的分布式光伏发电系统，总装机容量达到了 4218.1 万 kW。太阳能热利用累计集热面积达到 4 亿 m^2。2009~2018 年全国太阳能发电新增和累计装机容量如图 5-3 所示。

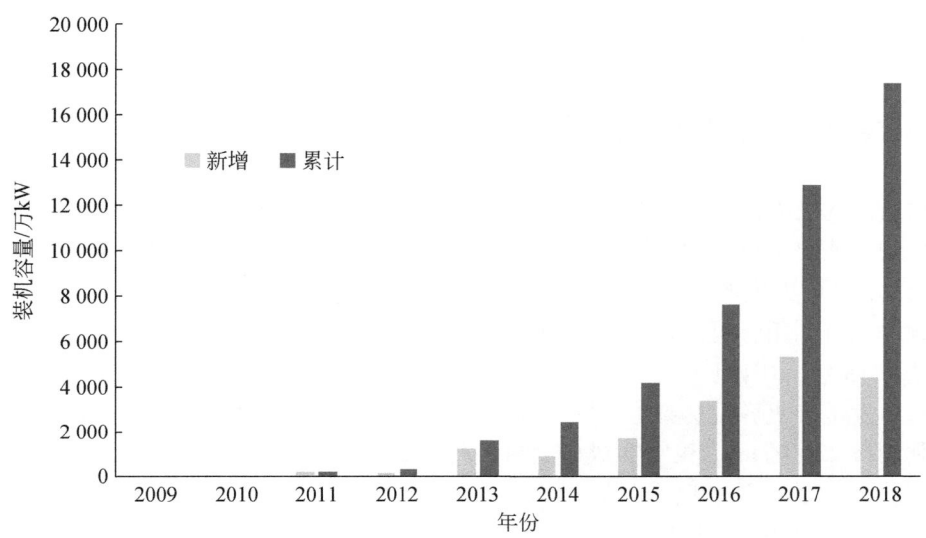

图 5-3　2009~2018 年全国太阳能发电新增和累计装机容量
资料来源：中国电力企业联合会电力统计信息

作为国家大力扶持的产业，"十一五"以来，光伏产业发电市场快速增长，弃光限电的现象明显好转，并取得技术方面的突破性进展，同时逐渐实现规模化应用。在国家财政补贴及税收优惠等政策的刺激下，光伏技术飞速发展，取得了不俗的成绩，光伏发电产业的成本下降，已经逐步减少政府补贴，接近平价上网。同时，光伏市场形成新动能，分布式光伏和"光伏+"应用增长迅猛，已经形成技术成熟、有竞争力的光伏产业链。

太阳能热利用规模也在不断提升，但是总体仍然较小。国家正在进行积极引导，主要体现在：农村地区推广太阳能热水器、太阳灶等清洁家电，打造可再生能源建筑应用示范城市，强制安装太阳能产品，规划清洁取暖政策。太阳能热发电规模较小，仍然处于发展阶段。

案例 4：国家能源局实施光伏领跑者计划，主要用于推动光伏技术突破，降低电价。就目前效果来看，光伏领跑者计划起到了预期的作用。光伏领跑者计划自 2016 年第一次实施以来效果明显。招标电价较同地区标杆电价水平显著下降，光伏发电产业的价格已经接近平价上网价格。排除了地方和部门在光伏发电项目上不规范、不合理的额外费用。

案例 5：山东省临沂市于 2018 年通过可再生能源建筑应用示范城市验收。临沂市于 2012 年跻身国家可再生能源建筑应用示范城市，先后建设 31 个示范项目，建筑面积 271 万 m^2，折算任务面积 214 万 m^2，超额完成国家下达的 200 万 m^2 任务指标。示范项目建筑类型包括学校、医院、办公楼和住宅楼，应用技术涵盖了太阳能光热建筑一体化、土壤源热泵、污水源热泵、地下水源热泵和太阳能与燃气壁挂炉结合采暖等多项应用形式，应用范围广、节能效果良好，起到了很好的示范带动作用。其中，白沙埠镇滨河片区项目，建筑总面积70万 m^2，采用了太阳能与燃气壁挂炉结合采暖技术，可将太阳能产生的热量通过地板散热器进行供暖，当热量不足时，自动开启壁挂炉补充热量，结合了太阳能光热和燃气壁挂炉清洁环保的优点，实现了因地制宜、多能互补，有效解决了当地农村社区的取暖问题，形成了可复制、可推广的农村清洁取暖模式，为北方地区群众温暖过冬提供了借鉴的经验。

5.3.4 生物质能发展：效率提升与成本降低并举

生物质能的潜力巨大，只要合理开发使用，可以极大地提高农村生活质量和农业发展效率。生物质能要结合当地生态环境，选择合理的利用方式，提高生物质能使用效率，降低农业成本。《可再生能源发展"十三五"规划》中也提到生物质能要按照"因地制宜、统筹兼顾、综合利用、提高效率"的思路发展。

截至2015年，中国已经完成生物质能年利用量相当于替代化石能源5000万tce的目标。生物质发电装机容量达到1300万kW，2008~2017年生物质能发电量如图5-4所示。沼气年利用量220亿 m^3，生物质成型燃料年利用量1000万t，生物燃料乙醇年利用量350万~400万t，生物柴油和航空生物燃料年利用量100万t。同时注重农村生物质能发展，截至2015年，全国沼气用户达到5000万户，50%以上的农户用上了沼气，农村地区太阳能热水器保有量超过8000万 m^2，太阳灶保有量达到200万台，解决了全部无电人口用电问题。

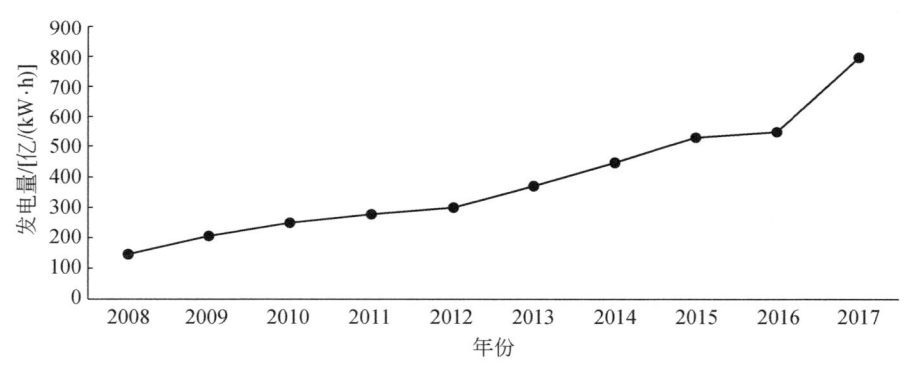

图5-4　2008~2017年生物质能发电量

资料来源：中国电力企业联合会电力统计信息，国家能源局

生物质能主要建设重点是：①生物质发电。在不同农作物产区，使用当地农作物生产的剩余物进行发电；在畜禽养殖区，使用养殖废弃物进行沼气发电，在工业园区，使用废弃原材料和有机废水废物进行发电。②生物质燃气。在利用各种废弃物进行发电的同时，也可以进行气化工程建设，将沼气等生物质气体提纯后制作燃气。③制作生物质成型燃料和生物质液体燃料。

案例6：国内首个最大国家级示范项目——大唐长山热电厂燃煤耦合生物质气化发电技术改造示范项目，将遵循绿色、环保、低碳及循环经济的原则，着眼于可再生、可回收和可生物降解的木材生物质资源的可持续利用，提高木材资源综合利用水平。其中，60万 m^3 制材项目主要是以俄罗斯进口木材为原料，进行木材的精深加工；30万t生物质颗粒燃料项目主要是以木材精深加工后的废弃料、秸秆、废弃菌袋为原料，生产生物质颗粒燃料；2×15MW生物质电厂项目就是利用生物质颗粒燃料进行发电。2019年，长山热电厂经省公司燃料采购小组同意，先后与11家供应商签订9万t生物质燃料采购合同。根据生物质工程进展情况，实时跟踪协调各供应商进行秸秆燃料生产，截至2019年已经生产7000t以上（未全面生产）生物质燃料，且秸秆原料储存充足。同时长山热电厂对11家供应商生产生物质燃料全部进行跟踪化验，指导其提高产品质量，使生物质燃料的供应得到有效保障。

案例7：2015年，东营区垦利县秸秆沼气工程项目通过省级验收。项目总投资845万元，其中申请中央预算投资200万元，地方投资205万元。山东万德福实业集团有限公司建成600m^3的厌氧反应器两座，东营市东旭牧业有限公司建成1000m^3的厌氧反应器两座，实现年处理粪便9200t，污水20 000t，年产沼渣肥800t、沼液肥19 300t，年产沼气36万 m^3，年发电量为54万 kW·h。项目实施将改善当地生态环境，降低农业生产成本。

5.3.5　加快其他可再生能源开发利用和技术发展

1. 地热能

地热能分布广、储量大。《可再生能源发展"十三五"规划》指出，发展地热能就要坚持"清洁、高效、可持续"的原则，按照"技术先进、环境友好、经济可行"的总体要求，加快地热能开发利用，加强全过程管理，创新开发利用模式，全面促进地热能资源的合理有效利用。

地热能开发利用主要集中在三个方面：一是地热发电，地热发电领域一直在缓慢增长，截至2017年，地热能发电装机容量为27.28MW。目前中国正在尝试新的有关地热发电技术——增强型干热岩发电，这类能源开发利用潜力巨大。二是中低温地热水直接利用，是地热能的主要利用形式，直接利用的领域包括地热供暖、旅游开发、农业温室种植等。三是地源热泵应用，即利用地源热泵进行供暖制冷等温度调节，这是目前利用开发程度较高的地热能应用。

2. 海洋能

海洋能是依附在海洋中的可再生能源，主要包括潮汐能、波浪能、海水温差能、海水盐差能、海流能等，中国目前对于海洋能的开发还较为薄弱，主要开发利用的能源有潮汐能、波浪能和潮流能。

中国的拦坝式潮汐发电处于国际先进水平，开展了多项万千瓦级的潮汐能发电工程项目。有关波浪能和潮流能的开发利用，中国目前还处于研发试行阶段，研发成果已有成效，但尚未开展大规模应用。

案例 8：江厦潮汐电站是中国最大的潮汐能发电站，也是全球第四大潮汐发电站，于 1985 年建成。电站共安装 6 台双向灯泡贯流式潮汐发电机组。2013 年，随着电站 1 号机组改造项目通过验收，电站总装机容量由原来的 3900kW 跃升至 4100kW，年发电量约为 700 万 kW·h。

3. 氢能

氢能是一种优秀的清洁可再生能源，是最具前景的能源之一，基于可再生能源发展的氢能技术是未来能源发展的重点。《能源技术革命创新行动计划（2016—2030 年）》将氢能与燃料电池技术创新作为重点任务，《"十三五"国家战略性新兴产业发展规划》也明确提出，要系统推进燃料电池汽车研发与产业化，到 2020 年，实现燃料电池汽车批量生产和规模化示范应用。

2018 年 12 月，国家科技管理信息系统公共服务平台发布《关于对国家重点研发计划高新领域可再生能源与氢能技术等 9 个重点专项 2019 年度项目申报指南建议征求意见的通知》，强调应大幅度提升中国可再生能源自主创新能力，推进氢能技术发展及产业化。未来将聚焦两大领域，即车用氢燃料电池关键核心技术，以及制氢、储氢、加氢等核心技术的研发，继续强化先进动力电池技术。

4. 储能

储能在可再生能源的开发利用初期并没有十分受到重视，直到 2016 年，电动汽车的概念逐渐被实现。与电动汽车紧密结合的储能技术才逐渐受到重视并被积极推进研发。储能并不是一项可再生能源，而是与可再生能源紧密结合的一项技术，当使用可再生能源制造储能时，储能也就取之不尽，用之不竭了。

在"十三五"期间，"储能+分布式光伏"的模式将成为着力点。《可再生能源发展"十三五"规划》指出，配合国家能源战略行动，推动储能技术在可再生能源领域的示范应用，实现储能产业在市场规模、应用领域和核心技术等方面的突破。

案例 9：鲁能海西州多能互补集成优化示范工程总装机容量为 70 万 kW，包括 20 万 kW 光伏项目、40 万 kW 风电项目、5 万 kW 光热发电项目及 5 万 kW 储能系统，规划建设成为国际领先的"风、光、热、蓄、调、荷"于一体的多能互补、智能调度的纯清洁能源综合利用创新基地。该示范工程是国家首批多能互补集成优化示范工程中第一个正式开工建设的多能互补科技创新项目，建成后年发电量约为 12.625 亿 kW·h，每年可节约标准煤 40.15 万 t，将有效减少燃煤消耗，有利于节能减排和大气污染防治。

5.3.6 国际合作：加强技术交流并推动能源改革

中国在不断推进能源技术发展的同时，也更注重国际交流，推动可再生能源技术产品国际化，提高国际竞争力。

中国应积极参与全球可再生能源发展进程，不断提升可再生能源技术，参与制定国际技术标准；加强与国际的交流合作，促进双边或多边技术交流、资金融通、信息共享等；参与国际可再生能源市场，开拓国际新兴市场；发挥既有优势，分享先进技术和建设经验，推动全球的能源改革进程。

案例10：中德新能源示范城市。中国与德国成立了中德气候伙伴关系与可再生能源合作项目，在此框架下，德国团队为甘肃敦煌、山东泰兴和浙江嘉兴编制了城市综合能源规划，德国国际合作机构将积极提供国际资源和智力支持，为这三个城市在规划编制、实施方案设计、技术可行性分析、激励政策和管理机制设计等方面提供必要的支持。通过该合作项目的实施，使入选的新能源示范城市能够学习并借鉴德国能源转型和可再生能源发展的先进经验，创新性地制定新能源示范城市建设实施方案，加快国际力量的吸收和完善新能源示范城市建设，着力推动新能源和可再生能源的普及利用与能源生产消费革命。

案例11：水利部农村电气化研究所在巴基斯坦开展小水电合作。水利部农村电气化研究所隶属于中国水利部，积极开展小水电科学研究和技术发展工作，对发展中国家提供技术培训、咨询和技术援助；从事农村电气化方针、政策的研究，开展农村电气化规划、设计、施工、安装及运行管理与技术改造、技术进步研究等。2014年初，中巴两国科学技术部签署谅解备忘录，确定了由中方援助建立中巴小型水电技术国家联合研究中心。该项目由巴基斯坦可再生能源技术署和中国水利部农村电气化研究所联合执行。经过双方技术探讨，决定将该中心设在巴基斯坦可再生能源技术署。为此，中方无偿提供高、低压自动化控制系统设备各一套，以及用于建立小水电、太阳能、风能互补发电模拟演示平台的微型水电、微型光伏和微型风力发电系统。

第6章 中国可再生能源发展现状与相对优势

首席作者： 董仁杰　周宇光
贡献作者： 李　欢　李　凯　李宇航　温　全

中国政府高度重视可再生能源发展，提出到2030年将非化石能源占能源消费总量比重提升到20%的目标。中国可再生能源具有巨大潜力，近年来可再生能源的发展对中国能源结构调整做出了巨大贡献。中国的风电和光伏已形成一定的规模效应，其并网装机容量跃居全球首位，生物质能继续向多元化发展。同时，中国可再生能源技术装备水平也得到显著提升，已具备成熟的大型水电设计、施工和管理运行能力。近年来，中国风能技术水平明显提高，关键组件已基本实现国产化；光伏技术创新能力大幅度提升，建立了具有国际竞争力的全套产业链。生物质能、地热能、海洋能和可再生能源配套储能技术也有了长足进步。中国在全球可再生能源市场已经占据了重要地位，为南南合作可再生能源技术转移提供了重要支撑。本章梳理了中国可再生能源发展现状，并分析了中国可再生能源的比较优势。

6.1 中国可再生能源发展总体状况

6.1.1 中国可再生能源现状

中国可再生能源产业继续保持快速稳步发展，在利用规模上取得了较大的进步，为实现2020年非化石能源消费占比15%的目标贡献了力量。中国可再生能源的利用以发电为主，见表6-1，2016年，中国可再生能源发电装机容量为57035万kW，占全国发电总装机容量的35%。其中水电（含抽水蓄能）为33211万kW，风力发电（并网）为14864万kW，光伏发电（并网）为7742万kW，生物质发电为1214万kW。除水电外，其余几种可再生能源增长迅速，特别是光伏发电，较2015年同比增长79.3%。其他类型的可再生能源利用，如沼气、太阳能供热及生物燃料增速相对较低。

表 6-1 中国可再生能源利用量

	指标	单位	2011年	2012年	2013年	2014年	2015年	2016年	2016年较2015年同比增长/%
发电（装机容量）	可再生能源	万kW	28 917	32 512	38 317	43 880	50 241	57 035	13.5
	水电（含抽水蓄能）	万kW	23 298	24 947	28 044	30 486	31 953	33 211	3.9
	风力发电（并网）	万kW	4 623	6 142	7 656	9 637	12 934	14 864	14.9
	生物质发电	万kW	700	770	868	948	1 032	1 214	17.7
	光伏发电（并网）	万kW	293	650	1 745	2 805	4 318	7 742	79.3
	太阳能热发电	万kW	0	0	1	1	1	1	0
	地热及海洋能发电	万kW	3	3	3	3	3	3	0
	核电	万kW	1 257	1 257	1 466	2 008	2 717	3 364	23.8
沼气	沼气产量	亿m³	156	157	158	155	149	149	0
	沼气用户	万户	4 000	4 083	4 122	4 183	4 193	4 193	0
	沼气工程	处	81 041	91 952	99 957	103 036	110 975	110 975	0
	折合标煤	万t	1 110	1 124	1 126	1 107	1 064	1 064	0
可再生能源供热	太阳能	万m³	27 110	32 310	37 470	41 360	44 210	46 360	4.9
	折合标煤	万t	3 318	3 716	4 309	4 756	5 084	5 331	4.9
生物燃料	成型燃料	万t	350	600	800	850	800	800	0
	燃料乙醇	万t	194	202	210	216	210	210	0
	生物柴油	万t	82	110	118	94	80	80	0
	折合标煤	万t	473	646	765	761	710	710	0

资料来源：《可再生能源数据手册2017》

6.1.2 中国电力部门发电结构

发电是中国可再生能源利用的主要形式，利用可再生能源技术发电并逐步促进可再生能源电力的消纳成为中国调整能源结构、保证低碳发展的一项重要举措。因此，本节主要从中国电力部门出发，对可再生能源装机及其发电情况进行介绍。

中国的发电量从1990年的6210亿kW·h增加到2016年的61 420亿kW·h，年增长率为5.4%。其中，以水电和风电为主的可再生能源发电量占比由1990年的20%增长到2016年的24%；火电占比虽然一直处于下降状态，但仍然在电力结构中占有较高的比例（其2016年占比为72%）（图6-1），未来中国可再生能源电力仍有进一步提升空间。

在一次电力发电量中，水电是其重要组成部分，发电量由 1990 年的 126.72TW·h 增长到 2016 年的 1193.4TW·h，虽然其占比在其他可再生能源发电量大幅度增长的情况下有所下降，但其 2016 年的占比仍高达 69.98%（图 6-2）。另外，自《中华人民共和国可再生能源法》颁布实施以来，非水电可再生能源得到了快速发展，相应发电量也从几乎为零增长到 2016 年的 298.8TW·h。

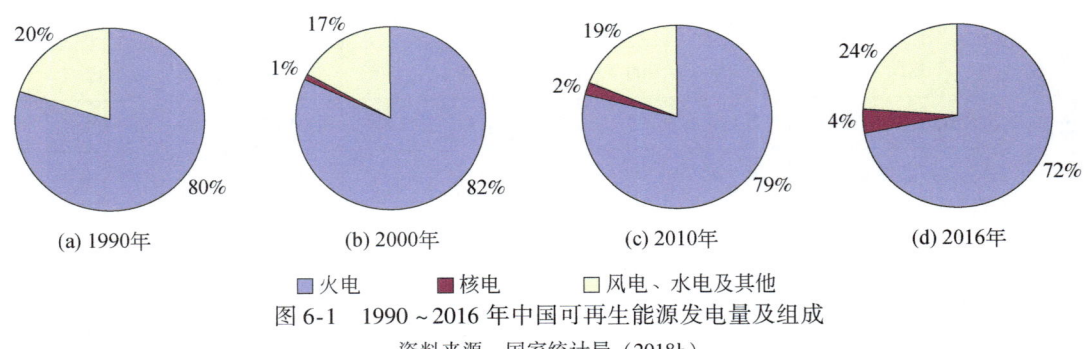

图 6-1　1990~2016 年中国可再生能源发电量及组成
资料来源：国家统计局（2018b）

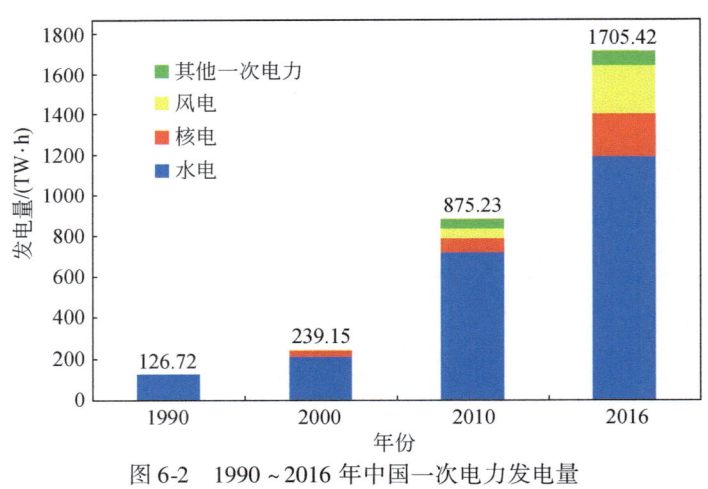

图 6-2　1990~2016 年中国一次电力发电量
资料来源：国家统计局（2018b）

中国可再生能源发电装机容量持续增长，且在整个电力系统中所占比例逐年上升，从 2011 年的 289.17GW 增加到 2016 年的 570.35GW，相应的占比也由 27% 增长到 35%（图 6-3）。

具体而言，如图 6-4 所示，2016 年中国可再生能源累计装机容量较 2015 年增长 13.5%，水电（含抽水蓄能）仍为主要部分，占总量的 58.2%。紧随其后的是并网风电和并网光伏发电，其装机容量分别为 148.64GW 和 77.42GW，分别占总量的 26.1% 和 13.6%。这三种可再生能源的装机容量占中国可再生能源装机总容量的 97.9%，其他可再生能源装机容量所占比例较小。并网光伏发电的装机容量增速最快，与 2015 年相比，增

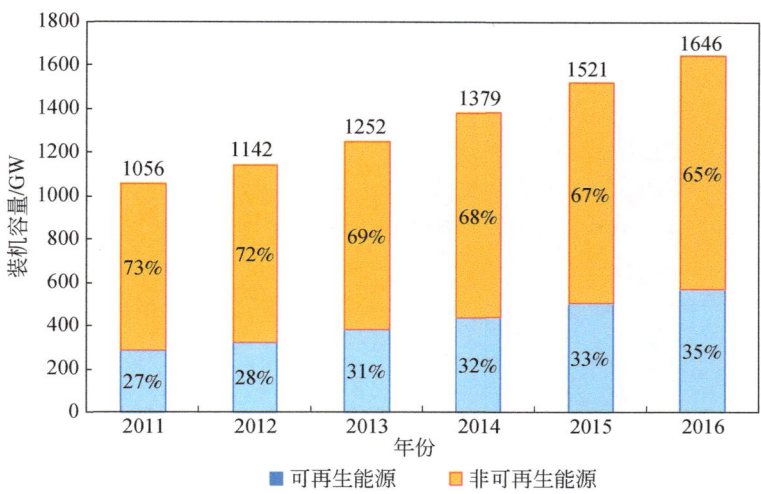

图 6-3 2011~2016 年可再生能源与非可再生能源装机容量
资料来源:《可再生能源数据手册 2017》

长了 79.3%,其次是并网生物质发电和并网风电,分别增长了 17.7% 和 14.9%。而水电(含抽水蓄能)由于资源潜力有限,仅增加了 3.9%。

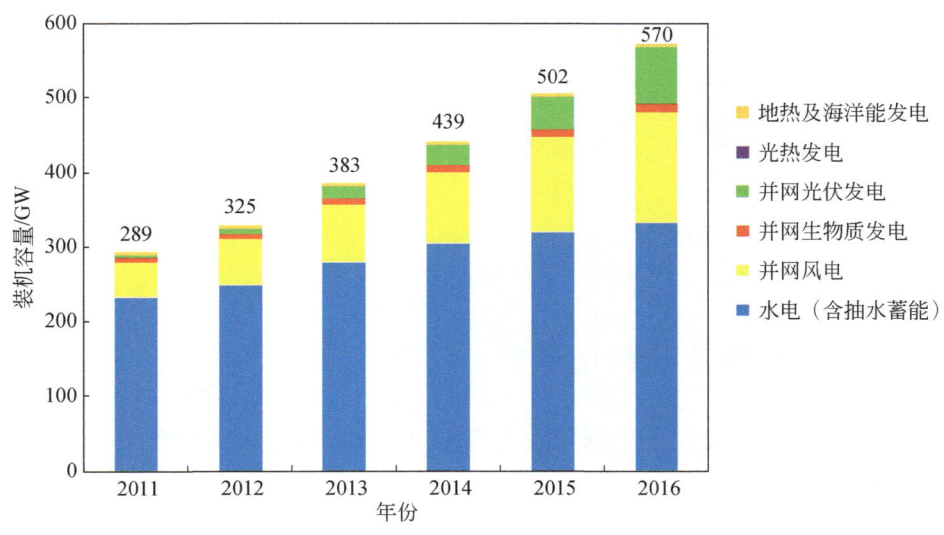

图 6-4 2011~2016 年中国可再生能源装机容量
资料来源:《可再生能源数据手册 2017》

中国可再生能源发电量随装机容量的增加也呈逐年递增趋势,由 2011 年的 769TW·h 增长到 2016 年的 1553TW·h,年均增速为 15.1%,水电(含抽水蓄能)仍然是最大的贡献者,2016 年占总量的 76.0%,第二大贡献者是并网风电,占总量的 15.5%。随后,贡献量较多的两种可再生能源类型分别是并网生物质发电和并网光伏发电，分别占总量的 4.2% 和 4.3%，而地热及海洋能发电近几年在发电总量上虽有所增加，但相比于其他可再生能源，其所占比例仍然较小（图6-5）。从增长速率角度分析，由于并网光伏发电装机容量的快速增长，其发电量同样增长迅速，由2011年仅有的1.8TW·h增加到2016年的66.2TW·h，年均增速达到了105.64%。而其余几种可再生能源的发电量年均增速则均保持在10%~30%，具体而言，并网风电为27.51%，并网生物质发电为15.66%，地热及海洋能发电为14.87%，水电（含抽水蓄能）为12.06%。

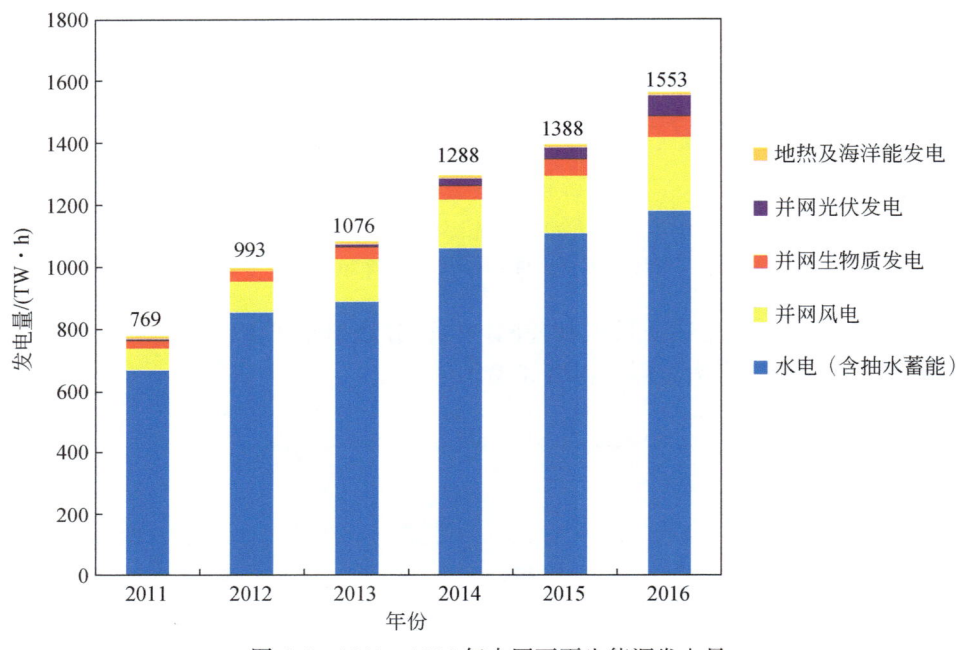

图6-5　2011~2016年中国可再生能源发电量
资料来源：《可再生能源数据手册2017》

6.1.3　其他可再生能源利用形式

除发电外，中国可再生能源的利用方式还包括沼气、可再生能源供热和生物燃料等，如图6-6所示。

在其他可再生能源利用形式中，可再生能源供热利用最为广泛。从时间趋势来看，虽然太阳能供热在总量上不断增长，但增长速度却在逐年下降。相比之下，沼气和其他生物质燃料没有明显增长。2016年有800万t生物质成型燃料、210万t燃料乙醇以及80万t生物柴油，年利用量折合标煤可达710万t。

图 6-6　2011~2016 年其他可再生能源利用
资料来源：《可再生能源数据手册 2017》

6.1.4　可再生能源开发与利用

从总量来看，中国可再生能源资源储量丰富。基于国家可再生能源中心于 2017 年公布的数据，中国水电、光伏发电与风力发电的资源总量为 86.03 亿 kW，其中风电 51.09 亿 kW，光伏发电 28.04 万 kW，水电 6.90 亿 kW，但空间分布差异很大。

从空间分布来看（图 6-7），中国水电资源主要集中在西南部省（自治区），如西藏、四川和云南，三省（自治区）位于中国第一与第二级阶梯交界处，江河落差大，故水能资源蕴藏丰富，具体而言，三省（自治区）水电资源量分别为 2.01 亿 kW、1.43 亿 kW 和 1.04 亿 kW，占全国总水电资源潜力的 65.08%。中国光伏资源主要集中在西部以及西北部省（自治区），如新疆、西藏、甘肃等。其中新疆的光伏资源量明显高于其他地区，达 4.59 亿 kW，占全国总量的 16.37%；另外，位于东北的黑龙江以及华中的河南光伏资源量明显高于其他地区，分别为 1.24 亿 kW 和 1.03 亿 kW。中国风电资源主要集中在内蒙古，其风电资源量达 16.10 亿 kW，占全国总量的 31.51%，明显高于其他地区；其他风电资源较丰富的地区，如西藏、新疆、河北和山东，风电资源量在 2 亿~5 亿 kW。

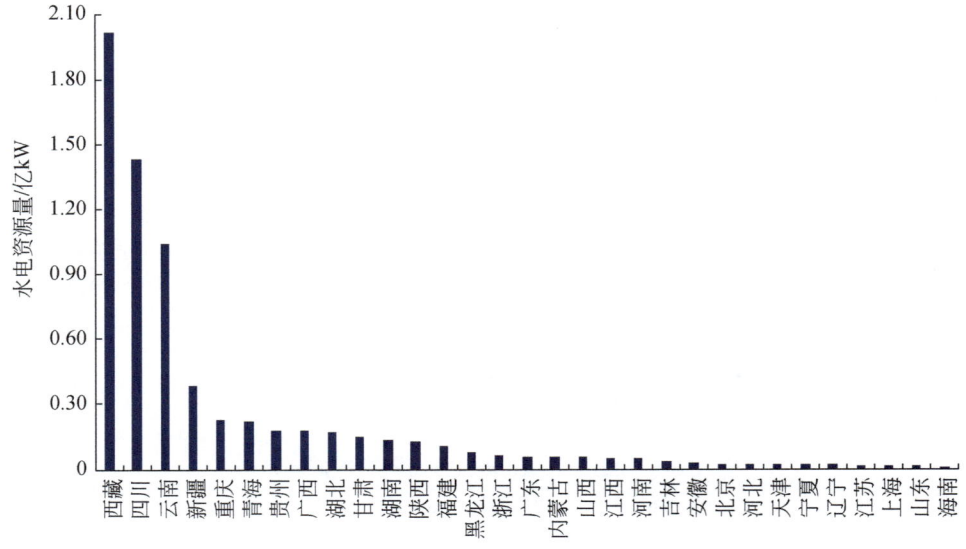

(a) 水电

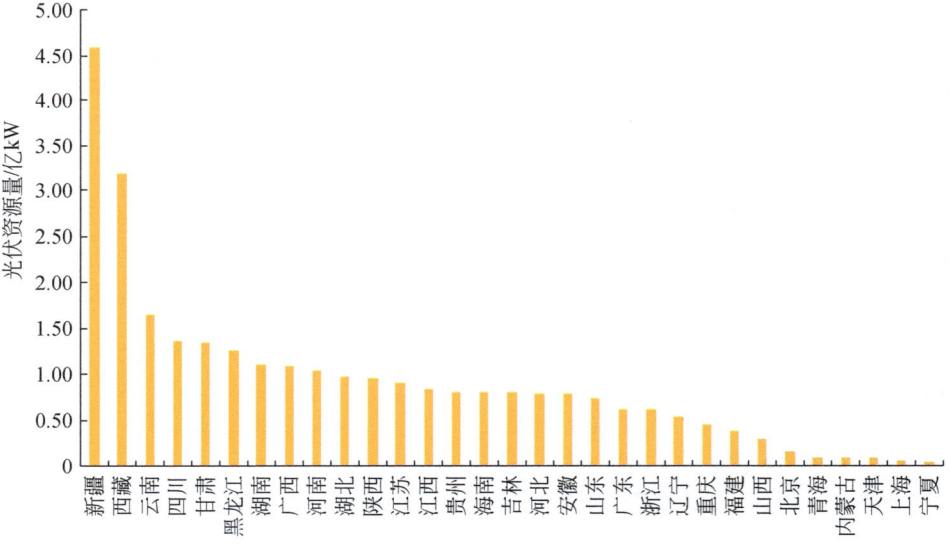

(b) 光伏

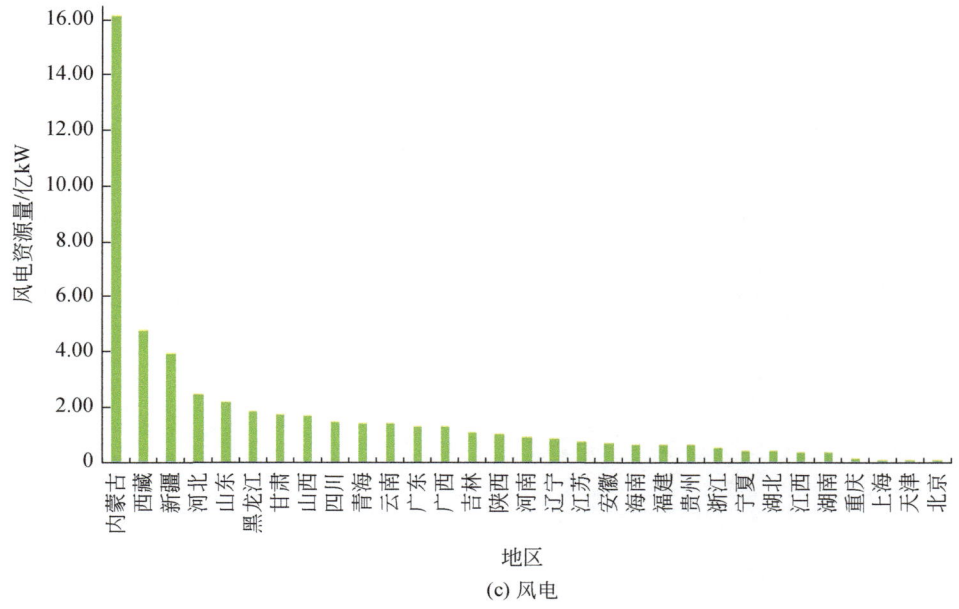

(c) 风电

图 6-7　中国可再生能源资源量省级分布情况

资料来源：《可再生能源数据手册 2017》

暂不含港、澳、台数据，余同

在可再生能源开发与利用方面（以 2016 年为例，如图 6-8 所示），四川、云南、湖北和贵州的水电发电量占中国水电发电总量的比例较大（四省 2016 年水电发电量分别为 306.78TW·h、232.56TW·h、141.74TW·h 和 69.26TW·h，占全国总量的 62.33%）。

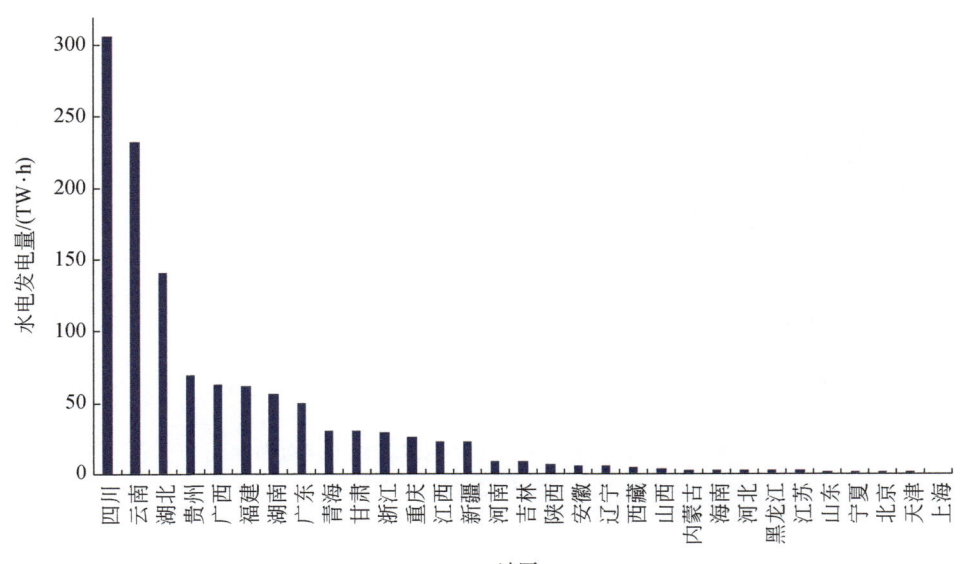

(a) 水电

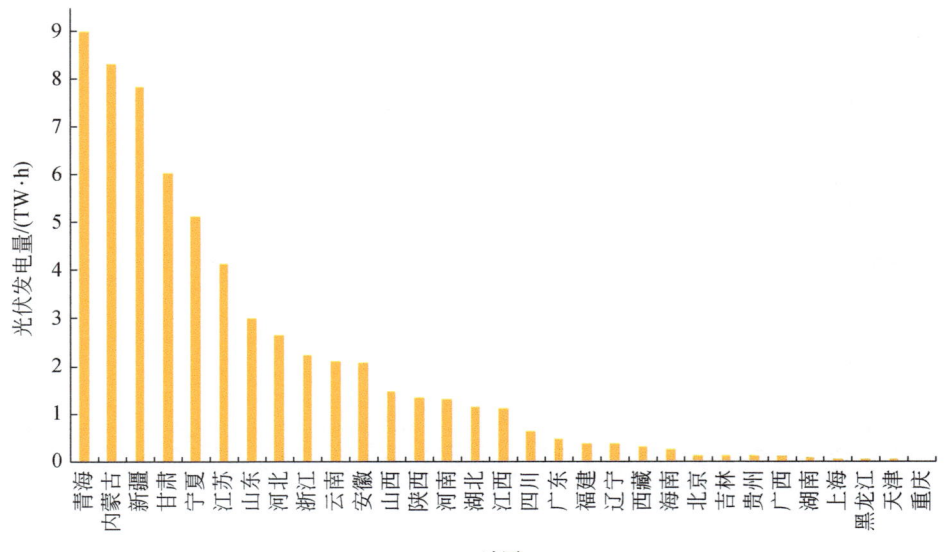

(b) 光伏

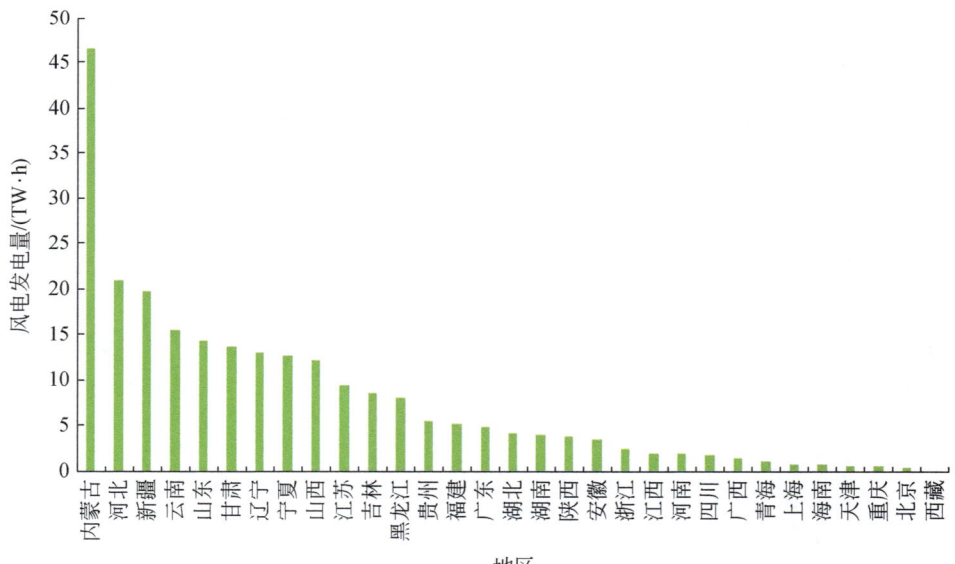

(c) 风电

图 6-8　2016 年中国可再生能源发电量省级分布情况

资料来源：《可再生能源数据手册 2017》

虽然青海的光伏资源量远低于新疆，但其光伏发电量却最大，为 8.99TW·h，其次为内蒙古（8.33TW·h），光伏资源最丰富的新疆在发电量上只排名第三（7.85TW·h）；得益于巨大的风电资源量，内蒙古的风电发电量最大，为 46.4TW·h，占全国总量的 19.58%，其次为河北和新疆，分别为 20.93TW·h 和 19.65TW·h。

6.1.5 可再生能源投资与就业

中国每年投入大量资金用于发展可再生能源。据联合国环境规划署（United Nations Environment Programme，UNEP）《全球可再生能源投资趋势报告》（图6-9），中国对可再生能源的新增投资从 2004 年的 30 亿美元增加到 2015 年的 1154 亿美元，年均增长率为 39.3%。而 2016 年中国对可再生能源的投资减少至 783 亿美元，主要原因在于光伏发电成本的下降以及电网对已有装机容量的整合。

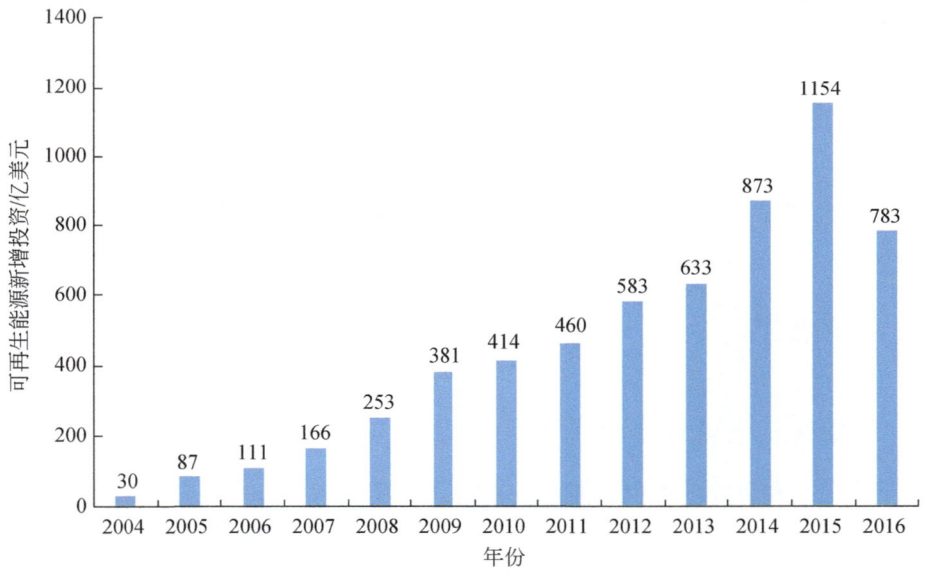

图 6-9　2004~2016 年中国可再生能源新增投资

资料来源：UNEP

可再生能源的发展不仅为中国能源结构的调整做出了贡献，同时也带来了大量的就业岗位。如图 6-10 所示，中国可再生能源的直接和间接就业岗位从 2013 年的 264.0 万个增加到 2016 年的 395.5 万个，年均增长率为 14.4%。2016 年，太阳能光伏对就业岗位的贡献最大，贡献率约为 50%，其次为太阳能制冷/制热与风电，其提供的就业岗位分别占总量的 17.45% 和 12.87%。

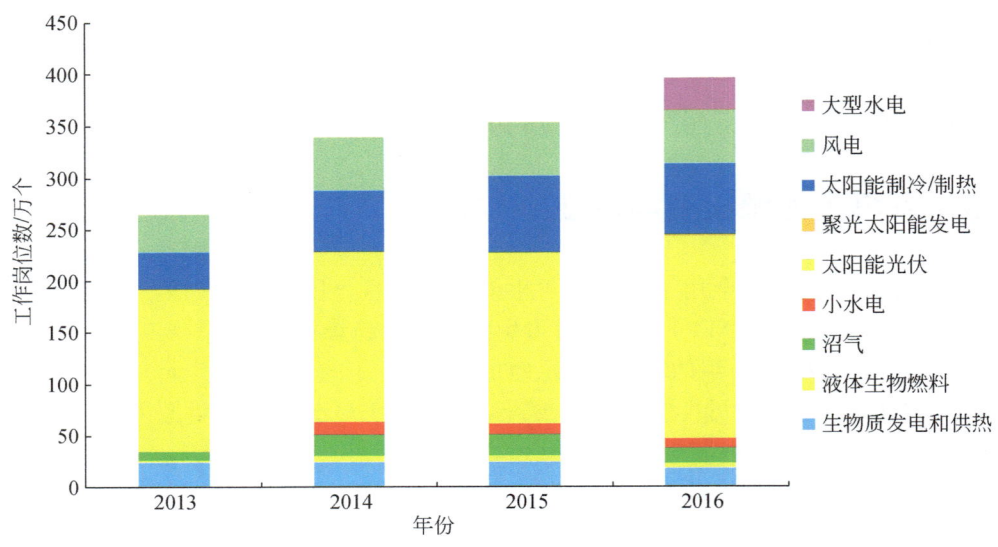

图 6-10　2013～2016 年按行业估算中国可再生能源直接和间接就业情况
资料来源：国际可再生能源署

6.2　中国可再生能源技术发展现状

6.2.1　生物质能

1. 中国生物质能资源储量现状

生物质能是一种重要的可再生能源，直接或间接地来自植物的光合作用，一般取材于农林废弃物、有机生活垃圾及畜禽粪便等，可通过物理（成型燃料）、化学（直接燃烧、气化、液化）、生物（如发酵转换成甲烷）等形式转化为固态、液态和气态燃料（马隆龙，2007）。

中国的生物质能资源分布广泛，其中林业木质剩余物的规模最大。2018 年，林木枝丫和林业废弃物年可获得量约为 9 亿 t，大约 3.5 亿 t 可作为能源利用，折合 2 亿 tce。农作物秸秆年产生量约为 10 亿 t，除部分作为造纸原料和畜牧饲料外，大约 3.4 亿 t 可作为燃料使用，折合 1.7 亿 tce。甜高粱、小桐子、黄连木、油桐等能源植物（作物）可种植面积达 2000 多万公顷，可满足年产量约 5000 万 t 生物液体燃料的原料需求；畜禽养殖和工业有机废水理论上可年产沼气约 800 亿 m³，全国城市生活垃圾年产生量约为 1.2 亿 t。在已利用的生物质能资源方面，畜禽粪便资源利用占比最高，达到了 45.45%；其次是城市生活垃圾，利用占比为 22.73%；农作物秸秆利用占比也达到了 18.18%，而其他生物质资源利用占比相对较小。

2. 生物质能利用技术现状

(1) 生物质固化成型技术

生物质固化成型技术主要是利用作物秸秆、园林废弃物等生物质原料，采用粉碎设备进行粉碎，在一定温度作用下将其干燥，然后利用固化成型设备的机械压力作用将其挤压成特定的形状。同时，利用生物质固化成型技术可进一步将生物质原料进行脱烟碳化处理后制成清洁炭能源，从而达到减排目的。中国用于生物质固化成型燃料的原料大部分是农作物秸秆、农产品加工剩余物、林业生物质资源等。中国农作物秸秆数量大、种类多、分布广，每年秸秆理论资源量约为 8.2 亿 t（赵立欣等，2011），约折合 4.1 亿 tce，是生物质固体成型燃料原料的主要来源。

生物质固化成型技术根据不同的加工工艺，可分为螺旋挤压、活塞冲压、模压、辊压等技术类型。根据不同动力形式，又可分为机械驱动和液压驱动等技术类型。中国以螺旋挤压式压缩成型技术应用较多，压辊式颗粒成型机也有较大发展。中国生物质固体成型机的生产和应用已初步形成规模，并逐步进入半商业化、商业化阶段，2010~2014 年，全国年利用规模由 300 万 t 增长到 850 万 t（马隆龙等，2019）。

(2) 生物质液体燃料技术

中国生物质液体燃料技术应用逐渐发展，特别是生物柴油生产及以陈化粮及秸秆为原料的燃料乙醇生产已初具规模。

1) 生物燃料乙醇。中国生物燃料乙醇产业发展始于"十五"初期，2001 年启动了车用乙醇汽油试点，采用《车用乙醇汽油（E10）》（GB 18351—2015）标准，即由 90% 的乙醇组分汽油和 10% 的燃料乙醇调和而成（张德蕊，2018）。截至 2018 年底，中国乙醇汽油全范围推广的省（直辖市）共有 6 个，分别是东三省、河南、安徽和天津，其他省份只是部分城市进行试点。截至 2017 年 12 月底，国内共有 8 家燃料乙醇定点生产企业，10 余个获批燃料乙醇项目正在开展（毛开云等，2018）。2017 年，中国的主要生产单位燃料乙醇年产能在 70 万~95 万 t。从单体生产能力看，产量最大的吉林燃料乙醇有限责任公司年产能为 70 万 t。从加工原料方面看，不同企业使用的原料不尽相同，但主要原料基本上是玉米、小麦等粮食作物，甜高粱、木薯等非粮作物和木质纤维素。2017 年 9 月，国家发展和改革委员会、国家能源局等 15 部门联合印发了《关于扩大生物燃料乙醇生产和推广使用车用乙醇汽油的实施方案》，目标到 2020 年，在全国范围内推广使用车用乙醇汽油，基本实现全覆盖，并将车用乙醇汽油推广目标完成情况纳入企业负责人绩效指标（KPI）。2018 年 8 月 22 日，国务院常务会议决定有序扩大车用乙醇汽油推广使用，进一步在京津冀等 15 省（直辖市）推广。预计到 2020 年，乙醇汽油将超过 800 万 t（张德蕊，2018）。

2) 生物柴油。生物柴油的生产是指将植物油、动物油脂、废食用油以及油料作物等作为原料，以甲醇、乙醇、酸、碱等为催化剂，在特定温度下发生转酯基反应，进而生成生物柴油的过程。在极少数加油站才能够加到的 B5 生物柴油，就是经过转酯基反应及分离、脱水等处理的各种油脂（包括地沟油），与普通柴油按照 5∶95 的比例混合而成的产品（齐文亮等，2018）。据《2017—2023 年中国生物柴油市场深度调研与行业发展趋势报告》，截至 2015 年，中国生物柴油产能已达到 332.7 万 t，其中山东是国内生物柴油厂家最多、产能最大的省份，占全国产能的 25%，华北地区（不包括山东）以 24% 位列第二，华东地区以 23% 位列第三。截至 2018 年底，中国生物柴油生产厂家有 50 多家，总产能已超过 350 万 t。

（3）沼气与生物燃气工程技术

在我国面临能源和环境双重约束的巨大挑战面前，针对农业农村有机废弃物尤其是畜禽养殖粪污，以沼气和生物燃气为主要处理方向，以就地就近用于农村能源和农用有机肥为主要使用方向，可见沼气与生物燃气工程（biogas and bio-methane engineering，BBmE）技术发挥着核心作用。如图 6-11 所示，BBmE 基本产能流程主要包括原料预处理、厌氧发酵、净化提质等，而原料主要来自畜禽粪污、工业废水、农业废弃物等；在厌氧发酵过程中不仅能够产生沼气，发酵产生的沼液、沼渣还能用作肥料；将厌氧发酵过程中产生的沼气进行净化提纯，可作为液体生物气、车用燃气，并可用于发电。通过 BBmE 技术处理有机废弃物，产生的生物燃气不仅助力农村能源革命，同时沼液沼渣种养还田还能够替代化肥提高土壤肥力，这将为实现乡村振兴做出重要贡献。

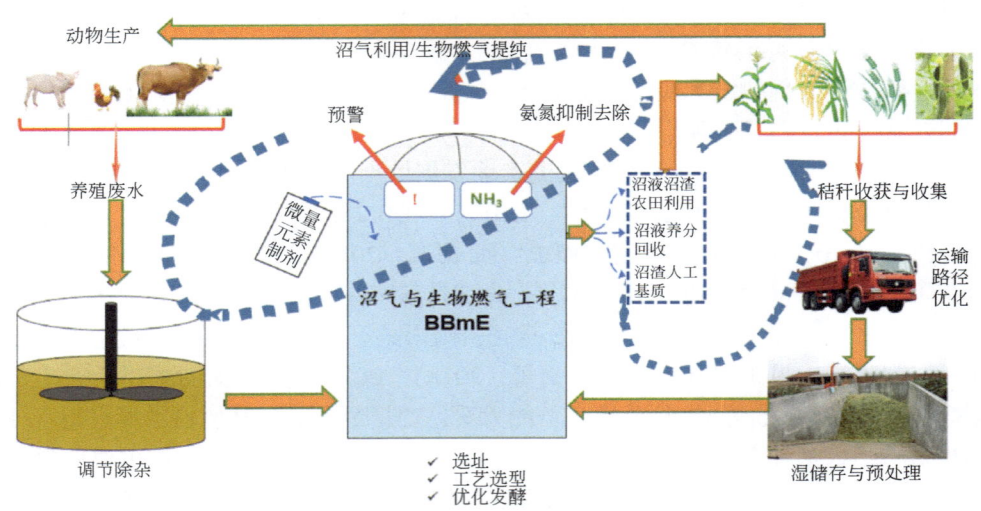

图 6-11 沼气与生物燃气工程基本产能流程

通过产学研联合实践，中国农业大学相关技术团队已基本阐明了我国 BBmE 的发展路径，破解了关键技术瓶颈，在示范推广中取得了良好的经济、社会与生态效益。未来沼气与生物燃气工程发展更加聚焦技术工艺的高效化和系统化、终端产品的标准化和专业化、商业模式的多元化和市场化、产业发展的规模化和效益化。

截至 2015 年底，由中央和地方投资支持建成各类型沼气工程达到 110 975 处，按原料分，中小型沼气工程 103 898 处，大型沼气工程 6737 处，特大型沼气工程 34 处，工业废弃物沼气工程 30 处。按原材料分，以秸秆为主要原材料的沼气工程有 458 处，以畜禽粪污为主要原料的沼气工程有 110 517 处（国家发展和改革委员会和农业部，2017）。全国沼气年生产能力达到 158 亿 m³，约为全国天然气消费量的 5%，每年可替代化石能源约 1100 万 tce，对优化国家能源结构、增强国家能源安全保障能力具有积极作用。

（4）生物质产热及发电利用技术

生物质锅炉已被大范围用于中国北方地区清洁供热。生物质锅炉规模种类较多，既有 1t/h[①]的小型锅炉，也有 40t/h[②]的大型锅炉。在民用供热方面，生物质锅炉既可为居民小区供热，也可为人口规模较大的县城供热；在工业供热方面，既可以为单个工业企业实行点对点供热，也可对工业园区实施集中供热。

中国生物质热电联产技术日趋成熟，能源利用效率较高。以 3 万 kW 生物质热电联产项目为例，其供热面积一般为 150 万 m² 左右，在资源许可的情况下，增设生物质锅炉后供热面积可超过 300 万 m²，能源效率超过 80%，适合为 10 万人左右的县城或相应面积的中小城镇区域供热。在民用供热领域所有替代燃煤供热的清洁能源供热方式中，生物质热电联产的经济性最好。

截至 2017 年 6 月底，中国生物质发电装机容量约为 1340 万 kW，其中农林生物质发电为 670 万 kW，城镇生活垃圾焚烧发电为 620 万 kW，其余为沼气发电。而根据中国《生物质能发展"十三五"规划》，到 2020 年中国生物质发电总装机容量将达到 1500 万 kW，年发电量达到 900 亿 kW·h，其中农林生物质直燃发电 700 万 kW，城镇生活垃圾焚烧发电 750 万 kW，沼气发电 60 万 kW，分布式热电联产将有望成为主要发展方向之一。

6.2.2 太阳能

1. 中国太阳能资源储量现状

太阳能是一种重要的可再生能源，其开发利用也是未来能源消费结构的主导形式之一。中国气象局风能太阳能资源中心和中国气象服务协会联合发布的《2018 年中国风能太阳能资源年景公报》指出，2018 年，全国年水平面总辐照量、最佳斜面总辐照量距平百分率总体表现出"中东部偏高、西部偏低"的特征。全国陆地表面平均年水平面总辐照量约为 1486.5kW·h/m²，较近 10 年平均值略有偏低。太阳能资源地区性差异较大，总体上呈现高原、少雨干燥地区大，平原、多雨高湿地区小的特点。2018 年，全国年平均的最佳斜面总辐照量为 1726.87kW·h/m²，较近 10 年平均值略偏低。

2. 太阳能利用技术现状

（1）太阳能集热技术

中国的"光-热"转换利用技术最为成熟的是太阳能热水器（覃彪等，2017）。太阳雨、皇明、四季沐歌、桑乐、美的、海尔、天普、清华阳光、华扬、澳柯玛等中国品牌是具有产业规模和自主知识产权。2004~2012 年中国太阳能热水器快速发展，产值快速增

---

①② 此处为蒸吨/小时，蒸吨为工程术语，指锅炉的供热水平。

长,产量持续稳定上升。2004 年中国热水器产量大约为 1250 万 m², 2006 年为 1750 万 m², 2007 年增长到 2200 万 m²。2009 年随着家电下乡政策的实施,中国热水器产量高达 4150 万 m²,比 2008 年增长大约 34%;2004～2012 年热水器产量保持着 20% 左右的年均增长率,2007 年中国已成为全球最大热水器市场,对外销量和本国消费量都排在全球前列。

太阳能热水系统按照加热循环方式可分为自然循环式太阳能热水器、强制循环式太阳能热水系统、储置式太阳能热水器三种。

太阳能热水系统主要由太阳能集热器、储热系统、控制系统、换热系统、辅助能源系统、保温材料、管路系统及配件等部分组成。太阳能集热器吸取太阳的热量,加热管道中的水,加热后的水靠循环泵通过管路输送至储热装置,通过整体能源系统的设计可为锅炉、热泵等提供基础热水,通过管路输送至各热点使用。

(2)光伏发电技术

中国光伏产业经过多年来的摸索,光伏发电技术逐渐成熟,装备产量不断扩大,已经形成成熟且有竞争力的光伏产业链,在国际上已处于领先地位(路甬祥,2016)。

1)多晶硅:规模继续扩大,自给率不断加强,成本持续下降。2017 年,全球多晶硅产量约为 43.2 万 t,比 2016 年增长 13.7%;其中,中国占比 56%,连续第 2 年占比过半,排名世界第一。表 6-2 展示了 2016 年全球主要的多晶硅生产厂家,中国有 6 家企业跻身前十;行业产能利用率在 90% 以上;全国在产企业有 8 家产能超过 10 000t,产量均有不同程度增长。

表 6-2 2016 年全球主要的多晶硅生产厂家

序列	公司名称	国家	产量/t
1	江苏中能科技发展有限公司	中国	70 000
2	Wacker	德国	66 000
3	OCI	韩国	60 000
4	Hemlock	美国	25 000
5	新特能源股份有限公司	中国	22 800
6	洛阳中硅高科技有限公司	中国	15 700
7	HK Silicon	韩国	15 000
8	亚洲硅业(青海)股份有限公司	中国	13 300
9	新疆大全新能源股份有限公司	中国	13 000
10	四川永祥股份有限公司	中国	12 300
合计			313 100
全球占比/%			78.3

2）硅片：规模持续扩大，成本持续下降。2017 年，中国硅片产量约为 188 亿片，折合产量为 87.6GW，约占全球硅片产量的 83%，其中单晶硅片约为 60 亿片；金刚线在单晶硅领域全面普及，下半年在多晶硅领域也开始快速铺开；金刚线使用及电池效率提升，硅耗大幅度下降，非硅成本大幅度下降。

3）电池片：规模持续扩大，成本持续下降。2017 年，中国电池片产量约为 68GW，约占全球电池片产量的 68%，产量 1GW 以上的企业达到 21 家；电池片效率屡创新高，实验室效率不断向前推进，普通单多晶电池片效率和实验室效率分别达到 18.7% 和 20.2%，高效电池片效率和实验室效率则达到 19.2% 和 21.3%；添加剂的规模化使用，有效解决了金刚线切硅片的绒面制绒问题，推动了多晶电池成本下降；PERC 电池效率的提升，也使得单晶电池片非硅成本大幅度下降。

4）组件：规模持续扩大，成本持续下降。2017 年，中国组件产量约为 76GW，约占全球组件产量的 71%，产量 2GW 以上的企业达到 12 家；双玻双面、半片、多主栅等技术开始规模化应用；组件成本下降至近 0.3 美元/W；生产呈现自动化、数字化、网络化。

5）逆变器：规模持续扩大，成本持续下降。2017 年，中国逆变器产量超过 60GW，约占全球逆变器产量的 55%，产量 3GW 以上的企业达到 9 家；户用市场的发展推动小型逆变器快速发展，2017 年出货量在 3GW 以上；逆变器成本下降至近 0.2 元/W。

6）光伏市场：规模持续扩大。如表 6-3 所示，2017 年，中国光伏新增装机容量 5 300 万 kW，年增长率为 53.6%，连续 5 年位居世界第一；累计装机容量达到 13 000 万 kW，连续 3 年位居全球首位。

表 6-3 2000~2017 年中国光伏发电历年并网容量

年份	当年新增/万 kW	年底累计/万 kW	年增长率/%
2000	0.3	1.9	18.8
2001	0.5	2.4	23.7
2002	1.9	4.2	78.7
2003	1	5.2	23.8
2004	1	6.2	19.2
2005	0.8	7	12.9
2006	1	8	14.3
2007	2	10	25.0
2008	4	14	40.0
2009	14.4	28.4	102.8
2010	57.9	86.4	203.8
2011	207	293	239.7
2012	357	650	121.6
2013	1 095	1 745	168.4
2014	1 060	2 805	60.8

续表

年份	当年新增/万 kW	年底累计/万 kW	年增长率/%
2015	1 483	4 288	53.9
2016	3 454	7 742	79.3
2017	5 300	13 000	53.6

资料来源：《可再生能源数据手册2017》

6.2.3 小水电

1. 中国小水电资源储量现状

中国河流水电资源储量为6.76亿kW·h，年发电量为5922亿kW·h，可开发的水电资源装机容量为3.78亿kW，年发电量为920亿kW·h（张群，2016）。小水电资源主要分布在全国30个省（自治区、直辖市）的1700多个县（市、区）。小水电可开发量达1.28亿kW，位列世界第一（刘阳，2012）。另外，中国的小水电资源分布不均衡，开发潜力较大的地区主要集中在人口相对分散的西部，其中四川、云南和西藏三省（自治区）的小水电资源可开发量占全国将近一半的份额，达到42.9%（徐春晓等，2011）。

中国农村小水电资源丰富，技术可开发量达128GW，"十三五"期间全面实施的农村小水电扶贫工程，有效推进建设环境友好的绿色小型水电站。如图6-12所示，预计到2030年，全国小水电装机容量将超过93GW，占开发潜力总量的78%；预计到2050年，全国小水电装机容量将达到100GW，占开发潜力总量的83%（国际小水电联合会综合服务平台，2016）。

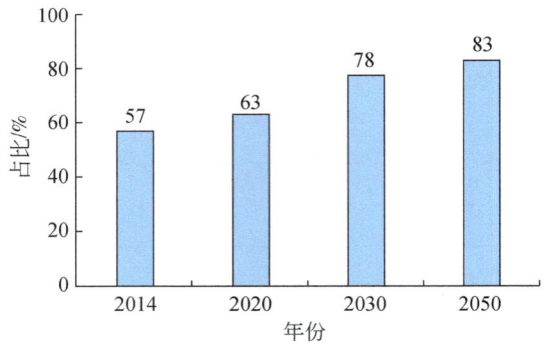

图6-12 2014~2050年中国开发小水电潜力
资料来源：国际小水电联合会综合服务平台

2. 小水电技术现状

在过去的几十年里，中国小水电的发展、投资和资产管理都发生了变化。20世纪90

年代以前，中国的小水电厂主要由中央和地方政府资助。然而，90年代末以后，由于中国经济的快速发展，电力供需差距急剧扩大，大部分地区电力供应短缺。这一时期，中国的投资体制开始通过政府引导和市场机制相结合的方式进行改革，鼓励各类经济主体投资开发小水电，缩小电力供需差距和政府资金缺口（国际小水电中心，2016）。

除中国政府的投资外，许多私人投资者也越来越多地参与水电开发。1990~2000年，小水电的投资经历了从中央和地方逐渐过渡到企业（包括外国企业）的过程，合资企业和私营水电站在新装机容量中所占的比例越来越大。此外，中国已建立了一套技术标准体系，包括设计、施工、安装、试验、操作和设备制造等，为小水电开发提供技术支持和服务。

另外，中国拥有独特的小水电管理体系。东部地区的小水电项目直接与电网相连，中西部地区的小水电项目则形成局部电网或与自己的供电区域相隔离的微型电网。

中国小水电行业是以水轮机转化技术实现能量转化的，水轮机是中国小水电行业运用的基础设备之一。通常情况下水轮机的选择要看建设电站时所选的地址及其周围的环境特征，而相关的外部因素将决定选择的设备型号，需要注意的是建站选址的相关特性对水轮机的内部转速有直接影响（朱林和叶增明，2010）。

2017年中国出台了小水电水轮机的行业标准。在技术方面，低水头的电站全面应用了灯泡贯流式机组技术，逐渐代替常规机型设备，如灯泡贯流式机组代替了原轴流式机组，不但改善了原水轮发电机组尺寸与型号小以及作业效率低的问题，而且灯泡贯流式机组的两点式结构可有效降低维护周期，延长使用年限（程夏蕾和朱效章，2007）。

6.2.4 风能

1. 中国风能资源储量现状

中国地域辽阔，海岸线漫长，有着丰富的风能资源。

2014年12月2日在北京召开的"全国风能资源评估成果（2014）"评审会公布的部分评估成果表明，全国陆地70m高度处，风功率密度在150W/m^2及以上风能资源技术可开发量为72亿kW，风功率密度在200W/m^2及以上风能资源技术可开发量为50亿kW；全国陆地80m高度处，风功率密度在150W/m^2及以上风能资源技术可开发量为102亿kW，风功率密度在200W/m^2及以上风能资源技术可开发量为75亿kW（兰忠成，2015）。

根据国家能源局公布的数据，2018年，全国风电新增并网装机容量为2059万kW，继续保持稳步增长势头。按地区划分，中东部和南方地区新增并网装机容量占比约为47%，风电开发布局进一步优化。截至2018年底，全国风电累计装机容量为1.84亿kW，按地区分布，中东部和南方地区占27.9%，"三北"地区占72.1%。

2. 风能利用技术现状

2017年我国风电新增装机容量为1966万kW，较2016年下降15.9%，增速放缓；占全球风电新增装机容量的37%；截至2017年底，全国累计安装风电机组11.4万多台，累计装机容量为1.88亿kW，占全球风电累计装机容量的35%。

如图6-13所示，2017年，全国六大区域风电新增装机容量所占比例分别为25%（华北）、23%（中南）、23%（华东）、17%（西北）、9%（西南）、3%（东北）。"三北"地区新增装机容量占比为45%，中东南部地区新增装机容量占比为55%，首次超过"三北"地区。

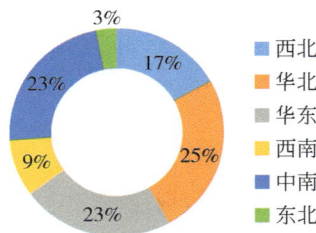

图6-13　2017年全国各区域新增装机容量占比
资料来源：中国风能协会（2017）

如表6-4所示，2017年，新增风电装机的整机制造企业共有22家，新增装机容量为1968万kW，其中，金风科技新增装机容量达到523万kW，市场份额达到26.6%；其次为远景能源、明阳智能、联合动力和中国海装，上述5家市场份额合计达到67.1%。

表6-4　2017年中国风电制造企业新增装机容量

序号	制造商	装机容量/万kW	装机容量占比/%
1	金风科技	523	26.6
2	远景能源	304	15.4
3	明阳智能	246	12.5
4	联合动力	131	6.7
5	中国海装	116	5.9
6	上海电气	112	5.7
7	湘电风能	93	4.7
8	运达风电	83	4.2
9	东方电气	80	4.1
10	华创风能	73	3.7
11	三一重能	42	2.1
12	中车风电	41	2.1
13	Vestas	39	2.0
14	许继风电	18	0.9
15	GE	16	0.8
16	Siemens Gamesa	11	0.6

续表

序号	制造商	装机容量/万 kW	装机容量占比/%
17	中人能源	11	0.6
18	华仪风能	10	0.5
19	太原重工	7	0.3
20	航天万源	5	0.3
21	京城新能源	5	0.2
22	久和能源	2	0.1
	总计	1968	100.0

注：制造商名称遵循行业用法
资料来源：中国风能协会（2017）

从对外出口情况来看，2017 年，中国向国外出口风电机组 311 台，装机容量为 641MW，同比增长 21%。截至 2017 年底，中国风电机组制造企业已出口的风电机组共计 1707 台，累计容量达 3205MW（图 6-14）。

图 6-14　中国风机出口情况
资料来源：中国风能协会（2017）

截至 2017 年底，中国风电机组累计出口到 33 个国家，较 2016 年新增加 5 个国家（包括墨西哥、黑山、菲律宾、法国和摩洛哥）；其中中国向美国出口的风电机组容量最多，占出口总容量的 17%；其次是巴基斯坦、澳大利亚和南非，分别占 13%、11% 和 9%（表 6-5）。

表 6-5　2017 年中国风机出口国家　　　　　　　　　　（单位：MW）

国家	出口容量	累计出口容量
美国	157.5	552
巴基斯坦	149	427

续表

国家	出口容量	累计出口容量
澳大利亚	75	360
南非	22.5	299
巴拿马		270
埃塞俄比亚		204
瑞典		134
土耳其	10.5	124
泰国		112
意大利		92
智利	17.5	77
墨西哥	70	70
保加利亚		52
罗马尼亚		50
伊朗		50
黑山	46	46
菲律宾	40	40
法国	14	37
西班牙		36
印度		36
俄罗斯	35	35
巴西		35
塞浦路斯		20
厄瓜多尔		17
白俄罗斯		9
芬兰		5
古巴		5
摩洛哥	4	4
英国		4
丹麦		4
玻利维亚		3
哈萨克斯坦		2
乌兹别克斯坦		1
总计	641	3205

资料来源：中国风能协会（2017）

6.3 中国可再生能源发展相对优势

6.3.1 技术日趋成熟

中国是全球最大的可再生能源生产国和消费国，也是最大的可再生能源投资国。在水电、风电、太阳能发电装机规模上，中国均居世界第一位。中国较大的可再生能源投资力度，推动了可再生能源在全球范围内的快速发展。此外，中国已在可再生能源发电装备设计和生产方面建立了相应标准化体系，生产成本大幅度下降。以风电为例，截至2018年底，中国风电设备价格降低了近65%，风电场开发造价降低了近40%，风电设备已经出口到33个国家和地区。在当今应对气候变化和要求可持续发展的大背景下，世界各国对可再生能源的需求将进一步提高，《BP世界能源展望2019》显示，2040年世界可再生能源需求将达到27.5亿toe，比2017年的预测值提高了9%（月轩，2019），未来世界各国应充分发挥自身优势，积极开展可再生能源合作，共同应对能源安全和气候变化的挑战。

从可再生能源的有关研究来看，如图6-15所示，1982~2018年世界范围内有关可再生能源领域的文献发表数量合计11 879篇。自2005年开始，有关文献的发表数量每年开始突破100篇，且年均增速达到了23.6%。2018年达到了最大，为1861篇，占总文献发表数量的15.6%。

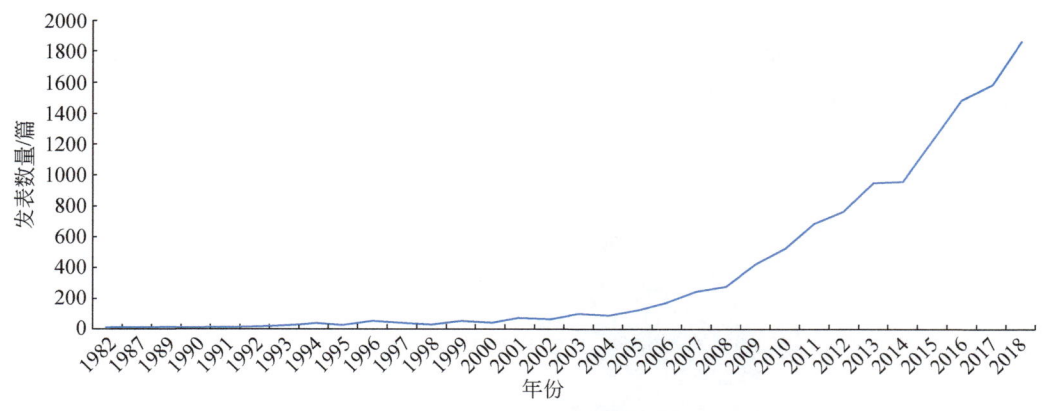

图6-15 可再生能源领域文献发表数量

资料来源：Web of Science

其中，中国对可再生能源领域的研究贡献正在逐年增大，如图6-16所示，文献发表数量前十的国家中，美国的有关研究起步最早，其次为德国、印度和英国，中国在可再生能源领域的研究虽然起步较晚（1994年才开始有相关文献发表），但增长迅速，特别是2005年以后，中国的文献发表数量迅速增长，并于2018年超越美国，成为该领域文献发表数量最多的国家。

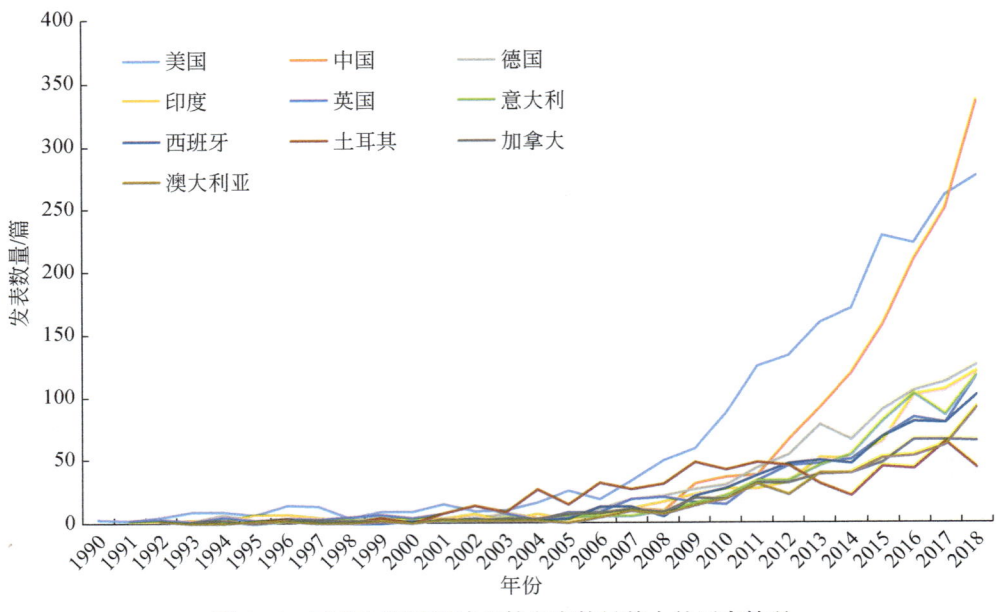

图 6-16　可再生能源领域文献发表数量前十的国家情况
资料来源：Web of Science

从可再生能源领域文献发表数量占比来看，如图 6-17 所示，截至 2018 年，发表数量排名前十的国家发表总量为 8218 篇，占文献总发表数量的 53%；美国、中国和德国位列前三，其中美国和中国远高于其他国家，分别占文献总发表数量的 13% 和 9%。由此可见，中国近年来十分重视可再生能源开发，一直致力于可再生能源的基础理论和技术研究。

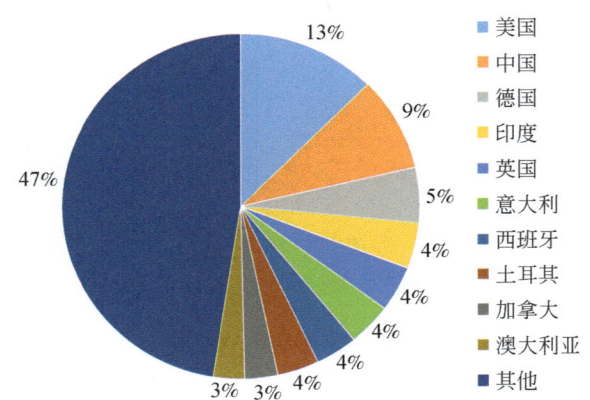

图 6-17　截至 2018 年各国可再生能源领域文献发表数量占比
资料来源：Web of Science

第 6 章 中国可再生能源发展现状与相对优势

从世界范围内可再生能源领域的有关专利申请情况来看（图 6-18），1973～2018 年世界范围内可再生能源领域有关专利为 75 208 件，且自 2003 年开始，有关专利年均申请数量首次突破 1000 件，年均增速为 12.7%；其中，由中国、日本、世界知识产权组织、美国和韩国等授权的专利数量分别达到了 32 993 件、8234 件、6407 件、5493 件和 5185 件，占总量的 77.5%。同样地，自 2005 年开始，中国的专利申请数量迅速增加，2018 年的专利申请数量已远超其他国家，占总量的 43.9%。从中国专利申请数量增长上可以看出，中国可再生能源技术研究在近年来取得了较为明显的进步，中国正在积极推动可再生能源技术的发展。

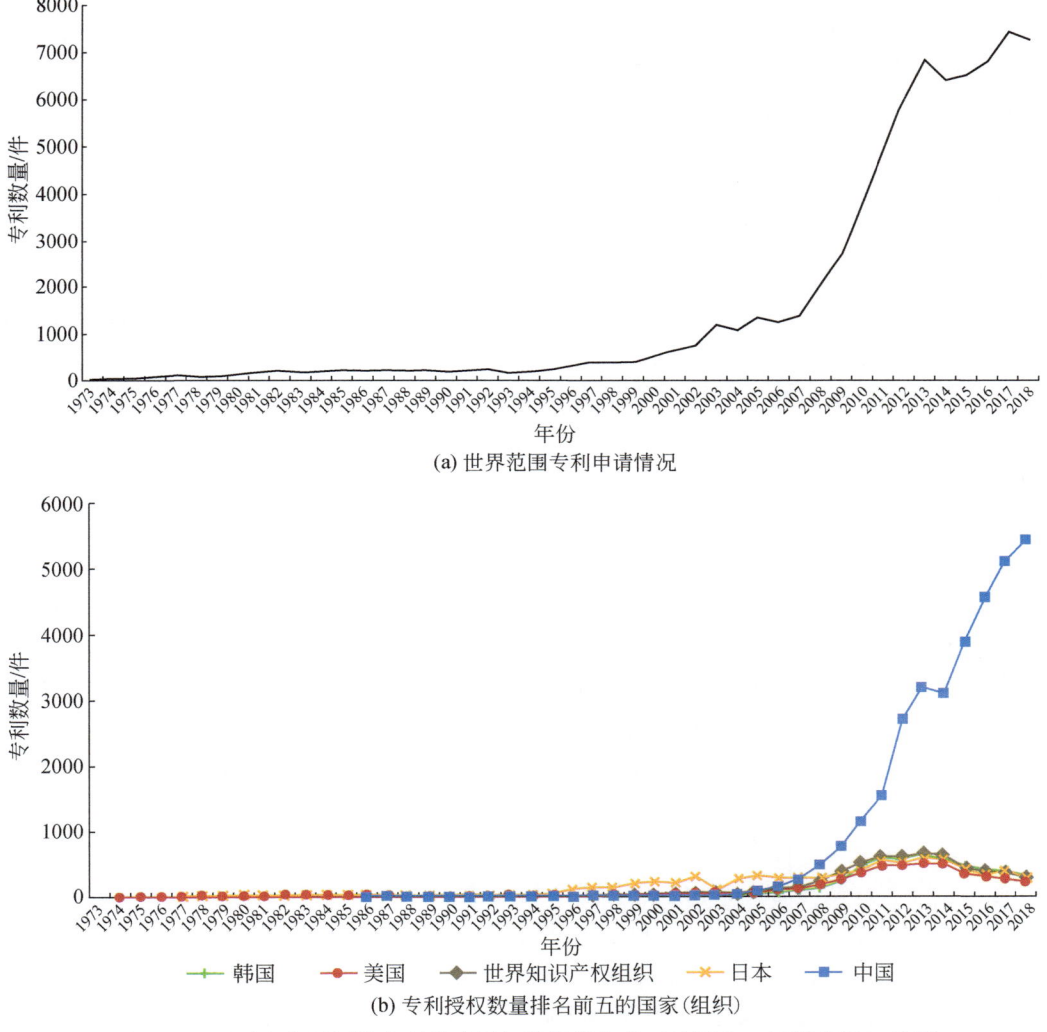

图 6-18 可再生能源领域专利批准授权数量排名前五的国家（国际组织）情况

资料来源：Web of Science

从全球各国的文献发表数量和专利授权数量以及中国不同可再生能源产品的相对优势来看，中国在可再生能源研究方面发展迅速，并在多领域已经拥有领先优势。可见中国可再生能源技术在国际上已具备一定竞争力，且未来有巨大发展潜力。

6.3.2 政策大力支持

中国政府一直致力于可再生能源的开发和利用，并将其作为调整中国能源结构，保障能源安全，减少温室气体排放的重要举措，因此也相应制定了大量的扶持和指导性政策，以促进可再生能源技术和产业的发展。2005 年《中华人民共和国可再生能源法》颁布以来，中国的可再生能源政策体系逐步形成，并开始针对可再生能源的发展制定专门的规划文件，为中国可再生能源的发展营造了良好的政策环境。

与传统的火力发电相比，可再生能源发电发展初期的高成本是制约其发展的主要因素。为解决这一问题，中国政府制定了一系列的制度来保障可再生能源产业发展。其中包括对有关可再生能源发电企业实行税收的即征即退政策，建立可再生能源发展专项基金，对风力、光伏等可再生能源发电实行全额保障性收购，并制定各区域可再生能源的标杆上网电价和补贴政策等。为进一步促进可再生能源电力的消纳，解决可再生能源弃电的问题，中国政府在 2018 年便开始对各省（自治区、直辖市）的可再生能源电力消纳配额目标征求意见，并于 2019 年开始在全国范围内实施。

中国不断健全的可再生能源政策极大推动了中国可再生能源产业的稳定发展，并逐步走在世界前列。

6.3.3 市场规模迅速扩大

中国正在国内积极推动可再生能源产业发展，已成为全球最大的光伏生产和装机国、最大的风电装机国，是全球可持续发展的重要参与者（许勤华，2018）。2011 年以来，中国可再生能源装机容量和发电量年均增速均超过 10%。经过多年发展，中国的可再生能源有关技术已日趋成熟，多项可再生能源利用技术已走在世界前列。

在生物质能技术方面，中国已在生物质能源的几个研究领域中占据了国际领先或者与国际先进水平齐平的地位，并建立了多个先进技术的示范项目，为有关技术的进一步发展奠定了基础。在生物质能有关利用技术中，生物质发电是技术最成熟、利用规模最大的生物质能利用方式。截至 2017 年底，中国生物质能发电并网装机总容量已达到 1476.2 万 kW，其中农林生物质发电累计并网装机容量为 700.9 万 kW，生活垃圾焚烧发电累计并网装机容量为 725.3 万 kW，沼气发电累计并网装机容量为 50.0 万 kW（马隆龙等，2019）。其中，中国的生物质直燃发电技术已越来越成熟和完善，单台机组装机容量可达 15MW（赵巧良，2018）。另外，在其他生物质能利用技术方面，如生物燃气、生物质固体成型燃料等，中国也已处于国际领先地位，并在利用木质纤维素原料生产航空燃油、生物燃气提纯车用等领域取得了较快进展（马隆龙等，2019）。

在太阳能利用技术方面,中国已经形成了硅材料、硅片、电池、组件为核心的晶体硅太阳能电池产业化技术体系,掌握了20%以上效率的背钝化电池、选择性发射极电池、全背结电池、金属穿孔卷绕（MWT）电池等高效晶体硅太阳能电池制备及工艺技术。面向光伏发电规模化利用,中国光伏系统关键技术取得多项重大突破:掌握了100MW级并网光伏电站设计集成技术,掌握了兆瓦级光伏与建筑结合系统设计集成技术,掌握了10～100MW级水/光/柴/储多能互补微电网设计集成技术并开展了示范（李耀华和孔力,2019）。

中国水电发展已有较长的历史,在工程技术方面已形成了规划、设计、施工、装备制造、运行维护等全产业链整合能力。截至2017年底,中国水电装机容量已达到3.4亿kW,占全球水电装机总容量的26.9%；全球200m以上高坝96座,中国占34座；全球250m以上高坝20座,中国占7座,此外,中国水电在百万千瓦单机机组、300m以上高坝建设、高水头泄洪消能、复杂岩溶地区筑坝、智能大坝建造等技术领域处于世界前列,并在世界水电建设市场中的份额超过50%（周建平等,2018）。

在风能技术利用方面,中国实现了风电机组整机由100kW级向兆瓦级的跨越式发展,已经成为世界风电设备制造大国；形成3.6MW以下装备设计制造技术体系,初步掌握了5MW、6MW整机集成技术；风电机组整机及零部件国产化率达到85%以上。同时,中国突破了大规模风电发展并网接入的技术障碍,解决了大规模风电并网特性的仿真模拟难题,开发了具有完全自主知识产权的风电功率预测系统,基本解决了低/高电压穿越技术难题,建成了全球首个100MW级国家风光储输示范工程和全球首个海岛风电多端柔性高压直流输电（VSC-HVDC）示范工程,实现了大规模风电高渗透率并网运行（李耀华和孔力,2019）。另外,中国新产品研发和迭代速度也明显加快,2018年,中国风电整机企业就发布了20多款全新的机型,同时在大容量机组研发,长叶片、高塔架应用等方面处于国际领先水平（秦海岩,2018）。

6.3.4 发展路径日趋多元

（1）不同种类可再生能源技术相结合

中国现有多种不同种类可再生能源技术相结合的实例。通过创新结合不仅更好地发挥了可再生能源技术的固有特性,而且有利于对可再生能源进行进一步的优化利用。例如,生物质能与太阳能联合发电、生物质与垃圾联合发电、风力发电与抽水蓄能发电结合、水面漂浮式光伏发电与水力发电技术结合等多能互补式的可再生能源利用技术能够弥补单一可再生能源利用形式的不足,提高可再生能源的利用效率。

（2）可再生能源技术与其他产业的结合

在可再生能源技术与其他产业的结合中,比较突出的是与建筑领域的结合。这不仅可以高效合理地应用清洁型可再生能源,还可以充分满足系统运行的实际需求,替代传统能源,降低能源消耗,最终实现节能减排的目标。例如,在保证建筑工程地基稳定性达标的前提下,在建筑工程下方设计半封闭式的垃圾存储和焚烧空间,集中焚烧生活垃圾,并将其转化为电能和热能，实现资源的循环利用与高效储存；对于潮汐能，建筑工程设计人员可以设计合理的地下管道，集中运输潮汐能，将其作为工程建设的电能来源，以此达到节能环保的目的；太阳能在建筑领域中的运用已经十分广泛，利用风能、地源热泵等技术为建筑物提供能源服务在建筑设计中也得到了一定应用（汪烈，2019）。另外，在可再生能源发展中，以"光伏+"探索多样化的发展模式，也成为中国可再生能源利用走向高质量发展的有效途径，将农业、治沙、渔业、旅游等和光伏应用相结合，上可发电、下可治理沙漠化，还能将种植、养鱼及生态旅游相结合，同时可实现贫困人口增收，一地多用，提高土地利用效率和产值，提高低碳能源比例等共生。

6.3.5　国际合作与共享

中国的能源国际合作从以石油和天然气为主，逐步扩展到核能、太阳能、风能、潮汐能等新能源。中国在可再生能源方面的领先优势将助力上海合作组织、G20等成员国间的能源合作，可再生能源将是未来能源合作潜力最大的领域之一。

中非的新能源合作经历了从"意向协商"走向"执行"的阶段，是资金、技术、资源和市场等要素的结构性互补，并开始逐渐探索"技术换市场"的模式；在中东地区，一系列中国承建的光伏电站、风力电站已经开始落地。另外，拉美国家在与中国进行传统能源合作的同时，双方的新能源合作项目也在不断推进。在新能源领域，光伏产业的合作成为热点，各国纷纷加强在光伏技术设备上的研发合作，特别是中国与澳大利亚、日本、韩国和马来西亚的合作最为紧密。中国还正在进行亚太电力互联网建设并助力全球能源互联网建设，有效深化了亚太地区能源治理方面的合作（许勤华，2018）。

第 7 章 中国可再生能源发展政策支撑体系

首席作者： 李桂君　李玉龙
贡献作者： 崔梓涵　马小腾　罗谭晓思　李　凯　夏玉辉　刘家琰　温　全

中国经济发展面临从高速度向高质量转型的挑战。为顺应这一转变，能源部门积极推进能源生产和消费革命。构建清洁、低碳、安全、高效的能源体系，将成为未来能源产业发展的基本方向。中国政府高度重视可再生能源技术及其发展，在机构调整、政策应对等方面不断深化改革，逐步推进可再生能源的市场化建设。本章总结了中国可再生能源发展的政策支撑体系，包括近年来出台的各种可再生能源政策法规、可再生能源配额制度和可再生能源的市场激励机制。此外，中国加强可再生能源人才培养制度建设，为该领域技术进步和产业升级提供了人才保证和能力支持。

7.1　中国可再生能源政策法规

自中华人民共和国成立以来，中国积极发展可再生能源技术以解决用能问题。进入 21 世纪后，在保障国内能源供应安全与应对气候变化的双重压力下，可再生能源开发利用受到广泛重视，并通过政策引导得以大力推广。随着时间的推移，可再生能源的政策需求不断变化，各级政府部门、行业协会及能源企业积极响应，以政策规划、规章条例和科技计划等形式引导太阳能、风能、水电、生物质能等可再生能源技术发展与应用，取得了显著效益，形成了可再生能源市场良好的政策环境。本节在参考谢治国等（2017）研究的基础上，较为详细地梳理了自中华人民共和国成立以来的可再生能源政策法规，以此对中国可再生能源政策支撑体系的建设进行整体把握。

7.1.1　1949~1980 年——可再生能源政策起源阶段

这一时期，中国的可再生能源发展主要是为了解决能源供应不足的问题，包括对小水电、沼气池、太阳灶、风力提水机、小型风力机、中低温地热利用和小型潮汐电站等可再生能源进行开发利用，可再生能源利用/研发时间见表 7-1。

表 7-1 可再生能源利用/研发时间

技术	利用/研发时间	备注
风能	20 世纪 50 年代	
太阳灶	1956 年	
潮汐能	1956 年	
沼气	1957 年	
光伏技术	1958 年	主要应用于航空航天
太阳能热水器	1958 年	
氢能	20 世纪 60 年代初	主要应用于航空航天
地热	1970 年	
太阳房	1979 年	
薪炭林	1981 年	

资料来源：谢治国等（2005）

长期以来，中国始终加速发展小水电。截至 1980 年底，中国已经从中华人民共和国成立初期的 26 座小水电站，装机容量 2800 多千瓦，发展到 88 555 座小水电站，装机容量 693 万 kW，相当于中华人民共和国成立初期全国发电设备容量的 3 倍多（谢治国等，2005）。1980 年小水电发电量为 127 亿 kW·h，约占全国农业用电量的 34%（谢治国等，2005）。在农村，能源供应以燃烧植物秸秆为主，后来沼气技术的发展使得生物质能得到了更好利用，一些地区开始利用沼气代替薪材的使用。

这个时期中国可再生能源的发展主要集中在水电和农村生物质能的利用上，技术含量不高，也没有形成系统的可再生能源政策。

7.1.2　1980～1990 年——可再生能源指导与补贴政策初步形成

20 世纪 80 年代，随着改革开放的进行，我国能源需求开始不断增加，促进了可再生能源发展的宏观政策环境的形成。

可再生能源的开发利用在一系列政策法规中被不断提及并取得初步发展。1986 年 12 月 30 日，国家经济委员会发布《关于加强农村能源建设的意见》，其中总结了"六五"期间通过贯彻执行"因地制宜，多能互补，综合利用，讲求效益"的方针，在农村能源建设方面取得了显著成绩，其中就包括可再生能源方面的建设。《关于加强农村能源建设的意见》共计八个要点，其中第一点关于各省、自治区、直辖市要"编制发展农村能源的长远规划"，明确指出规划内容应包括"节柴灶、沼气、森林能源、小水电、小火电、小窑煤、秸秆利用、太阳能、风能、地热能、海洋能等能源的研究开发和推广规划"；第二点关于"研究制定农村能源的技术经济政策"，明确指出"要在充分调查研究的基础上，先就条件比较成熟、影响较大的几个方面，如合理利用秸秆、森林资源、小水电、风力发电、乡镇企业合理用能与节能等制定相应的扶植政策"；第三点关于"加强农村能源科技攻关和开发示范工作",明确提出要"特别注意小煤窑、薪炭林、小水电的开发,同时,积极进行风能、太阳能、地热能、海洋能和能源作物方面的开发试点"。《关于加强农村能源建设的意见》虽然是针对农村能源建设,但对于促进我国可再生能源的发展发挥了重要作用。通过"六五"和"七五"的政策积累和实践经验总结,"合理开发和利用水能、沼气、太阳能、风能等可再生能源和清洁能源,发展生态农业,保护和改善生态环境"被写入1993年颁布的《中华人民共和国农业法》。此外,1988年颁布的《中华人民共和国水法》,进一步明确了鼓励开发利用水能资源。

除了制定指导性政策外,从20世纪80年代开始,我国开始使用经济激励政策来支持可再生能源的发展。根据1986年由国家经济委员会印发的《关于加强农村能源建设的意见》,在"六五"期间,我国农村能源建设通过贯彻执行"因地制宜,多能互补,综合利用,讲求效益"的方针,薪炭林增加200万 hm^2,小水电装机容量增加259万 kW,沼气用户增加250万户,推广省柴节煤炉灶4000万户,安装小型风力发电装置1.6万多台,并且在太阳能和地热能的开发与应用方面也取得了较大的进展。《关于加强农村能源建设的意见》还明确财政部在"七五"期间继续对农村能源安排一部分事业费,主要用于省柴灶、薪炭林、沼气推广,以及风能、太阳能、地热能等开发、示范试点、宣传培训和部分贫困地区的少量补助。同时,我国还不断加大对可再生能源技术开发与研究的投入,通过国家计划委员会和国家科学技术委员会对可再生能源的科技攻关提供资金。"六五"期间,新型可再生能源技术开始列入国家重点科技攻关计划,由中央政府拨给资金。"六五""七五"期间,国家科学技术委员会提供的可再生能源科技攻关费用约为4860万元(谢治国等,2005)。国家计划委员会则在"七五"科技攻关计划中每年安排300万元贷款息金用于扶持发展农村能源产业。

可以看出,在改革开放后的10年里,我国开始逐渐形成了对可再生能源发展的系统性的指导与补贴政策体系,并逐步走上法制化、规范化的轨道。

7.1.3 1990～2000年——可再生能源政策扩展阶段

进入20世纪90年代后,随着改革开放持续推进,经济水平不断提高,我国能源需求不断攀升,对可再生能源的发展提出了新的要求,相应的,我国对可再生能源的指导性政策有了进一步的发展,国家的规划性政策也开始出现具体的发展目标。

1995年1月5日,《新能源和可再生能源发展纲要(1996—2010年)》提出了今后的15年实现可再生能源实际使用数量达到39 000万 tce 以上的目标(包括生物质能传统利用的利用量,下同)。这个目标可分为两个阶段实施,第一阶段为至2000年,实现全国新能源和可再生能源的开发利用总量达到29 800万 tce 的目标;第二阶段为2001～2010年,实现各类新能源和可再生能源的开发利用总量达到39 000万 tce 的总体目标。同时还提出了2000～2010年所要达到的具体目标,见表7-2。

表 7-2 新能源和可再生能源开发利用两个阶段的主要任务

可再生能源		2000 年	2010 年
薪炭林		640 万 hm² (年供薪柴 1 亿 tce)	1340 万 hm² (年供薪柴 1.54 亿 tce)
省柴灶		每年节柴 5000 万 tce	
沼气		22.6 亿 m³	40 亿 m³
生物质能高品位利用能力		250 万 tce	1700 万 tce
小水电	装机容量	1983 万 kW	2788 万 kW
	发电量	744 亿 kW·h	1170 亿 kW·h
太阳能		123 万 tce	467 万 tce
地热			88 万~151 万 tce
潮汐能		5 万 kW	30 万 kW
稻壳、蔗渣、垃圾等生物质能发电		5 万 kW	30 万 kW

资料来源：石定寰（1995）

这一时期，可再生能源激励政策的内容和涵盖范围得到进一步扩展。《新能源和可再生能源发展纲要（1996—2010 年）》明确指出，给予新能源生产或使用者减免税收的优惠政策，以此来鼓励新能源产品的生产和使用。由国务院批准，1998 年 1 月开始执行的《当前国家重点鼓励发展的产业、产品和技术目录》指出，将太阳能、地热能、海洋能、垃圾、生物质能发电和大型风力机等可再生能源列入鼓励发展的产业和产品中。1999 年，国家发展计划委员会、科学技术部联合印发的《进一步支持新能源和可再生能源发展有关问题的通知》规定，为新能源和可再生能源提供优惠的基建贷款，其中由国家审批的建设规模达 3000kW 以上的大中型新能源与可再生能源发电项目，国家发展计划委员会协助业主落实银行贷款；对于银行安排的基建贷款发电项目给予 2% 的财政贴息，中央项目由财政部贴息，地方项目由地方财政贴息，重申了原电力工业部并网风力发电管理规定的要求，并将其适用范围扩大到整个新能源与可再生能源发电项目，对于采用本地化制造设备的项目给予 5% 的投资利润率的优惠。风力发电是 20 世纪 90 年代可再生能源发展的重点之一，电力工业部 1994 年 4 月 10 日发布的《风力发电场并网运行管理规定（试行）》指出，电网管理部门应允许风电场就近上网，并收购全部上网电量。风电场上网电价按发电成本加还本付息、合理利润的原则确定，并兼顾用户承受能力，增值税在价外计征。高于电网平均电价部分，其价差采取均摊方式，由全网共同负担，电力公司统一收购处理。1998 年 1 月，中国对风电设备给予了减免进口关税的优惠。

可以发现，进入 20 世纪 90 年代后，一方面，中国可再生能源政策开始出现时期较长的规划，并开始制定具体的发展目标；另一方面，中国可再生能源建设范围变得更加广泛，90 年代以前，中国可再生能源主要由小水电、沼气等构成，90 年代开始，可再生能源的建设范围扩大到风电、地热发电等。

7.1.4　2000~2005年——可再生能源总体规划初步确立

为积极发展新能源以改善能源结构，2000年8月，国家经济贸易委员会资源节约与综合利用司制定了《2000—2015年新能源和可再生能源产业发展规划要点》，提出到2015年新能源和可再生能源年开发量达到4300万tce，占我国当时能源消费总量的2%（如果包括小水电，则将达到3.6%）的总目标。《2000—2015年新能源和可再生能源产业发展规划要点》同时指出，为实现目标，新能源和可再生能源产业发展规划分以下三个阶段实施。

1) 2000~2005年，逐步建立新能源和可再生能源经济激励政策体系以及适应市场经济体制的行业管理体系；建立和实施质量保证、监测、服务体系；加大对重点行业和产品的扶持力度以促进产业发展；新能源和可再生能源的开发利用量在我国商品能源消费总量中占0.7%，达到1300万tce。

2) 2006~2010年，完善可再生能源产业配套技术服务体系，进一步规范市场；完善新能源和可再生能源经济激励政策体系。新能源和可再生能源的开发利用量达到2500万tce，在我国商品能源消费总量中占1.25%。

3) 2011~2015年，大规模推广应用新能源和可再生能源技术，大部分产品实现商业化生产，完善新能源和可再生能源产业体系，使其成为我国国民经济中一个重要的新兴行业，其总产值达到670亿元。新能源和可再生能源的开发利用量达到4300万tce，占我国当时商品能源消费总量的2%。

2000~2015年新能源和可再生能源产业发展要点见表7-3。

表7-3　2000~2015年新能源和可再生能源产业发展要点

可再生能源	2005年	2010年	2015年
太阳能			太阳能热水器市场拥有量约2.32亿m^2；太阳能电池发电系统市场拥有量达320MW
并网风电/万kW	300	490	700
离网风电			5万台/a的生产能力；市场拥有量累计装机容量10.5万kW
地热采暖/万m^2	1500	2250	3000
地热发电累计装机/万kW		8.75	11
大中型沼气工程			处理工业有机废水的大中型沼气工程达到2500座，形成年生产沼气能力40亿m^3，相当于343万tce，年处理工业有机废水37 500万m^3
农业废弃物沼气工程			累计建成近4100个，形成年生产沼气能力4.5亿m^3，相当于58万tce，年处理粪便量1.23亿t
秸秆气化			累计建成4500个气化站，总产气量达到20亿m^3，相当于57万tce

资料来源：国家经贸委（2000）

2002年，国家经济贸易委员会资源节约与综合利用司发布了《新能源和可再生能源产业发展"十五"规划》，指出2005年预计我国新能源和可再生能源（不含小水电和生物质能传统利用）年开发利用量达到1300万tce，相当于减少近1000万t碳的温室气体及60多万t二氧化硫、烟尘的排放，为130万户边远地区农牧民（500万~600万人）解决无电问题，提供近20万个就业岗位。2005年全国太阳能热水器年生产能力达1100万m^2，拥有量约6400万m^2；形成5~10家具有国际竞争力的骨干企业；全国太阳光伏电池年生产能力达到15MW，形成应用器件配套齐全的太阳光伏产业，累计拥有量达到53MW。2005年全国并网风力发电装机容量达到120万kW，设备制造能力达到每年15万~20万kW，以满足国内市场需求。2005年地热采暖面积达到2000万m^2，通过利用大中型沼气工程及生物质气化工程等高效利用方式，形成近20亿m^3的燃气供应能力。包括《新能源和可再生能源产业发展"十五"规划》在内的各类相关规划是可再生能源支撑性、连续性政策法规形成的重要基础。

7.1.5　2005~2015年——可再生能源政策快速和全面发展

2005年2月28日第十届全国人民代表大会常务委员会第十四次会议通过的《中华人民共和国可再生能源法》为中国可再生能源发展提供了法律保障，其中第四条明确规定："国家将可再生能源的开发利用列为能源发展的优先领域，通过制定可再生能源开发利用总量目标和采取相应措施，推动可再生能源市场的建立和发展。国家鼓励各种所有制经济主体参与可再生能源的开发利用，依法保护可再生能源开发利用者的合法权益。"这从法律的层面明确了可再生能源处于我国能源发展的优先地位，标志着我国在可再生能源法制建设上迈出了关键的一步，我国的可再生能源政策也进入了快速发展阶段。

这一时期，我国的可再生能源发展取得了较大的成绩，并初步形成了一定的规模。2005年，我国可再生能源开发利用总量（不包括传统生物质能利用）约达到1.66亿tce，约占当年全国一次能源消费总量的7.5%。针对当时我国可再生能源的发展状况，国家发展和改革委员会在2007年发布了《可再生能源中长期发展规划》作为新时期可再生能源发展的指导性文件。《可再生能源中长期发展规划》总结了截至2005年中国的可再生能源发展情况、存在的问题和重大意义，并制定了到2010年可再生能源消费量占比达10%，到2020年达15%的总体目标。同时也提出了到2010年和2020年可再生能源发展的具体目标，见表7-4。在《可再生能源中长期发展规划》的基础上，国家发展和改革委员会开始制定专门针对发展可再生能源的五年计划，如2008年发布的《可再生能源发展"十一五"规划》和2012年发布的《可再生能源发展"十二五"规划》。

表 7-4 不同可再生能源技术在 2010 年和 2020 年的发展目标

可再生能源			2010 年	2020 年
水电装机容量/万 kW	大型水电		14 000	22 500
	小水电		5 000	7 500
生物质	生物质发电装机容量/万 kW	农林生物质发电	400	2 400
		沼气发电	100	300
		垃圾焚烧发电	50	300
	生物质固体燃料年利用量/万 t		100	5 000
	沼气年利用量/亿 m^3		190	440
	生物液体燃料年利用量/万 t	生物燃料乙醇	200	1 000
		生物柴油	20	200
	风电总装机容量/万 kW		500	3 000
太阳能	太阳能发电总装机容量/万 kW		30	180
	太阳能热水器总集热面积/亿 m^2		1.5（年替代能源 3000 万 tce）	3（年替代能源 6000 万 tce）
其他可再生能源	地热年利用/万 tce		400	1 200
	潮汐电站/万 kW			10

资料来源：《可再生能源发展"十一五"规划》

从"十二五"开始，国家能源局开始根据不同的可再生能源种类制定更加具体的五年规划，如 2012 年发布的《水电发展"十二五"规划》《太阳能发电发展"十二五"规划》和《生物质能发展"十二五"规划》，这些五年规划总结了有关可再生能源领域的发展现状和面临的问题，同时在《中华人民共和国可再生能源法》和《可再生能源中长期发展规划》的指导下制定了切实可行的目标，从而引导我国可再生能源的健康发展。

这一时期，国家对可再生能源的上网电价也有了明确的指导。2006 年国家发展和改革委员会发布的《可再生能源发电价格和费用分摊管理试行办法》中规定，可再生能源发电价格实行政府定价和政府指导价两种形式。2009 年国家发展和改革委员会发布的《国家发展改革委关于完善风力发电上网电价政策的通知》中，将全国划分为四类风能资源区，实行分资源区制定陆上风电标杆上网电价的制度。与之相类似的，2013 年发布的《国家发展改革委关于发挥价格杠杆作用促进光伏产业健康发展的通知》中，将全国划分为三类太阳能资源区，相应制定光伏电站标杆上网电价。

另外，通过减免税收来支持可再生能源产业的发展也是这一时期重要的政策扶持手段。如 2013 年财政部、国家税务总局联合发布的《关于光伏发电增值税政策的通知》

中指出,"自 2013 年 10 月 1 日至 2015 年 12 月 31 日,对纳税人销售自产的利用太阳能生产的电力产品,实行增值税即征即退 50% 的政策。"2014 年财政部、国家税务总局发布的《关于大型水电企业增值税政策的通知》中规定,"装机容量超过 100 万千瓦的水力发电站(含抽水蓄能电站)销售自产电力产品,自 2013 年 1 月 1 日至 2015 年 12 月 31 日,对其增值税实际税负超过 8% 的部分实行即征即退政策;自 2016 年 1 月 1 日至 2017 年 12 月 31 日,对其增值税实际税负超过 12% 的部分实行即征即退政策。"2015 年财政部、国家税务总局发布的《关于风力发电增值税政策的通知》中指出,"自 2015 年 7 月 1 日起,对纳税人销售自产的利用风力生产的电力产品,实行增值税即征即退 50% 的政策。"

这一时期,我国的可再生能源政策进入了一个快速且全面发展的阶段,对各个种类的可再生能源分别进行详细的规划并给予上网电价指导与税收政策优惠,相应促进了我国的可再生能源产业的快速发展。2015 年我国可再生能源利用量达到了 51 248 万 tce(国家发展和改革委员会,2016),超过"十二五"规划目标中提出的 47 800 万 tce 年利用量。

7.1.6　2016 年至今——可再生能源政策鼓励与调整并重

习近平总书记在党的十九大报告中提出要"坚持新发展理念。发展是解决我国一切问题的基础和关键,发展必须是科学发展,必须坚定不移贯彻创新、协调、绿色、开放、共享的发展理念"。2016 年至今,中国开始更加注重发展的绿色转型,而转型的核心便是能源转型。

为实现 2020 年、2030 年非化石能源占一次能源消费的比例分别达到 15%、20% 的能源发展战略目标,国家发展和改革委员会于 2016 年发布了《可再生能源发展"十三五"规划》,为新时期可再生能源的发展提供指导。规划制定了到 2020 年,可再生能源总利用量约达到 7.3 亿 tce,其中商品化可再生能源约达 5.8 亿 tce 的总目标,同时,规划也针对不同的可再生能源技术设定了具体目标,见表 7-5。

表 7-5　2020 年可再生能源技术发展具体目标

内容	利用规模		年产能量		折合标煤/万 t
	数量	单位	数量	单位	
发电	67 500	万 kW	19 045	亿 kW·h	56 188
水电(不含抽水蓄能)	34 000		12 500		36 875
并网风电	21 000		4 200		12 390
光伏发电	10 500		1 245		3 673
太阳能热发电	500		200		590
生物质发电	1 500		900		2 660

续表

内容	利用规模		年产能量		折合标煤/万 t
	数量	单位	数量	单位	
生物天然气			80	亿 m³	960
供热		万 m²			15 100
太阳能热水器	80 000				9 600
地热能热利用	160 000				4 000
生物质能供热					1 500
生物液体燃料		万 t			680
生物燃料乙醇	400				380
生物柴油	200				300
可再生能源合计					72 928
商品化可再生能源合计					57 828

资料来源：国家发展和改革委员会（2016）

随着我国可再生能源产业的发展，相应而来的弃风、弃光等问题逐渐凸显，如 2016 年我国弃风电量为 497 亿 kW·h，最为严重的甘肃省的弃风率甚至达到了 43%（国家能源局，2017）。因此，解决弃风、弃光等一系列问题也成为新时期我国可再生能源政策发展的一项重要任务。

2016 年 2 月，国家能源局发布的《国家能源关于建立可再生能源开发利用目标引导制度的指导意见》指出："国家能源局根据各地区可再生能源资源状况和能源消费水平，依据全国可再生能源开发利用中长期总量目标，制定各省（区、市）能源消费总量中的可再生能源比重目标和全社会用电量中的非水电可再生能源电量比重指标"，以保证可再生能源在总能源消费中占有一定的比例。同年国家发展和改革委员会发布的《可再生能源发电全额保障性收购管理办法》进一步促进了《中华人民共和国可再生能源法（修正案）》中提出的实行可再生能源发电全额保障性收购制度，通过采取对可再生能源发电量的保障性收购等措施来促进可再生能源发电的消费。

2017 年 1 月 18 日，国家发展和改革委员会、财政部、国家能源局联合发布了《国家发展改革委 财政部 国家能源局关于试行可再生能源绿色电力证书核发及自愿认购交易制度的通知》，指出"绿色电力证书是国家对发电企业每兆瓦时非水可再生能源上网电量颁发的具有独特标识代码的电子证书，是非水可再生能源发电量的确认和属性证明以及消费绿色电力的唯一凭证"。同时，鼓励各级政府机关、企事业单位、社会机构和个人在全国绿色电力证书核发和认购平台上自愿认购绿色电力证书，作为消费绿色电力的证明，且从 2018 年起适时启动可再生能源电力配额考核和绿色电力证书强制约束交易。

2017 年 11 月 8 日，国家发展和改革委员会、国家能源局发布《解决弃水弃风弃光问题实施方案》，提出到 2020 年在全国范围内有效解决弃水弃风弃光问题的目标，并同时提出强化监测评价机制。国家能源局对各省（自治区、直辖市）可再生能源电力消纳情况进行监测，并按年度公布监测评价结果，对弃水弃风弃光严重地区按月监测、按季评估、按年预警。国家能源局对弃风率、弃光率超过 5% 的地区，公布其弃风、弃光电量及弃风率、弃光率数据，并与上年度进行对比。2018 年 10 月 30 日，国家发展和改革委员会、国家能源局发布的《清洁能源消纳行动计划（2018—2020 年）》更加细化了到 2020 年的减缓可再生能源限电的目标，具体分为三个阶段：2018 年，确保全国平均风电利用率高于 88%（力争达到 90% 以上），弃风率低于 12%（力争控制在 10% 以内），光伏发电利用率高于 95%，弃光率低于 5%，确保弃风、弃光电量比上年进一步下降，全国水能利用率达 95% 以上，全国大部分核电实现安全保障性消纳；2019 年，确保全国平均风电利用率高于 90%（力争达到 92% 左右），弃风率低于 10%（力争控制在 8% 左右），光伏发电利用率高于 95%，弃光率低于 5%，全国水能利用率达 95% 以上，全国核电基本实现安全保障性消纳；2020 年，确保全国平均风电利用率达到国际先进水平（力争达到 95% 左右），弃风率控制在合理水平（力争控制在 5% 左右），光伏发电利用率高于 95%，弃光率低于 5%，全国水能利用率达 95% 以上，全国核电实现安全保障性消纳。同时，该计划还提出了力争在 2018 年全面启动可再生能源电力配额制度的目标。

此外，对于某些发展迅速但具有突出问题的可再生能源技术，国家也根据实际情况出台了相关政策以及时调控。例如，三部委于 2018 年 5 月 31 日联合印发了《国家发展改革委 财政部 国家能源局关于 2018 年光伏发电有关事项的通知》，对于分布式电站的规模和补贴控制出台了详细的细则，暂不安排 2018 年普通光伏电站建设规模，仅安排 1000 万 kW 左右的分布式光伏建设规模，进一步降低光伏发电的补贴力度。而未在政策出台前并网的分布式光伏项目，由地方依法予以支持。

7.2 中国可再生能源配额制度

可再生能源配额制度改革的目标是建立全面的指标统计考核体系，用以引导地方科学制定可再生能源开发利用目标，助力能源发展规划编制和实施，同时明确地方政府企业和发电企业在促进可再生能源消纳、落实国家非化石能源发展目标方面的责任。可再生能源配额制度同时提出建立相应的监测和评价体系，从而实现更有效的事中事后监管，有利于推动能源系统朝绿色低碳方向转型，进而促进可再生能源产业健康发展。因此，本节对中国可再生能源配额制度进行着重介绍。

7.2.1 可再生能源配额制度发展历程

可再生能源配额制度（renewable portfolio standard，RPS）是为培育可再生能源市场并使可再生能源发电量在总发电量中达到一个有保障的最低水平而采用的强制性政策手段。

国家通常规定发电企业或经营电网的配电商,必须保证一定比例的电力来源于可再生能源发电。可再生能源配额制度为可再生能源提供了一个保护市场,其电价则由竞争性的市场决定。在这个市场中,可再生能源各种项目(技术)与企业通过相互竞争,寻求最低成本。有别于可再生能源总量目标制度(renewable energy target policy,RETP),可再生能源配额制度是对可再生能源总量目标制度的深入细化,主要针对对象是能源生产和流通的企业,一般是指电力公司。

长期以来,缺乏基于立法的强制性发展目标和强有力的制度保障机制一直制约着中国可再生能源产业发展。为此,2005年通过的《中华人民共和国可再生能源法》提出,国家将可再生能源的开发利用列为能源发展的优先领域,通过制定可再生能源开发利用总量目标和采取相应措施,推动可再生能源市场的建立和发展。同时,国家鼓励各种所有制经济主体参与可再生能源的开发利用,依法保护可再生能源开发利用者的合法权益。2009年,针对电网规划和建设与可再生能源发展不协调、可再生能源发电上网电价与费用分摊机制不完善及配套优惠财税政策未能有效落实等突出问题,第十一届全国人民代表大会常务委员会第十二次会议上通过了《中华人民共和国可再生能源法(修正案)》,在法律规定上加强规划的统筹协调,强化可再生能源开发利用规划同国家能源发展战略的衔接,明确地方根据全国规划编制地方实施规划,有效发挥规划的指导和调控作用。

同时,国家制定了一系列的可再生能源总量目标以保证可再生能源的生产与消费,取得了一定的成果。2007年,《可再生能源中长期发展规划》提出了到2020年我国可再生能源发展的目标,即逐步提高优质清洁可再生能源在能源结构中的比例,力争到2010年使可再生能源消费量达到能源消费总量的10%,到2020年达到15%。此外,"十一五""十二五"期间,国家对能源及可再生能源发展进行了整体规划。到"十二五"末期,中国可再生能源产业开始全面规模化发展,进入了大范围增量替代和区域性存量替代的发展阶段。2015年,我国商品化可再生能源利用量为4.36亿tce,占一次能源消费总量的10.1%,如将太阳能热利用等非商品化可再生能源及核电的贡献等考虑在内,全部非化石能源利用量占一次能源消费总量的比重可达12%,比2010年提高2.6个百分点。此外,中国非化石能源装机比重达到35%,非化石能源发电量比重达到27%。2017年是中国可再生能源发展迅猛的一年,截至2017年底,中国水电装机容量达到3.4亿kW,风电装机容量达到1.64亿kW,光伏发电装机容量达到1.3亿kW,非化石能源消费占一次能源消费总量比重达到14.2%,可再生能源发电量占全部发电量的26%。中国的风电、光伏的装机容量和配套设备生产能力已成为全球第一,产业技术水平处于世界前列,一个可以引领全球发展的战略新兴产业正在形成。

进入"十三五"时期后,政府正式提出了建立配额制度的构想。《能源发展"十三五"规划》以及《可再生能源发展"十三五"规划》明确提出了非化石能源消费比重目标和可再生能源开发利用目标的要求,建立全国统一的可再生能源配额制度及绿色电力证书交易制度,要求市场主体通过购买绿色证书完成可再生能源配额义务,通过绿色证书市场化交易补偿新能源发电的环境效益和社会效益,逐步将现行差价补贴模式转变为定额补贴与绿色证书收入相结合的新型机制，同时与碳交易市场相对接，降低可再生能源电力的财政资金补贴强度。

在上述规划政策的基础上，2016年2月，国家能源局发布了《国家能源局关于建立可再生能源开发利用目标引导制度的指导意见》，提出"制定各省（区、市）可再生能源开发利用目标，引导能源发展规划编制及实施，并建立相应监测和评价体系"，旨在从顶层设计着手化解问题，为可再生能源长远发展奠定政策基础。《国家能源局关于建立可再生能源开发利用目标引导制度的指导意见》通过附件的形式，公布了"2020年各省（自治区、直辖市）行政区域全社会用电量中非水电可再生能源电力消纳量比重指标"，以及"非水电可再生能源电力消纳量比重指标核算方法"，全国范围内的可再生能源配额制度初见雏形。

为使《国家能源局关于建立可再生能源开发利用目标引导制度的指导意见》在规划、实施、检查这三项工作之间形成闭环管理，各级主管部门对各方责任进行了明确规定。国家能源局对火电发电装机容量超过500万kW的发电企业进行一年一度的监测评价，了解其可再生能源电力建设和生产情况。省级能源主管部门和政府则主要负责做好规划，制定本地区的非水电可再生能源电力比重指标，并督促本地区发电企业完成指标，同时，明确可再生能源电力接入、输送和消纳责任，建立确保可再生能源电力消纳的激励机制。省级能源主管部门会同统计部门，逐年监测本地区可再生能源利用量、可再生能源占能源消费总量比重、非水电可再生能源电量比重三个关键指标，并上报国家能源局。各电力交易机构、各电网企业、各发电企业按月向全国可再生能源信息管理系统报送相关数据，国家能源局按年度公布监测和评价结果。

2018年3月和9月，国家能源局、国家发展和改革委员会两度就《可再生能源电力配额及考核办法》征求了意见。同年11月，国家能源局下发《国家发展改革委 国家能源局关于实行可再生能源电力配额制的通知（征求意见稿）》，明确了可再生能源电力配额制的实施、可再生能源电力配额指标的确定和配额完成量的核算方法，同时公示了"各省（区、市）可再生能源电力总量配额指标"及"各省（区、市）非水电可再生能源电力配额指标"，分为约束性指标和激励性指标。根据《国家发展改革委 国家能源局关于实行可再生能源电力配额制的通知（征求意见稿）》，2018年各地区配额完成情况不进行考核，各地区依据《国家发展改革委 国家能源局关于实行可再生能源电力配额制的通知（征求意见稿）》下达的2018年配额指标进行了自我核查，并依据2020年配额指标指导可再生能源发展。全国范围内的配额制度初步建立。

在配额制度的推行方面，2018年10月30日，国家发展和改革委员会、国家能源局印发《清洁能源消纳行动计划（2018—2020年）》，提出了到2020年基本解决清洁能源消纳的目标。该计划全方位地统筹安排和规划部署了三年内的消纳任务，旨在通过加强宏观政策引导，形成有利于清洁能源消纳的体制机制，并提出实施可再生能源电力配额制度的解决方案。由国务院能源主管部门确定各省级可再生能源电力消费量占区域用电量最低比重指标，省级能源主管部门、省级电网企业、售电公司和电力用户共同承担可再生能源电力配额工作和义务，力争在2018年全面启动可再生能源电力配额制度。2019年5月，国家发展和改革委员会、国家能源局印发的《关于建立健全可再生能源电力消纳保障机制的通知》则进一步明确了实行配额制度的责任主体以及可再生能源消纳的核算与考核方法，为可再生能源配额制度的推行提供了进一步的指导。

中国可再生能源配额制度的建立经历了漫长的准备与筹划，自 2005 年以来国家颁布的法律法规以及制定的各种总量型目标促进了可再生能源产业的快速发展，为全国范围内可再生能源配额制度的实施打下了基础。各省（自治区、直辖市）的配额目标在综合考虑各省（自治区、直辖市）可再生能源资源、全社会用电总量、国家能源规划和年度计划、全国重大可再生能源基地建设情况和跨省跨区输电通道的资源配置能力等因素的基础上设定，为可再生能源消纳提供保障。

7.2.2　可再生能源配额制度主要内容

从 2018 年 3 月国家能源局发布的《可再生能源电力配额及考核办法》算起，各省（自治区、直辖市）可再生能源配额目标的确定经过了多次修改，2018 年 11 月 15 日发布的《国家发展改革委 国家能源局关于实行可再生能源电力配额制的通知（征求意见稿）》（简称《通知》）已是调整更新的第三版。配额制出台的核心是解决可再生能源消纳问题并兼顾解决部分补贴问题。与前两版相比，第三版配额指标有所下调，未完成配额的处罚力度也有所放松。

经过三次征求意见，《通知》明确指出可再生能源电力配额是按省级行政区域对电力消费规定应达到的可再生能源比重指标，包括可再生能源电力总量配额和非水电可再生能源电力配额。满足总量配额的可再生能源电力包括全部可再生能源发电种类，满足非水电配额的可再生能源电力包括除水电以外的其他可再生能源发电种类。《通知》对各省级行政区域规定的应达到的最低可再生能源比重指标确定为约束性指标，并按超过约束性指标 10% 确定激励性指标。各省级行政区域的配额指标的确定，由各省级行政区域自行测算并报送国务院能源主管部门，每年申报一次。国务院能源主管部门组织第三方机构对各省级行政区域申报的年度可再生能源电力配额指标进行评估后予以批准。各省级行政区可再生能源电力总量配额指标见表 7-6。各省级行政区非水电可再生能源电力总量配额指标见表 7-7。

表 7-6　各省级行政区可再生能源电力总量配额指标　　　　（单位:%）

省（自治区、直辖市）	2018 年约束性指标	2018 年激励性指标	2020 年约束性指标	2020 年激励性指标
北京	11.0	12.1	15.0	16.5
天津	11.0	12.1	15.0	16.5
河北	11.0	12.1	15.0	16.5
山西	15.0	16.3	16.5	18.0

续表

省（自治区、直辖市）	2018年约束性指标	2018年激励性指标	2020年约束性指标	2020年激励性指标
内蒙古	18.5	20.3	18.5	20.3
辽宁	12.0	13.0	12.5	13.6
吉林	20.0	21.5	22.0	23.7
黑龙江	19.5	21.0	26.0	28.1
上海	31.5	32.0	33.0	33.5
江苏	14.5	15.1	15.0	15.8
浙江	18.0	18.5	19.0	19.8
安徽	13.0	14.0	14.5	15.7
福建	17.0	17.5	22.0	22.6
江西	23.0	23.5	29.0	30.0
山东	9.5	10.4	10.5	11.6
河南	13.5	14.5	16.0	17.1
湖北	39.0	39.9	40.0	41.0
湖南	51.5	52.4	51.5	52.4
广东	31.0	31.4	29.5	30.0
广西	51.0	51.4	50.0	50.5
海南	11.0	11.5	11.5	12.0
重庆	47.5	47.5	45.0	45.3
四川	80.0	80.4	80.0	80.4
贵州	33.5	34.0	31.5	32.0
云南	80.0	81.0	80.0	81.2
西藏	不考核	不考核	不考核	不考核
陕西	17.5	18.4	21.5	22.7
甘肃	44.0	45.6	47.0	48.9
青海	70.0	71.9	70.0	72.5
宁夏	20.0	22.0	25.0	27.0
新疆	25.0	26.5	26.0	27.3

资料来源：国家能源局（2018）

表 7-7　各省级行政区非水电可再生能源电力总量配额指标　　　　（单位:%）

省（自治区、直辖市）	2018 年约束性指标	2018 年激励性指标	2020 年约束性指标	2020 年激励性指标
北京	10.5	11.6	15.0	16.5
天津	10.5	11.6	15.0	16.5
河北	10.5	11.6	15.0	16.5
山西	12.5	13.8	14.5	16.0
内蒙古	18.0	19.8	18.0	19.8
辽宁	10.0	11.0	10.5	11.6
吉林	15.0	16.0	16.5	18.2
黑龙江	15.0	16.5	20.5	22.6
上海	2.5	2.8	3.0	3.3
江苏	5.5	6.1	7.5	8.3
浙江	5.0	5.5	7.5	8.3
安徽	9.5	10.5	11.5	12.7
福建	4.5	5.0	6.0	6.6
江西	6.5	7.2	8.0	8.8
山东	9.0	9.9	10.5	11.6
河南	9.0	9.9	10.5	11.6
湖北	7.5	8.3	10.0	11.0
湖南	9.0	9.9	13.0	14.3
广东	3.5	3.9	4.0	4.4
广西	4.0	4.4	5.0	5.5
海南	4.5	5.0	5.0	5.5
重庆	2.0	2.2	2.5	2.8
四川	3.5	3.9	3.5	3.9
贵州	4.5	5.0	5.0	5.5
云南	11.5	12.7	11.5	12.7
西藏	不考核	不考核	不考核	不考核
陕西	9.0	9.9	12.0	13.2

续表

省（自治区、直辖市）	2018年约束性指标	2018年激励性指标	2020年约束性指标	2020年激励性指标
甘肃	15.5	17.1	19.0	20.9
青海	19.0	20.9	25.0	27.5
宁夏	18.0	19.8	20.0	22.0
新疆	14.5	16.0	16.0	17.6

资料来源：国家能源局（2018）

在配额制的考核方面，《通知》要求各省级人民政府作为配额的责任主体，按年度组织制定本省级行政区域可再生能源电力配额实施方案，包括年度配额指标及配额分配、配额实施工作机制、配额履约方式、对配额义务主体的考核方式等。各省级行政区域配额实施方案定的配额指标可以高于国务院能源主管部门下达的可再生能源电力配额约束性指标。《通知》同时还要求省级能源主管部门会同电力运行管理部门对本省级行政区域承担配额义务的市场主体的配额完成情况进行考核，按年度公布可再生能源电力配额考核报告。各省级能源主管部门会同电力运行管理部门负责督促未履行配额义务的电力市场主体限期整改，对未按期完成整改的市场主体依法依规予以处罚，将其列入不良信用记录，予以联合惩戒。

在责任承担方面，《通知》明确了各类从事售电业务的企业及所有电力消费者共同履行可再生能源电力配额义务，即生产商（各类发电企业）不承担义务，所有中间商和消费者承担义务。承担配额义务的市场主体第一类为各类直接向电力用户供电的电网企业、独立售电公司、拥有配电网运营权的售电公司（简称配售电公司）；第二类为通过电力批发市场购电的电力用户和拥有自备电厂的企业。第一类承担与其年售电量相对应的配额，第二类承担与其用电量相对应的配额。各配额义务主体的售电量和用电量中，公益性电量（含专用计量的供暖电量）免于配额考核。

在配额监测核算和交易方面，国家可再生能源信息管理中心会同各电力交易机构负责承担配额义务市场主体的配额账户设立，配额完成量核算及转让、配额完成统计及信息发布等工作。北京电力交易中心、广州电力交易中心对配额完成量转让进行业务指导。各省级行政区域内的配额完成量转让原则上由省级电力交易中心组织，跨省级行政区域的配额完成量转让在北京电力交易中心和广州电力交易中心组织下进行。国家可再生能源信息管理中心与国家电网公司、南方电网公司等电网企业及各电力交易中心联合建立可再生能源电力消纳、配额监测核算技术体系并实现信息共享。

7.2.3 配额制度的意义与前景展望

可再生能源配额制度规定了各省级行政区域可再生能源电力消费的比重指标，并将这些指标进一步向承担配额义务的市场主体进行分配，包括电网企业、配售电企业和参与直购电交易的大型终端用户。可再生能源配额制度改革对促进可再生能源发展和电力结构调整，乃至中国市场经济发展具有重大意义。

第一，可再生能源配额制度具备法律效力，具有法律强制性。未达到配额指标的省份将暂停获批建设新的煤电项目规模（或核减核准规模），并且还将被取消申请能源示范区的资格。对于未完成配额指标的电力配售企业等市场主体，将核减或取消其下一年参与电力市场交易的资格。

第二，规范和提升可再生能源电力市场发展。可再生能源电力市场前期发展存在一定的无序、过剩、不均衡的问题，因此造成补贴、资源和投资的低效利用，推出配额制度是在市场竞争的基础上增加了"顶层设计、宏观调控"的机制，以统筹规划引导各地区行政部门参与本地区可再生能源电力市场管理，规范可再生能源电力市场的乱象，保证电力市场合理、有序、绿色发展。

第三，可再生能源配额制度规定了一定时期内应达到的可再生能源发展目标。该目标是一个递进的增长比例目标，并反映出各地区存在的条件差异，目的是保证可再生能源在未来一定时期内有一个固定的市场需求。

第四，可再生能源配额制度的实施可以通过市场上绿色证书的自由交易完成，而绿色证书交易为微观领域的企业间竞争提供了便利。可再生能源配额制度有利于激励企业以最低成本、最高效率的方式来完成配额任务，从而在相当长的时间内有助于行业的成本下降。除了自己投资可再生能源项目或与当地可再生能源发电商签订长期购电合同以满足配额任务外，供电企业还可以通过绿色证书市场从全国任何可再生能源发电商那里购买绿色证书来实现配额目标。绿色证书市场不仅大大增强了供电企业完成配额任务的灵活性，而且最大程度上促进了可再生能源发电商、开发商之间的竞争，促进了资源潜力的有效挖掘和利用，而且一般不需要进行价格补贴，可以避免政府进行大量的资金筹集工作。

总体来说，实施可再生能源电力配额政策是一个积极的进展，可帮助纠正此前清洁能源发展模式中的若干问题。在国家层面，以年度可再生能源发电量和消纳能力作为基础的政策目标推动可再生能源并网，可以促进各省级行政区购入更多的清洁能源，而非仅仅依靠省级行政区内发电，从而减少可再生能源弃电现象。自政策出台后，可再生能源供电企业大多积极响应，认为配额制度加速了可再生能源的市场化交易，有助于推动可再生能源综合竞争力进一步提升，为行业健康、可持续发展提供保障（杨萌，2018）。

随着中国可再生能源补贴逐步退出，建立有助于实现电力市场改革和清洁能源政策的市场机制成为中国当前可再生能源发展的需求。为促进可再生能源电力配额政策的发展，德国国际合作机构及落基山研究所电力体制改革政策部门专家提出了通过分配可再生能源义务来促进可再生能源交易与投资的建议，包括明确配额政策将如何支持其他对可再生能源产生影响的改革，如碳市场和电力市场改革；提高配额制定方法的透明度，并为配额制定长期规划以鼓励在可再生能源领域的投资；提出月度目标以鼓励市场发展，帮助市场主体保持在履行配额义务的轨道上；阐明可再生能源电力配额政策的目标，并将这一目标与解决弃风、弃光与弃水的问题结合起来；鼓励可再生能源直购电，以及购买盈余的可再生能源电力证书。

7.3 中国可再生能源激励机制

为推进可再生能源产业的快速发展，税收优惠、产品补贴、上网电价等激励机制纷纷出台。同时，确保可再生能源产业能够公平参与市场竞争、减轻政府补贴资金压力，成为可再生能源产业政策支持体制机制的发展方向。将可再生能源项目作为交易主体纳入碳市场，是推进可再生能源产业市场化的另一重要推手。

7.3.1 可再生能源补贴和财税金融政策

可再生能源产业具有正向的外部效应，政府的税收政策对增加可再生能源供应影响重大。2005年出台的《中华人民共和国可再生能源法》第二十六条规定，国家对列入可再生能源产业发展指导目录的项目给予税收优惠。2007年9月，国家发展和改革委员会发布的《可再生能源中长期发展规划》提出，把"加大财政投入，实施税收优惠政策"作为可再生能源开发利用的一项原则确定下来。"十一五"规划中也明确提出"实行优惠的财税、投资政策和强制性市场份额政策，鼓励生产与消费可再生能源，提高在一次能源消费中的比重。"

由于目前的能源价格和税收制度尚不能反映各类能源的生态环境成本，没有为可再生能源发展建立公平的市场竞争环境，国家仍需充分发挥市场优化配置资源的基础性作用，进一步完善支持可再生能源发展的政策措施和体制机制。在《可再生能源发展"十二五"规划》中提出了要完善可再生能源补贴和财税金融政策，即建立健全反映资源稀缺及外部环境成本的能源产品价格和税收形成机制，充分体现可再生能源的环境价值等社会效益，按照有利于可再生能源发展和经济合理的原则，确定可再生能源产品的国家补贴标准。完善可再生能源发展基金管理，按照可再生能源发展规划，合理安排基金的资金来源和数额，以国家资金发挥最大效益为原则有效使用基金。完善分布式等小型可再生能源项目的建设贷款支持机制，实施促进可再生能源和清洁能源发展的绿色信贷政策。

过去10年间，中国可再生能源发展支持政策体系逐步完善，陆续出台了光伏发电、垃圾焚烧发电、海上风电电价政策，并根据技术进步和成本下降情况适时调整了陆上风电和光伏发电上网电价，明确了分布式光伏发电补贴政策，公布了太阳能热发电示范电站电价，完善了可再生能源发电并网管理体系。此外，根据《中华人民共和国可再生能源法》要求，中国结合行业发展需要三次调整了可再生能源电价附加征收标准，扩大了支持可再生能源发展的资金规模，完善了资金征收和发放管理流程。

尽管中国可再生能源已具备规模化开发应用的产业基础，并展现出良好的发展前景，但也面临着体制机制方面的明显制约。突出问题就是可再生能源对政策的依赖度高，受政策调整的影响较大，不利于其参与公平的能源市场竞争。比较来说，风电、光伏发电、生物质发电等的发电成本相对于传统化石能源仍偏高，度电补贴强度较高，补贴资金缺口较大，仍需要通过促进技术进步和建立良好的市场竞争机制进一步降低发电成本。

可再生能源发电定价机制变革的大方向是通过全面实施竞争配置的方式来确定项目和电价，规模化推进风电、光伏发电无补贴平价上网项目，促进可再生能源参与市场化竞争，逐步融入电力市场。为此，深化可再生能源市场激励机制改革的主要工作包括以下几方面。

（1）贯彻落实可再生能源发电全额保障性收购制度

根据电力体制改革的总体部署，落实可再生能源全额保障性收购制度，按照《可再生能源发电全额保障性收购管理办法》要求，严格执行国家明确的风电、光伏发电的年度保障小时数。加大改革创新力度，推进适应可再生能源特点的电力市场体制机制改革示范，逐步建立新型电力运行机制和电价形成机制，积极探索多部制电价机制。建立煤电调频调峰补偿机制。建立辅助服务市场，激励市场各方提供辅助服务。建立灵活的电力市场机制，实现与常规能源系统的深度融合。

（2）建立可再生能源绿色证书交易机制

根据非化石能源消费比重目标和可再生能源开发利用目标的要求，建立全国统一的可再生能源绿色证书交易机制，进一步完善新能源电力的补贴机制。通过设定燃煤发电机组及售电企业的非水电可再生能源配额指标，要求市场主体通过购买绿色证书完成可再生能源配额义务。通过绿色证书市场化交易补偿新能源发电的环境效益和社会效益，逐步将现行差价补贴模式转变为定额补贴与绿色证书收入相结合的新型机制，同时与碳交易市场相对接，降低可再生能源电力的财政资金补贴强度，为最终取消财政资金补贴创造条件。

（3）实施新能源标杆上网电价退坡机制

根据技术进步和市场供求，实施风电、光伏等新能源标杆上网电价退坡机制，2020年实现风电与燃煤发电上网电价相当、光伏上网电价与电网销售电价相当的目标。完善大型水电跨省跨区价格形成机制。开展分布式新能源就近消纳试点，探索通过市场化招标方式确定新能源发电价格，研究有利于储能发展的价格机制，促进新能源全产业链健康发展，减少新增补贴资金需求（国家发展和改革委员会，2017）。

（4）探索中国特色碳税征收之路

征收碳税可以纠正发展的环境负外部性问题，有助于通过削减二氧化碳排放，实现成本的内部化，减缓全球变暖。现存的产业结构不足以支撑全国范围内同一强度征收碳税，特别是排放严重的重化工业将不堪重负，但可以尝试由每个城市因地制宜地科学平衡经济发展与污染治理，按城市能级自主确定碳税征收范围和强度。例如，京沪广深一线及旅游城市等人口密集地区，对清洁空气需求特别强烈，且有足够财力承担碳税成本，可以实施较高强度的碳税征收。对于三四线城市，碳税征收一定要掌握好合理的力度，以提高煤电装置和燃煤锅炉燃煤热效率、燃烧清洁度较高的煤炭、尽量减少碳排放为主要发力点。

7.3.2 碳排放交易市场机制

长期以来，中国政府高度重视气候变化问题，把积极应对气候变化作为国家经济社会发展的重大战略，把绿色低碳发展作为生态文明建设的重要内容，同时也采取了一系列行动，为应对全球气候变化做出了重要贡献。2007年，作为履行《联合国气候变化框架公约》的一项重要义务，中国政府制定了《中国应对气候变化国家方案》，明确了到2010年中国应对气候变化的具体目标、基本原则、重点领域及其政策措施（国务院，2007）。随着能源体制及可再生能源发展机制的不断推进，中国在清洁能源和低碳产业发展方面取得了巨大成绩，也为减缓全球温室气体排放做出了重大贡献。中国对应对气候变化机制不断探索，经过多年的试点完善，碳排放交易市场机制已全面启动，可再生能源发电行业可以通过参与市场化交易获取减排收益，进一步推动产业发展。

中国稳步推进全国碳市场的建立。2013年，中国在七个城市陆续展开碳交易试点工作，在市场体系构建、配额分配和管理、碳排放测量、报告与核查等方面进行了深入探索，为全国碳市场的建设积累了宝贵经验。2013年11月，建设全国碳市场被列入全面深化改革的重点任务之一。2014年12月，国家发展和改革委员会发布《碳排放权交易管理暂行方法》，确立全国碳市场总体框架。在2014年11月中美两国元首发表的气候变化联合声明和2015年中国向联合国提交的国家自主贡献中，明确提出计划于2017年启动全国碳排放交易体系。

2017年，全国范围内的碳市场初步建立。2017年12月，国家发展和改革委员会印发《全国碳排放权交易市场建设方案（发电行业）》，动员部署全国碳市场建设任务，要求以"稳中求进"为总基调，以发电行业为突破口，分阶段、有步骤地建立归属清晰、保护严格、流转顺畅、监管有效、公开透明的全国碳市场，标志着全国碳市场完成总体设计，并且正式启动。国家发展和改革委员会就《碳排放权交易管理暂行条例（征求意见稿）》进行广泛研讨，形成立法建议并配合国务院立法部门进一步开展立法审查工作，还积极研究制定碳排放报告管理办法、碳市场交易管理办法、发电行业配额分配技术指南等相关配套规章和技术规范。在推动试点碳市场建设方面，北京、天津、上海、重庆、广东、湖北、深圳7个试点碳市场覆盖了电力、钢铁、水泥等多个行业近3000家重点排放单位，履约率保持较高水平，并呈逐年递增趋势。截至2018年10月，7个试点碳市场累计成交量突破2.5亿t，累计成交金额约60亿元（生态环境部，2018）。自2018年5月起，全国碳排放权市场的建设工作也随着应对气候变化司的转隶由国家发展和改革委员会到了生态环境部，各省市的转隶工作也在2019年3月31日前全部完成。2019年4月，生态环境部正式出台《碳排放权交易管理暂行条例（征求意见稿）》，内容更加丰富和完善。

中国碳市场预计将在2020年进入深化完善期，主要体现在发电行业主体间将开展配额现货交易；逐步扩大市场覆盖范围，丰富交易品种和交易方式；尽早纳入碳市场交易。中国碳市场发展将在 2020 年后逐步走向成熟（国家发展和改革委员会，2017）。在初期发电行业碳市场稳定运行的前提下，再逐步扩大市场覆盖范围，包括逐步引入石化、化工、建材、钢铁、有色、造纸、航空等重点行业，以及丰富交易品种和交易方式，并探索开展碳排放初始配额有偿拍卖、碳金融产品引入以及碳排放交易国际合作等工作。

（1）继续完善全国碳市场顶层设计

碳市场的建设目的是以更加公平和成本有效的方式实现碳排放控制目标，推动中国低碳发展转型。碳市场的顶层设计与阶段性建设目标，需要长期视野，需要更高决策层针对碳市场发出更加清晰和明确的政治意愿，并制定和颁布清晰可靠的路线图以及配套政策框架与体系。未来中国碳排放控制目标将会更加严格，碳市场会通过确保配额总量的稀缺性、包含碳金融在内的市场机制设计以及严格的市场监管来使碳价格保持在一定水平，从而实现市场主体对市场碳价格的长期稳定预期，并通过有效的价格传导机制实现对企业投资决策的影响，推动企业加强低碳技术与产品的创新。

（2）制定碳市场国际合作路线图

中国作为发展中国家，通过结合现有发展阶段和体制机制基础建设碳市场，对其他发展中国家在既有条件下发展碳市场具有重要的借鉴作用，是我国开展南南合作的潜在重点领域。目前已有很多发展中国家表达了学习中国碳市场建设经验的意愿。随着我国碳市场的逐步完善，无论是以市场规模占比还是以定价权来衡量，我国在全球碳市场中的影响力都将大幅度提升。随着"一带一路"倡议的深入推进，我国可以考虑推动"一带一路"沿线国家加入碳市场互联互通合作，并在这个过程中参与相关国际规则的制定。加强碳市场国际合作，不仅有利于中国碳市场的长期发展，还使得碳市场更具潜力，以更好地服务于我国的对外开放战略，甚至有可能助推人民币国际化。

（3）加强温室气体统计核算体系建设

2017 年，单位 GDP 二氧化碳排放下降率首次纳入《中华人民共和国 2017 年国民经济和社会发展统计公报》；国家统计局已将单位 GDP 二氧化碳排放下降率纳入绿色发展指标体系，用于年度综合评价各地区绿色发展总体情况。国家开展省（自治区、直辖市）应对气候变化统计业务培训指导，并以省级年度控制温室气体排放目标责任考核为抓手，推动地方建立碳强度计算相关基础数据统计和报告工作，部分省（自治区、直辖市）已建立应对气候变化统计制度建设和工作体系，27 省（自治区、直辖市）统计部门配备了专职人员负责应对气候变化相关统计核算工作。31 省（自治区、直辖市）完成了 2012 年和 2014 年省级温室气体清单的编制工作，14 个地区编制了其他年度的省级清单。2017 年，国家发展和改革委员会办公厅发布《国家发展改革委办公厅关于做好 2016、2017 年度碳排放报告与核查及排放监测计划制定工作的通知》，要求纳入碳排放权交易体系工作范围的八大重点行业开展 2016~2017 年度企业温室气体排放数据报告工作，目前已收集了 3100 多家重点企业排放数据。全国 28 个省（自治区、直辖市）建设完成了省级企业温室气体数据报送系统，其中 17 个地区的省级报送系统已投入使用。我国应在此基础上，进一步健全温室气体排放基础统计制度，推进温室气体清单编制和排放核算，推动企业温室气体排放数据直报系统建设,保证应对气候变化基础能力的持续提升。

(4) 大力推进地方创新性试点示范工作

由于我国各省（自治区、直辖市）以及重点排放行业的碳排放水平、减排潜力和经济发展需求等不同,全国碳排放权交易市场建设显现出复杂性和艰巨性。在全国碳市场建设过程中,将以问题为导向,注重全国碳排放权交易市场建设的阶段性、统一性、公平性、可操作性、兼容性、市场性和积极性,在深入总结7个试点碳排放权交易市场和国外碳市场建设经验基础上,考虑区域和行业差异来设计、建设、逐渐完善全国碳排放权交易市场。近年来,国家低碳省市试点继续稳步推进,低碳社区建设力度不断增强,各地区也积极探索创新低碳发展模式和碳排放达峰路径,近零碳排放、气候适应型城市试点建设,低碳产品认证示范,碳捕集、利用及封存（CCUS）等试点示范工作不断深入。我国未来应创新发展碳普惠交易方式,借鉴和推广在广东省广州、东莞、中山、惠州、韶关、河源地区开展的碳普惠制实践,围绕碳币、碳普惠核证自愿减排量（PHCER）建立碳普惠行为的量化方法和交易机制。

第四篇

经验与启示

第 8 章　可再生能源技术转移的国际经验

首席作者： 刘骊光
贡献作者： 姜　岷　高艺菲　赵雅旭　李思羽　卓玛拥青　刘家琰　夏玉辉

长期以来，发达国家和国际组织一直主导可再生能源技术转移国际合作。本章首先概述了国际可再生能源技术转移的三种途径，包括商业技术转移、政府间技术援助与合作、国际组织引导下的技术转移与合作，进而针对发达国家和国际组织开展可再生能源技术转移实践中的不同模式与特点，总结了面向发展中国家开展技术转移的有效经验。最后，本章整理和分析了中国在开展可再生能源技术转移国际合作中采取的行动和取得的经验。

8.1　国际可再生能源技术转移途径

从主导技术转移的主体属性看，国际可再生能源技术转移可分为商业技术转移、政府间技术援助与合作、国际组织引导下的技术转移与合作三种形式。

8.1.1　商业技术转移

商业技术转移是通过市场化的形式实现的。这一模式多借助资本，通过商品贸易、直接投资、技术贸易、战略联盟等形式实现技术转移和资本营利。可再生能源领域的商业技术转移模式以市场机制为主导，将私人投资用于分散化的可再生能源技术转移，促进可再生能源技术的商业化，这是开发能够偿付得起的清洁能源的有效和可行途径，也是鼓励私人资本参与，实现国际气候合作与发展的关键。商业技术转移是缓解发展中国家融资困境的一种行之有效的技术引进方式。

商业技术转移具有独特的市场化特征，表现在：①市场供求规律制约着技术转移的数量和成本；②技术交易价格主要取决于技术的研制费用、生命周期、转让成本、机会成本、体制环境以及转移所潜在的经济价值等；③技术转移发生的频率与该技术物化商品的市场需求显著相关；④市场竞争既刺激技术需求者吸纳技术的冲动而加速技术转移，又强化技术供给者对技术的有限垄断而延续技术转移的进程。

在目前的可再生能源市场化框架内，各类企业、高校、科研院所以及其他非政府组织或协会主体根据自身发展目标和市场需求来自主开展可再生能源国际合作（冯正强和冯佳佳，2013）。大量跨国公司以商品与技术贸易、直接投资、联合投资等商业方式，参与国际可再生能源技术研发合作、基础设施建设、市场信息与渠道共享，除获得商业利润之外，也促进了可再生能源市场的发展。但技术引进国对跨国公司参与的技术转移常常设置前提：要求保证技术的领先性，同时作为技术引进方的企业，能通过双方的技术及市场合作尽可能地实施技术赶超（彭纪生等，2010）。因此，一些国家鼓励合资企业发展，而不是全资的外国企业直接投资，以便最大限度地向当地公司转让技术。然而，可再生能源技术转让的发展程度很大程度上取决于技术引进国采用这类技术的政策鼓励程度和市场信号力度。放宽对外商直接投资的政策限制，能够促进对发展中国家的能源技术转移（UNDESA，2008）。

8.1.2 政府间技术援助与合作

应对气候变化、降低能耗与污染是世界各国的共同义务。发达国家基于国际责任、人道主义以及增强友好关系的目的向发展中国家提供部分公有技术。政府间技术援助与合作，通常是指发展中国家之间或发达国家对发展中国家的无偿或代价较低的技术转让，是实现可再生能源技术合作的重要途径之一。双方通过技术共享、资金援助或智力支持等途径，实现双边合作，建立伙伴关系，促进全球可再生能源与新能源产业的发展。发达国家普遍设有专门机构负责对接发展中国家，将气候变化科技援外等内容纳入整体援外计划，统筹能源、农业及海洋等部门联合制定详细的规划，并给予资金支持。同时也会发挥市场机制作用，鼓励私营部门参与。

在政府间技术援助与合作过程中，发达国家通常针对发展中国家的不同特点制定差别化的技术援助战略。对于新兴国家，除技术援助外，还基于新兴国家的人才、资源和条件开展合作研究，面向新兴国家的巨大市场进行适用技术的转移。对于其他更贫困的发展中国家，则与防灾减灾、粮食安全、水资源利用、清洁能源、卫生健康等工作相结合，开展适应气候变化的技术援助。

8.1.3 国际组织引导下的技术转移与合作

国际组织为各成员国开展技术转移对话提供平台，是联接沟通各成员国的纽带和渠道。各联合国机构、区域性国际合作组织、国际性非营利组织以及专业性国际机构等参与国际能源合作，为决策者提供区域、国家和国际层面有关可再生能源的信息与咨询，为工业化国家和发展中国家提供有关政策建设、能力建设和技术转移的建议与支持，帮助发展中国家提高建设能力，改善监管架构。通过分享技术、提供援助金或传输发展知识与经验，国际组织可将援助国和受援国进行技术援助匹配，使发展中国家直接从中受益。此外，国际组织与其他可再生能源组织协作，为促进全球可持续发展做出贡献。例如，2008年，日本政府向 UNDP 提供 9200 万美元资金，设立了非洲适应项目，利用 UNDP 驻非洲国家代表处和受援国政府的资源平台，开展气候变化技术培训、技术示范和发展战略编制。世界银行、UNDP、中非南南合作项目等都是在可再生能源合作领域占有重要地位的国际组织或项目。

8.2 发达国家可再生能源技术转移经验

8.2.1 发达国家可再生能源发展概述

发达国家为本国的可再生能源发展制定了行之有效的政策，以此促进本国的可再生能源技术更好地研发示范并向国际转移。

1. 发达国家可再生能源发展政策概况

在目标引导方面，为了促进可再生能源发展，许多国家制定了相应的发展战略和规划，明确了可再生能源发展目标。例如，欧盟计划到 2020 年将可再生能源占总能源耗费的比例提高到 20%。日本计划在 2030 年以前，把太阳能和风能等可再生能源技术扶植成商业产值达 3 万亿日元的重要产业之一（闫世刚，2017）。

在政策激励方面，为了确保可再生能源发展目标的实现，许多国家制定了支持可再生能源发展的法规和政策。德国、丹麦、法国、西班牙等国采取优惠的固定电价收购可再生能源发电量，英国、澳大利亚、日本等国实行可再生能源强制性市场配额政策，美国、巴西、印度等国对可再生能源实行投资补贴和税收优惠等政策。

在产业扶持方面，为了促进可再生能源技术进步和产业化发展，许多国家十分重视可再生能源人才培养、研究开发、产业体系建设，建立专门的研发机构，支持开展可再生能源科学研究、技术开发和产业服务等工作。发达国家不仅支持开展可再生能源技术研发活动，而且特别重视新技术的试验、示范和推广，经过多年的发展，产业体系已经形成，有力地支持了可再生能源的发展。

在资金支持方面，为了加快可再生能源的发展，许多国家为可再生能源发展提供了强有力的资金支持，对技术研发、项目建设、产品销售和终端用户提供补贴。2009 年 2 月 15 日，美国总统奥巴马签署总额为 7870 亿美元的《美国复苏与再投资法案》，可再生能源就是其中重点发展的产业之一。许多国家还采取了产品补贴和用户补助等方式扩大可再生能源市场，如德国对用户安装太阳能热水器提供 40% 的补贴，以引导社会资金投向可再生能源，推动可再生能源的规模化发展。

2. 发达国家可再生能源技术转移效益

发达国家推动可再生能源技术转移的效益是多方面的，既包括应对全球气候变化带来的挑战，又包括对其自身国家利益的考虑。

一是可以帮助发展中国家建立较完整的可再生能源产业，推动全球低碳发展。从发展中国家的角度来讲，很多发展中国家拥有丰富的可再生能源。以非洲为例，非洲拥有丰富的水能资源，有世界第一长河——尼罗河、世界第二大水系——刚果河以及尼日尔河、赞比西河、宽扎河等重要河流，风能和太阳能资源也十分丰富。尽管拥有优越的自然资源条件，非洲的可再生能源开发与利用程度却非常低，电力供应能力也十分薄弱。电力的短缺严重制约了此类发展中国家的经济社会发展。因此援助发展中国家发展可再生能源势在必行，国际技术转移就是最重要的援助手段之一。发达国家的可再生能源技术转移还可以给发展中国家带来启示，通过加强立法、出台相关政策，发达国家的可再生能源技术能更顺利、经济地转移到发展中国家。

二是可以开拓可再生能源国际市场。发达国家一些可再生能源企业面临着产能过剩和过度投资问题，以及来自国内和国际经济政治的挑战。这些公司纷纷将目光转向国际市场，寻找新的出口目的地，升级业务，以缓解产能过剩危机和国内供过于求的压力。近年来，欧美国家市场需求的急剧萎缩，促使相关企业加大向非洲等有潜力新兴市场的投资。

三是能够提升本国国际竞争力。历届国际气候变化大会都说明资源环境、气候危机已成为国际政治的核心议程，由此可能引发的能源危机、地区政治冲突在某种程度上关乎"国际政治合法性"。可再生能源技术的国际转移关系到一个国家的国际形象是否正面和能否掌握国际话语权，也就是说，发达国家对于可再生能源国际技术转移的支持并不是仅仅是出于对环保的考虑，更是出于对国家利益的考虑，如开拓市场，扩大政治影响，争夺世界主导权，树立大国形象等。

8.2.2 发达国家可再生能源技术转移模式特点

可再生能源问题涉及全球环境、经济、政治等诸多因素，单纯依靠一个国家的力量难以持续推动可再生能源产业的全面发展，只有通过国际合作才能实现全球利益最大化。为推动全球性的能源结构转型，扩大可再生能源的使用量，减少由于能源紧张带来的国际、区域冲突，同时帮助发展中国家获取技术并发展自己的可再生能源产业，许多发达国家纷纷推动本国技术的国际转移。发达国家的技术转移模式主要可以分为资金合作、技术援助和知识与人才支持。

1. 资金合作

资金合作模式一般以市场机制为主导，主要包括以下三种模式。

一是商品贸易。这种模式主要是通过高技术产品贸易实现技术转移。发展中国家通过购买他国拥有知识产权或专利技术的可再生能源设备，得以使用此类技术。这种模式可作为发展中国家在发展新能源技术初级阶段的主要技术转移方式。发展中国家的工业基础薄弱，需要通过大量进口先进设备并从中获得技术支持，以建立或发展可再生能源产业。这种模式的优点是能最快地获取现有的技术，投产较快，风险较小。以风电为例，近年来发展中国家风电设备制造业迅速崛起，但仍处于大而不强的尴尬境地，真正拥有自主研发能力的企业并不多，关键零部件基本依赖商品进出口贸易。丹麦是风电技术强国，中国的风电技术开发过程也受到了来自丹麦企业的技术援助，如丹麦的风电设备巨头维斯塔斯于1986年进军中国风电行业，风机已遍布中国13个省（自治区）。丹麦的风机设备的进口为部分发展中国家奠定了发展风电技术的基石（中国能源报，2010）。

二是直接投资。资金是可再生能源技术转移过程中举足轻重的一环，技术输入国通常不仅缺乏可再生能源技术，还缺乏发展技术的资金，因此技术输出国的技术转移往往伴随着资金输出。例如，世界最大的风电投资商——西班牙伊比德罗拉（Iberdrola）公司投资34亿美元，计划通过开发苏格兰陆上及海上风电实现英国电网升级。更多的可再生能源产业投资发生在发达国家援助发展中国家的过程中。2013年，美国总统奥巴马宣布了"电力非洲计划"，旨在增加撒哈拉以南非洲国家电力供应，计划在未来5年内为撒哈拉以南非洲国家提供70亿美元资金，用于资源开发、发电、电力输送以及能源管理能力建设。直接投资方式大大推动了发展中国家可再生能源产业的发展。

三是创办新企业。由成果拥有单位或由科技人员自己创办新企业是技术转移最为直接的方式。在可再生能源技术转移中，创办新企业一般由跨国公司主导，通过在发展中国家开设分公司，将技术转移至发展中国家（方思越，2011）。

2. 技术援助

技术援助一般由政府主导，有助于提升援助方的国际形象，主要包括设备援助和技术赠予。

设备援助是指援助方向受援方提供成套的先进设备，以及提供全部或者部分设备所需的零部件、原材料，甚至派遣技术专家负责组织和指导施工、安装和试生产，帮助受援方学会管理生产和操作技术。设备援助与单纯的高技术产品贸易不同，设备一般通过赠送的方式进行无偿援助，并且不存在限制竞争条款。中国在20世纪80年代的风电技术开发过程中，就接受了很多发达国家的先进设备援助。例如，在中国与比利时合作开发的风电场项目，比利时于1986年赠送了中国4台单机容量200kW的风电机组，这是当时欧洲单机容量最大的风电机组。该项目同时派遣专家协助安装操作，在中国福建建设了800kW示范风电场。设备援助的好处显而易见，很多发展中国家由于经济实力有限，没有能力通过贸易的形式进口发达国家的先进设备，可以借助援助的国际设备发展本国的可再生能源产业。

技术赠予是指发达国家直接将先进或适用技术赠予发展中国家，推动发展中国家可再生能源产业发展。2006年，中国、丹麦两国政府启动了可再生能源领域的技术援助项目——中丹风能发展项目，通过引进丹麦在风电领域的丰富经验和领先技术，开展中丹政府部门、科研机构、大专院校和风电相关企业进行合作，多方携手从政策框架、规划和能力建设方面来推动中国的风电发展，促进绿色经济在中国的成长（中丹合作办公室，2011）。在生物质能领域，为了学习丹麦先进的生物质能技术开发经验，充分利用清洁发展机制推动中国生物质资源的开发利用，2006年11月，中国商务部和丹麦大使馆分别代表中国政府和丹麦政府签署了《中丹生物质能CDM省级能力建设项目赠款协议》。该项目于2007年正式启动，选定新疆、贵州和湖南三省（自治区）开展生物质资源和适用技术调研、清洁发展机制项目开发和管理能力培训等活动。

3. 知识与人才支持

知识与人才支持模式一般适用于援助有一定知识和技术基础或具备较强发展潜力的国家，主要包括专利授权、产学研结合、科技合作、科技交流和人才培养。

专利授权是指发达国家的可再生能源技术企业通常采取在发展中国家申请专利的方式开拓市场，包括专利授权、技术咨询服务、特许专营等。欧美等发达国家和地区在可再生能源领域起步较早，已经有大量成熟的专利技术，如风电装机容量较大的德国、西班牙、美国、丹麦等。

产学研结合是各方实现技术、知识资源共享的一种特殊形式，具有较好的效果和前景，包括合作研发、合资生产等形式。其主要优点是能充分利用合作伙伴的知识技能和资源，发挥自身的优势，补充自身的不足，有利于迅速获取技术，减少成本和风险。产学研结合起源于20世纪70年代中后期，之后在发达国家迅速发展，近年来已成为国际上一种重要的技术创新方式。技术转移在产学研结合中是双向或者多向的。各方共用研发设施，以减少资源压力和开支，共担风险，抑制竞争，产学研结合早期主要出现在发达国家间的合作当中。随着发展中国家近些年大力发展可再生能源产业，南北和南南战略合作开始逐渐成为世界主流。2011年法国与哈萨克斯坦签订新能源技术和设备合作备忘录，双方同意组建联合科研实验室，从事太阳能、水能以及风能等技术的研发。

科技合作是派遣学者、专家到国外或者其他地区的高校、研究机构或者生产企业，与对方的学者、专家合作进行研究设计；或者双方学者、专家轮流到对方国家、研究机构或者企业进行研究的技术转移手段。关键技术人才的流动常常伴随着技术成果的流动，技术知识随着人员的交流得以转移。例如，欧盟认识到日本在低碳能源领域的技术领先后，与日本达成合作，多次派遣专家赴日本学习可再生能源技术。科技合作需要较长的时间才能将专家学者从国外学到的新技术理念在本国实现。从知识到生产需要其他的生产要素投资，因此科技合作一般还伴随着商品贸易和产学研合作等技术转移模式。

科技交流是指国家之间或者地区之间的科研、教学，以增进智力、技术和信息为内容、以促进各自技术进步为目的的交流活动，如聘请讲学、座谈和举办会议等。如2017年在武汉举行的第六届IET可再生能源发电国际会议，展示了与会者在风能科技、整合电力系统、PV系统科技、可再生能源储存以及其他可再生能源领域的研究成果。科技交流通过信息传播的方式获取所需技术，优点是成本低、速度快、简单易行，缺点是无法获取较完整的、系统的技术知识，且要求发展中国家自身具有较强的技术能力或模仿能力。

人才培养也是一种重要的技术转移模式，如发达国家帮助发展中国家培养可再生能源技术人才。中国在培养可再生能源人才方面做出了很多努力。例如，始于2005年的中德技术合作研究与培训项目（CWPP），旨在促进中国应用型人才的培养，截至2011年底，累计培训了4000人次风电技术领域的人才。

在大多数的技术转移模式中，一般都伴随着人才转移或人才培养。"授之以鱼不如授之以渔"，发展中国家只有拥有了自己的可再生能源技术人才，才能真正建立起自主研发的可再生能源技术产业，发展本国的可再生能源技术。技术援助国可以在受援国建立培训机构，向受援国有一定基础的知识人才传授可再生能源有关技术的知识，或是通过鼓励受援国人才来本国进行学术访问，学习本国的前沿可再生能源技术。

8.2.3　发达国家可再生能源技术转移模式经验

1. 发达国家可再生能源技术转移模式缺陷

在商业技术转移方面，进口可再生能源设备有时并不能真正实现技术引进，其中存在很多问题。首先，新设备可能不适应发展中国家不断变化的环境，发展中国家无法从根本上提高技术能力，只能随着技术的变化不断地购买。其次，发达国家往往通过国际贸易立法和执法管制限制向发展中国家出口高新技术产品。最后，发达国家对其出口的设备所做严格的技术保密工作，往往在双方的销售合同中约定不利于发展中国家的限制竞争条款，即出让方要求受让方不得购买或使用与受让方专利相竞争的技术或技术产品，限制接触关键技术的人员。如有些发达国家设备出售方在设备销售合同中明确要求由专家负责其出售设备的安装和调试，而买方人员必须回避。

专利许可模式下，协议中也存在着不利于发展中国家的限制性条款。例如，"以技术换市场"条款，即发达国家许可发展中国家使用其技术，并派遣技术人员协助发展中国家了解和应用其技术，但要求发展中国家按照发达国家订单以该外国技术生产相应数量的产品，按照协议约定销售产品。发展中国家所获得的一般都是非独占许可，只有非常少数的公司能买断外国公司的低端技术和产品制造权。此外，有时还会伴有搭售条款，即技术出让方要求受让方在购买技术商品的同时，必须向技术出让方或其他确定的公司购买其不需要的技术、设备、产品或服务，并以此作为受让方取得所需技术的条件。限制性条款的存在不仅限制了发展中国家引进先进的可再生能源技术，而且限制了发展中国家对已引进技术的后续开发能力。

商业技术转移模式一般以跨国公司为主导，但跨国公司一般将技术垄断优势保留在企业内部，从而提高企业的总体获利能力，为在发展中国家和全球范围内实现其最大利润。通过建立内部市场代替外部市场，在发展中国家的技术转让实际上是跨国公司的技术内部转让，或通过商业秘密的方式来保护其可再生能源技术。即使已经在发展中国家申请专利，其授权和后续的许可转让的数量也很有限。此外，可再生能源技术转让的发展很大程度上取决于技术输入国对这类技术的政策鼓励程度和市场信号的力度。

如果政府间技术转移模式为无偿援助，则会加大国家的财政支出，并且很多时候只能专注于援助少数国家，且技术有保留。例如，日本在向中国转移可再生能源技术的项目中，转移技术主要集中在风电、水电的基础开发上，而保留了提高可再生能源利用率的技术（景跃军和杜鹏，2011）。可再生能源技术的转移中，发达国家一般不会转移其最先进的技术，很大程度上是为了避免对其国内可再生能源产业和产品国际竞争力的影响。

2. 发达国家可再生能源技术转移模式启示

发达国家对于基础不同的发展中国家一般会采取不同的技术转移模式，结合多项转移案例，发达国家在可再生能源技术转移领域的探索给南南合作带来的启示如下。

一要做好充分的调查准备。在进行技术转移前，技术输出国有关部门和企业应做好充分准备，制定明确的可再生能源技术转移战略。国际可再生能源技术转移是一项非常复杂的系统工程，不仅涉及技术转移方和接受方的资金投资与可再生能源项目的交接，还涉及合作生产、开拓国外市场相关的一系列问题；不仅涉及技术转移国的政治和法律，还涉及技术接受国的政治和法律，甚至是宗教文化；不同于简单的出口商品这样微观层面上的问题，可再生能源的技术转移涉及更多政策环境等宏观层面的问题（刘海云等，2017）。因此，在南南合作可再生能源技术转移过程中，为开拓可再生能源产业市场，帮助发展中国家建立自己的可再生能源产业，在进行可再生能源技术转移前，应该事先制定明确的转移战略，分析优势和劣势，调查了解国外可再生能源分布情况及产业发展现状，尤其是可再生能源技术创新能力。了解到这些信息，有助于选择合适的技术转移模式，利用技术资源互补性，才能真正实现可再生能源合理有效的技术转移。

二要采取多元化可再生能源技术转移模式。可再生能源技术转移模式多种多样，在充分了解技术输入国的情况后，南南合作中转移可再生能源技术时，应重视建立多边合作机制，多种技术转移模式相结合。不仅重视资金的投入，还应该帮助发展中国家培养自己的可再生能源人才；不仅可以采取技术援助的模式，如果技术输入国具有一定的技术科研水平，还可以加强产学研结合，合作开发可再生能源。在国内市场趋于饱和的情况下，应支持国内可再生能源企业将业务拓展到国际，放宽相关政策限制，支持可再生能源企业在国外建立分公司，加强国际交流和合作。

三要加大资金投入。可再生能源技术的研发往往伴随着高风险和较大的前期资金投入，南方国家应建设以优惠政策为主的保障机制，将国家增加可再生能源投资的政策制度化、法律化。以中国为例，可再生能源企业大多存在融资方法单一、融资难、融资贵的问题。南方国家应进一步拓宽企业融资渠道，如在政策上支持企业利用互联网筹资，或在股票、债券等资本市场融资，并且建议制定专门的可再生能源技术研发贷款政策，对于利率、期限和对象做出明确规定，促进可再生能源科技成果转化和技术国际转移（刘海云等，2017）。

四要设立专门的机制来管理项目基金。例如，世界资源研究所（World Resources Institute，WRI）指出，中国气候变化南南合作基金作为在全球治理中长期战略目标高于短期经贸利益的基金，最适合由国家主管气候变化的业务部门，即国家发展和改革委员会[①]负责，涉及对外援助、企业"走出去"的相关部委应该在牵头部委下形成联席会议的战略决策及协调机制。此外，需要有专门的机制为基金的项目实施选拔出具备专业能力的中国

---

① 相关业务部门已于2018年转隶到生态环境部。

本土和国际机构。可通过公开和透明的招标方式招募项目实施单位,让不同领域具备专业能力的民间组织和官方机构参与公平竞争或高效合作,在项目实施过程引入独立的评估机制。

五要加大税收减免力度。对于在国外拓展业务、开设分公司和出口可再生能源技术产品的企业可以加大产品出口退税支持力度。通过税收减免,鼓励企业进行技术升级和设备更新,对资源合理利用,提高企业自主创新能力和环保意识,包括对创新发展投入的科研经费适度在税收中扣除、对企业新购进用于替代劳动力的设备给予加速折旧等。这既可以降低可再生能源产品的生产成本,从而减低产品售价,减轻发展中国家使用可再生能源产品的负担,还可以促进中国可再生能源企业实现可持续的创新发展(刘海云等,2017)。

六要完善可再生能源技术转移服务体系。可再生能源技术作为一种新兴技术,其开发和转移存在很大的风险性和复杂性。因此不管是技术出口还是技术进口,在交易过程中都可能出现一些问题,因此技术转移服务体系的建设十分必要,如技术交易的中介机构、技术的鉴定和评估机构、技术转让办公室、技术信息统计分析机构、技术人才培养活动等。以中国为例,目前所有的技术专利申请费和维护费用均由发明创造人自己承担,缺乏相应的中介转移机构为技术创新寻求合适的市场机会,不利于有潜力的可再生能源项目的发展。因此,应打造全面的可再生能源技术转移服务平台,探索开发全链条技术转让模式,以市场为导向,解决有关服务主体在关键信息、市场运作、资金支持、法律咨询等方面的问题,提供有针对性的服务类型,并将其专业化、规范化,服务于可再生能源技术转移市场(刘海云等,2017)。

七要促进大学和企业有机结合和优势互补。企业是技术转移的重要主体,大学则是研发新技术的重要力量。大学和企业的有机结合将促进科研成果迅速转化,为企业通过技术转移开拓国际市场提供条件。应鼓励企业从大学了解科技前沿的最新动态和最新科研成果;鼓励大学了解市场需求,将科研成果和市场反馈的信息结合起来,孕育出新的创新设想,形成新的研究方向,研发出更适应市场需求的可再生能源产品(徐兰和徐婷,2017)。

8.3 国际组织可再生能源技术转移经验

8.3.1 国际组织可再生能源技术转移模式特点

技术转移不仅是跨越国家或国际边界的技术援助,而且还涉及分享知识和使技术适应当地条件的复杂过程,以及相关管理策略的分析与制定。政府间气候变化专门委员会(Intergovernmental Panel on Climate Change,IPCC)归纳了国际技术转移面临的一系列挑战,包括:适应气候和地理环境的变化;技术设备和发展经验的同时转移;缓和各国政府、金融机构、非政府组织、研究教育机构和私营实体部门等不同利害关系方的矛盾等。

在面向发展中国家的能源领域相关技术转移中,国际组织主要采取国际科技交流与合作和国际技术援助等模式开展技术转移,以自身独有的政治、经济联盟的平台优势,为可再生能源技术转移搭建桥梁。发展可再生能源是应对气候变化的主要途径之一，国际组织开展的可再生能源技术转移往往被包含在所开展的应对气候变化行动中。

1. 资金合作

发展可再生能源技术的资金短缺和高成本等问题在许多发展中国家仍大量存在。通常，发展中国家滞后的金融业和投资环境是关键的限制性因素，当全球性金融危机爆发时，这些因素的限制作用可能会加剧。除此之外，可再生能源技术供应方有限的市场信息也是阻碍技术转移的因素。

国际组织积极推动建立可再生能源技术转移的资金援助机制，引导对发展中国家进行应对气候变化的技术转移，在一定程度上避免了传统的商业技术转移模式存在的弊端。总体上国际组织提供援助资金类型有两种：一是提供低息或无息贷款；二是提供赠款。不同国际组织由于宗旨和业务不同，气候变化技术援外的侧重点有所不同，世界银行、非洲开发银行、各类国际组织基金会等国际机构为国际可再生能源技术转移提供资金支持。

（1）世界银行

世界银行向中等收入国家和信誉良好的低收入国家提供贷款或优惠贷款，向最不发达国家提供无息贷款和赠款，帮助他们减少贫困，解决发展问题。气候变化是世界银行优先关注的领域之一。世界银行积极发展全球伙伴关系以应对气候变化，联合非洲开发银行、亚洲开发银行、欧洲复兴开发银行、美洲开发银行等机构，加入了支持发展中国家实现低排放和适应气候变化的气候投资基金（Climate Investment Funds，CIFs），帮助46个发展中国家推广清洁技术、可再生能源技术、可持续森林管理技术，制定战略行动，增强气候变化抵御能力。同时，世界银行是多家碳基金的受托管理机构，这些基金由发达国家的政府和企业出资，直接帮助发展中国家应对气候变化，发行了总额为23亿美元的绿色债券，募集资金用于帮助发展中国家减缓和适应气候变化工作（陈雄，2018）。

（2）全球环境基金

全球环境基金（Global Environment Fund，GEF）是全球最大的独立性环保基金，在保持生物多样性、应对气候变化、保护国际水域、减少持久性有机污染物和防治土地荒漠化等领域，向发展中国家提供赠款，促进技术转移。GEF也是《联合国气候变化框架公约》《生物多样性公约》等国际性公约的资金机制。截至2014年，GEF已为165个发展中国家的3690个项目提供125亿美元的赠款，并撬动580亿美元的联合融资。除信托基金外，GEF还同时管理《联合国气候变化框架公约》的两个以适应气候变化为重点的基金——最不发达国家基金（LDCF）和气候变化特别基金（SCCF）。SCCF主要任务是支持技术转移工作，领域覆盖水资源管理、土地管理、农业、卫生、基础设施等；LDCF主要任务是帮助最不发达国家开展国家适应行动计划（NAPAs），为最不发达国家适应行动的准备与贯彻提供融资。截至2012年6月底，SCCF已批准1.6亿美元用于适应项目，投入2664万美元支持6个技术转移项目，LDCF已批准3.5亿美元用于适应项目（陈雄，2018）。GEF为环境友好技术的推广、示范、转移和经验传播提供资金支持,已成为最大的技术转移公共资金来源。

2. 技术支持

国际组织引导下的直接技术转移与交流,成为对发展中国家有力的支持之一。世界各国一般通过国际组织或会议签订协约实现技术转移。在此过程中,联合国机构、非政府组织和国际专业性机构等也提供资金援助与政策建议。

(1)《联合国气候变化框架公约》下的技术框架和技术机制

《联合国气候变化框架公约》首次定义了国际可再生能源技术转移:由发达国家向发展中国家进行的横向技术转移,从而允许发展中国家获得、适应、利用、本地化并创新可再生能源技术。与一般的国际技术转移模式类似,可再生能源的国际技术转移需要借助一系列的载体来实现,如产品和服务的贸易、外商直接投资、以许可证或合资方式进行的知识贸易、融合到全球价值链中的活动和国际人力资本的流动。

根据《联合国气候变化框架公约》第一次缔约方大会的授权(柏林授权),在气候公约的敦促下,各国政府对以下两点较为重视:一是促进国际合作,在能源方面发展和传播创新技术;二是通过私营部门,以市场为主导的方式,或支持性的国家政策来促进投资。技术发展、部署和知识交流方面的合作是《联合国气候变化框架公约》的主要内容,因此形成了一个专门的技术转移框架。其中技术转移范围涉及包括能效和能源供应在内的所有方面。《联合国气候变化框架公约》第四条第五款规定,附件二所列的发达国家缔约方和其他发达国家缔约方应采取一切切实可行的举措,酌情促进、便利和资助向其他缔约方,特别是对发展中国家缔约方转让或使它们有机会得到无害环境技术,以使它们能够履行公约。在这一进程中,发达国家缔约方应支持发展中国家发展和提升本国能力和技术。其他缔约方和有能力的国际组织也可协助促进相关技术的转移。

2015年12月,《联合国气候变化框架公约》近200个缔约方在巴黎气候变化大会上达成《巴黎协定》,这是继《京都议定书》后第二份有法律约束力的气候协议,为2020年后全球应对气候变化行动做出了安排。《巴黎协定》第十章强调了各缔约方就技术在实现气候韧性社会建设和温室气体减排等目标中的重要性达成了共识,并在该章第四段中提出建立新的技术框架,以指导技术机制相关行动的开展。

(2)《京都议定书》下的清洁发展机制

1997年在日本京都召开的《联合国气候变化框架公约》第三次缔约方大会上通过的《京都议定书》,是旨在限制发达国家温室气体排放量以应对全球气候变化的国际法律文书。《京都议定书》首次以国际性法规的形式限制温室气体排放。《京都议定书》确定了缔约方国家和非缔约方国家,发达国家属于缔约方国家,发展中国家和最不发达国家与地区组成非缔约方国家,基于实际状况和各国需求列出相应的技术转移清单,达成合作意向。缔约方会议要求清洁发展机制项目除其他规定的要求外,还应转移可再生能源技术等对环境无污染的技术。清洁发展机制允许根据《京都议定书》(附件B缔约方)作出减排或限制排放承诺的国家在发展中国家实施减排项目。这些项目可以获得可销售的认证减排(CER)信用,计入《京都议定书》的目标。清洁发展机制在促进发展中国家可持续发展和减排的同时，为发达国家实现减排或限制目标提供了一定的灵活性。清洁发展机制被认为是发达国家的减排义务与发展中国家的经济发展及消除贫困这两大斗争焦点之间达成的一种权衡（庄贵阳，2003）。

清洁发展机制项目文件中包括关于如何向东道国转移技术和相关技术的说明，以及关于在转移项目中使用的技术的说明信息。清洁发展机制也允许使用资金资助东道国发展目前没有的技术减排项目，促进技术转移。清洁发展机制的目的不是促进技术创新，而是安排与配置现有的国际性的低碳技术转移。冯佳佳（2012）搜集了清洁发展机制项目和提案的综合数据，表明在所有清洁发展机制项目中，大约40%的项目存在某种形式的技术转移（设备或知识的转移，或是两者兼而有之）。有研究表明，受援国的投资环境影响清洁发展机制项目的表现，有时也决定了其对技术转移方的吸引程度，政策开放程度较高的国家受到技术转移和援助的可能性要比其他国家高得多（冯佳佳，2012）。

（3）联合国开发计划署开展的技术转移活动

联合国开发计划署（UNDP）是世界上最大的多边技术援助机构，也是 GEF 的执行机构之一。UNDP 在环境和能源领域的战略主题之一就是应对气候变化，以技术援助增加发展中国家应对气候变化的知识、经验和资源。UNDP 也在积极推动气候变化技术转移，帮助发展中国家确定适用的技术，建立合适的技术转移框架，消除环境友好技术开发和转移的障碍，促进技术示范和商业化。在多种资金机制的支持下，UNDP 启动或参与了环境和能源信托基金、UNDP/GEF 项目、非洲适应气候变化项目、UN-REDD（联合国减少毁林和森林退化所致排放量合作计划）项目、MDG（千年发展目标）碳基金、联合国贫困和环境倡议、赤道倡议等，促进发展中国家利用科学技术应对气候变化。

（4）联合国教育、科学及文化组织

联合国教育、科学及文化组织（United Nations Educational Scientific and Cultural Organization, UNESCO）发起多边联合国际合作计划，旨在通过科技手段，尤其是通过开发可再生能源，利用下属研究和服务机构、成员国的科技教育资源提供气候变化技术培训、技术转移、技术交流等合作，长期为能源问题提供解决方案。UNESCO 加强国家实力和项目培训的双重目标是：改进可再生能源使用与维持项目；通过知识和经验交流增强国家实力。其范围包括对政策制定者、研究人员、工程师、大学教师以及技术员的培训；对培训工具和教学材料进行设计与现场应用；建立地方和地区层面的标准。UNESCO 在全球可再生能源教育与训练项目中进行的培训活动有力地促进了所服务国家的可再生能源项目发展。

3. 其他国际组织与可再生能源合作

其他提供可再生能源技术转移的国际组织/项目见表8-1，包括联合国机构、政府间或区域性国际组织、非营利国际组织、专业性机构及国际能源合作项目等。

表 8-1 其他可再生能源国际组织/项目

类别	组织/项目	目标
联合国机构	联合国环境规划署	能源项目每年有 1200 万美元的预算经费，帮助各国复制他国成功处理能源问题的模式，提供能源管理、经济、金融、商业发展，气候变化缓和分析，发展规划和公共政策方面的教育及专业知识支持
	联合国工业发展组织	关注工业所需能源的供应和可再生能源的使用问题、改进工业能源最终使用效率。重点项目有印度 Mankulam 微型水电站工程，中国上海、江苏工业系统实施能效工程的能力提升系列项目等
政府间或区域性国际组织	亚洲开发银行	提供无息、有息贷款和赠款；与中国、蒙古国、基里巴斯、瑙鲁等 11 个太平洋岛国签订可再生能源合作协议，提供可再生能源开发资金
	非洲发展银行	为摩洛哥、科特迪瓦等国的非洲可再生能源项目提供数十亿美元资金，帮助其改善用电状况
	欧洲复兴开发银行	重点关注可再生能源扩大投资以支持能源系统的整合，推动转向使用更清洁、更具弹性的能源和实现电气化。帮助波兰、土耳其和希腊等国开发可再生能源项目
	国际可再生能源机构	以提供知识管理和技术合作、政策咨询服务和能力建设、创新和技术为目标，促进可再生能源的合作
非营利国际组织	欧洲可再生能源理事会	欧洲可再生能源产业和研究界的代表，并作为交流有关可再生能源相关问题的信息和讨论的论坛，为地方、区域、国家和国际层面的政治决策者提供有关可再生能源的信息和咨询。2014 年 5 月解散
	可持续能源国际网络合作组织	国际性非营利的网络环境组织促进可持续能源，致力于保护环境和减少贫困
专业性机构	21 世纪可再生能源政策网络	全球可再生能源政策多利益相关方网络，连接各种主要参与者。目标是促进知识交流，政策制定和联合行动，以实现全球向可再生能源的快速转型
	丹麦可再生能源组织	活跃于欧洲、亚洲和非洲，在泰国、越南、莫桑比克、蒙古国和南非与当地非政府组织已开展合作项目，以保护环境和减少贫困

续表

类别	组织/项目	目标
专业性机构	世界能源理事会	综合性的国际能源民间学术组,在市场重组、能源效率、能源资金系统、能源价格和补贴、推广新技术应用以及就发展中国家、经济转型国家和发达国家的能源问题发表专题研究报告
	欧洲可再生能源观察站(EurObserv'ER)	是一个致力于监测和为欧盟各国可再生能源部门发展提供可靠参考数据的联盟,创建于1999年
	可再生能源与能源效率伙伴关系计划	总部位于维也纳,致力于推动可再生能源和能源效率市场的发展,特别关注新兴市场和发展中国家,主要重点是消除风险和完善清洁能源商业发展模式
国际能源合作项目	中国-加纳/赞比亚可再生能源技术转移南南合作	技术转移不局限于产品贸易或技术转让,还包括一切以可再生能源利用为目的的资金、设备、服务以及解决方案
	GET. Invest	在欧洲支持分散的可再生能源投资能源项目。欧盟、瑞典、德国、荷兰和奥地利为其提供资金支持

8.3.2 国际组织可再生能源技术转移模式经验

1. 国际组织可再生能源技术转移模式缺陷

即使在国际组织的协调与调动下,多数环境友好条约没有强制各方必须履行义务的机制,对不履行义务者几乎没有强制性的惩罚措施。可再生能源技术转移的具体操作机制和落实依赖各国之间的进一步协商和各国国内法律的规定,而各国对此又有很大的灵活处理空间。即使它们不履行议定书规定的真实义务,也不承担任何强制性的法律后果(徐殿金,2012)。

以清洁发展机制为例,《京都议定书》本身存在缺乏明确定义、无强制约束力和义务模糊等诸多先天性不足。虽然有条款直接规定发达国家在环境友好技术转移方面的义务,但由于有关的规定过于原则化,在技术转移方面给各缔约方留下了很大的自由裁量空间。清洁发展机制中发达国家可能为了从发展中国家处获取减排量,而对自身的技术发展和减排努力有所放松,因为它们会充分利用发展中国家技术相对落后、资金不足、提高利用能源效率和减排大有潜力及价格因素等条件,推销其过剩设备和相对落后的技术(冯佳佳,2012)。根据世界银行和有关研究,清洁发展机制项目对受援国而言真正带来的是资金上的支持,项目中涉及技术转让比率较低,即使有技术转让,其质量也不高，核心技术转让几乎不涉及（马忠法，2011）。由于缺乏合理有效的国际技术转让制度及有效的监督机制，对发达国家技术转让义务的主张只是一种呼吁式的软性条款，无法保证真实有效的技术转让。《京都议定书》及其他国际环境条约中关于技术转让的条款没能得到较好履行，减排效果较差，约定的有关减排指标也没能实现。由于各方面的原因，在《联合国气候变化框架公约》已通过多年的今天，新能源技术仍没有像预期的那样得到充分转让。

对国际社会来说，早日制定包括可再生能源技术在内的具有国际法拘束力的技术转移规程仍然是一项艰巨的任务。

2. 国际组织可再生能源技术转移模式启示

国际组织之间的合作是三方合作中最重要的形式，各类国际组织提供援助的类型或侧重点各不相同，如世界银行、非洲开发银行等金融类机构侧重于提供资金援助，专业性机构或国际论坛则专注于联络技术合作、政策咨询等。结合多项合作案例，我们可以总结出国际组织在可再生能源技术转移领域的探索经验。

一是将资金援助与知识援助相结合。由于发展中国家相对贫困、技术水平较落后，缺乏足够的资金满足技术投入、建设指导方面的需求，单纯的知识合作或资金支援并不能达到预期的目标。国际组织对发展中国家开展援助时，应将知识援助与资金援助相结合。要以资金投入为媒介，以具体项目建设为载体，以资金和项目合作更好地带动知识合作，实现知识创新、技术创新和制度创新。反过来，进一步以知识合作的成果推动资金援助项目的完成（黄梅波和朱丹丹，2013）。

二是重视发展中国家之间的合作。由于发展中国家具有相似的经济与技术水平和融入世界经济体系的共同需求，在发展中国家之间开展合作已成为解决能源问题的重要途径。另外，目前各发展中国家在能源领域的市场依然有极大的拓展空间，有助于实现合作共赢。可再生能源技术转移南南合作项目便是发展中国家之间相互合作的成功典范。国际组织应重视对发展中国家之间合作项目的协调与引导，提高发展中国家自主研发能力，挖掘自身发展潜力。

三是鼓励实施开放的投资政策。发展中国家的投资政策通常在一定程度上影响着引技、引资的进行，开放的投资环境也是吸引可再生能源技术转移的重要因素。国际组织应当引导各发展中国家政府实施友好的外商投资政策，鼓励可再生能源技术投资与转移，做好政策建议，制定符合各国自身国情的可再生能源技术转移辅助战略，减少限制与壁垒，提供良好的发展环境。

第 9 章　可再生能源技术转移的中国经验

首席作者： 王卫权　袁潇洋
贡献作者： 易冰星　贾国伟　郑　非　杨海琪

中国从 20 世纪 50 年代开始致力于研发和推广可再生能源技术，不仅强化自主研发，而且广泛参与国际合作，积极引进国际先进可再生能源技术。中国充分认识到技术的吸收不仅仅是单纯的购买与受让，更重要的是结合本国实际情况，发挥本土优势，瞄准先进和适用可再生能源技术，不断完善政策体系，培育自身科研力量，对引进的可再生能源技术进行消化吸收和再创新。中国利用国际可再生能源技术经验成功地走出了一条具有中国特色的可再生能源技术发展之路。

9.1　贯彻政策方向，促进推广应用

国际技术的引进与吸收离不开中国自身政策对可再生能源发展的支持。中国政府十分关心可再生能源的开发利用。中华人民共和国成立初期，中国农村地区普遍受到能源短缺问题的困扰，因此在农村地区发展可再生能源以满足用电需求受到国家重视。很多地区积极开展了小水电、沼气和传统生物质能的利用示范与推广，取得了良好的经济效益和社会效益。改革开放后，随着中国能源需求量的增加，经济与环境问题越来越突出。在这个背景下，中国政府进一步鼓励开发利用可再生能源，发挥可再生能源在改善能源结构方面的重要作用。为顺应国内节能减排和国际应对气候变化的需要，中国政府积极推动可再生能源的立法和相关配套，并对先进和适用技术的普及推广提供基金、技术、税收等方面的支持。2014 年，习近平总书记提出能源的"四个革命、一个合作"，指出推动能源供给革命，建立多元供应体系；立足国内多元供应保安全，大力推进煤炭清洁高效利用，着力发展非煤能源，形成煤、油、气、核、新能源、可再生能源多轮驱动的能源供应体系；加强能源输配网络和储备设施建设。党中央和各级政府对可再生能源发展顶层设计的高度重视，奠定了中国可再生能源长足可持续发展的政治基础。

回顾历史，国家拨专款进行新能源和可再生能源的研究开发与科技攻关，发挥科技对可再生能源的支撑作用是中国可再生能源良好发展的重要保障。中华人民共和国成立以后，中央政府随即着手进行可再生能源的研究工作，相继成立了一大批科研机构，并为此提供了充足的科研经费和行政事业费。从"六五"开始，国家计划委员会、国家科学技术委员会就把可再生能源技术作为重点内容列入国家重点科技攻关计划，进行了长期的研究开发和试验示范。仅中央政府在这方面投入的资金就成倍增加。1996~2000 年，科学技术

部每年支出的新能源和可再生能源国家重点科技攻关项目费用约为 1 亿元。1995 年，国家计划委员会、国家科学技术委员会和国家经济贸易委员会共同制定了《新能源和可再生能源发展纲要》（1996—2010 年）及《新能源和可再生能源优先发展项目》。2000 年，国家经济贸易委员会制定了《2000—2015 年新能源与可再生能源产业发展规划要点》，进一步增强了对研究开发和产业化的支持力度。除此之外，国家还在"星火计划""火炬计划""国家高技术研究发展计划""国家重点基础研究发展计划"，以及技术改造的"双加工程"（加大投资力度、加快改革步伐）中都列入了新能源和可再生能源的内容，给予积极地支持，进一步加强科技成果的转化和产业化发展。

进入 21 世纪，在《"十三五"国家科技创新规划》中，国务院将"发展可再生能源大规模开发利用技术"作为发展清洁高效能源的方式单独列出，并第一次提出发展"大规模可再生能源并网与消纳应用"。2018 年，科学技术部启动"可再生能源与氢能技术"国家重点研发计划重点专项。专项按照太阳能、风能、生物质能、地热能与海洋能、氢能、可再生能源耦合与系统集成技术 6 个创新链（技术方向），共部署 38 个重点研究任务，实施周期为 5 年（2018～2022 年）。

作为国际技术转移的一部分，可再生能源技术的国际转移也会受到转让双方知识产权保护法的影响。在《联合国气候变化框架公约》下，发达国家有义务向发展中国家进行横向技术转移并提供必要的资金和技术援助。然而，在实际技术转移过程中，可再生能源技术的跨国转移存在着诸多壁垒，如知识产权保护、专利壁垒等。中国在加入世界贸易组织前，各个领域的知识产权保护法律尚不完善，尤其是在可再生能源技术方面没有专门的法律规定。为加入世界贸易组织做准备，中国在签署《与贸易有关的知识产权协议》（TPIPS）的前两年，即 1999 年，就颁布了《中华人民共和国合同法》，其中专章规定了技术合同，并在其下设置了技术转移一节。技术转让合同通过规定能够被转让的知识产权的形式而减轻这一过程中的相关风险。例如，它列举了可以通过合同进行技术转移的知识产权类型，并规定这些合同必须以书面形式签订，详细规定了技术转移合同中转让双方的法律义务等。在此后由国家知识产权局负责逐步修改并完善《中华人民共和国专利法》，为如今中国的可再生能源技术转移提供了相关的法律依据。

《中华人民共和国可再生能源法（修正案）》中明确指出："国家将可再生能源开发利用的科学技术研究和产业化发展列为科技发展与高科技产业发展的优先领域，纳入国家科技发展规划和高科技产业发展规划，并安排资金支持可再生能源开发利用的科学技术研究、应用示范和产业化发展，促进可再生能源开发利用的技术进步，降低可再生能源产品的生产成本，提高产品质量。"由此可以看出，国家政策十分支持中国可再生能源技术发展，这为可再生能源技术转移提供了法律保障和政策保障。

在关税政策方面，国家为鼓励国内企业开发、制造大功率风力发电机组，对其进口的关键零部件、原材料所缴纳的进口关税和进口环节增值税实行先征后退，所退税款转为国家资本金，用于企业新产品的研制生产以及自主创新能力建设。这些措施为中国企业更好地进行可再生能源技术转移清除了部分财务障碍。

9.2 引进国外技术，借鉴国际经验

随着经济全球化时代的到来，全球各国的科技合作日益广泛深入。20 世纪 90 年代，德国、美国、日本、丹麦、英国、澳大利亚等国走在了可再生能源领域的前列。与此同时，中国也积极拓展可再生能源国际合作空间，中国的可再生能源发展受到了丹麦、德国、英国、日本、加拿大、世界银行、全球环境基金、联合国开发计划署等多个国家和机构的支持。在全球化的背景下，世界各国在经济、政治、文化和科技等方面的交流愈来愈频繁，中国与其他国家开展了各种形式的国际合作和交流，并由此获得了国外技术、资金和人才等方面的支持。与此同时，其他参与国也从中获利，实现共赢，共同为世界的可再生能源发展做出贡献。

9.2.1 充分利用国际资金机制促进规模化发展

全球环境基金（GEF）是世界上最大的环保基金，为包括中国在内的世界各国开展可再生能源促进项目提供资金支持，对中国可再生能源领域的发展具有重要意义。在 20 世纪 90 年代末，国家经济贸易委员会和世界银行合作利用 GEF 开展了中国可再生能源商业化发展促进项目。在该项目中，世界银行为中国提供 1 亿美元的贷款，GEF 提供 3500 万美元的赠款。该项目由三部分组成：建设并网风力发电场；支持中国西部地区推广户用太阳能发电系统；促进大型风力发电设备和光伏设备的技术进步，加快国产化步伐，降低成本，替代进口。该项目促进了中国可再生能源行业的发展，也解决了部分偏远地区的供电问题，在风电场建设、户用光伏系统、技术开发方面上取得了重要成果。同时，该项目的实施也得益于中国可再生能源商业化发展。

此外，由中国政府与世界银行及 GEF 合作开展的中国可再生能源规模化发展项目 (China Renewable Energy Scale-up Program，CRESP)，旨在通过调查中国可再生能源资源和借鉴发达国家可再生能源发展经验，研究制定中国可再生能源发展政策，支持可再生能源技术进步，建立可再生能源产业体系，逐步实现可再生能源规模化发展，为电力市场提供高效的、商业化的可再生能源电力。风电技术和生物质发电技术相关内容是 CRESP 的最重要工作内容，总投入达 1620 万美元，约占 CRESP 一期总预算的 40%。风电技术领域包括推进风电机组国产化，支持大型风电机组及部件的研发；制定适合中国国情的风电机组技术标准；帮助建立国家风电机组测试中心；帮助建立国家风电机组认证机构；评估并改进国内风电中短期功率预测系统等内容。生物质发电技术进步方面，通过竞争性赠款支持了 10 家企业开发生物质发电相关设备，包括大型生物质气化炉、农作物秸秆收集打捆成套设备，以及生物质颗粒燃料制造设备的研发等。

在私人资本方面，最近几年，随着中国可再生能源市场的快速发展，中国的光电、风电、小水电和电池储能等可再生能源领域备受外商青睐，如道达尔和 ENGIE 等国际能源巨头已经建立了小型团队，对中国可再生能源产业的发展进行研究和密切跟踪，来自欧洲

和加拿大的基础设施投资基金机构也在寻求投资中国可再生能源的机会。通过与外商合资建厂，中国可再生能源行业可以间接获得可再生能源的技术转移。

9.2.2　积极开展交流与合作，促进技术经验吸收

科技是第一生产力，通过自主创新、刻苦攻关加快中国自身的科技发展的同时，为进一步促进中国可再生能源技术进步，还需要学习他国的先进技术和经验，以为可再生能源的发展提供更多且有力的技术保障。

能源项目历来是国际合作的"重头戏"，中美经济贸易合作也不例外。自 1979 年以来，中美签署了近 20 个与清洁能源相关的技术协议，包括水电开发、生物能利用、清洁能源技术研发、提高能源效率、建立绿色伙伴关系等。2017 年中美两国能源合作项目上的总量接近 1300 亿美元，充分印证了中美能源合作的巨大潜力。实际上，两国能源合作是实现互利共赢的典型案例，中国是能源消费大国，约 50% 以上能源依赖进口，而美国作为能源出口大国需要一个庞大的国际市场，中国就是最佳选择之一。随着经济转型、经济增长加快和外商直接投资的增多，中国参与的国际技术转移活动也逐渐增多。在中国的能源结构以煤炭为主导的情况下，以改善全球气候条件为目标的国际技术转移为中国的工业现代化提供了机遇，也为生产企业改善了能源和机器设备的使用效率创造了条件。

欧盟作为可再生能源的先驱，在风力发电、太阳能光伏、可再生能源并网和智能电网等方面技术先进，中国大部分风电制造企业的原始技术来自欧盟（李杨，2018）。中国是欧盟历史上最大的科研与创新资助计划"地平线 2020"的第一大合作伙伴。2010 年中欧签署特别鼓励中欧中小企业开展能源科研创新合作的《2010 能源科研创新合作声明》。2011 年中欧开始组织太阳能发电领域的首批合作项目。2015 年中欧可再生能源创新中心依托华北电力大学组建成立，旨在促进可再生能源领域联合研究、技术转移等。在具体国家层面，2006 年，中国、丹麦两国政府启动了可再生能源技术援助项目——中丹风能发展项目。中丹风能发展项目以东北三省为实施区域，包括风能资源评估、风电规划和风电场后评估、风电并网研究以及风电技术交流、培训和教育四个子项目。为巩固并扩大中丹风能发展项目取得的成果，应对中国可再生能源产业发展所面临的新挑战，确保相关产业在中国长期且可持续的发展，中丹两国政府于 2010 年 2 月启动了中丹可再生能源发展合作项目；与此同时，中丹风能发展项目支持的新增子项目，如 Balmore 电网调度软件的应用、风机选型指南、大学风电技术人才培养等，均顺利实施。中丹风能发展项目所取得的成果对中国风电产业发挥了重要作用，也为与发达国家开展合作交流发挥了示范作用。

9.2.3　深入拓展多方合作，加强人才培养和能力建设

可再生能源的发展离不开优秀的人才，中国一直非常重视人才的培养工作和能力建设。通过建立可再生能源多方合作平台，与他国进行技术经验交流，中国培养了许多可再生能源行业技术与管理人才，为可再生能源的进一步发展打下了良好的人才基础。20 世

纪 90 年代,中德合作可再生能源技术援助项目(GTZ)和德国学术交流中心(DAAD)就开始帮助中国开展中小规模可再生能源应用示范项目和人员培养工作[①],中方为该项目提供了约占总费用30%的配套资金。该项目在省(自治区)设立项目管理办公室,由德方派驻官员和技术人员,负责内蒙古、辽宁、新疆和海南等偏远无电地区的技术支持与管理。通过该项目援助的太阳能户用电源、小型风力电源、风光互补电源和村落电站,成功解决了偏远无电地区基本照明和生活用电。期间,中德合作可再生能源技术援助项目内蒙古项目办和奥尔登堡大学还免费为中方培养管理人员、技术人员。当时项目办的中方教员和当年受训人员,现大多成为中国风能和太阳能专业的优秀技术人员或管理人员。同时,奥尔登堡大学还支持中国大型风电领域的管理人员、技术人员免费到德国开展最长为期一年的培训。据不完全统计,10 年以来受训人员至少为 1500 人次。

9.3 密切结合民生,重视市场培育

9.3.1 能源技术发展密切关注民生

中国可再生能源的发展与民生紧密结合,可再生能源技术被列入国家和地方政府计划,如"西藏阳光计划""光明工程"等。除此之外,由中国政府主导或参与的一批可再生能源领域的合作项目的实施解决了中国西部边远地区大约 30 万个农村无电户的供电问题。

9.3.2 送电到乡工程带来多重效益

送电到乡工程规模大、分布地域广阔,完成时间却很短,显示了可再生能源技术无需电网分布供电,在解决边远地区人民生活用电问题上发挥着明显优势,成为解决边远无电地区居民用电的最佳途径和选择。同时,送电到乡工程也拉动了中国光伏产业的发展。一方面,项目实施为生产企业提供了市场机遇,进而促进企业扩大生产规模、提高技术和管理水平、降低成本。另一方面,可再生能源企业通过工程建立了销售服务网络,向用户提供了质量可靠的供电系统和售后服务,减小了市场障碍,推动了产业和市场的可持续发展。

送电到乡工程的启动为中国光伏产业的发展起到了积极的拉动作用。一大批经济实力强的企业积极参与了该工程,使中国的光伏系统集成企业队伍和力量迅速扩大。同时,也带动了上下游企业的发展和积极性,从事电池、组件及逆变器、控制器、蓄电池以及专用材料的企业积极参与工程投标。1997 年以前,中国的光伏电池/组件的产量只有 2~3MW,生产厂家只有 7 家,太阳能电池的生产能力只有 4MW。而截至 2004 年底,仅 7 年时间,中国光伏产业的生产能力已发展为组件 150MW,电池 67MW,硅锭/硅片约 46MW,为中国光伏产业快速发展打下了坚实的基础。

---

① 国家发展和改革委员会能源研究所. 南南合作低碳技术产品推荐清单和实施建议研究,2012 年。

送电到乡工程还具有较好的经济、社会、环境效益。在经济效益方面，工程的实施不仅给西部无电地区的地方政府及所在地居民带来了实际利益，而且促进了西部各省（自治区）的光伏产业及相关产业的发展，如内蒙古、青海、西藏、甘肃、陕西、四川和新疆等省（自治区）都在送电到乡工程启动的同时，成立光伏系统集成公司，建立了光伏组件封装厂。在社会效益方面，中国中央政府的西部大开发、扶贫脱贫、全面实现小康社会的举措极大地推动了东西部政治、经济、社会、环境、文化等各领域的平衡发展与融合。其中光伏发电等可再生能源技术很好地解决了西部无电地区大部分农牧民生活用电问题。送电到乡工程使乡镇政府、学校、医院、邮局、公共娱乐场所有了更好的办公、教育、卫生、通信和娱乐条件。工程还使受益农牧民从此摆脱了蜡烛照明的历史，还可以通过电视、收音机、多媒体等了解国内外的政治、经济、社会、文化等各种信息，学习各种科技知识，提高文化教育水平。这对改变封闭的生活方式，更新观念，激发摆脱贫困的积极性，探索脱贫致富之路等有极为重要的作用和意义。在环境效益方面，中国在经济持续高速发展的同时，也面临着越来越大的环境与能源压力。采用光伏发电等可再生能源技术解决边远地区人民的用电问题是最佳的技术选择，不但在经济上具有明显优势，而且具有明显的环境保护效益，这对中国西部地区本就脆弱的生态环境具有重要意义。

正是由于这些项目的实施，中国受让的可再生能源技术有了广阔的用武之地和本土化的肥沃土壤，并使可再生能源的观念被很多人了解和接受，为中国西部地区大规模发展可再生能源打下了坚实的基础。

9.4　注重消化吸收，鼓励自主创新

在技术合作领域，中国各级政府、企业和研究机构充分利用各种合作方式，包括政府开发援助（official development assistance，ODA）技术转移、市场换技术、合资合作、直接购买技术等多种方式开展技术引进和吸收。

以金风科技为例，其技术转移过程走过了从许可证购买、联合研发到反客为主的历程。1997年，金风科技购买了600kW定桨失速型风机技术的生产许可，并结合国内技术攻关，使其逐步实现了国产化。金风科技根据600kW定桨失速型风机研发经验，针对750kW的风电机组，进一步加强了与国外先进设计机构的合作，采用联合设计，取得成功经验。而其1.5MW直驱风机则是完全走了一条联合研发的道路，拥有有限的自主知识产权（国内销售）。2007年底金风科技成功上市后，利用资金优势购买了技术提供方的企业产权，从而获取了完全的知识产权。金风科技技术发展道路可以总结为从技术购买到联合研发获得有限的自主知识产权，最后到拥有自身科研实力，并拥有完全的自主知识产权。随后金风科技继续加大研发力度，研发出了2MW、2.5MW、3MW等大功率机组，并且根据中国复杂的地理条件，研发出了高海拔、低风速等机组。中国风电机组不仅占据了国内主要市场，也开始逐渐走向国际市场。从专利计量的结果来看，中国专利的数量变化与可再生能源发展阶段密切联系。

中国光伏产业技术创新模式分为国际技术转移和本土创新驱动两个阶段。首先是国际

技术转移阶段。在德国等发达国家光伏产业补贴政策驱动下，全球光伏产业开始形成；随着欧美国家光伏产业补贴政策相继推出，光伏市场稳步发展。中国光伏产业最初只是全球光伏市场的参与者。在这一阶段，中国光伏技术基本依靠国际技术转移、生产设备进口和国际人才引进。从2005年开始，在全球光伏产业迅速发展的背景下，中国光伏产业迅速成长，逐渐成为主要生产国。从这一时期开始，中国光伏企业开始不断加大自主研发投入，平均研发投入不断上升，专利数量开始迅速增加。技术创新模式逐渐摆脱对完全的国际技术转移的依赖，自主创新能力不断增强。此后，中国进入本土创新驱动阶段。2007年，中国一举超过日本成为全球最大光伏生产国，企业普遍加大研发投入或是开展合作研究，技术创新能力不断增强，专利数量与质量均有明显提高，本土创新驱动技术进步趋势明显增强。国家自主创新战略的实施和光伏产业扶持政策加速了本土创新进程。

技术引进之后，中国积极进行试点示范，消化吸收引进的技术，并结合本国实际情况，在原有技术的基础上实现自主创新。中国可再生能源在2006年进入快速发展期，且这一时期专利数量大幅度增加，这也是吸收-消化-再创新的直接反映。

随着可再生能源技术不断成熟，中国还积极与其他发展中国家展开可再生能源南南合作。可再生能源南南合作技术转移在解决国内产能过剩、推动国内清洁能源工业发展、促进绿色经济发展方面都有较大贡献。

中国新能源公司通过开拓非洲市场，找到新的出口目的地，升级业务，缓解产能过剩危机。尤其是那些在产业链上受到国内外市场萎缩冲击最严重的企业，如晶科能源、英利集团、金风科技和华锐风电等太阳能电池板与风力涡轮机制造商，更是通过在非洲开展的业务"起死回生"，极大地增加了中国新能源公司的国际竞争力，促进了中国新能源产业的发展，在就业与经济增长、清洁生产和经济转型方面促进了中国的可持续发展。中国在可再生能源领域的海外投资大多涉及发电设施开发，而非生产基地，这有助于中国新能源公司海外市场实现价值链升级，而不仅仅是扩大出口。

2015年4月，南非本土开发商 BioTherm Energy 中标南非能源部 Golden Valley 风电项目。凭借领先的产品技术实力，金风科技旗下全资子公司金风非洲公司获得业主认可，为该项目提供风电机组和设计-采购-建设（Engineering Procurement Construction，EPC）整体解决方案。Golden Valley 风电项目位于南非东开普敦省，年装机容量为120MW，采用48台金风2.5MW（121/2500）永磁直驱风力发电机组。金风科技凭借这一机会，将直驱永磁技术带入南非市场。该项目的成功执行，不但能够帮助金风科技巩固南非市场，也有助于金风科技在其他非洲国家获取更多项目，进一步打开非洲市场。

在中国，太阳能行业一直是出口导向型行业，这使得太阳能行业在2010年后面临着全球经济衰退和外国需求格局转变带来的冲击。在这种背景下，中国许多光伏制造商开始寻找欧盟和美国以外的市场机遇，转而关注包括非洲在内的新兴可再生能源市场（Shen and Marcus，2017）。中国对非洲的太阳能电池板出口额大幅度增长，仅2012~2013年，就从146万美元跃升至5.66亿美元以上。目前，比亚迪、晶科能源、尚德等太阳能企业都在南非活跃起来。

2014年，中国太阳能电池板厂商——晶科能源在开普敦投资了8000万南非兰特，开设了一家太阳能光伏工厂，成为首个在非洲建厂的中国光伏企业。值得注意的是，晶科能源为开普敦的太阳能光伏工厂引进了公司最先进的制造工艺，使其与国内工厂的技术水平相当。这不仅有助于晶科能源满足南非当局有关可再生能源项目建设必须使用当地生产的部分设备的要求，也促进了南非光伏发电技术的发展。该工厂的建立为晶科能源带来南非太阳能市场约30%的市场份额。

2014年成立的丝路基金为中国同"一带一路"沿线的亚欧大陆发展中国家和地区进行南南合作技术转移提供了资金支持。中国长江三峡集团有限公司为巴基斯坦建设的卡洛特水电站就是丝路基金的成果之一。卡洛特水电站项目是第一个被写入中巴两国政府联合声明的水电项目。该水电站位于巴基斯坦旁遮普省卡洛特地区，总投资约为17.4亿美元，年发电量约为32亿 $kW·h$，以建设、拥有、运营、移交为投资模式，30年运营期满后将无偿转让给巴基斯坦政府。中国长江三峡集团有限公司还投资约1.5亿元为卡洛特水电站"量身打造"了环境保护专项规划，其中仅生产废（污）水处理一项就广泛采用了世界一流的环保设备并采取了严格的环保措施（丁雪真，2019）。

9.5 完善技术标准，规范产业行为

可再生能源的快速发展和规模化发展，离不开技术的标准化。中国在引进可再生能源技术的同时，非常重视技术的标准化。例如，风电机组的生产需要较高的设计水平和工艺水平，主要部件需由专业生产企业才能达到较高水平，而一家企业难以同时具有高水平的风电机组的设计和生产技术，因此普遍采用协作生产方式来生产风电机组。协作生产方式具有投资小、价格较低、供货渠道多和企业风险小等优点，但也要求有一套完整的标准来支持，以确保生产的各个环节的衔接，保持技术上的一致性。采用标准化策略后，风电机组的生产商可以选购通用的零部件，通过向专业生产商订购零部件，进一步使生产的质量和数量得到保证。

可再生能源产业在发展初期，往往需要经历一个市场的培育期。在此期间，由于市场不成熟、用户对新产品不了解、生产厂商规模普遍小等原因，市场处于一个无序的自由竞争状态，市场调控资源的机制失灵。在这种状态下，企业之间的竞争完全是价格竞争。如果此时没有技术标准的制约和统一的监管，价格竞争的结果将导致新产品质量的不断下降。在这种形势下，在该市场内的企业很容易被卷入非理性地减少成本和降低产品质量的恶性循环之中。非理性竞争的直接结果是用户对新产品不信任，正规生产企业无法维持正常的市场份额，低质量的产品使有限资源遭到极大的浪费。为此，为了避免市场机制失灵，国家必须制定一系列的标准对该产品各项质量进行控制，使生产企业在标准的制约下公平地竞争。

可再生能源市场是全球性的，但各个国家应该制定符合各自国情的标准。为了促进可再生能源的发展，中国采取了分步骤发展的策略，首先制定出符合中国生产技术水平的国家标准，然后逐步采用国际标准，逐渐达到世界先进水平。以光伏行业为例，国家标准化管理委员会专门批准成立全国太阳光伏能源系统标准化技术委员会，负责光伏行业标准体

系。中国可再生能源发展表明，技术标准化对于可再生能源行业的规模化健康发展具有重要作用。

9.6 强化能力建设，激发企业活力

中国可再生能源在起步阶段就重视能力建设。通过国际合作项目，中国与国际可再生能源研究机构和企业开展了持续的、系统的技术交流。通过技术交流，中国了解了国际上可再生能源领域的技术进展和动态，促成了大量技术合作，缩短了中国可再生能源技术研发时间，节省了研发成本。而国外技术方则实现了技术的产业化和商业化，实现了双赢或多赢。长期以来，各级部门对所属政策制定者、科研人员、技术工人、企业家进行了持续的培训工作，内容既包括政策和法律法规，也包括技术标准、工程建设运营等；形式既包括研讨会，也包括参观考察。中国政府曾多次组织人员去丹麦、德国等国家学习可再生能源政策和技术。通过能力建设，不仅改变了政策制定者对可再生能源的认识，为中国可再生能源顶层设计和长远规划打下了良好的基础，同时培养了大批技术人员，为项目的开发建设输入了血液。尤其是培养了一批企业家，这些企业家同时具备国际视野和可再生能源领域的知识，勇于开拓，大胆创新，充分发挥了企业的能动性，极大地推动了中国可再生能源企业的发展，为中国可再生能源大规模应用奠定了基础。

第 10 章　南南合作可再生能源项目融资机制

首席作者： 王　宇　张　璐
贡献作者： 刘笑宇　贾国伟　易冰星

中非可再生能源技术转移是可再生能源领域南南合作的重要实践。非洲可再生能源资源丰富，电力需求旺盛，发展可再生能源可为非洲提供清洁能源，减缓气候变化。但中非可再生能源项目开发和工程建设合作过程中面临一系列挑战，其中融资机制的不完善极大地约束了中非可再生能源合作项目的顺利实施。本章以中非可再生能源项目为例，在调研南南合作项目融资机制现状的基础上，归纳了目前中非可再生能源项目合作过程中融资面临的主要问题和挑战；总结了当前主要融资模式发展趋势；同时应用成本效益定量分析方法，结合加纳农村可再生能源项目案例，论证了未来南南合作可再生能源项目建设中可采用的融资方式。

10.1　南南合作可再生能源项目融资概况

10.1.1　南南合作项目融资现状

21 世纪以来，非洲整体经济发展迅猛，区域间经济活动频繁，快速增长的能源需求导致非洲国家现有电力设施不堪重负，能源供给不足现象频发。为此，非洲各国政府和私营企业开展了大量可再生能源项目，以期为经济和环境发展提供保障。Panos 等（2015）的研究表明，为满足基本电力需求，撒哈拉以南非洲地区需要在 2050 年前新增电力装机 9 亿 kW。同时，据非洲开发银行的分析，2030 年可再生能源在所有非洲国家实现普及这一目标至少需要 5470 亿美元的总投资才能实现，但在撒哈拉以南非洲各国的能源部门每年投入仅约 20 亿美元（王涛和赵跃晨，2016）；而未来，整个非洲可再生能源投资需要从当前的每年 100 亿美元提高到 300 亿美元（Michael，2019）。

与此相对应，国际可再生能源署发布的统计数据表明，2017 年，全球可再生能源项目（不包括 50MW 规模以上水电项目）投资总额达到 2798 亿美元，吸引了 62% 的能源投资（IRENA and CPI，2018）。其中，中国占全球可再生能源投资总额的 45%（REN21，2018）。但中国对非洲可再生能源项目（水电除外）的早期参与非常有限，2006~2016 年，中国在撒哈拉以南非洲地区修建的发电设施中，除水电外的可再生能源项目仅占 7%，包括科摩罗、肯尼亚、刚果（金）和塞内加尔的太阳能项目，以及吉布提和肯尼亚的风能项目。值得注意的是，新一轮可再生能源项目正蓄势待发。据 2018 年美国能源经济与金融分析研究所（Institute for Energy Economics and Financial Analysis）报告，中国电力建设集团将在加纳的布维新建 200MW 太阳能电站；中国龙源电力集团正在南非开普敦附近修建 244.5MW 的德阿（De Aar）风电厂，以及在埃及的本班（Benban）建设太阳能公园（Buckley et al.，2018）。中国太阳能和风能企业同时也是这些项目的设备制造商与供应商。2014 年，晶科能源在南非成立一家太阳能光伏工厂；协鑫集成随后宣布将效仿晶科能源，在埃及设立太阳能光伏工厂，这些举措都扩大了中方企业在非洲市场占有率（白莉莉，2018）。

10.1.2　南南合作项目融资途径

由于资金匮乏，大多数非洲国家政府无法为其电力需求提供充足的财政支持，且大多数公共事业公司没有投资风险评级，无法筹集足够的、低利率的债务；气候基金虽然活跃，但由于其资金量有限，仅能支持可再生能源能力建设及试点示范项目，难以为大幅度提升可再生能源发展做出直接贡献。因此，增加国际筹资金额、提供可靠的投资框架和私营部门积极参与是非洲未来可再生能源项目的主要融资途径。目前，尽管仍有大约一半的发电投资来自于公共部门，但是私人投资和中国投资正在快速增长，已经成为非洲电力投资增长最快的资金来源。为满足可再生能源发展的预期目标，非洲各国政府对私营部门更多地参与项目的态度越来越开放，而独立电力项目（independent power projects，IPPs）则是非洲电力部门私人投资的主要项目类型。

非洲大多数国家缺乏强大的银行部门和资本市场，从而限制了传统项目采用 IPPs 方式实现融资的可能性。在此背景下，发展金融机构（Development Finance Institutions，DFIs）在为 IPPs 提供资金方面发挥了重要作用。但这些传统项目（不包括南非）的大部分资金都是由外国硬通货币提供，这使得公共事业公司面临越来越多的货币错配，并产生相当大的或有负债。因此，发展地方债务资本市场和加强地方银行部门对非洲私营电力投资部门的可持续性和增长日益重要。

与此同时，非洲项目融资正逐步由项目融资向企业融资转变。在非洲第三轮可再生能源项目招标中，有近 1/3 的项目采用了企业融资方式，而不再由南非四大国有银行作为债务融资的主要供应方。企业融资是指用公司资产负债为项目提供贷款，无须从银行获得债务融资，从而降低了银行由于过于保守而产生的负面影响（Baker，2015）。

综上所述，近年来用于支持非洲可再生能源项目的资金渠道发生了变化，政府开发援助的资金逐渐减少，而双边和多边发展机构以及商业来源的非优惠赠款相应增加（Mukasa et al.，2015）。国际发展融资呈现以双边政府开发援助为主导，多边银行及开发性金融机构市场化融资、混合金融、私营部门融资、慈善基金会以及互联网募捐等方式互相融合的发展态势（万泰雷和张绍桐，2019）。

10.1.3　融资面临的障碍与挑战

2019 年中国新能源海外发展联盟发布的《"一带一路"可再生能源发展合作路径及其

促进机制研究》报告指出，可再生能源项目合作的主要障碍包括项目融资成本过高、项目风险高、货币汇率风险高、相关法律和政策风险高等，此外还有中国标准的国际认可度不高、沿线国家可再生能源扶持力度不足等（王卫权等，2019）。

1）可再生能源成本高。在非洲，生物质、地热能和水电的成本相对较低，已经接近传统火电成本，但由于受到社会和自然因素的限制，上述技术在非洲的开发潜力还未完全发挥出来。鉴于非洲具有丰富的太阳能和风能资源，且近年来这两项技术的发电成本大幅下降，因此未来非洲的可再生电力开发可能更加依赖太阳能和风能。但总体而言，风能和太阳能发电技术的成本仍高于化石能源，且需要巨大的前期投资成本，而非洲尚不发达的资本市场使得国内可再生能源开发无法满足投资需求。同时，由于大多数非洲国家政府的主权信用评价较差，加大了利用外国资本开拓市场的难度；而私人投资者对可再生能源项目的熟悉程度较低，导致融资进一步受阻（Joseph，2015；Hussain，2013）。

2）可再生能源项目风险高。与每年需要投入高运行成本的化石能源项目不同，可再生能源项目则需要较大的前期投入成本。因此，当融资成本增加时，可再生能源项目的成本变化要高于化石能源项目。如果在项目早期出现问题，则可再生能源项目投资者面临的风险将更高（Schmidt，2014）。调查结果显示，在非洲开发可再生能源项目的管理风险包括监管风险（复杂的官僚主义、腐败等）和政治风险（政治稳定性较低）。此外，项目的营利能力风险及其他风险则很少被提及。针对南非、肯尼亚等国家的调研结果显示，能源部门的监管风险（电力市场风险、并网风险、交易对手风险）比一般的政治风险更需要受到重视。

3）货币汇率风险高。非洲地区多数国家的资金借贷利率极高，从而阻碍了当地企业参与中非可再生能源领域合作项目的积极性，形成了当地的融资壁垒。从赞比亚和加纳两国情况分析，普通商业银行对外公布的借贷利率均在14%以上，而在实际访谈中了解到的实际借贷利率可能上浮20%～30%，居高不下的资金借贷利率严重阻碍了当地资金流向可再生能源领域。此外，非洲许多国家货币的汇率波动较大，因此即使在当地投资的项目具有较好的经济收益，在收益流回到投资国国内时也可能由于汇率波动，导致投资收益率远远赶不上货币贬值的速度，从而造成企业亏损。如果遇到外汇管制，项目在当地的收益无法流回投资国，将造成巨大的经济损失，届时汇率风险可能会使项目产生的收益变成投资者的亏损噩梦。

4）相关法律和政策风险高。在可再生能源项目合作中所涉及的政府管理制度和政策、法律法规等管理手段的不稳定性会导致可再生能源项目合作的政策风险。复杂的审批制度可能导致拟建或在建可再生能源项目错过最佳的建设时机，从而无法取得最大收益甚至以失败告终。税收、关税及价格政策变动都会导致参与项目合作的双方收益发生变动。

另外，回顾中国企业在东盟一些国家的可再生能源投资发展史可以发现，新增可再生能源装机容量一直保持着强劲的增长势头，这主要是依靠政府信用和电网信用的双轮驱动实现的。同样的，在南南合作可再生能源技术转移领域，国外政府信用和电网购电协议也是项目成功融资的关键要素：①政府信用。可再生能源发电项目是当前南南合作的热门领域，其生产的电力能够在当地以稳定的价格售出是投资项目的重要保障之一；若电网不能及时付清电费,国家主权担保的支付方式将是保障投资顺利回款的方式之一。②电网购电协议。可再生能源生产的电力,一部分通过当地电网联网,另一部分可直接由当地居民消纳。如果可再生能源项目拥有电网购电协议,则获得持续稳定资金回款的能力更强,获得金融机构信贷支持的可能性也就更大。

10.2 可再生能源技术发展融资模式分析

根据《非洲发展报告2015》,税收和公共事业费用所调动的资源占非洲能源基础设施总开支的80%,其中包括了2010年以来每年40亿美元的私人参与基础设施投资资金(Gutman et al., 2015)。剩余的资金缺口主要由国际捐赠者提供,其中发展金融机构和气候基金是非洲可再生能源融资中的两支主要力量。

10.2.1 发展金融机构

世界银行一直致力于气候变化减缓工作,包括为相关项目提供贷款和基金管理。2014~2018年,世界银行在发展中国家的可再生能源领域投资了115亿美元,其主要目标是通过微型电网建设项目来吸引更多私人资本加入。为此世界银行在建立政策制度、开发示范商业模式及设立种子基金等方面采取行动,以推动商业融资。

非洲开发银行为寻求在非洲投资可再生能源项目的投资者提供一系列选择,其中最直接的就是为在非洲大陆的清洁能源发展提供20亿美元的投资组合。非洲开发银行的能源投资组合主要通过两种途径进行:一是利用政府优惠的公共工具;二是提供债务和股本的私人窗口。此外,非洲开发银行每年还向气候投资基金提供6.25亿美元的支持,建立了由丹麦和美国政府资助的多国信托基金——非洲可持续能源基金(Sustainable Energy Fund for Africa, SEFA)(每年约600万美元)。除了上述直接支持外,非洲开发银行还为私人获得可再生能源项目融资提供两类帮助:一是帮助当地成员国获得其他渠道基金,如全球环境基金(Global Environment Fund, GEF)及非洲绿色增长基础设施基金(Green Growth Infrastructure Facility for Africa, GFA)等;二是为鼓励私人部门向非洲可再生能源项目投资,提供两种风险担保产品,包括非洲开发银行部分风险担保(African Development Bank Partial Risk Guarantees, PRGs)及非洲发展基金(African Development Fund, ADF)部分风险担保。

10.2.2 气候基金

目前,有很多致力于气候变化的国际基金愿意为可再生能源项目提供融资,绿色气候基金(Green Climate Fund, GCF)就是其中的重要成员之一。GCF是2010年《坎昆协议》后成立的,主要目的是为减缓气候变化活动提供资金。在GCF成立之前已有15个由发展金融机构和双、多边捐赠国资助的气候基金向非洲提供资金支持,具体包括如下。

发展金融机构支持的气候基金。气候投资基金（Climate Investment Fund，CIF）由世界银行和包括非洲开发银行在内的区域开发银行共同支持，主要致力于帮助发展中国家减缓温室气体排放，应对气候变化。CIF下设两个气候基金：清洁技术基金（Clean Technology Fund，CTF）和战略气候基金（Strategic Climate Fund，SCF）。截至2017年，42%的清洁技术基金资助都用于非洲。

由多边捐赠方支持的气候基金。全球环境基金信托基金（Global Environment Facility Trust Fund，GEFTF）和全球能效与可再生能源基金（Global Energy Efficiency and Renewable Energy Fund，GEEREF）均是由多边捐赠方支持的气候基金。其中，全球环境信托基金受到183个国家的资助，由全球环境基金管理。气候变化是全球环境信托基金的六大主营领域之一，致力于帮助新兴国家和发展中国家完成《联合国气候变化框架公约》下为适应和减缓气候变化设立的目标。全球能效和可再生能源基金由欧盟、德国和挪威资助，致力于以公私合营（Public-Private Partnership，PPP）模式为中小企业在能效和可再生能源领域的投资提供股权融资，目前已为撒哈拉以南非洲地区的两个私募股权基金提供了近2700万美元投资。

由双边捐赠方支持的气候基金。英国提供资助的国际气候基金就是双边捐赠方支持的气候基金的代表，其主要目的是为发展中国家提供清洁能源。

综上所述，非洲的可再生能源发展过度依赖公共资金和国际发展融资，但这些资金投入十分有限，难以实现持续扩大可再生能源规模的作用。因此，必须转变公共财政使用方式，通过调动私人投资者的积极性来提供额外资金，从而扩大可再生能源的开发利用规模。与此同时，从被需求程度到其对国家电网做出的贡献程度来看，气候基金的支付金额在体量上有很大不同。与此相对应，气候基金所资助的项目目标也存在很大差异，有的是帮助进行能力建设，有的是资助一些小规模的可再生能源试点项目。目前，气候基金在非洲的主要作用是为可再生能源发展准备合适的土壤和种子资金，而不是资助大规模国家电力供应项目。

10.3 南南合作可再生能源项目融资问题

制定可再生能源固定上网电价制度以降低价格和需求不足带来的风险、通过多边投资担保机构等公共机构降低政治风险、采用公私合营的方式降低投资者的管理风险等途径都被证实为有效的政策工具。与此同时，上述国家政策还需要与国际金融机构的支持相配合，以降低风险，吸引更多可再生能源投资。

目前，赠款主导了气候基金对非洲的可再生能源项目融资。气候基金96%的项目由赠款资助，3%的项目由贷款资助，只有不到1%的项目由私人股本资助。同样，非洲大多数国家只接受赠款，目前只有14个国家接受了其他形式的资助，赠款份额低于50%的国家仅有博茨瓦纳、赤道几内亚和南非（Afful-Koomson，2015）。

10.3.1 可再生能源项目的潜在融资来源

大批量地建设大规模可再生能源项目需要通过借贷方式来实现融资。鉴于非洲大型基础设施项目融资困难，如果没有国际社会援助，投资者在大多数情况下会选择成本较低的发电方式。因此，提供补贴、绿色债券，以及非补贴形式的借款对于可再生能源项目来说是最适合的融资工具。

1. 股权投资

股权投资是指企业在其本身经营的主要业务以外，以现金、实物、无形资产方式，或者以购买股票、债券等有价证券方式向境内外的其他单位进行投资，获得股权以期在未来获得投资收益的经济行为，是对项目的参与度更大的投资形式。可再生能源项目的股权资本通常来源于公司债券、战略投资者和合资企业、私募股权基金或资本市场（即公共股票或债券），在某些情况下还包括政府基金。例如，合资企业是大型市场（如印度和中国）项目股权的主要来源之一。自20世纪90年代末以来，这些投资类型都经历了起伏。

新的可再生能源私募股权基金和投资者的数量一直保持增加态势，尽管为了方便退出、降低风险，许多人已经不再使用纯股权，而是选择了准股权工具，但缺乏退出选择权仍是私募股权面临的重要问题之一。而公共股票正在取得积极进展——许多备受瞩目的首次公开募股都是由以发展中国家为重点的可再生能源公司进行的。

2. 债务融资

债务融资是指通过银行或非银行金融机构贷款或发行债券等方式融入资金。优先债务是提供项目融资的主要形式，可以是资产负债表内公司融资或资产负债表外项目融资。发展中国家目前正在对债务融资工具进行创新，以解决可再生能源基础设施项目融资的一些障碍。例如，世界银行、德国复兴信贷银行（Kreditanstant Für Wiederaufbau，KFW）和其他发展金融机构正在使用各种工具，以提高获得长期融资的机会。其中包括降低外汇风险的货币互换、允许项目再融资的两步过渡机制、减少承购风险的租赁融资安排以及其他方法。

3. 夹层融资

夹层融资是指在风险和回报方面介于优先债务和股本之间的一种融资方式，目前已在各个地区开始使用。一般来说，夹层融资可以将某种形式的优先股权与次级债务相结合，并选择以后逐步或一次性买断。股权在非流动性市场中最有用，因为缺乏退出期权会降低纯股权投资的吸引力。夹层融资对于公共部门参与融资是一个具有吸引力的选择，一方面可以降低商业投资者和放款人的风险，另一方面可以通过缩小债务股本缺口，为项目开发商购买回报，同时其利用私人资本的潜力也十分巨大。

4. 融资担保和税收减免

融资担保是担保人为被担保人向受益人融资提供的本息偿还担保。融资方式包括：银行和其他金融机构在特定时期以较低的利率获得资金，以增加对企业的贷款；利用政府对银行的无担保借款，使银行能够以较低的利率借款，从而将全部利益转嫁给私营企业；建立企业融资担保方案，为私营企业提供额外贷款；通过给予风险资本家具有吸引力的税收减免政策，为私营企业筹集股权融资，加强风险资本家的实力，建立或加强风险投资信托计划。例如，给予私营企业或资本家减税优惠，使他们能够通过风险投资信托计划，以债务和股权投资的形式投资私营企业。当前决策者应采取进一步的政策，利用外国直接投资流入和股票市场，将更多的资金转移到可再生能源项目，以克服可再生能源项目的资金短缺问题（Kutan et al., 2018）。

5. 风险管理

可再生能源项目融资因一次投资大、周期长，投资回收期内不可预测的种种因素，存在着许多风险。这就需要评估风险，通过合同尽可能降低风险，并将剩余风险转移给保险公司和其他能够更好地承保或管理风险敞口的各方。当前的保险和替代风险转移工具尚存在许多不足，从而阻碍项目向前发展或增加项目成本的缺口。但保险承保人对可再生能源项目及其相关风险了解有限，因此在调整应对风险的策略方面将会遇到困难。公私伙伴关系则可在调整应对风险的策略方面发挥重要作用。发展中国家在公私伙伴关系领域已经进行了一些创新，但还有很多工作要做。例如，非洲许多农村社区的居民长期依赖传统生物质燃料，缺乏清洁能源技术和服务，对居民健康和社区环境产生了负面影响，因此增加清洁能源使用显得格外重要，而公私伙伴关系则可加强为所需技术和服务提供适当资金的能力。

与所有其他类型的项目和投资一样，如果在给定的回报水平下，降低投资风险的感知水平，或者在给定风险水平下提高回报，可再生能源投资就会变得更加可能和频繁。

6. 绿色金融

绿色金融的发展能够吸引更多的私人资本进入绿色产业，创造新的增长领域，并促进经济结构优化及持续稳定增长。绿色金融可通过多种机制，鼓励绿色投资、抑制污染行业的投资。

1）通过降低融资成本和提高资金可用性，提高绿色项目的投资回报。

2）通过提高污染项目融资的成本和增加合规性障碍（通过绿色保险、银行环境责任、绿色评级、绿色股票指数和强制性披露等手段），降低污染项目的投资回报。

3）通过对投资机构和企业的强制性环境披露要求，建立积极的绿色投资者网络，以及在绿色消费主义中实施更有效的教育计划，从而加强投资者、企业和消费者对投资回报变动信号的认识和响应。

10.3.2 可再生能源投融资的商业模式分析

1. 私人建造和公共支付

大型风电场或光伏电站项目建设通常需要依据政府相关规划及审批流程，同时与输电公司进行强有力的商业合作，在这方面，私人建造和公共支付相结合的商业模式取得了较大成功。自21世纪以来，风电及太阳能光伏技术日趋成熟，随着装机容量的迅猛增加，两类技术的发电成本快速下降，已接近平价上网电价水平。目前非洲各国也为输电线路和基础设施提供了良好的经济与金融模式（图10-1），并带来了以下好处：①更好的网络优化和电网集成表现，降低传输损耗；②土地、水、施工用电、道路、电力疏散系统等基础设施节约潜力巨大；③消除监管障碍，有利于加快部署；④投资方/贷款方对多个项目的共同现场评估；⑤以优惠电价/上网电价通过长期购电协议向国家电网出售；⑥降低电力生产商管理费用并改善基础设施；⑦承包商更容易调动多个项目。

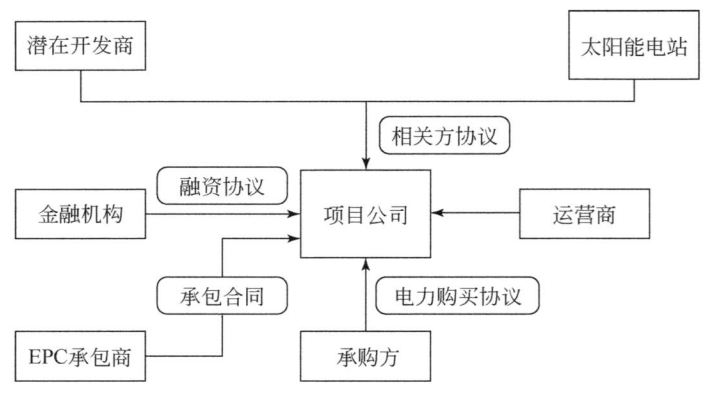

图 10-1　大型风电场或者光伏电站的融资模式

资料由沈一扬提供

2. 现收现付消费融资

现收现付消费融资实际上是一种用于可再生能源系统的消费者融资模式，它利用移动转账系统和太阳能系统的远程监控保障电费的支付（使开发商能够在消费者违约时远程断开系统）。一旦客户完成还款，系统的所有权就会转移。这种商业模式为客户提供了还款的灵活性（即可以选择每天、每周或每月还款），并使企业能够轻松有效地管理大量分散借款人的投资组合。

3. 消费者融资

消费者融资是基于供应商与金融机构（如货币金融机构、储蓄信贷合作社、公司/农业地产/农村产业）合作伙伴关系的消费者融资模式；可再生能源电力供应商提供产品和相关服务，金融机构则提供消费者融资和集资。

4. 小型/微型电网项目融资

小型/微型电网有望在扩大农村和城市周边地区的能源准入方面发挥关键作用。近年来，加纳的发展伙伴和私营部门投入了大量投资，以开发商业模式和有利环境，使小型/

微型电网成为商业上可行的投资项目。与独立的太阳能系统相比，小型/微型电网项目的主要优势在于使联网客户能够在不投资额外容量的情况下增加电力和能源消耗。当大量客户可以在短半径（通常为1km）内连接时，小型/微型电网项目在技术上最为有效。

5. 服务费融资

基于客户每月支付电力服务费用的方法，但使用独立系统（而不是小型/微型电网系统）的所有权不会转移给客户，并且业务/项目完全负责系统的维护/更换。该模型非常适合为分散的社区提供可靠且经济的电力（因为客户之间的距离太远，小型/微型电网不适用于为其供电）。然而，该模式的前期成本由企业承担，回收期相对较长。

6. 农村产业和农村综合投资

开发和促进小规模或中等规模的社区增值生产机会，以及利用机械动力提高生产和效率是促进非洲国家经济增长的关键，把对可再生能源和对农村产业的投资结合起来，可减少彼此之间的障碍，实现一举两得的效果。

10.3.3　可再生能源融资的能力建设

为提高非洲国家开发利用可再生能源资源的能力，中国已经举办了多期南南合作可再生能源相关培训。值得注意的是，可再生能源培训应该针对项目所在国展开设计，不仅要包含对研究和概念教学的设计，还应包含工程、管理和融资方面的相关内容。这对于开发和提供该行业在项目所在国所需的长期金融产品至关重要。项目所在国应建立可再生能源项目建设培训平台，为国内外各种可再生能源技术调动资源；建立相应的商业模式，可持续地扩大可再生能源发展。

为更好地融入区域和国际市场，私营部门的可再生能源投资需要市场支持和援助，需要在市场评估、制定市场进入战略、促进海外营销、业务匹配、在线营销等领域的专业指导。具体而言，可再生能源市场支持援助提供的服务包括：①协助开展市场调研和市场可行性研究；②协助制定市场进入战略；③提供法律、税务、劳工、进出口法规咨询服务；④协助处理贸易知识产权问题；⑤协助起草商务代理和经销协议；⑥从事代理、经销商、合资伙伴等业务对接；⑦协助企业开展海外营销、业务发展和贸易洽谈会；⑧促进在线营销系统和活动等；⑨从客户、公用事业和社会的角度评估成本与价值；⑩根据潜在奖金规模确定价值来源和优先顺序；⑪确定可优化该价值的必要条件（考虑主要价值驱动因素，如时间、位置、可靠性、灵活性、可预测性、可控性）；⑫识别在不同的监管和业务环境下能够释放价值的技术与业务结构；⑬通过试点传播经验教训和最佳实践，以明确复制和扩展的意图。

10.3.4　中国可再生能源南南合作融资

中国的银行系统，特别是国家开发银行和中国进出口银行，都支持对非洲基础设施的大规模投资。据商务部统计，截至 2018 年底，中国在非洲设立了 3700 多家公司，直接投资总额超过 460 亿美元，中国企业完成的合同项交易额达到 5172.6 亿美元。在"一带一路"倡议及中国政府的鼓励下，中国企业已经在国内获得了良好的援信支持，商业贷款和其他融资安排均创下新纪录，拓展了海外业务。

对非投资论坛（Investing in Africa Forum，IAF）是 2015 年中非合作论坛约翰内斯堡峰会的重要成果，每年一届，在中国和非洲国家轮流举办，至 2019 年已成功举办五届。IAF 由世界银行和中国国家开发银行共同倡议举办及支持，汇集了来自中国和非洲国家的公私部门、国际机构、发展伙伴和智囊团的代表，以深化政策对话，分享经验，讨论促进投资的商业机会。在第二届对非投资论坛上，世界银行与中国的国家能源局和财政部共同签署了一份谅解备忘录，以加强与非洲在清洁和可再生能源方面的合作。

此外，南南合作框架下的项目在建国家还可以吸引中资银行和国际银行的共同投资，获得低成本融资，保持国际绿色融资标准。

10.4　南南合作可再生能源项目成本效益分析

成本效益分析是评估项目价值的一种经济决策方法，通过比较待建项目的全部成本和效益，寻求如何以最小成本获得最大效益，并确定最优投资决策。对于可再生能源领域的项目建设，成本效益分析不仅是识别最优社会价值项目的方法，更是计算其社会效益和社会成本的有效路径。该方法需要纳入考虑范围的因素有很多，主要可以分为经济成本、环境成本、经济效益及环境效益四个方面。对于待建候选项目，成本效益分析的目标是识别出社会成本最小、社会效益最大的可建设项目，这里的社会成本和社会效益包括上面提到的环境与经济两个方面。同时，成本效益分析还肩负着为待建项目找到切实可行降低成本的方案的责任。

10.4.1　成本效益资金分类

可再生能源项目属于基础设施建设的公共事业项目，其与普通商业项目最大的区别在于：①其功能是保障或改善居民生活基本状况；②通常由政府机构牵头，并投入大量的财政资金；③受益目标群体广泛、数量巨大；④拥有较长的投资回收期。以南南合作可再生能源示范项目为例，结合其自身的特殊性，示范项目的成本效益分析需要着重考虑社会成本最小，确切地说应该是项目在建设过程中受到的补助资金或补充资金最小，或其二者的总和最小。

这里所说的补助资金或补充资金不仅包括政府投入的财政资金，也包括项目在融资过程中可以利用和筹借的其他款项，二者最重要的区别是其来源和撤回方式不同。

（1）补助资金

补助资金往往是指一次性投入于项目建设的资金，它带有援助性质，一经使用便不会再有后续追加款项，因此它是切实投入到项目建设中且不会撤回的"纯补助"型资金。补助资金的提供方一般是项目建设的发起方之一，包括政府机构、援助组织和其他多边组织等。

（2）补充资金

补充资金是指除了项目自有资金和补助资金外，仍需向外界筹借的款项，一般通过向金融机构借款来实现。补充资金在未来需要归还给借出人，同时多数补充资金还需要向借出人支付一定的利息。由于公共事业项目一般具有较大的规模，社会服务功能大于其盈利功能，而且建设周期和资金回收周期都比较长，补充资金的撤出也需要一定的时间周期。这就对项目的长期稳定经营提出了更高的要求。

对于不同类型的项目，补助资金和补充资金的选择并不一致，需要根据其自身特点和实际情况选择搭配：①道路交通、空气治理或公共园林建设等项目，由于其对于所有公民都具有免费性和普适性，所有的项目投资均无经济收益，因此补助资金是此类项目建设的主要款项来源，有时会有部分补充资金参与，但往往也会在后期通过补助资金来偿还。②电网改造、电站建设和饮用水处理等项目，可以通过向用户收取费用取得营利，这为补充资金的参与提供了空间。因此，对政府而言，补助资金的压力相对较小，而如何选择设计项目以保障后续经营和营利的连续性则成为充分调动补充资金的关键。可再生能源南南合作示范项目包括风能、太阳能、水能及生物质能等，主要是为居民生活提供电力和热能。因此，应以"补助资金最小+补充资金效益最大化"组合作为项目成本效益分析的目标。

本研究将通过以下分析实现成本效益最优目标：①在同等或近似的社会收益前提下，计算补助资金最小的方法，明确补助资金和补充资金各自的规模与投入撤出方式；②在同等补助资金的前提下，计算可能利用的补充资金和获得的社会收益，明确补助资金和补充资金各自的规模与投入撤出方式。

10.4.2 成本效益矩阵分析方法

国际上较为通用的项目成本效益分析的方法是成本效益分析矩阵，即通过建立成本矩阵和效益矩阵来处理成本效益数据。

1. 效益矩阵

效益矩阵的建立需要考虑 5 个基本问题：①对待建项目的潜在效益规模进行评估分类，按照一定顺序形成项目规模的需求序列；②识别需求序列中峰值可能发生的地区或位置，这些地区或位置将作为必要因素纳入考虑范围；③确定峰值发生的频率和时间段，即这些峰值可能发生在哪些时间，多久发生一次以及发生的持久性；④确定享用项目效益的目标人群的潜在数量和潜在年收益；⑤确定项目的使用期限和总体收益，并根据收益大小进行排序。根据待建项目种类的不同，每个项目在建立效益矩阵时需要考虑的问题也不同，其结果也就不同。

通过以上 5 个基本问题，即可构建效益矩阵。可以看到，构建效益矩阵将清晰地展示数据，这些数据与成本矩阵的分析结果相结合将得出以下有关排序：①项目需求规模的排序；②项目建成后所产生效益的地区排序；③地区的人口数量排序；④项目建成后可能获得的经济收益的排序。

2. 成本矩阵

与效益矩阵相似，成本矩阵的建立也是通过设计问题并寻求答案来完成的。成本矩阵的建立需要考虑6个基本问题：①确定建设不同项目的资金成本，成本类型包括原材料、人员费用、建设费用、交通运输费用等；②确定当前拥有的资金及资金缺口，并根据项目特点识别补助资金和补充资金可能的来源方；③计算每种方案中收回成本的年限和年还款额；④确定项目自身可以承受的总还款额和年还款额；⑤将每种方案中项目不可承受的年还款额的部分贴现为初始资金额，即为项目所需的补助资金，可承受的年还款额的部分为补充资金；⑥根据补助资金需求的多少进行排序。

通过以上6个基本问题，结合成本矩阵和效益矩阵，比较分析哪个待建项目方案可以产生更大的社会效益，哪个待建项目方案使用的补助资金最少，并且明确如何用最少的补助资金来撬动更多的补充资金，以满足项目建设需求。

10.4.3 成本效益分析案例分类

落实到案例中的成本效益分析，首先需要根据不同示范项目的种类提出适宜于项目特点的成本因素与效益因素，为项目的筛选和成本效益计算分析提供基础。

在进行分析之前，本研究将可再生能源领域的示范项目分为两大类：工程建设类和国际贸易类。工程建设类指需要在非洲当地建造的示范项目，如光伏电站、小水电站、风电场和沼气电站等；国际贸易类则指非洲通过国际贸易采购可再生能源领域的产品，如太阳能路灯、太阳能热水器、太阳能冰箱及清洁炉具等。

1. 工程建设类

工程建设类项目的主要特点是需要在当地进行长期复杂的建造活动，项目需要考虑的要素较多且复杂，不仅包括原材料及其运输、施工人员、技术人员、建造设备等，还包括高额的项目成本和建设过程中可能面临的各种风险。因此，工程建设类项目的成本效益分析需要更多元的数据信息，也往往意味着更加长期的分析工作。

太阳能、风能、水能和生物质能工程建设类项目的区别主要在于利用的能源种类不同，本研究以目前已经成熟并广泛适用的光伏发电技术为例，搭建太阳能示范项目建设的成本效益分析框架，以期为具体示范项目的融资方案提供基础。

目前太阳能的主要利用方式是将光能转化为电能或热能，为人类生活和生产提供电力与热力。太阳能的特点在于持久、稳定且免费，在人类有限的时间尺度内，太阳能是取之不尽、用之不竭的能源。

根据之前的论述，本研究需要构建成本效益矩阵来进行成本效益分析。

第一步，收集需要采用光伏发电的地区项目，罗列项目清单。

第二步，根据不同地区项目的特点，将项目划分为不同的类型。结合非洲当地居民生产生活状况，具体可以分为光伏电站和户用光伏系统两类。其中，光伏电站可满足大规模用户的用电需求，包括一般性工业生产需求；户用光伏系统则安装在住宅，为居民生活提供电力。

第三步，提出效益因素并收集对应的数据信息。假定当前的效益因素包括每个项目规划的装机容量、受益人群数量和受益地区，并将数据填入表10-1。

表 10-1　效益矩阵

序号	项目名称	装机容量	受益人群数量	受益地区
1				
2				
…				

第四步，提出成本因素并收集对应的数据信息。假定每个项目规划的成本因素包括项目成本、贷款利率、贷款期限（即可以借款的最长期限）以及未来电站运营后的电费及其他年收入，根据这些数据计算出需要在项目建设初期向融资机构借款的借款总额和每年应偿还的款项额度。最后用项目总成本减去借款总额就可以得到每个项目对应的补助资金额，并将数据填入表10-2。

表 10-2　成本矩阵

序号	项目名称	项目成本	贷款利率	贷款期限	年还款额	电费及其他年收入	借款总额	补助资金额
1								
2								
…								

第五步，在效益矩阵中选出装机容量最高、受益人群数量最多且受益地区最为广泛的项目并排序，在成本矩阵中选择需要补助资金最少的项目并排序。

第六步，结合目前中非可再生能源技术转移合作规划中用以建设示范项目的资金额度和政府或其他机构可以给予的援助资金额度，在成本效益矩阵中选择相对最优的项目进行规划建设。

2. 国际贸易类

国际贸易类项目主要通过贸易实现可再生能源产品在非洲的推广和使用。这类产品一般体积较小，产品价格较低，易于安装和使用。

本研究以清洁炉具为例来进行示范项目建设的成本效益分析。截至2018年，非洲多地居民烹饪仍然主要依靠传统的固体燃料，包括木材、秸秆以及晒干的牲畜粪便等，使用的炉具也仍然由泥砌或石头简易搭建而成。简易的炊事炉具是造成室内空气污染和居民健康损害的原因之一。非洲亟须推广清洁炉具用于居民家庭炊事使用，大型炉具则可以用于餐厅和食堂。以户用炉具为例，由于其受益方以家庭为单位，本研究在分析成本因素和效益因素时，将聚焦于家庭用户。

第一步，确定计划推广清洁炉具的项目清单。

第二步，收集清单中不同项目所覆盖的人口数量、家庭数量以及主要炉具种类信息，并将以上 3 项将作为效益因素纳入效益矩阵。

第三步，提出成本因素并收集对应的数据信息。与工程建设类项目不同的是，清洁炉具是单个家庭生活使用，这意味着清洁炉具的使用无法产生直接经济收益，从而每个家庭的经济承受能力成为制约年还款额的最重要因素。

假定每个项目规划的成本因素包括项目成本、每户成本、贷款利率、贷款期限、当地年均家庭收入或人均收入，根据这些数据计算出需要在项目建设初期向融资机构借款的借款总额和每年应偿还的款项额度。最后用项目总成本减去借款总额就可以得到每个项目对应的补助资金额，并将所有数据填入表 10-2。

第四步，在效益矩阵中选出受益人群数量最多、受益家庭最多且炉具种类最迫切需要改善的项目并排序，在成本矩阵中选择需要补助资金最少的项目并排序。

第五步，结合目前中非可再生能源技术转移合作规划中用以国际贸易类项目的资金额度和政府或其他机构可以给予的援助资金额度，在成本效益矩阵中选择相对最优的项目进行规划建设。

10.4.4　加纳光伏供电案例分析

中加可再生能源技术转移合作项目已经确定了候选示范项目，计划在加纳的 Subinja 农场安装光伏水泵试验站，为该农场提供灌溉期供水，本节以 Subinja 农场为例进行成本效益分析。

（1）农场概况

Subinja 农场潜在开发面积约为 $121hm^2$，位于最大提升约 10m 的山顶，因此安装了功率为 45kW 和 55kW 的水泵各两台为其提供灌溉用水。水泵用电来自加纳北方配电公司的电网，并安装变压器将配电网电压从 11kV 降压到 410V。泰奇曼（Techiman）地区办事处的水利部官员表示，灌溉计划面临的主要挑战是驱动水泵电机的用电成本高，以及柴油机拖动水泵的柴油成本高。据了解，Subinja 农场每 4～5 个月灌溉季节平均电费在 114 750 加纳塞地。此外，农场主还要承担其他高额服务费，这些因素妨碍了他们在干旱季节开展农业灌溉，结果导致许多农场主选择在雨季耕作，在干旱季节放弃耕种。为解决以上问题，当地计划安装光伏系统为现有水泵供电。根据气象数据，上午 11：00 时，天上有云的情况下，太阳辐射强度为 $870W/m^2$，配置的光伏组件为 250Wp。

（2）农场效益矩阵

首先，由于已经确定了待建项目，并且 Subinja 农场已经具有了建成的水泵，规划的光伏水泵站的主要目标是为已有水泵（45kW、55kW 各 2 台）提供充足的稳定电力，以满足农场作物在旱期的灌溉需求。因此，效益矩阵的前两步已经完成。

其次，确定效益因素并根据效益因素收集对应的数据信息。根据示范项目的预可研报告，Subinja 农场的相关效益因素和数据见表 10-3。技术提供方一并考察了 3 个农场，因此除 Subinja 农场之外，还有 Tamale 地区和 Kokobila 示范站农场的数据也一并列入表 10-3。综合评价各种因素，可以判断 Subinja 农场更适合投资建设光伏灌溉设备。

表 10-3　加纳光伏灌溉场地的效益矩阵

序号	项目名称	装机容量/kW	水泵，扬程	农场面积/hm²	确定候选
1	Subinja 农场	200	4 台，8m	121	是
2	Tamale 地区		2 台，8m，6m	140	否
3	Kokobila 示范站农场		—，2.5m	—	否

再次，确定成本因素并收集对应的数据信息。本研究假定每个项目规划的成本因素包括项目成本、贷款利率、贷款期限以及未来电站运营后的电费年收入，根据这些数据计算出需要在项目建设初期向融资机构借款的借款总额和每年应偿还的款项额度。

最后，用项目总成本减去借款总额就可以得到每个项目对应的必须补助资金额。根据预可研报告提供的数据及其计算结果，并将所有数据填入表格。

（3）成本效益分析的前提假设

按照技术提供方预可研报告给出的技术设计方案，可以明确以下几点为基本前提：①太阳能光伏灌溉示范项目初期建设投入较高，建成后维护和运营成本几乎可以忽略；②太阳能作为灌溉系统的驱动能源，使用成本为零；③项目计划采用 PPP 模式，政府和企业都将在项目建设与运营中承担角色；④项目建设的成本计划由中非可再生能源技术转移合作项目、加纳政府相关部门和私营企业共同出资，视情况可能会发生借款或贷款；⑤项目建成后的电费收入将作为私营企业收回成本的主要方式，税收收入将作为政府收入的主要方式。

根据成本效益矩阵分析方式，需要增加几条假设：①太阳能光伏灌溉示范项目旨在解决加纳当地农场用电和作物灌溉问题，其作为中非可再生能源技术转移合作项目下的加纳首个示范项目，也具有一定的援助色彩，商业营利性偏弱。因此，成本效益分析仅以光伏灌溉系统全寿命周期内收回项目投入成本为前提。②按照当前中国给出的光伏灌溉系统设计方案，每年农场主的电费支出 y 略高于当前使用加纳本地电网的费用 c。假设农场主支付意愿不变，其支付能力将按照 c 计算。这意味着 y 与 c 之间存在着支付差距。③按照当前可再生能源生产电力的成本递减速度，可以预料的是，光伏电价在未来呈现递减的趋势。这也就意味着作为收回项目投资成本的电费收入 y 将会逐年减少。未来农场主的电费支出也将随发电成本的下降而下降，因此支付差距也将逐年缩小，甚至在可预见的时间内变为负值。④由于未来电价递减的不确定性，以及出于成本效益分析计算的需求，本研究假设光伏系统的全生命周期内的总收入现值与当前农场主能够支付的总电费支出现值相等。

（4）成本效益分析的计算

根据上述前提假设，可由公式计算具体数值：①用 X 代表光伏灌溉示范项目的总投资成本；②用 y_i 表示项目建成后每年农场主应该支付的电费，用 Y 表示全生命周期内应支付电费的现值；③用 Z 表示中非可再生能源技术转移合作项目计划投入的补助资金额，有 $Z=X-Y$；④用 G 表示项目建设初期的政府资金投入，用 I 表示企业资金投入，有 $G+I=Y$；⑤用 t 表示政府税率，有 $t×c=\text{tax}$，tax 即每年应缴的税额，G 为全生命周期内所有 tax 的现值；⑥贴现率用加纳本国银行借款长期利率 r。

根据上面所设置的变量，Z、G、I 计算公式为

$$Z = X - Y = X - \sum_{1}^{25} \frac{y_i}{(1+r)^i} \tag{10-1}$$

$$G = \sum_{1}^{25} \frac{\text{tax}}{(1+r)^i} \tag{10-2}$$

$$I = Y - G \tag{10-3}$$

鉴于项目初始投资成本 X 由补助资金额 Z、政府资金投入 G 和企业资金投入 I 组成，而补助资金有额度限制。因此，Z、G、I 的组合不仅受到上述计算方法的限制，同时也受到各方额度的约束。

项目技术提供方的总成本报价为 132 000 美元，当前加纳银行贷款利率为 18%，居民愿意承担的电费及其他年收入不高于 25 500 美元，由于当地政府可能提供一定时间的免税期，在不考虑当前政府对该项目收缴税率的情况下，若农场主每年缴纳电费 25 500 美元，通过计算，该项目未来产生的现金流现值为 139 485 美元，高于当前项目总成本报价 132 000 美元。

不计企业缴税，项目总成本 132 000 美元在当前预计年收入水平和年利率水平下经营期内刚好收回投资，投资回报率约等于当期加纳银行贷款年利率（18%）。

因此，该项目不需额外补助资金额，在加纳政府提供政策支持，企业愿意承担风险的情况下，该项目由企业投资完成即可。

10.5　BOT 融资模式分析

BOT 融资模式在过去已经成为许多建设项目的主流融资方式，其基本思路是由项目所在国政府或所属机构对项目的建设和经营提供一种特许权协议作为项目融资的基础，由本国公司或者外国公司作为项目的投资者和经营者进行融资、承担风险以及开发建设项目，并在有限时间内经营项目获取商业利润，最后根据协议将该项目转让给相应的政府机构。所以 BOT 也被称为"暂时私有化"过程。

10.5.1　BOT 融资种类划分

BOT 的概念是由土耳其总理厄扎尔 1984 年正式提出的，并得到广泛推广。以下是一些较为普遍的 BOT 融资模式。

1）标准 BOT，即私人财团或国外财团自己融资、设计、建设基础设施项目。项目开

发商根据事先约定经营一段时期以收回投资,当经营期满时,项目所有权和经营权将被转让给东道国政府。

2) BOOT (build-own-operate-transfer),即建设–拥有–经营–转让。私人合伙人或某国际财团融资建设基础产业项目,项目建成后在规定期限内拥有所有权,并在经营期满后将项目移交给政府。

BOOT 与标准 BOT 的区别在于所有权的区别和时间段的差别。在标准 BOT 方式中,私人部门在项目建成后只拥有所建成项目的经营权;而在 BOOT 方式中,私人建设方在项目建成后规定的期限内既有经营权,也有所有权。因此,BOT 项目从建成到移交给政府的这一段时间一般比 BOOT 项目短。

3) BOO (build-own-operate),即建设–拥有–经营。这种方式是承包商根据政府赋予的特许权建设并经营某项基础设施项目,在项目建成后不将此项目移交给公共部门。

4) BTO (build-transfer-operate),即建设–转让–经营。为保证国家信息安全,对关系国家安全的项目(如通信业),在项目建成后并不交由外国投资者进行经营,而是将所有权转让给东道国政府,由东道国的相关垄断公司进行经营,或与项目开发商共同经营。

5) DBFO (design-build-finance-operate),即设计–建设–融资–经营。这种方式是从项目设计开始就将经营权特许给某一私人部门进行管理,直到项目经营期收回投资、取得投资收益。这时,项目建设公司只有经营权,没有所有权。

6) FBOOT (finance-build-own-operate-transfer),即融资–建设–拥有–经营–转移。这种方式类似于 BOOT,但比 BOOT 多了一个融资环节,也就是说只有先融到资金,政府才予以考虑是否授予特许经营权。

7) BOL (build-operate-lease),即建设–经营–租赁。也就是说,项目开发公司以租赁方式继续经营已建成项目。

8) DBOM (design-build-operate-maintain),即设计–建设–经营–维护,这种方式更加强调开发方要对项目进行规定的维护。

9) DBOT (design-build-operate-transfer),即设计–建设–经营–转移,此类项目在特许期结束时要完好地移交给政府。

10) BRT (build-rent-transfer),即建设–租金–转移。这种方式是在项目建设完后,项目开发公司以租赁方式继续经营已建成项目,但是有租期限制,到了租期后,项目所有权和经营权将被转让给东道国政府。

以上是 BOT 操作的不同方式,其基本特点是一致的,即项目公司必须得到有关部门授予的特许经营权。

10.5.2 BOT 融资阶段划分

1. 建设阶段

BOT 中的建设即直接投资之意。在通常情况下,投资者根据东道国的法律、法规,按照一定的出资比例与东道国共同组建股份公司或企业等，这种公司或企业即为双方成立的合资经营公司。BOT方式在投资方面具有形式多样、选择灵活的特点，具体表现是：第一，允许投资者出资兴办新企业，也可以通过购买产权等方式在旧企业中占有股份，达到成立合资经营公司的目的；第二，可以成立股权式的合营公司，也可以成立无股权即契约式的经济组织，还可以成立股权加契约式的实体等；第三，成立公司，可以构成一个独立的实体、具备法人资格，也可以不构成独立的实体，而成立一种不具备法人地位、相对独立的经济组织；第四，投资比例根据东道国的起点要求，由投资者自主决定，可以独资，也可以合资或合作经营。

2. 经营阶段

BOT中的经营即企业的运转、操作和管理。经营方式可以选择以下几种。

第一，独立经营，即由外商独资经营，自负盈亏。这种方式有利于东道国学习外商的先进技术和管理经验。同时，对于东道国来说，仅仅利用税收及使用费和提供材料供应即可增加收入，而不承担任何经济风险。

第二，参与经营。按照国际惯例，参与经营即由投资者和东道国共同成立股权式的合营企业，合营企业成立董事会，依照合同、章程的规定，决定重大问题，并决定任命或聘任总经理，负责日常经营管理工作。

第三，不参与经营，即经合营或合作双方商定，委任所在国一方或聘请第三方进行管理工作；而投资方不参与经营，采用这种方式一般都是以固定的收益保障作为前提条件。

3. 拥有阶段

在BOT中还有两种演化方式，即BOOT和BOO，其中都包含了own，即拥有，这是指项目投资者拥有独立的财产权，并在法律上拥有起诉权和应诉权。一般成立合营的公司或企业以法人的全部财产承担责任，而其拥有与风险是并存的，即拥有多大的所有权，也就意味着要承担多大的风险。拥有的方式包括以下3种。

第一，部分拥有，通常为合资形式。合资双方谁的投资比例高，分利就多，而风险也随之增加。

第二，全部拥有，通常为独资形式。当外商投资比例增大到百分之百时，利润独享、独自承担风险。

第三，不拥有，或称放弃拥有，通常适用于合作经营。在这种情况下，外商为了避免风险，在投资过程中并不极力推崇拥有，而是寻求放弃权力以换取固定的报酬来避免风险。

由此可见，拥有与风险是并存的，而风险与经营紧密相关。实际上，在合资或合作经营中，利润、风险等问题都是经营的结果，所以，own可有可无，BOT之所以能成为主导方式而流行世界，原因也正在这里。

4. 转交阶段

特许权期满，项目公司将一个运行良好的项目移交给项目所在国政府或其他所属机构。这是采用 BOT 投资方式与其他投资方式相区别的一个关键所在。采用 BOT 投资方式，可以合资经营、合作经营、独资经营。但是在经营期满以后，都会遇到投资方如何将财产转移给东道国一方的问题。在通常情况下，投资方大都远在经营期满以前，通过固定资产折旧及分利方式收回投资，因此，大部分契约中都规定经营期满后将全部财产无条件地归东道国所有，不再另行清算，即这里的转移是无条件的。国际 BOT 项目的特许经营期限一般为 15~20 年，也有更长期限。

而一般意义上的合资经营的特征是投资双方按照投资比例（股份）共同经营，共享利润，共担风险。在经营期内，即使出现亏损也不允许一方收回投资本金；经营期满后，如双方不再继续合资经营，则对财产、债权、债务进行清算并分配剩余财产。对原有企业的处理是转售、有价出让或拍卖，需要由投资各方协商决定。东道国要获得项目的所有权，也可以用自己应分得的一部分剩余财产去折抵，或追加投资进行购买，这种情况下的资产转移是有条件的。

由此可见，BOT 融资模式是一个系统方式，它跨越独资、合资与合作之间的界限，可以运用各种各样的投资方式，且其最大的特点是可以以物引资，特别适合发展中国家的国情。

第五篇

典型案例

第 11 章　南南合作生物质能技术转移

首席作者：周宇光　董仁杰
贡献作者：赵　楠　付　延　杨　帆　揭晓蒙

生物质能技术作为一种在产生能源同时可实现废弃物充分利用的手段，特别适合在生物质储藏丰富的发展中国家推广应用。开展南南合作生物质能技术转移，将有助于非洲乃至"一带一路"沿线国家提升应对气候变化的能力，是中国在南南合作可再生能源技术转移项目中的重要行动。其中沼气技术作为生物质能源利用技术主要类型之一，在可再生能源南南合作技术转移中扮演着重要角色。随着生物质能技术的推广，近年来生物质燃烧尤其是不合理燃烧导致的污染物排放引起了国际社会的高度重视。在国际社会共同努力下，包括中国、印度和南非在内的一些发展中国家正在大力推广改进型生物质清洁炉具，这一过程促进了生物质能技术与相关产业的发展。本章以中国沼气工程技术与生物质清洁炉具为例，分析了中国沼气技术与清洁炉具技术的转移现状和典型案例，并基于案例总结得出有关技术转移经验。

11.1　中国生物质能技术转移现状

11.1.1　概况

1. 沼气技术概况

沼气作为一种常见生物质能，是有机物经微生物厌氧消化产生的以甲烷为主要成分的可燃性混合气体，通常产生于沼泽地和池沼中。农作物秸秆、畜禽养殖粪污、农产品加工剩余物、餐厨垃圾、工业有机废水、城镇生活污水及污水处理后的污泥，以及生活垃圾等有机废弃物均可作为制备沼气的原料。沼气使用方便、清洁，可解决农户炊事、照明等生活用能需求，有效改善人居环境，是促进农村能源革命的重要技术手段。

中国是世界上开发利用沼气较多的国家，最初主要应用于农村户用沼气池，以解决秸秆焚烧和燃料供应不足的问题。随着大中型企业废水、养殖业污水、村镇生物质废弃物排放量的增加以及城市垃圾沼气工程的建立，沼气的生产和使用范围逐渐拓宽。《全国农村沼气发展"十三五"规划》提出，到 2015 年，中国沼气生产能力达到 158 亿 m³，约为天然气消费量的 5%，每年可替代化石能源约 1100 万 tce。截至 2015 年底，中国总计建设农村户用沼气 4193 万处，大中型沼气工程 11 万多处，规模居世界第一，为上亿农村人口提供了优质生活燃料。年处理畜禽养殖粪便、秸秆、有机生活垃圾近 20 亿 t，年减排二氧化碳 6300 多万吨，可生产沼肥 7100 万 t，按氮素折算可减施 310 万 t 化肥，每年可为农民节支近 500 亿元，惠及 2 亿多人口（国家发展和改革委员会和农业部，2017）。

中国与发展中国家开展的沼气合作始于 20 世纪 70 年代，并逐步取得了成果。例如，在 2009 年，中国政府出台援助发展中国家的六项举措，在清洁能源开发利用和环境可持续发展领域进行援助，为发展中国家援建沼气等小型清洁能源项目。中国就大湄公河次区域国家建设 1500 个农村户用沼气发展计划制定，与相关国家开展联合研究，为发展中国家培训技术人才和管理人员，援建农村户用沼气、大中型沼气工程以及开展相关技术援助与项目投资合作等。

2. 清洁炉具技术概况

2010 年，全球有大约 28 亿人依赖固体燃料（如生物质与煤）进行炊事和取暖（唐鑫等，2014）。根据 2013 年世界银行报告，2010 年中国有超过 1.3 亿户农村人口（大于农村居民总人口的 3/5）以生物质能源作为其主要炊事用能。国际能源署预计，到 2030 年，现代清洁替代能源（如电力等）由于成本及配套设施建设等原因仍不能全面覆盖，中国仍会有 2.8 亿人依赖固体燃料进行炊事和取暖，使用生物质燃料的情况短期内仍将持续。

全球范围内，印度、印度尼西亚、泰国、柬埔寨、秘鲁、乌干达等发展中国家都大力开发和推广清洁生物质炉具。但这些国家的炉具制造企业均规模较小、工业化生产水平不高，其炉具结构也较为简单，火力强度较小，以自然进风、手工多次进料方式为主，且在制造过程中对生物质炉具燃烧机理、污染与健康等方面并未深入研究（陈晓夫等，2012）。

中国生物质炉具发展历史悠久，生产企业具有一定规模，产品种类齐全多样，在清洁炉具制造与应用技术领域一直处于世界领先地位。目前中国的清洁炉具已实现商品化，2016 年以来总销售量超过 800 万台，并在炉具设计、污染与健康、炉具碳交易等方面开展了较为深入的研究，形成了较为完备的标准体系和较为完善的生产技术体系。国际市场对中国生物质能技术及产品了解较为有限，因此中国清洁炉具项目技术转移将重点展示和推广中国炉具的先进科研成果与产品优势，在帮助非洲国家改善能源结构、促进节能减排、减少环境污染的同时，也帮助国内企业更多地学习积累生物质炉具技术转移经验，巩固中国在生物质能科技领域的前沿地位。

11.1.2 重要进展

中国政府高度重视南南合作，可再生能源领域南南合作是其中重要组成。近年来，中国生物质能技术积极"走出去"，通过承办多项政府间以及与多个国际组织之间的科技合作和交流项目，充分发挥了科技外交服务国家整体外交战略的重要作用，增进了与周边国家的友谊并达成共识，得到了多个国家和组织的认可，促进了区域经济社会的共同发展（梁丹，2015）。其中，发展生物质绿色能源以及与发展中国家打造利益责任共同体作为重要举措，为发展中国家发展绿色能源提供了广阔的市场前景。多元化的途径有力地推进了中国生物质能技术转移，通过多年来深层次的广泛合作，合作双方在沼气及清洁炉具技术转移方面都取得了较快进展。

1. 沼气技术

随着"一带一路"倡议进入落实阶段，相关项目的建设直接或间接拉动了国内投资与经济增长，为中国沼气技术参与发展中国家合作提供了广阔的市场与坚实的基础。中国沼气对外援助具有良好的声誉和优势，早在 20 世纪 80 年代，中国同联合国有关机构合作，通过双边援助渠道向圭亚那、乌干达等发展中国家开展沼气技术交流。同时，还与突尼斯、几内亚、瓦努阿图、古巴等国家开展沼气技术合作，援建示范工程，并取得较好效果（吴进等，2018）。在 2009 年，中国商务部出台多项措施，在 5 年内为发展中国家援建沼气等小型清洁能源项目，帮助受援国开发可循环利用能源，改善生产生活条件，促进可持续发展。中国组织的"2017 年发展中国家农业废弃物沼气化处理利用技术培训班"在成都举办，通过培训为发展中国家提供了良好的示范。在与东盟等的合作中，户用玻璃钢沼气池和软体沼气池等产品或授权产品已推广至非洲、南亚、东南亚的 20 余个发展中国家。

2. 清洁炉具技术

为推动发展中国家清洁炉具技术创新和技术进步，中国政府充分发挥高校、科研机构、中介机构和企业等各方面作用，与 100 多个国家的研究机构、国际组织和非政府组织建立了广泛的联系与合作，并开展了多项国际合作与援外项目，尤其是多渠道对外开展清洁炉具等可再生能源技术的输出。各方积极互动，促进在生物质能条件能力建设、环保产业和环境示范项目等领域的对接与合作。2011 年，联合国基金会、美国国务院与中国政府进行了沟通协调，在《中美战略与经济对话成果清单》第二十八条中特别提到了清洁炉具的推广。同年 11 月，中国国务委员和亚太经济合作组织对话中也谈到了与各国在清洁炉具推广中的合作。2017 年 11 月 27 日，来自尼泊尔人口与环境替代能源促进中心、可再生能源检测中心、科学技术学院的专家一行 6 人参观考察了中国清洁炉具产业，加深了双方在炉具研发、标准、检测方法和推广应用等方面的了解。上述活动对中国炉具企业深层次了解国外炉具市场需求、促进中国炉具企业"走出去"和与其他发展中国家开展合作起到了积极作用。

2012 年以来，中国清洁炉具专家与相关机构深入参与了若干国际合作项目和全球清洁炉具联盟组织的有关活动。为全面参与全球清洁炉具联盟全球工作计划，大力推进清洁炉具在中国及其他广大发展中国家的推广和应用，并将中国炉具的先进技术和产品介绍推广到其他国家，中国在中国农村能源行业协会节能炉具专业委员会的基础上发起组建中国清洁炉具联盟的号召（CACS）。该联盟是由企业、高校、科研机构和其他组织机构参加、以企业发展需求和各方共同利益为基础、以提升可再生能源产业技术创新能力为目标而形成的联合开发、优势互补、利益共享、风险共担的技术创新合作组织（陈晓夫等，2012）。

11.1.3 合作方式

中国生物质能技术对外合作方式呈现多元化特点,沼气技术转移的主要合作方式包括物资援助、技术交流与合作、人才培训、示范工程建设等,内容主要涉及农村户用沼气、大中型沼气工程、城镇生活污水处理、沼气实验室建设、沼气资源调查和制定发展规划等。

1. 物资援助

作为发展中国家,中国多年来在致力于自身发展的同时,始终坚持向经济困难的其他发展中国家提供力所能及的援助,承担相应国际义务。中国向受援国提供所需生产生活物资、技术性产品或单项设备,并承担必要的配套技术服务。

中国对外援助最早从提供一般物资开始。2008 年,应卢旺达政府请求,中国首次向非洲国家援助了玻璃钢沼气池和省柴节能灶,并提供后续服务,设备安装成功率达 100%。2014 年 11 月,李克强总理对缅甸进行正式访问期间,中方与缅方签署了应对气候变化物资赠送谅解备忘录,承诺向缅方赠送不超过 2000 万元的应对气候变化物资。经协商,双方在 2015 年 11 月再次签署了物资赠送谅解备忘录补充协议,明确了赠送物资的具体种类、规格及数量。2017 年 3 月 1 日,中国国家发展和改革委员会向缅甸自然资源和环境保护部赠送的包括 10 000 台清洁炉具在内的应对气候变化物资在缅甸顺利交付。中国充分结合受援国当地需求和实际情况,将国内先进耐用适用的产品作为援助物资,为其减排温室气体、应对气候变化做出了积极贡献。

2011 年以来,中国政府已累计投入 7 亿余元,用于开展气候变化南南合作,主要形式是通过节能低碳产品赠送和能力建设等形式帮助其他发展中国家提高应对气候变化能力。中国始终将国内生产的最优产品作为援助物资,这些物资满足了受援国生产生活急需,促进了受援国装备能力的提高和产业的发展。

2. 技术交流与合作

技术交流与合作是指由中国派遣专家,对已建成项目后续生产、运营或维护提供技术指导,于受援国当地培训管理和技术人员;帮助发展中国家完成某项专业考察、勘探、规划、研究、咨询等工作。技术交流与合作是中国帮助受援国增强自主发展能力的重要合作方式。

随着可再生能源技术转移的开展,中国派出了若干生物质能专家和项目组前往亚非拉等发展中国家进行技术交流与合作。例如,2004~2005 年,中国派出专家组前往突尼斯援助突尼斯政府建立国家沼气实验室,协助该国制定了国家沼气发展规划并通过论证。自 2006 年起,中国已陆续与非洲合作建设数十处农业示范中心,其中部分示范中心将沼气技术作为核心,用于处理农业废弃物并生产生物能源(朱月季等,2015)。通过项目实施与技术合作,中国沼气技术在诸多发展中国家带来了良好的生态效益和社会效益,相关国家群众对中国技术逐渐认可。

实地考察也是技术交流与合作的重要形式，2017 年，在全球清洁炉灶联盟中国项目经理 Jichong Wu 先生和驻肯尼亚办事处项目负责人 Daniel M. Wanjohi 先生陪同下，由中国清洁炉灶联盟组织的中国清洁炉具考察团一行 10 人先后考察了乌干达和肯尼亚的清洁炉具市场，与当地政府相关部门、非政府组织、炉具企业、成型燃料厂进行了交流座谈。考察团在考察非洲市场的同时，也努力帮助非洲发展中国家提高清洁炉具技术，推动可再生能源领域的南南合作。

3. 人才培训

人才培训是指中国通过多边或双边渠道为发展中国家举办各种形式的政府官员研修、学历学位教育、专业技术培训以及其他类型的人员交流活动。人才培训的目的是"授之以渔"。

1）来华培训。以国内科研机构、大学和企业等为依托，接收发展中国家人员来华培训，渠道为发展中国家培训沼气技术应用人才和管理人员。例如，2017 年 8 月由中国商务部主办的"2017 年发展中国家生物质能源利用研修班"，接收了来自"一带一路"沿线的阿塞拜疆、格鲁吉亚、斯里兰卡、尼泊尔等国家学员来华学习沼气利用技术。

2）援外培训。中国通过技术合作等方式于受援国当地培训大量管理和技术人员。从 20 世纪 90 年代开始，中国政府陆续与发展中国家及相关组织合作，在发展中国家实地开展援外培训工作。2017 年 7 月，在中老合作委员会和中国驻老挝大使馆经济商务参赞处协助下，中国商务部在老挝首都万象开办了沼气推广技术海外培训班。

4. 示范工程建设

中国先后在突尼斯、孟加拉国、古巴、埃塞俄比亚、菲律宾、印度、老挝等发展中国家进行了生物质能领域工程的设计和施工。2006 年，中国与德国 BEB（Biogas Energy Berlin）公司合作设计了联合国工业发展组织项目"坦桑尼亚剑麻废液产沼气发电工程"；2015 年，由中国企业修建的埃塞俄比亚第一座沼气垃圾发电厂正式完工，该发电厂可解决垃圾处理问题，将垃圾转化为电能，为亚的斯亚贝巴提供稳定可靠的电力供应；2016 年 10 月，毛里塔尼亚特拉扎省瓦德纳加县中国援毛里塔尼亚畜牧技术示范中心修建了一口 $10m^3$ 户用沼气池，并成功产气点火。学员全程参与沼气池的修建过程，学习沼气灶、沼气热水器和沼气灯运行和使用，结合教学与示范学习实用沼气技术。生物质能项目示范工程建设，对推广中国生物质能技术与相应技术转移起到了积极的促进作用。

11.1.4 取得成效

1. 推动发展中国家生物质能技术提升

生物质能新技术作为清洁能源，是解决发展中国家能源匮乏、资源短缺、环境污染等难题的有效途径之一。中国沼气对外合作经历了从砖砌、浮罩式沼气池逐步发展到玻璃钢沼气池的过程，其技术和发酵工艺易于掌握，配套设备结构简单，操作方便且实用，造价低且可持续，深受发展中国家民众欢迎，显著改善了当地农村生活环境，有力地推动了合作国家沼气技术的发展，同时提升了中国沼气技术的国际影响（赵玉凤，2003）。

2. 为发展中国家培养可再生能源领域技术和管理人才

通过接收相关国家人员来华接受沼气技术培训，派遣科研人员出国考察，参加技术培训及高水平学术交流国际会议，建设生物质能领域示范工程，提高科研人员的整体素质和能力，中国为众多发展中国家培养了大量生物质能技术和管理人才，增进了我国与受援国人民的友谊和相互了解，有助于有关技术的本土化发展。例如，农业农村部沼气科学研究所持续 30 多年对外开展培训工作，实施了 40 余项国际合作与援外项目，成功举办了 82 期国际沼气可再生能源技术培训班，为 140 多个国家培训价约 2000 名沼气技术和管理人才，真正实现了沼气技术的"授之以渔"。此外，中国农业大学承办"2012 年中国教育部生物质炉具设计、生产和性能评价高级研修班"期间，发起成立了南南合作炉具性能评价平台"南南合作可持续炉具研究组"（South-South Sustainable Stove Group，S^4G），倡导建立全球生物质炉具性能标准和测试方法，促进了中国与非洲等发展中国家在生物质炉具领域的交流与合作，帮助众多发展中国家培训了生物质清洁炉具人才。

3. 打造政府间合作成功典范

中国致力于与世界各国分享可再生能源领域所取得的成果，通过沼气与清洁炉具等技术转移与示范性项目建设，各国了解了中国可再生能源技术的先进性、适用性和相关政策，促进多边技术交流和产品输出，并得到了发展中国家学员的好评和认同，产生了良好的示范效应。中国政府与世界各国相关研究机构、企业等通过各类合作项目实施，建立了良好的合作关系，扩大了中国可再生能源技术在发展中国家的影响力，成为政府间合作成功典范之一，也为开展更高水平的可持续发展南南合作奠定了坚实的基础。

11.2 案例分析：中国援突尼斯沼气发电示范项目

11.2.1 项目背景

非洲大陆面积广阔，是总面积仅次于亚洲的第二大洲。2016 年，据国际可再生能源署研究表明，非洲约有 6 亿人口未接通生活用电，电力短缺严重制约着非洲社会经济的发展。为减缓和应对气候变化，中国如期参加 2015 年在法国巴黎举办的第 21 届联合国气候变化大会（COP21）并正式向联合国提交国家自主贡献。发达国家将继续带头减排，并加强对发展中国家的资金、技术和能力建设支持，帮助发展中国家减缓和适应气候变化。在所有方案中，生物质能是可再生能源领域应对气候变化的重要组成部分。

非洲的大部分发展中国家和地区基础设施落后,生产和生活条件难以得到改善,现有能源系统改进缺乏建设资金,难以满足其经济社会发展需求。这些现实状况直接制约着非洲国家的发展,因此,改善能源结构供给,大力开发生物质能等可再生能源,是保障其经济社会发展的迫切需求。非洲可再生能源丰富,种类繁多,资源种类包括太阳能、水能、地热能、生物质能、风能、海洋能等,拥有巨大的开发潜力。数据显示,非洲生物质总发电资源潜力达到 26 310 亿 kW·h,中非地区生物质发电潜力约占 59%。生物质能是撒哈拉以南非洲地区重要的可再生能源,约有 79% 的撒哈拉地区居民依靠生物质提供能源,但能效较低且污染严重(Jones,2014)。由于技术水平较低、发展不均衡等原因,非洲生物质能源发展相对滞后,虽然非洲的可再生能源利用量在持续增加,但其占据全球可再生能源利用的份额却逐年下降。

根据埃克森美孚公司发布的《世界能源展望2040》和非洲联盟 2012 年制定的《非洲基础设施发展计划》(PIDA),非洲能源需求将以 6% 的年均增长率增加,到 2040 年将达到 31 880 亿 kW·h。因此,电力装机容量必须至少以年均 6% 的速度增加,由 2012 年的 1.4 亿 kW 增加到 2040 年的 7 亿 kW(易卜拉欣和程晖,2016)。从资源供给和电力需求增速来看,非洲地区能源供需矛盾越来越明显,非洲众多国家面临着资源短缺和环境保护的压力。

中国政府自 20 世纪 50 年代开始对非洲进行援助与合作。从物资援助和技术设施援建,到合作建设工程项目和人力资源培训,再到如今越来越广泛的资源开发和经贸往来,国际生物质能源产业发展模式样板已逐渐形成。几十年来的合作历史证明,非洲在可再生能源领域内发展需要中国的帮助。2000 年中非合作论坛"首届部长级会议"举行以来,越来越多的非洲国家政府开始注意到中国可再生能源发展道路模式对于非洲经济、社会发展的借鉴意义。

生物质能技术转移在改善发展中国家的环境、农业和社会经济方面有巨大潜力,同时有助于发展中国家产业结构调整,因此受到相关国家的极大重视。作为生物质能技术转移的范例,突尼斯养鸡场沼气发电示范工程来源于中国政府援助突尼斯政府的沼气技术合作项目,是非洲迄今为止最为成功的沼气项目。作为节约农村生活用能、促进农业增收、保护生态环境的有效手段之一,沼气技术的发展能够帮助非洲人民解决用电用能需求,实现农民收入增长,对促进非洲农村经济发展具有不可估量的作用。发展沼气技术,促进农业现代化的尽快实现,除依靠非洲国家自身努力外,还需大力开展国际合作和技术引进。中非友谊深厚,拥有良好的合作关系。开展中非可再生能源生物质能领域合作研究,能帮助非洲生物质能利用技术发展,提高非洲用电用能水平,改善非洲人民生活质量,并且提升环境治理水平,促进节能减排。

11.2.2 项目执行

中突合作实施的养鸡场沼气发电示范工程位于突尼斯中部临地中海边苏塞市郊一私人农场,该工程占地 1200m^2,酵罐容积为 300m^3,全钢筋混凝土结构,罐内由布水器加三层

12孔空心砖作为填料,其工艺为典型的上流式厌氧滤床(AF)。储气柜为100m^3的钢浮罩,预处理部分采取集料池、筛滤池和调节池三部分,泵房和自动进料控制箱设在地下,以利于进料。预处理部分的三个小池均利用地形高差,从高到低,以便料液自动流进泵房。设计滞留期为20天,每天平均进料15m^3左右。每天自动进料二次,进料时发酵罐上部的料液即同时通过溢料口自动流到沉淀池。沉淀池上方安装有一个小钢制钟罩,其作用是将沉降池中剩余的沼气回收到储气柜,而沉降池中的一部分料液再用泵回流到集料池,起稀释和驯化新鲜鸡粪的作用,其余大部分发酵后料液作为有机肥供农场种植业施用,收集的沼气经脱硫塔脱硫后再经过流量计进行计量,然后进入浮罩式钢储气柜。该工程发电机组采用胜利油田动力机械(集团)有限公司生产的天然气发电机组,由于是示范项目,加上农场本身用电量不大,采用2台24kW的发电机组。

养鸡场沼气发电示范工程于1999年4月动工,2000年4月投入运行,同年7月交验,一年后养护期满正式验收合格。经过三年的试运行,工作状态一直良好。该工程的实体模型也经常在突尼斯环保、可再生能源和农业等全国展览会上展出,并得到突尼斯总统的赞赏。

继成功实施养鸡场沼气发电示范工程之后,2002年应突尼斯政府的邀请,中国专家组赴突尼斯养牛培训中心对突尼斯农业科技人员进行了两期沼气技术培训,同时指导突尼斯技术人员修建了一口中国标准农村家用沼气池。该沼气池产气效果优良且稳定,作为示范的两盏中国生产沼气灯悬挂在养牛棚内,吸引了不少当地人前来参观。

与此同时,专家组还应突尼斯邀请,对突尼斯的三个大中型肉联厂、养鸡场、养牛场废物处理进行了详细的实地调查,圆满完成了三项工程的技术经济可行性报告并通过验收。

2004~2005年,中国派出专家组前往突尼斯援助其建立国家沼气实验室,制定国家沼气发展规划并通过论证,中突双方在沼气技术方面的合作逐步得到强化。

11.2.3 项目成果

按照设计,养鸡场沼气发电示范工程每天可产生200m^3沼气,发电量可达300kW·h。实际产气潜力可达到300m^3/d,即池容产气率可达1m^3/(m·d),特别在夏天气温高时更加明显。

作为养鸡场沼气发电示范工程的直接受益者,农场主在中国专家指导下,不断完善沼气和沼肥的利用,除发电用于照明和各种动力(抽水、加工饲料、鸡舍升降温等)外,还直接将沼气用于做饭、烧锅炉等。一部分沼液经稀释后直接作肥料浇灌农作物和橄榄树,一部分回流到集料池与新鲜鸡粪混合同时起接种作用,同时节约用水量。沼渣经风干后用于农场改良土壤,同时正计划生产商品复合肥出售。经现场调查,施用沼肥的橄榄树结果比未施沼肥的要提前一个月,并粒大饱满。同时,土壤质地和团粒结构都有明显改善。

11.2.4 项目经验

发展中国家自然环境差、能源结构单一，是制约其经济发展的重大难题。而沼气技术的推广和应用能缓解这些矛盾，并促进工农业可持续发展。以能源领域为出发点，中国与非洲国家建立的全方位可再生能源战略伙伴合作关系得到非洲合作国家的积极响应和有效支持。在沼气技术推广过程中，政府需从政策、法规、资金、税收等方面给予优惠或扶持，加强技术和管理方面的建设，开展广泛的国际合作和交流。就突尼斯而言，国家可再生能源署、环保部门、农业部门都很重视沼气技术的推广应用，同时，其全国沼气资源调查和建设规划也在有序进行。

上述案例经验总结将有助于中国沼气技术向发展中国家推广，为中国沼气企业进入国际市场参与承包与竞争提供参考。

1）应用成熟的技术和设备，坚决把好质量关。在设计方案中，应尽量采用先进可靠的发酵工艺和经济实用的施工技术和设备，在沼气发电机组选用时，经多方调查、选型，由BRTC领导专家亲自现场试火发电，方可装箱发货。在施工中，应建立一支高素质施工队伍，各专业工程师和技工都应经过严格挑选。同时，对施工技术组全体成员经常进行"质量第一"的教育和现场严格检查把关，对不符合质量要求的作业立即进行返工。

2）因地制宜，因人施教，就地取材，讲求实效。在工程施工和技术培训项目中，专家组充分采用"因地制宜、因人施教"的原则，从池型、建池材料的选用到菌种富集、原料的预处理和工艺参数选取，都根据当地具体条件，如气温、土质、地下水和当地人工的施工技术水平等进行确定。在发酵罐用填料时，采用当地产12孔空心砖，效果明显。

3）领导重视，严格科学管理，坚持项目经理负责制。项目的成功实施与公司领导重视、严格科学管理和坚持项目承包责任制密不可分。项目组与公司签订实施协议，明确规定双方权、责、利，项目负责人从项目引进到实施项目全面负责，利于责任到人，协调管理。

4）在"守合同、重信誉"的同时，坚持把国家利益放首位。在援突项目中，除遵守合同，注重信誉外，坚持把国家利益放在第一位。全体专家组成员需要树立"为国争光"观念，在对外交往中，既严格按合同办事，又不失灵活的外交，树立了良好形象。

通过对突尼斯沼气行业发展现状的分析得出，在发展中国家特别是非洲国家沼气技术推广与应用具备极高可行性，市场潜力及空间巨大。技术转移过程中，中方应始终坚持推广已应用成熟的设备与技术，既要保证技术因地制宜、培训因人施教，并科学管理项目，更要以保证国家利益为首要前提，坚持按合同办事，树立中方诚信形象。未来，中国应通过突尼斯沼气技术转移项目站稳脚跟，以中国成熟适用的沼气技术和项目为纽带，使沼气技术转移南南合作的影响辐射周边地区和国家，推动中国沼气"走出去"，帮助非洲合作国家解决发展难题，有效提升中国在全球治理中的影响力与话语权。

11.3 案例分析：中缅、中蒙清洁炉具技术转移项目

11.3.1 项目背景

固态燃料作为广大贫困人口炊事和取暖的主要能源，在传统炉具中燃烧性能较差。燃烧过程释放大量细颗粒物、一氧化碳、二氧化硫、多环芳烃、黑炭等严重影响空气质量的有毒有害物质。使用高效、清洁、经济和方便的户用生物质炉具，作为降低空气污染程度、减少燃烧固体燃料危害、实现节能减排的重要举措，近年来受到国际社会广泛关注。

清洁炉具推广有助于提升人民生活水平。大规模推广清洁炉具将有效减少燃烧固体燃料产生的健康危害，节约能源并降低 CO_2 排放量。全球清洁炉灶联盟曾提出于2020年之前在全球推广1亿台清洁炉具的宏伟目标。2015年6月22~24日在第七轮中美战略与经济对话中，两国就重大双边、地区和全球性问题深入交换意见，就双方推广清洁炉具达成一致，中方作出到2020年推动至少4000万农村家庭使用清洁炉具及燃料的重要承诺。要实现这个目标，最重要的一点就是加强国与国间合作，尤已占世界贫困人口多数的南南国家间合作最为重要。

11.3.2 项目优势

生物质炉具以可燃生物质（木柴、秸秆、锯末、谷壳、树叶等）为燃料，将生物质在炉膛顶部直接点燃（上点火、反燃烧），炉膛在短时间内（3~5min）温度迅速升高，达到一定高温时生物质发生分解释放大量可燃挥发分，可燃挥发分在炉膛上部的二次供氧下发生燃烧，产生的大量热量直接从炉膛顶部供热，同时下层生物质在高温条件下持续分解直至燃烧完毕。由于生物质分解产生的可燃挥发分在二次供氧下充分燃烧，减少了烟尘排放，提高了热效率，满足节能、环保的要求。使用生物质能清洁炉具有如下优势。

1) 燃料来源广泛。各种固态可燃的农业及林业废弃物，如秸秆、牲畜粪便、玉米芯、树枝、藤条等在农村广泛分布，生物质炉燃烧可促进废弃物无害化处理、资源化利用。

2) 功能齐全。适用于农家烧水、做饭、取暖等多种用途，也可以当餐桌和茶几使用。

3) 操作和使用简便。采用上点火、反燃烧，火力猛，上火速度快，30s 就可以点燃。加满料后一次可燃烧 90min，并随时添料。火力大小可通过抽动灰箱调节。

4) 节能省柴。使用二次燃烧技术比普通炉具节省燃料，仅需 8~12min 即可烧开 4kg 凉水，效率远高于传统炉具。

5) 环保卫生。燃烧时不产生焦油和水，烟尘排放低并通过烟管排到室外，室内无烟、无气味，大大改善农户室内空气质量，有益于居民身体健康。

6) 产品质量高。内胆炉芯采用加厚耐高温保温材料，质量高于传统炉具。

11.3.3 项目成果

1. 缅甸农村清洁炉具捐赠计划

2017年3月1日,中国赠送缅甸应对气候变化物资交接仪式在缅甸首都内比都举行。国家发展和改革委员会向缅甸自然资源与环境保护部赠送了1万台清洁炉具和5000套100W太阳能户用光伏发电系统。同时,中国供货企业对来自缅甸14个省林业及干旱区绿化部门近40名官员和技术人员进行了有关使用与维护的技术培训。

该计划为缅甸普通农民家庭提供清洁能源、改善生活条件,并为缅甸改善农村空气质量、减排温室气体、应对气候变化做出积极贡献。这是中国气候变化南南合作的又一重要成果,也是中缅两国携手应对气候变化挑战的成功探索。

2. 中国清洁炉具代表赴蒙古国考察

2014年6月18~20日,应蒙古国国家清洁空气质量委员会邀请,中国组织清洁炉具行业有关单位专家共15人参加了蒙古国政府举办的"2014年清洁炉灶论坛暨展示会",对蒙古国清洁炉具产业发展、实验室测试及用户使用情况进行考察,并与蒙古国政府相关部门、企业,以及国际组织代表进行了深入交流。

考察活动包括参加蒙古国清洁炉灶论坛暨展示会,参观考察蒙古国炉具检测中心,参加中蒙清洁炉具论坛,与蒙古国政府代表深入会谈等。通过此次考察,与会代表了解了蒙古国炉具生产和发展现状,为今后两国在炉具领域开展合作打下了良好的基础;了解了蒙古国政府对清洁炉具的支持计划,以及清洁炉具测试方法和标准要求,有利于中国清洁炉具企业打开蒙古国市场;通过一系列考察活动,中国加强了与蒙古国政府的合作关系。

11.3.4 项目特点

在全球清洁炉灶联盟带头下,中国与众多发展中国家开展清洁炉具技术转移,各方均就行业内健康研究、气候研究、标准和测试研究、技术和燃料研究、金融和投资研究、碳交易研究、检测和评价研究等方面定期展开会谈,研讨并制定下一步的工作计划。现阶段经研讨取得南南合作生物质能清洁炉具领域阶段性实施策略,主要包括以下3个方面。

1)提高市场需求。明确用户具体需求,开发广泛燃料适应型清洁炉具,通过补贴炉具和燃料等方式,刺激市场需求。

2)加强产品供应。通过碳交易经济补贴促进清洁炉具和燃料大规模推广,健全和完善炉具技术知识产权保护体系,并确保炉具产品推广至更广泛的人群。

3)营造良好氛围。开发国际通用测试指南,吸引政府、企业、投资者等各方关注和重视,设计科学有效的测试和评估系统。

11.4 经验总结

11.4.1 以援助带合作，加大援助力度

对外援助与开发合作都是"一带一路"建设工具箱中不可或缺的重要手段。中国对外合作传统模式，大多是对发展中国家的单向资金注入，主要通过直接援助物资和建设项目，由中方企业和有关机构负责实施，这虽然在一定程度上满足了合作国需求，但不利于其能力建设，也导致中国在合作项目选择上的被动性和临时性，不利于合作项目可持续发展。

新时期中国对外援助旨在帮助发展中国家提高自主发展能力，促进施受双方共同发展和互利共赢。对外援助和开发合作可根据自身特点在重点领域单独发力或协同推进，引导商业投资，撬动市场资金，实现政府、企业、市场间的良性互动和协同配合。

(1) 以对外援助为主要手段促进政策沟通和民心相通

中国对外援助应更加注重为受援国提供经济发展规划咨询、经济发展战略对接、人力资源培训等软环境建设支持，以对接双多边需求，协调解决合作中存在的问题，逐步构建以中央政府为主、地方政府为辅、非政府机构广泛交流的多层次国家间宏观政策沟通机制。此外，以生物质能领域南南合作为参考的技术转移，技术受援国广大群众是最直接的受益群体。以清洁炉具为例，缅甸农村清洁炉具捐赠计划中，环保的清洁炉具将为缅甸普通农民家庭提供清洁能源、改善生活条件，因此，要注重与沿线各国社会各界群众深入交流，派遣各类技术专家和志愿服务团队在发展中国家深根厚植，夯实南南合作发展中国家之间的民意基础。

(2) 以开发合作为主要方式推进设施联通和产业投资

汇集中国实用并适用的可再生能源技术，统筹利用国内和国际市场和资源，以项目为牵引，采用大联合与大协作布局等协同创新方式，促进资金、技术、资源和市场四大要素的结构性互补，开展不同规模合作研究和多种形式的交流，破解影响中国可再生能源产业"走出去"成本高、市场结构模糊与风险未知的障碍。考虑到基础设施互联互通项目通常具有投资规模大、建设周期长、建设难度和风险高的特点，单纯商业投资难度较大，此类项目原则上应以开发合作方式为主，由开发性金融提供资金保障，只有少数具有战略意义的关键项目可以考虑采取援助方式。

(3) 坚持两措并举，有的放矢

中国沼气技术转移作为可再生能源"走出去"的一部分，承载了扩大对外开放、提升农业竞争力的多重任务，面临着统筹国内、国际两个市场与科学谋划、合理布局、突出重点、优化方式等新要求。围绕南南合作发展中国家可再生能源领域建设，中国将加强对外援助开发合作与可再生能源技术转移中诸多国家的战略对接，将发展中国家需求与中国关切相结合，准确对接对外援助和开发合作最适宜的领域和项目类型，注重发挥对外援助对

开发合作，以及两者与商业投资的连带效应，确保援外资源的高效利用和开发性金融的投资回报，对经济效益较为稳定、实施风险较小的项目以市场化机制通过商业合作完成。

在南南合作和中非合作论坛等框架下，中国对非援助正有条不紊地开展，目前，中国占非洲接受外国援助总额比例并不高，中国对非援助关键是用中国技术带动非洲国家能源结构改革与发展。开展可再生能源技术合作作为一个很好的切入点，既符合中非双方需要，也符合全球发展转型趋势。针对非洲资源丰富、市场潜力大、资金和技术短缺的现实，援助依然不可或缺。新能源技术援非应是一种包括技术、资本、管理和知识等"一揽子"的援助，充分发挥援助的综合效应和杠杆作用，带动合作深入展开。

11.4.2　以技术换市场，推动技术转移

借助第三方平台，中国要大力促进政府、企业和民间不同层次的合作，提升合作内涵，让可再生能源技术国际科技合作从一般性的交流互访向实质性合作转变，为中国生物质能技术"走出去"奠定基础。依托国家战略发展框架，中国借助"一带一路"沿线国家现有合作机制，吸引第三方组织或机构参与或共建国际性科技研发、科技信息和成果交流展示及投融资共享服务平台，完善技术科研与智库相结合的工作机制，按照市场实际需求的引导，做好有关技术转移对接，为中国可再生能源"走出去"提供技术支持。

中非可再生能源技术转移可以通过直接投资、商品贸易和技术贸易等多种方式进行。对非洲国家来说，尤其在广大农村地区，需要将中国生物质利用的技术优势技术与非洲资源优势结合起来，优先选择技术要求低、工艺简单、资金需求小、劳动力容纳量高的生产项目，依靠可再生能源技术来提高产品竞争能力，前景十分广阔。从战略层面看，中国可利用可再生能源技术开发非洲市场，通过非洲10亿人口的市场规模来消化和降低中国可再生能源研发成本，以技术为纽带，统筹双方市场。

中非可再生能源合作作为市场寻求型投资，需从长期利益出发，先立足，后扎根，再发展，最终占领市场。目前中国在非投资企业多是资源寻求型企业，缺乏真正的跨国经营意识和长期经营目标，一般只求"投资少、见效快"。中国应结合非洲实际情况和中国可再生能源产业发展，制定针对非洲的对外投资规划，明确重点区位和产业，以重点项目、优势技术、龙头企业牵头，从长期战略来规划对非可再生能源投资和产业转移。

11.4.3　创新合作方式，促进深入交流

"一带一路"倡议下的南南合作是中国以互利共赢共同发展理念引领的国际合作新形式。可再生能源领域合作方式日益多样化，从人员培训、技术交流与物质援助发展到设计-采购、设计-采购-建设等多种形式，合作双方开始强调共商、共建、共享，多层次、多领域、多形式的泛区域合作范式（郭朝先等，2016）。因此，中国生物质能技术"走出去"要接受和适应新的合作模式。借助于第三方平台，促进不同层次的合作，提升内涵，引领可再生能源领域国际科技合作从一般性交流互访培训向实质性合作转变，为中国其余可再

生能源"走出去"奠定基础。

企业应成为技术转移主力军。首先要完善产权制度，明晰企业产权，这是企业技术创新的内在动力；其次要努力拓宽融资渠道，通过发展风险投资和证券市场，增加企业的研发资金来源，提高企业自身技术能力；最后要扩充获取外部技术资源的渠道，通过参与国际技术战略联盟和实施"走出去"战略，变被动型国际技术转移为主动型国际技术输出。总之，要利用一切途径提高技术输出国企业优势，以增强中国企业在国际可再生能源技术转移活动中的综合实力。

大学与科研机构应努力探索国际技术转移新途径，广泛进行国际科技交流与合作，通过国际技术战略联盟的形式与跨国公司进行合作，实现知识和技术的双向与多向水平式交流，共同开发新技术和新产品。

科技中介机构应当通过发挥市场对科技资源的基础性配置作用，同时为国内技术主体与国外技术接收者提供专业化、社会化服务，促进技术在国际范围的扩散以及创新资源的有效整合。政府应当完善在国际技术转移活动中的服务功能，为国际技术转移活动双方提供知识产权保护和良好的软硬环境，促进国际技术合作和国际科技人才流动。

11.4.4 优化人力资源，提升合作质量

可再生能源领域南南合作专业性较强，推动中国可再生能源产业"走出去"，对人才有着更高的要求。"一带一路"建设涉及历史、文化、风俗、语言等的差异，要求管理和技术人员具备相关专业知识、外语交流能力和多元文化背景。随着南南合作的纵深发展，驻外机构、相关科研院所和企业要积极参与，通过营造良好合作环境，加大人才培养投入力度，制定科技人员培养机制，全面提升援外人才能力，打造专业型、复合型、高素质、国际化人才队伍，只有这样才能为可再生能源领域技术转移提供人力保障。

人力资源的性质决定了它在国际技术转移中的核心资源地位。一方面，人力资源具有一般资本性资源的共同属性，即可以产生新价值，其质量高低取决于投资程度；另一方面，它又具有一般的物质资本所不具备的特殊属性，随着对人力资本投入的持续增加，长期回报规律线为向上倾斜的，因此人力资源具有长远的战略投资意义。中国对非洲援助的历史经验表明，加强贫困地区可再生能源开发利用将是一个长期的过程，综合改善农村资源环境是可再生能源项目可持续发展的重要保证。农村人力资源是可再生能源项目技术转移中最活跃的因素，是技术援助最终的承担者，也是可再生能源开发利用项目最终的实施者，提高其对援助项目接受的意愿和能力对改进援助效果至关重要。总的来说，日益密切的国际技术转移合作对未来人力资源的发展与建设有着越来越高的要求，现提出如下几点建议。

第一，通过建设国家可再生能源科技基础条件平台，提供优惠政策，努力完善科研环境。科技人才往往会把科研环境因素放在第一位，设立专项基金为科研建设提供资金支持，同时配套一系列优惠政策优先建设有利于产业结构升级与产业技术发展的软硬环境，促进产学研结合，以提高自身吸收先进技术的技术基础。

第二，加快完善面对优秀人才的激励机制。高层次人才付出的是超常创造性的智力劳动，并且为全社会带来超常价值的回报，因此必须给予他们体现劳动差异的激励机制。对于国家产业政策中优先发展的共性、基础性产业技术研发有突出贡献的优秀人才，国家应当给予嘉奖，并形成规范化的奖励制度。

第三，加快完善知识产权保护法律体系，依法保护知识产权，为各类优秀人才创新工作环境提供法律保障。知识产权法是保护一切智力成果专有权利的法律制度，中国应加强对该领域技术人才智力成果的保护，并根据国际知识产权保护的通行标准与法律制度，推出相关专业人才保护措施，吸引大量优秀人才。

第 12 章　南南合作太阳能技术转移

首席作者： 袁潇洋　王卫权
贡献作者： 彭雪婷　贾　莉　付　延　高启慧

太阳能技术相较于水能、风能、生物质能等其他可再生能源技术起步较晚，但近年来发展十分迅速。凭借能量利用方式直接、适用场景广等特点，光伏发电技术成为众多太阳能技术中发展最快的一种。在技术转移过程中，南方国家普遍存在科技、社会发展程度不一，基础设施较差，产业链不完整，贫困比例偏高等情况，而光伏发电技术具有对电网依赖程度低、产出能量品质高、规模自由等特点，在边远地区电力普及、促进基础设施建设和消除贫困上发挥了很大作用。另外，以太阳能热水器为代表的光热技术和以制氢为代表的光化学技术的技术需求较低，消纳途径单一，其技术转移案例较少。因此本章将重点放在光伏发电技术的转移上，以中国光伏产业、技术总体情况为基础，总结中国光伏发电技术转移的优势及可行机制，并以典型案例分析为支点，总结中国太阳能技术转移经验，为更广泛的太阳能技术转移提供参考借鉴。

12.1　中国光伏发电技术转移现状

12.1.1　光伏发电技术介绍

光伏发电技术是指利用半导体界面的光生伏特效应将光能直接转变为电能的一种技术。其技术核心为太阳能电池和包括控制器、逆变器及中控系统在内的配套技术。该技术不涉及机械部件，对其他工业基础要求不高，可靠性较强。单个光伏发电组件大小由串联的太阳能电池体量决定，大小灵活，因此无论是大型并网发电还是分布式小型发电系统均可通过相似工艺进行制造。

光伏发电电池分为单晶硅、多晶硅及薄膜材料三类技术路径，其中硅基技术占市场份额的95%以上。三类技术路径在用料成本及电能转化率等方面各有高低，没有绝对优劣之分。同时，正因光伏技术路径多样且对工业基础要求不高，在市场向好的预期下充分调动了私营资本研发的积极性，加速了光伏技术更新换代。

12.1.2　中国光伏发电技术转移优势

1. 技术优势

随着光伏技术应用量增加，中国企业不断加大技术研发力度。以电池技术为例，中国企业创造了实验室电池效率的多个世界纪录。在商业化环境下，中国企业保持了多项技术路线电池转换效率纪录。表12-1为不同技术路线的商业化量产电池片最高转换效率。

表12-1　商业化量产电池片最高转换效率

企业	电池片技术路线	转换效率/%
隆基股份	P型钝化发射极电池（单晶硅）［P-PERC（mono-Si）］	23.1±0.46
晶科能源	P型钝化发射极电池（多晶硅）［P-PERC（multi-Si）］	22.0±0.44
天合光能	N型钝化发射极电池（单晶硅）［N-PERT（mono-Si）］	23.1±0.45
汉能集团	柔性砷化镓电池（单结）［GaAs（1-Junction）］	28.9±0.20
中国科学院半导体研究所	钙钛矿太阳电池（Perovskite）	23.32

中国积极开展技术标准及技术人才培养体系建设。技术标准是制造、工程的重要保障，其维护了市场秩序，引导产业良性发展。随着光伏产业规模的扩大，截至2018年底中国陆续出台了69项国家标准、19项行业标准以及34项团体标准①。在人才培养方面，上海交通大学、华北电力大学、北京交通大学、中山大学、南开大学、合肥工业大学等高校相继开设了与光伏相关的课程，上海交通大学、西安交通大学、中山大学、南开大学、合肥工业大学等高校成立了与光伏相关的专业研究机构。

从前沿技术、标准引导到人才培养，中国光伏技术领域具备完整的研究体系，部分尖端技术处于世界领先水平。在具体技术方面，由于快速迭代，部分光伏技术可能在中国市场已不具备竞争力，但在一些南方国家依旧处于领先地位。通过商业化技术转移，中国企业可以收回此类技术的搁浅成本，技术受让国企业则能以较低成本获得先进技术。更重要的是，中国完善的人才培养体系可以为技术受让国培养自身的光伏领域科研力量，为其在技术转移的基础上实现技术再创新打下基础。

2. 产业优势

截至2018年，中国光伏累计装机容量达1.74亿kW，除扶贫项目外，全部由市场化运作完成。仅2018年，光伏行业拉动社会投资约4000亿元，带来社会税收1000亿元，创造就业岗位200万个，产品出口额达161.1亿美元。在制造方面，中国电池片及组件产量均占全球总产量70%以上，全球产值前20名的制造商中国占15个；中国多晶硅产量在全球产量中占比接近60%，硅片接近90%。除产品本身外，各生产环节制造设备的国产化也达到95%以上。

从市场、产品到制造设备，中国已成为世界光伏产业的重要基地之一。由于国内光伏政策的变化以及市场的阶段性饱和，企业也开始愈发追求开拓海外市场。通过技术转移进行海外市场开拓，一方面让企业更容易进入海外市场，另一方面企业在中国市场的经验也可以帮助技术受让国更好的培育本土市场。

---

① 来源于国家标准网、中国电力企业联合会、中国光伏行业协会。

3. 政策优势

除直接的可再生能源技术转移支持外，中国政府也通过"一带一路"倡议，广泛支持可再生能源在全球范围内的普及。以"一带一路"沿线重点国家发布的可再生能源装机规划目标水平为基础，预计到 2030 年，沿线 38 个国家的可再生能源装机总量有望达到 644GW，风电、太阳能总投资有望达到 6440 亿美元（自然资源保护协会，2019）。同时，国际机构也通过政策机制助力可再生能源的推广，如世界银行的能源类贷款中，有 25% 用于可再生能源领域。

除直接的政策支持外，中国也通过帮助其他国家制定可再生能源规划及开展相关研究为技术转移打下基础。广泛的政策支持为光伏技术转移营造了良好的市场环境，使技术转移获得长期政策保障，增强企业商业化技术转移的信心。

12.1.3 光伏技术转移的可行机制

现代国际技术转移广义上可以分为非商业性技术转移和商业性技术转移。非商业性技术转移不以营利为目的，通常是无偿转让或转让条件极为优惠，包括国际组织或政府间技术援助、科学技术情报交换与学术交流等。商业性技术转移是指拥有技术所有权的企业将有关技术作为投资资本作价转让给设在受让国的合营企业，或与其进行其他技术合作，双方常以营利为目的共同合作研制或生产某一产品，并通过国际技术贸易或经济合作来实施，如含有技术转让内容的合资经营、合作经营、补偿贸易、国际工程承包等。

由于以知识产权为基础的光伏技术主要被私营企业持有，政府无法从私营企业直接获得技术用于技术转移，实际的技术转移只能以商业化模式完成。因此双方政府必须达成共识，建立以政府为主导、充分发挥市场机制作用、鼓励私营企业参与的技术转让机制，促使技术以优惠的条件向受让国转移，同时杜绝私营企业对一些核心技术的封锁，实现一批受让国买得起、用得上的先进技术成功转移，实现技术的"引进、吸收、再创新"三步总路线，帮助其实现可再生能源技术的掌握、应用和相关能力建设，最终完成技术本土化发展。有关转移机制主要有以下几种形式。

1. 直接购买技术的转移机制

直接购买技术的转移机制大多在中小型企业间完成。此机制需要有明确的市场支撑，技术获取方式可分为购买生产许可证、委托研发和联合研发三种。通过技术挖掘，部分企业在购买技术后走上了自主研发的道路，研发出自身核心技术并成为技术提供方。中国光伏企业有大量通过购买技术来实现技术转移的经验，如汉能集团就通过收购欧洲薄膜技术相关研究机构，提升自身在薄膜电池领域的技术水平。

发展初期，受让方企业需要给技术提供方缴纳技术转让费，获得生产许可证。随着生产技术的成熟，转让设备逐步实现国产化后，受让方企业可以通过双方企业联合研发新技术以获得有限的自主知识产权。随着研究能力的进一步提高，受让方企业逐步从

"引进-吸收"走向独立研发的"再创新",从而完成从技术转移到能力转移的最终目标。

在此类技术转移过程中,政府主要扮演组织引导、大力协助和鼓励的角色。由国家组织引进技术并购买知识产权,发挥企业和研究机构的能力,使技术转移得以良好的进行。同时组织技术创新研究,提升主要企业吸收引进技术的能力。

2. 合资合作的技术转移机制

在经济全球化的大背景下,依靠经济全球化的技术合作也是技术转移的渠道之一。在应对气候变化这样的全球问题方面,国家间、企业间合资合作更加重要。在技术受让国相关企业具备一定资源与实力后,可吸引中国企业投资入股,发挥双方优势建立跨国合资企业。利用中国企业在光伏领域的人才优势,从中国引进技术专家,协助受让国企业培育自身的研究力量,并允许其技术员工到中国学习、培训和考察,通过提高企业研发能力,不断提高产品质量和技术水平。

在现金投入的基础上,合资双方应通过第三方机构衡量双方的市场和技术优势以避免合资公司未来可能的股权纷争。合资企业在受让国当地的业务经营,要以受让国企业经营为主,并根据当地市场需求适当创新。合作过程中,由中国提供技术支持,负责双方的技术研发,快速开发出适应市场的新产品,并由双方按股份比例享受经营成果,合作共赢。

尽管合资合作具有商业性质,但双方政府间关于国际合作、技术引进的政策也从客观上支持和鼓励了企业的发展。中国政府可以提供一定的资金支持并通过相关研究单位进行技术援助来弥补双方技术差距,降低合作方企业研发成本,加快技术研发进度。受让国政府也应将技术引进作为国家战略方针,并为受让国企业提供政策支持,同时受让国企业应自主培训技术骨干,与科研机构广泛开展合作,提高自身技术水平和研发能力。

12.2 案例分析:阿特斯-巴西合资项目

在经济全球化的影响下,国家之间的合作日益密切,经济、文化和技术都有相互交融、相互促进的趋势。在这种形式的影响下,企业间的"南南合作"也取得了阶段性的成果。为促进技术和产业的有效转移,近年来,"南南合作"也通过在不同阶段引入北方国家的资金和技术的方式来解决"南南合作"中存在的资金短缺以及研发能力不匹配等问题。本案例聚焦技术转移这一要点分析美国伟创力集团(Flex Energy)、阿特斯阳光电力集团,以及巴西国家开发银行(BNDES)在巴西合资建设太阳能工厂的"北南南"三角合作经验。

12.2.1 项目背景

2001年,阿特斯光伏电子有限公司于江苏省常熟市成立,后扩展为阿特斯阳光电力集团并于美国纳斯达克上市。阿特斯阳光电力集团已在全球范围内成立了17家光伏硅片、电池和组件生产企业，并在20多个国家和地区建立了分支机构，组件年产能近10GW。阿特斯阳光电力集团通过技术创新推动产业迅速发展，并为技术转移奠定了基础。阿特斯阳光电力集团于2013年在巴西圣保罗设立办事处，并正式涉足巴西、墨西哥、阿根廷、智利等中南美洲光伏市场，建立了完整的组件生产、项目开发、设计-采购-建设工厂、项目融资、法务和电站销售服务团队。经过多年发展，阿特斯阳光电力集团在中南美洲市场占据了一席之地。

近年来，巴西大力开发光伏、风电等可再生能源应用项目并着重加强本地制造水平。在光伏组件生产领域，巴西政府要求本地制造的光伏组件必须从电池串焊到最后包装出厂全部在巴西完成。基于此要求，阿特斯阳光电力集团与美国伟创力集团共同斥资8000万巴西雷亚尔于巴西圣保罗建设光伏组件工厂。组件厂得到了巴西国家开发银行的接受认同，顺利获得在巴西本地生产的许可。

12.2.2　项目执行

由阿特斯阳光电力集团与美国伟创力集团合资建设的光伏发电厂在建设之初有两条组件生产线，总计年产能达到400MW。合资工厂所生产的组件产品主要供应阿特斯阳光电力集团旗下的电站使用，此外巴西本地需求也是该工厂供货服务对象。工厂生产线落成前后，阿特斯阳光电力集团积极扩展巴西本地市场，分别于2014年和2015年中标巴西两个太阳能光伏项目，总计399MW。

从发展历程看，2017年8月8日，阿特斯阳光电力集团宣布，其拥有的位于巴西的191.5MW太阳能光伏电站项目"霹雳波一期"（PiraporaI）获得巴西国家开发银行1.63亿美元项目融资。电站于2015年在巴西第二轮可再生能源竞标中获得了为期20年的电力采购协议。2018年3月，"霹雳波一期"项目组件全部由合资工厂交付完成，2018年3月以后，合资工厂又承接了"贵妇玛利亚"光伏电站项目的部分订单（约24MW），于2018年6月交付完成。2018年7月至今，合资工厂主要承接分布式订单。

12.2.3　项目成果

在项目融资方面，"霹雳波一期"电站是全球首个且唯一获得巴西国家开发银行融资支持的太阳能光伏发电项目。2018年，巴西"霹雳波一期"太阳能光伏电站项目被项目融资和基础设施建设数据调研公司IJGlobal（Infrastructure Journal Global）评为"拉丁美洲年度最佳多渠道融资结构项目奖"（Latin America Multisourced Deal of the Year）。

在人才培养方面，合资工厂建设之初，由于巴西本地组件生产人才较少，阿特斯阳光电力集团及美国伟创力集团共同成立了"国际支援团队"，并对巴西本地技术人员及工人开展培训和指导，同时为当地创造工作岗位2000余个。项目培养产生技术人才是巴西光伏产业发展从0到1的关键一步，为巴西未来承接或自行研发光伏技术打下基础。

在技术革新方面，2016年合资组件厂建成之初，技术路线选择了当时行业领先的5主栅全片高效多晶组件，功率可达到330W；随着行业技术发展，组件厂于近年完成了升级改造，目前大量供应市场的双面半片组件，正面功率可达395W，有了长足的进步，实现了技术在当地的发展与再创新。

在产业培育方面，阿特斯阳光电力集团积极投身巴西本地光伏电站的建设，通过合资工厂供货推动巴西光伏全产业链的本地化进程。除大型并网电站外，合资工厂也结合巴西自身能源特点，积极投身分布式光伏组件的生产开发工作，促进巴西光伏技术多路线发展。

12.3 案例分析：云南能工环境资源股份有限公司援泰国项目

云南能工环境资源股份有限公司援泰项目是中国科学技术部批准立项的对发展中国家进行科技援助专项项目。该项目在中国现有太阳能利用技术和产品的基础上，利用云南面向东南亚国家的比较优势与东南亚国家的组织和机构开展合作，在该区域示范推广太阳利用系统技术和产品，目的是通过项目实施扩大中国（云南）与东南亚国家的科技合作，推动中国太阳能利用技术和产品在东南亚国家推广与应用，开拓新太阳能产品消费市场，提高中国太阳能利用技术和产品的市场竞争力，同时促进东南亚国家太阳能产业快速发展。

12.3.1 项目背景

云南能工环境资源股份有限公司为新能源开发利用与环境保护行业的高技术产业公司，主要针对酒店等大型建筑推广太阳能设备。从2000年起，该公司就开始对缅甸、泰国等云南周边国家进行考察。在泰国清迈，该公司以技术投入方式参建当地一个私人度假村项目，且此项目获得业主方认可，并有一定程度营利。

在项目实施过程中，泰国的政策与地理环境是推动项目成功实施的关键。泰国政府把可再生能源与新能源作为近年来优先发展的领域，制定相关政策与规划以鼓励和指导可再生能源与新能源的开发利用。得益于政府推行的优惠政策，泰国的生物能源、生物气体、太阳能电池、风力发电等可再生能源的普及率得到迅速提高。在太阳能方面，泰国充分利用其太阳能资源充足的地理优势，开发太阳能干燥装置以解决农副产品干燥加工的问题，建立太阳能利用示范点，推广利用太阳能发电。泰国的电力和热电生产正逐渐被生物质能、太阳能和风能、小水电及垃圾发电等可再生能源取代。

12.3.2 项目执行

2009年7月，泰国阿裕塔雅技术学院应邀对云南省科学技术情报研究院进行访问，双方进行了深入洽谈。云南省科学技术情报研究院、泰国就"中泰太阳能技术与产品应用示范基地"建设项目签署了合作协议,一致同意该项目正式启动实施。三方同意在泰国技术学院共同建立中泰太阳能技术与产品应用示范基地,首期工程将完成400m²的太阳能集中供热建筑系统建设。此后,中国的太阳能利用技术和产品逐步在该校开展示范,将该校建设成为集研发、教育、人员培训及推广一体的"中泰太阳能利用新技术和新产品示范基地",搭建了国内太阳能开发应用企业利用具有自主知识产权的建筑太阳能系统技术和产品进入东南亚市场的桥梁,提高了中国太阳能产品知名度,深入实施"走出去"战略,促进区域新能源的应用和产业发展。

在项目实施过程中,在考虑自身企业规模、产品实力、技术适用性和技术接受国家购买力等方面后,云南能工环境资源股份有限公司选择了如下国际技术转移途径:①最初企业进入泰国市场发现商机并取得项目合作的方式是利用社会关系,如通过当地华人引荐,随后利用自身技术优势打开市场,提高市场认可度,并未过多依靠政府引导和支持;②利用商务部和云南省商务厅等有关部门出台的优惠政策(如出口退税政策、出口信贷、贸易结算政策等),通过边境贸易方式大幅度降低企业出口的成本;③通过科学技术部援外项目参与到周边国家示范性项目建设中。

12.3.3 项目成果

中泰太阳能技术与产品应用示范基地具有较强的示范带动作用。当获悉云南省科学技术情报研究院在泰国阿裕塔雅技术学院建设中泰太阳能技术与产品应用示范基地的消息后,泰国旺南仁奶牛农场大众集团有限公司、泰国Loxey等公司主动与云南省科学技术情报研究院接洽,希望云南省科学技术情报研究院组织云南省太阳能研发生产企业到公司访问,分别帮助其完成太阳能农场和太阳能光伏电站的建设。云南省科学技术情报研究院组织云南天达光伏科技股份有限公司、云南能工新能源公司、云南晶能科技有限公司、云南师范大学太阳能研究所等太阳能光伏、光热及新能源开发利用企业、科研院所组成云南省新能源开发利用代表团对上述两家公司进行访问,并相继开展技术合作。

在进入泰国市场过程中,云南能工环境资源股份有限公司充分考虑地域间差异,因地制宜地改良了有关太阳能技术。例如,由于泰国地下水含盐分较高且没有分压设备,自来水网管不发达,水处理净化工序简单,适用于国内有分压管网且盐分较低自来水的太阳能水箱并不适于在泰国使用,云南能工环境资源股份有限公司需要根据当地市场需求研发抗盐分腐蚀的承压水箱,解决了设备的地方适应性问题。同时,云南能工环境资源股份有限公司充分考虑到泰国的经济现状,对产品用料进行设计优化,如太阳能设备中水接触单元使用铜制材料,连接单元则使用铝制材料,在保证设备工用前提下大幅降低成本,从而具备竞争优势。

12.4 经验总结

12.4.1 商业运作是技术转移的有效模式

1. 政策性技术转移的限制

20世纪末期，西方国家与中国开展了广泛的可再生能源技术转移合作，多数技术转移项目以ODA（official development assistance）机制运作。虽然ODA机制使技术转移有了较好的推广普及和应用前景，但在项目组织、实施和管理过程中依然存在着明显问题，主要体现在以下三个方面。

1）资金问题。就企业筹集资金的外部环境来说，ODA机制下试点项目普及推广的融资渠道不完全畅通。在设备成本方面，由于双方经济及制造业水平差异，技术转移双方也存在较大差距，在试点项目建设的本土化过程中资金需求也较单独建设更高。

2）技术问题。转移技术一般为较先进技术，若无配套教育及工业基础承接，技术受让国难以真正掌握转移的技术。同时企业专利技术无偿转让可能性极小。而政府与市场联系不够紧密，难以买到适合目标市场需要的先进技术，即使买到该技术也会因成为公知公用技术（public own）而无法为受让国企业获取相应的营利预期，这将使该技术无法满足企业利益需求并鲜有问津。

3）管理问题。技术受让国在产业化过程中往往存在组织管理、施工管理和运行管理不成熟的问题，从而导致相关手续拖延、施工质量差、运行过程不规范操作等现象产生。

2. 商业化技术转移的优势

商业化技术转移能有效促进技术的本土化发展。私营企业在进入并融入受让国市场后，存在企业定位的转变。例如，阿特斯阳光电力集团与美国伟创力集团以合资合作形式进入巴西市场，在拥有本地生产线和一定数量的本地员工后，该企业很难定义为外资企业。

另外，私营企业为迎合当地市场，会根据地方市场设立研发机构并进行研发，进而提升受让国在该技术领域的研发水平。根据不同的市场需求，私营企业将专注开发某些适合本地市场的技术，如在炎热或高风速地区，光伏组件技术要求均需进行相应调整。

商业化技术转移具有众多的技术选择和转移主体。在激烈的市场竞争下，相似技术中更符合当地市场需要的技术产品将占据更多市场份额，这将刺激企业加大技术转移和产业支持力度，调动市场参与技术转移的积极性。例如，巴西着力开发光伏、风电等可再生能源应用项目并提高本地化制造水平，该类技术产品未来可能占据更多市场份额，这将刺激更多技术先进国企业进行技术转移。

12.4.2 政策支持是技术转移的重要保障

以营利为目的的商业化技术转移可能导致一系列社会与环境问题。例如，商业化技术转移可能将污染较大的、因本国生态环境标准较高而无法采用的技术，转移至标准建设尚不完备的国家；或因合资产业无法进行有效管理，从而对职工合法权益无法做到完全保障，南南合作精神无法彻底贯彻。国家间政策的互联互通可以通过制定统一标准对商业化技术转移行为进行有效监督与规范，维持市场秩序并保障技术转移效果，避免了上述问题。例如，阿特斯阳光电力集团与美国伟创力集团共同投资设立的巴西组件厂获得了圣保罗投资与出口促进署（Investment and Export Promotion Agency）、巴西出口与投资推进署（Apex-Brasil）的支援，在建设期间共创造了 2000 余个工作岗位。巴西的政策支持为各受让国企业进行技术转移提供了保障。泰国政府把可再生能源与新能源作为优先发展的领域，制定详细规划并出台相关措施以鼓励可再生能源与新能源的开发利用，通过建立太阳能利用示范基地，推广利用太阳能发电，在政策、环境两方面保证了技术转移的可靠性。

商业化技术转移为企业间行为，而当国际关系或国家间政策不稳定时，企业间合作也难以保持连续与稳定，从而影响技术转移效果。在不稳定的政策环境下，出于对风险的考虑，企业将对开展大规模的技术转移持谨慎态度。对此，可以通过长期稳定的技术转移规划部署、国家间合作机制和明确的技术转移方向打消企业在这些方面的顾虑。

此外，一个国家的知识产权保护政策是否完善也是企业考虑能否进入该国市场的重要因素。完善的知识产权保护制度有利于缓解经济行为的不确定性，促进技术向发展中国家转移（彭衡和李扬，2019）。作为一种新兴技术，光伏发电技术成本逐渐下降，但其研发成本依旧偏高。若技术受让国知识产权保护力度不够，可能导致企业价值受损，阻碍技术转移协议的达成。在通过明确技术法律所有权激励研发人员创新行为的同时，知识产权保护政策中的"专利公开"原则还避免了技术创新领域的信息不对称性，为技术转移降低了交易成本。因此，技术受让国家知识产权保护制度越完善，越有利于技术企业进入其市场。

12.4.3 能力建设是技术转移的关键因素

技术转移受让国不仅要引进技术，更要通过技术转移提升研发能力，促进技术在当地实现产业化。尖端核心技术是一个企业安身立命之本。要想避免落入"引进—落后—再引进"循环，就必须依靠本国各行业通力合作，实现对于转移技术的再创新。因此，在技术转移过程中，人员培训是关键一环。例如，中泰太阳能技术与产品应用示范基地培养了泰国本地专业化人才，有效推动了泰国太阳能技术本地化发展，提高了其自主研发能力。

人员培训是技术转移的关键环节和知识转移的途径，可以提高技术受让国社会公众对可再生能源接受程度，为向其进一步提供发展可再生能源打下人才基础，是提高国家整体工业水平的关键。在这方面，甘肃自然能源研究所一直从事南南太阳能技术培训和咨询工作,已成为联合国工业发展组织支持下的国际性技术促进转让机构,为104个国家培训技术人才800余名,培训成果受到多国政要肯定。具体来说,可再生能源技术培训主要有五类:一是针对政策制定者以及行政官员的顶层设计能力培训;二是针对科研人员的理论知识培训;三是针对企业家的产业化培训;四是针对工程施工人员以及运维人员的操作培训;五是针对公众的科普培训。针对政策制定者以及行政官员的顶层设计能力培训是把握一个国家发展什么技术,受让什么技术,如何管理技术产业的关键。相关内容将在第14章政策互联互实践中进行具体论述。

(1) 科研人员理论知识培训

科研人员的培训分为政府公派留学与企业私派培训两种路线。政府公派留学路线是基于ODA路线模式下,国家间进行的人才培养计划。该模式由受让国政府遴选本国具有较高素养的青年人才,并由出让国政府负责接收安排并进行系统而专业的高等教育。这种路线的优点是培养人才可系统学习可再生能源技术以及相关研究方法,具有较好发展潜力。但培养期偏长,时间成本较高。企业私派培训路线是基于商业化技术转移路线下的两国企业间人才加强型培训。所培训人才一般具备相关但非可再生能源领域技术,通过短期培训,使其掌握可再生能源技术使用能力。受让国合资企业可以引进半导体、电气设备、造船、玻璃制造以及化石燃料行业等其他行业的技术人员,经过企业间可再生能源技术培训,将这些技术人员的已有经验运用到可再生能源项目中。

(2) 企业家产业化培训

企业家产业化培训旨在培养出一批具备投资、建设能力的本地企业家。例如,在种子资金的支持下,曾受训的中国企业家已建设起一批国际一流的可再生能源企业。以此为鉴,技术受让国也应在可再生能源行业发展初期培育出一批本土化企业,以充分发挥市场在行业建设中的积极作用。

企业家培训营路线由双方政府主导,委托中国相关企业设计并执行项目培训,并由技术受让国创业者或企业家参与。每一期训练营分为三个阶段:第一阶段由技术受让国政府遴选优秀青年人才,赴中国开展可再生能源企业运营培训,学习企业管理经验;第二阶段由参加训练营人员在中国实际运营或参与运营已经建立的可再生能源项目,在实践中积累相关经验;第三阶段由技术受让国政府或中国企业为优秀毕业人员提供创业种子资金,在技术受让国建立一批独资/合资可再生能源企业,从而实现技术产业的本土化发展。

(3) 工程施工人员以及运维人员操作培训

工程施工人员以及运维人员操作培训旨在提高技术受让国工业基础。训练有素的技术工人有助于实现技术产品的本地化生产。除此之外,运营、维护技术工人可以有效提高设备使用年限,降低项目单位成本。据IRENA分析,一个标准50MW的可再生能源项目,其中技术工种需要10~20类。因此,工程施工人员以及运维人员操作培训存在的较大缺口限制了技术转移规模。开展工程施工人员及运维人员操作培训可有效促进受让国可再生能源发展,如甘肃自然能源研究所依托联合国工业发展组织平台网络帮助古巴建成太阳能电池生产线,提供部分原料、试剂和设备,同时为古巴培训技术人员,为其未来正常生产提供保障,保证了技术转移的成功实施。

(4) 公众科普培训

公众科普培训旨在提高公众可再生能源认知。当前，南方欠发达国家公众对可再生能源相关技术的可用性和福利性认知度较低，通过公众科普宣传可以预防在项目建设过程中出现的群众反对和建成后群众难以使用的现象。公众科普培训可以与非洲可再生能源倡议（Africa Renewable Energy Initiative，AREI）等国际机构进行合作，实现宣传本地化。

具体的公众宣传路线应与技术转移项目相结合，在项目开始前对项目所在地群众开展点对点科普教育，争取于项目完工时，当地群众对可再生能源具备初步认知。同时应鼓励当地群众参加技术工人培训，一方面在当地创造就业，另一方面可由已培训人员向其他群众进一步普及可再生能源相关知识。云南省新能源产业通过在泰国建立示范基地，让当地民众更加深入地了解太阳能技术，提升了泰国公民对太阳能技术可用性与福利性的认知。技术转移项目在使当地居民了解太阳能产品和技术优势及性能的同时，也推动了中国太阳能产品技术的对外输出。

第 13 章　南南合作小水电技术转移

首席作者：董国锋　黄　燕
贡献作者：彭雪婷　贾　莉　付　延　高启慧

中国在小水电方面发展经验丰富，所拥有的经验与技术对许多正面临能源和电力短缺的发展中国家具有启示和示范性作用。小水电技术转移是中国开展可再生能源技术转移的重要组成部分。如"一带一路"沿线国家，尤其是非洲发展中国家在促进工业化、加强能源基础设施建设方面亟须提升小水电的应用水平。基于此，中国政府积极开展小水电南南合作项目，通过中非和其他南方国家小水电南南合作技术转移活动，帮助赞比亚、加纳等国分析当地小水电发展方向，解答相关政策和技术问题，在相关研究和工程实践领域取得了有效成果。但在技术转移工作中也遇到了诸如水文地质数据缺失、水电站缺乏财政预算和当地站点管理能力不足等现实问题。在南南合作过程中，双方积累了诸多经验并取得了显著成果，如由最初的技术满足需求到推广国际标准，再到推动产能合作以及如今的拓宽后续服务合作领域等，这些经验提高了中国水电市场的国际影响力，促成了中国在国际市场中更多的合作机会，也给技术受用方带来了良好收益。

13.1　中国小水电技术转移可行性分析

13.1.1　小水电技术介绍

小水电是重要的绿色和可再生能源，具有规模小、投资少、环境影响可控等优点。小水电技术已有超过百年的开发历史，在中国和世界上许多发达国家，小水电开发技术已非常成熟（中国电器工业协会，2016）。小水电一般建在山区和偏远地区，工程淹没影响范围和涉及的移民问题相对偏少，对环境和生态的影响较小且可控性高；小水电建成后的运营和维护工作相对简单，特别是随着自动控制技术的提高和完善，使无人值班和少人值守成为可能；小水电既能独立电网运行，也能并入区域或国家电网，适用于农村和偏远地区发展，是解决农村和偏远地区用电的有效技术之一。因其易于分散和规模化开发，小水电技术受到国际社会的青睐，被许多国家和地区作为解决地区生产生活用电、减少贫困、保护环境和促进经济社会发展的优先手段。

13.1.2　中国小水电技术优势及经验

中国小水电的成功经验和实用技术已经得到国际社会认可。联合国工业发展组织把小水电作为重要的农村可再生能源技术进行推广。小水电自身具有的易于开发、技术成熟、投资规模相对较小等特点，使其成为偏远和短期内无法接入国家骨干网但具有丰富水能资源地区的极佳选项。中国在小水电的推广方面取得了巨大成就，其装机容量由 1949 年的不足 2MW 发展到 2018 年的 78GW，增长近 4 万倍。小水电带动了农村公共设施建设，壮大了集体经济，促进了公益事业发展。

中国政府积极支持小水电技术开发，先后开展了水电农村电气化、小水电代燃料、农村水电增效扩容改造、小水电扶贫和绿色小水电建设等工作并取得了显著成效，积累了发展经验。这些技术和经验对许多正面临能源与电力短缺的南方国家具有启示和示范作用。中国小水电开发主要经验包括如下几方面。

1）国家政策和初期的资金支持是基础。小水电大多位于偏远和相对贫困地区，这些地区经济基础相对落后，难以自行建设小水电项目。在小水电开发初期，由国家给予一定的资金支持并建设示范性工程，可以带动当地生产生活方式改变并为大规模开发奠定基础。为此，政府先后推出了小水电"自建、自管、自用"方针，贯彻"以电养电"、"小水电要有自己的供电区"和小水电"优先调度"、"全额上网、同网同价"等一系列优惠政策。同时，中国采用政策扶持方式鼓励私人投资和当地群众自主开发小水电，为小水电在偏远地区的快速发展奠定基础。

2）服务农村的全面发展需求是小水电建设的出发点。中国是一个农业大国，"三农"（农业、农村、农民）问题历来都是国家的重大问题，而电力是促进农村发展的基础性资源。减少贫困、发展经济、保护环境是国家战略，也是改善民生、实现和谐和可持续发展的基本要求。因此，中国政府颁布和实施了多项小水电扶持政策并分阶段开展了多项小水电促进计划。中国政府始终把发展小水电技术作为改善农业生产能力、加强农村基础工作和提高农民生活水平的重要举措，使小水电在农业增产、农村繁荣和农民致富中发挥了巨大作用。

3）以保护生态环境为目标促进小水电开发。小水电代燃料工程的直接目标就是保护生态环境，减少温室气体排放。无论是通过小水电代替薪柴作为农村基本能源以减少对森林和草场依赖，还是替代化石能源以减少对气候的不利影响，小水电在保护生态环境方面都发挥了积极作用。最典型的案例是政府通过扶持开发小水电，就近低价供电给农民以解决其生活燃料问题，使农民不再上山砍柴，进而保护了山区植被。

4）在小水电开发中构建完善的技术支撑体系。通过满足需求促进发展，中国在小水电开发过程中逐渐形成了完整的技术支撑和服务体系。中国小水电的快速发展，是基于 1000 余家设计和施工单位、500 余家各类小水电设备企业提供的产品和技术保障基础上完成的，并逐步建立了集规划、设计、施工、安装、试验、运行、设备制造等完整的小水电技术标准体系，其中小水电开发与河流综合利用、区域电源电网建设及农村经济社会发展相协调，成为流域综合规划的重要组成部分（中国电器工业协会，2016）。

中国在绿色发展、安全生产标准化建设、科技创新等方面不断加强小水电的利用与管理，为世界小水电的可持续发展进行积极的探索，致力于为全球小水电开发贡献中国方案与中国智慧。

13.1.3 小水电技术转移可行性

2019 年第二届"一带一路"国际合作高峰论坛圆桌峰会联合公报提出,要加强能源基础设施建设,提高能源安全,让所有人都能享有可负担、可再生、清洁和可持续的能源。小水电作为集绿色、可再生、分布式特征于一体的清洁能源,是中国与"一带一路"沿线各国开展能源和基础设施合作的重要领域。在广大发展中国家,尤其是"一带一路"有关国家,成熟实用的小水电技术拥有极大的发展潜力与合作空间。凭借技术优势与现有成果,小水电合作项目带动中国技术、中国标准、中国制造和中国文化走出去,是"一带一路"倡议中重要的技术转移承载者。

技术转移是一个不断延伸和发展的过程,互利双赢的合作模式才能够实现可持续发展。中国政府加强对外合作政策指导,鼓励国内有国际合作经验和实力的水电制造企业与国外相关企业或部门合作,通过包括建设独资或合资企业的方式,运用当地的政策环境、自然和人力资源,面向当地和周边市场开展多种形式合作,让企业通过示范带动区域化和规模化的开发,在实现中国小水电技术转移的同时为当地小水电发展提供更好的服务。

13.1.4 中非小水电技术转移成果

中国一直以来参与的中非可再生能源技术转移项目致力于将小水电作为促进中国与加纳、赞比亚和其他南南合作国家在技术研发、技术转移与技术培训合作等科技应对气候变化领域的重要技术,为中非可再生能源产业合作引入更多活跃的市场主体与资金,推动可持续发展领域的南南合作事业,助力各国实现创新、协同、绿色、开放、共享的发展模式,推动构建人类命运共同体做出了不懈的努力。

以国际小水电中心为例,依托中非可再生能源技术转移项目,国际小水电中心开展了"中国-加纳/赞比亚可再生能源技术转移障碍与对策分析"等研究,参加中非可再生能源技术转移对接会,组织企业参与项目实施并为《南南合作可再生能源技术转移手册》提供素材,组织赴赞比亚、加纳现场考察与技术交流活动并为外方工程技术人员开展技术培训。在此基础上,还在加纳开展了一系列水电站站点现场踏勘活动并出具踏勘报告,推介中国企业参与后续项目活动,共同商定了水电站选点、技术开发与培训等系列事项,促进了当地小水电开发的选点踏勘、设计咨询、技术培训、农村用电规划等有关领域发展,在解决当地电力问题、培养电站建设和管理人才等方面发挥了积极作用。

13.2 案例分析:中国-赞比亚小水电技术转移项目

13.2.1 项目背景

小水电技术转移是一项系统性工程,不能简单地将其理解为建设生产制造工厂,培养能够生产水轮机、发电机和控制设备的技术人员。小水电技术转移还应包括流域小水电开发规划和设计、经济社会和环境评价、设备的标准化、当地制造能力提升、小型水工建筑物的设计和施工、农村电网结构和电气化标准制定，以及小水电的建设、管理和综合利用等多方面的软环境建设。小水电技术是适宜发展中国家和地区的低成本开发技术，不断创新，进一步提高小水电的利用效率和效益，开发先进、适用、价优的技术产品是深入推动小水电持续发展和技术转移的关键。

小水电技术转移过程中人才培养也很重要。培养能够推进小水电发展的当地人才队伍能有效地实现双向对接和技术落地，并形成服务于当地实施小水电规模化开发的能力。因此，人才培养一直是技术转移实践中的基本内容。

技术培训及交流也是项目中的重要组成部分，其主要思路如下：①搜集分析加纳、赞比亚两国可再生能源和小水电发展的政策、规划和现状；②调查了解两国可再生能源发展方向、市场容量、实际需求和存在问题；③研究两国小水电技术转移障碍并提出对策；④开展交流研讨及技术培训；⑤共同开展针对具体项目的技术考察和踏勘工作；⑥再次开展培训，就考察踏勘项目和共同开展项目进行可行性评价；⑦共同组织实施小水电项目建设；⑧后续在小水电领域继续深化项目合作，如技术转移平台建设、专业化人才培养等。

赞比亚小水电资源较为丰富，主要分布于赞比西河、卡富埃河、卡夫布河、隆祖阿河、谦比西河等流域。赞比亚小水电开发存在部分障碍，首先是缺少资金。由于项目所需资金主要依靠国外融资或国际组织资助，由于开发成本较高，电站建成后的投资回收也是赞比亚政府部门和开发商需要共同面对的问题。其次是缺乏技术。赞比亚工业基础薄弱，没有本地的水电设备生产企业，水电站运行管理与维护水平较低，缺少水电开发技术力量，对水电资源的开发建设主要依赖国外。最后是信息匮乏。赞比亚小水电开发还存在项目区水文和地质情况不确定性等技术风险，当地所提供部分数据并不十分可靠，这对小水电站开发前期现场调查勘测工作提出了较高要求。

13.2.2　项目执行

1. 小水电项目选点及踏勘培训

2016 年 4 月，由中国工程师组成的 3 人专家组前往赞比亚，执行中国-赞比亚可再生能源技术转移项目框架下赞比亚小水电示范项目的技术理论培训和水电站选址现场指导任务。此次培训主要包括小水电规划、选址和可行性研究等相关方面的内容。

专家组在考察的 Chipota、Chilambwe 和 Nyinaluzi 3 个站点中选择了 Chipota 进行初步分析规划，并作为此次任务的执行成果。表 13-1 为经过选点踏勘后与培训学员共同完成的水电站站址评价比较表。

表 13-1　Chipota、Chilambwe 和 Nyinaluzi 水电站站址评价比较

指标	Chipota	Chilambwe	Nyinaluzi	备注
落差集中程度	※※	※※※	※	
落差大小/m	41	30	19	
流量大小/(m³/s)	1.3	3.4	1.6	
流量年内均衡度	※※	※※※	※	
地质条件	※※※	※※※	※※	
有无调节	无	无	日调节	
建筑物布置条件	※※	※※	※※	
交通运输条件	※※	※※※	※	
天然建筑材料	※※	※※	※	指石材
用电需要程度	※※※	※※	※※※	
建造成本指标	※※	※※	※	

※数量越多表明条件越好

由表 13-1 可知，Chipota、Chilambwe 和 Nyinaluzi 3 个站点都具备良好的水电站建造条件，Chilambwe 站点建造条件最好，其次为 Chipota，再次为 Nyinaluzi。综合考虑当地宗教、自然遗产等因素，优先选择 Chipota 站点进行小水电开发。

2. Chipota 项目可行性研究

（1）概述

Chipota 水电站位于赞比亚中央省塞伦杰地区，距首都卢萨卡 400km。经中国人员现场勘察并收集整理资料，中赞双方于 2016 年 8 月下旬基本完成了 Chipota Falls Site 水电站可行性研究报告的编制工作，包括水文、地质、工程规模等方面内容。该研究报告从自然资源条件、具体电站设计施工方案和后续经济环境影响评估三个方面共十二点，全面分析了此水电站项目的可行性。

（2）水文

赞比亚中央省塞伦杰地区属热带草原气候，水文条件较好，年均温度适宜。由于站址和站点临近河流未设有雨量站和水文站，水文资料较为缺乏。虽然坝址附近地区无水文实测资料，但项目组通过现场实测结合同为北方省的西瓦安度测流站月平均流量的分布规律，换算出站址其他月份的月均流量，并在得出结果后进行复测，核实推算结果符合实际。至于洪水实测资料，拟采用历史洪水淹没线反推估算，得出洪水流量规模可控的结论。

（3）工程地质

此次选点未进行地质调查，仅凭一般现场察看。站址处于台地断裂区，总体河流地势为左急右缓，树木长势茂盛但相对疏朗，交通道路位于河流右侧，瀑布首级以上为平坦草地，无库容形成条件。坝址以上未发现不良地质构造，坝基工程开挖较为简易，站址附近玄武岩地区石材适宜作水利工程用材。附近山洼地有细沙，由于含泥量高，只适宜作砂浆用而不宜作结构件。

(4) 工程任务与规模

赞比亚中央省塞伦杰地区自然资源丰富但开发程度不高，站址附近地区人口规模适中。据了解，该地区居民基本没有电力照明和其他生活用电设施，只有极少数家庭通过家用太阳能装置解决照明用电问题。因此，兴建水电站以解决居民生活照明及农产品基本加工用电问题十分必要。电站修建还可带动林产和旅游资源开发，将资源优势变为经济优势，在改善生态环境等方面也将起到重要作用。

具体来说，Chipota 水电站方案主要以满足当地居民近期和未来 5~10 年的生产生活用电需要来拟定，其各指标见表 13-2。

表 13-2 Chipota 水电站水能指标计算成果

指标	指标
设计水头/m	45.38
保证流量/(m^3/s)	0.40
保证出力/kW	154.72
装机容量/kW	2×100
年平均发电量/万 kW·h	135.53
年利用小时数/h	6777

(5) 工程布置与主要建筑物

Chipota 水电站以供应电力为主，参照中国《小型水力发电站设计规范》（GB 50071—2014），主要建筑物和附属建筑物级别都为 5，各建筑物级别及相应的洪水标准见表 13-3。

表 13-3 建筑物级别及洪水标准

建筑物	级别	洪水标准（重现期）/年	
		设计	校核
大坝	5	10	20
电站厂房	5	20	50
压力管道	5	10	20
其他临时建筑物	5	5	—

电站工程由大坝、压力管道、厂房等设施组成，大坝布置在第一级瀑布上游附近适当位置。坝高、坝宽、基建面等建筑数据较为合适，厂内发动机组数目及功率设置合理。

(6) 机电与金属结构

经装机容量比选与综合经济比较，中国工作人员确定了电站装机规模（2×100kW）和水轮发电机组型号及参数指标。设计的电站年发电量足以满足附近居民用电需求。电站内金属结构较多，包括金属闸门、冲砂闸阀、拦污栅等。大坝距厂房距离近，由于闸门启闭设备规模小、使用频率低，为降低成本拟采用纯手动控制装置。

(7) 施工组织设计

工程地势较缓，可供利用的施工场地较多。施工期间的工作开展尽量利用现有地形条件，以主体工程施工需要为中心，统筹兼顾、全面规划、布置紧凑，做到便于管理、方便生产生活，并严格履行有关建设规定。

(8) 淹没及占地

Chipota 水电站大坝较低，建造完成后稳定性较好，正常蓄水位以下为天然河道，无耕地及房屋淹没。根据电站枢纽布置和施工组织设计，工程临时占地面积较小，理论上可接受。

(9) 水土保持

工程可能新增的水土流失面积主要包括主体工程区开挖地表面积和生活区等。为减少水土流失，以工程措施为先导，利用工程措施的控制性和速效性，展开水土保持设计与防治工作，为当地居民解决水土流失的后顾之忧。

(10) 劳动安全

项目建设必须要保障劳动安全。施工团队应做好提高劳动施工人员安全意识，加强消防教育，彻底消除平台坠落等安全隐患，创造安全舒适的工作环境，包括厂房的防火、防爆、防电气伤害、防机械振动危害、防噪声等工作。厂房内除采取消防工程措施外，还需加强消防教育。压力容器均设有泄压装置，严防爆炸。定期检查所有电气设备，检查电工用安全工具。在初期发电过渡方案中，对运行人员可能触及的配电装置带电部分设防护栏杆和安全标志。

(11) 环境影响评价

水电站工程本身不产生废水、废气、废渣等环境污染，不利影响主要发生在基建工程实施过程中，影响程度相对较轻、时期较短，除工程占地不可逆转外，其他不利影响均可通过一定措施加以减免，无制约工程建设的限制因子。同时，施工过程中要加强对施工人员及其临时卫生监督与管理等措施，设立专门的环境保护管理机构对众多污染指标等进行监测，将水电站工程打造为环境友好型示范建设项目。

(12) 经济评价

Chipota 水电站项目为联合国开发计划署、赞比亚矿业、能源及水利发展部、中国科学技术部等单位合作开展的可再生能源利用项目，资金由丹麦政府提供。项目将带来电力普及、生产生活条件改善、经济增长等多方面效益，整体经济评价较好。同时，水电站的开发还可带动众多相关副产业的发展，前景可观，对促进当地脱贫、加速经济发展、维护社会稳定和保护生态环境都具有积极意义。

13.2.3 项目成果

中国项目组通过进行踏勘选点培训与外业工作，从 Chipota、Chilambwe 和 Nyinaluzi 3 个站点中优先选择了 Chipota 进行小水电开发。

Chipota 水电站作为北南南三方合作技术转移项目示范工程，建设资金有保障，工程投产后可改善当地生产生活条件，促进经济增长，加之赞比亚当地合作伙伴及项目所在地有关部门参与积极性高，电站建设将对促进该地区经济持续稳定发展起到积极作用。通过可行性研究阶段基础资料收集和工程设计技术分析，初步查明了项目区水文地质等自然条件，分析设计了建设方案，主要技术问题已初步查明，技术层面具有可行性。经过调查研究综合评价，从环境保护角度和经济建设前景考虑，工程可行。

综上，Chipota 水电站工程具有较优越的地理位置，经济、社会效益显著，技术可行与工程可行兼备，建设条件良好，对促进赞比亚地区经济持续稳定发展可产生积极作用。

13.3 案例分析：中国-加纳小水电技术转移项目

13.3.1 项目背景

与中国-赞比亚小水电技术转移项目类似，中国-加纳小水电技术转移项目也取得了实质性进展。中国项目组对 Tsatsadu 项目及其他 8 个瀑布站址进行了充分调查并给出开发建议。此外，在加方邀请下，中方还额外就加纳水务公司负责的 3 个水电站项目开发工作给出初步建议，帮助加纳水务公司解决用电成本持续上涨问题。

13.3.2 项目执行

1. 加纳 Tsatsadu 项目案例

Tsatsadu 水电站位于加纳沃尔塔省 Tsatsadu 河中游的 Tsatsadu 瀑布。在完成规划设计、机组配套等工作后，该项目因多方原因暂时搁置。原项目利用 Tsatsadu 瀑布的天然落差发电，具有较好的基础条件。中国项目组成员现场踏勘评估后认为，原设计总体方案基本可行，但参数值较小，根据河流产水情况以及实测水头，建议电站各建设规模在原基础上进一步扩大，装机容量和钢管过流能力均应小幅增加。由于涉及宗教问题和施工地坡度问题，中国项目组成员听取了加纳工程师提出的管道线略微调整建议，此项改动既尊重了当地宗教传统，还提高了避免坝址被洪水冲刷的可能性。

厂房方面，中国项目组成员现场踏勘评估认为，厂房位置较差，厂房修建及改善问题要考虑水流量、岩基厚度等问题。加纳能源委员会和加纳布维（Bui）电力局同意由中国水电工作专家推荐设备机型并推荐供货，后经联合国开发计划署投标，中国水电设备企业中标项目供货，促进了中国小水电设备企业走向非洲。

2. 加纳项目选点及踏勘培训

根据与加纳能源委员会签署的谅解备忘录，加纳能源委员会正式邀请中国项目组对加纳 Tsatsadu 小水电项目进行现场技术指导和人员培训。应加方要求，中国项目组实地考察了 8 个潜在小水电站站址。根据 Tsatsadu 小水电项目原设计总体方案，结合现场实际情况，中国项目组对该项目的方案调整和现场施工进行了指导，并对 8 个潜在的小水电站提出了初步规划意见。

（1）Wli 瀑布站址

Wli 瀑布站址位于沃尔塔省努博衣河中上游的两座山峰之间，邻近 Tsatsadu 水电站，二者具有相似的水文气象条件，电站地处热带海洋性气候，气候条件较好，年均降水量充足。站址落差非常集中且来水量相对丰富，电站距离社区较近，具有高开发价值。鉴于 Wli 瀑布是区域内自然名胜景观，建议采取以保留为主、适度开发的原则开展工作。

开发方案：在第一级瀑布底筑一溢流低堰，从堰坝左侧取水，通过压力钢管输送至第二级瀑布底的厂房，并在此基础上初步确定厂房建设位置及发电机组总容量和流量等关键参数。

（2）Tanoso 瀑布站址

Tanoso 瀑布站址位于西部省塔诺河下游，其自然条件不具备蓄水条件，因此该站坝址能量密度相对值小，开发价值不高，不适合建造水电站。

（3）Asentekron 瀑布站址

Asentekron 瀑布站址位于西部省塔诺河中游，坝址上游地势险峻而下游地势平缓，落差相对集中，来水量丰富，坝址地形优越，具有较高开发价值。根据中国-加纳双方讨论协议，拟采用坝式开发形式，并结合实际情况，对水轮机组数目、引用流量等参数进行计算。

（4）Fuiier 瀑布站址

Fuiier 瀑布站址位于布朗阿哈福省奥尤科河中游，自然资源等要素与 Asentekron 瀑布站址相似。电站来水量相对均衡，坝址地形优越，地质条件好。电站距离社区较近，具有较高开发价值，且站点同样为传统旅游景观，具有较高观赏性，因此在水能资源开发同时，要考虑兼顾保护瀑布景观。应在保护原始瀑布景观的基础上采用引水开发的形式，在考虑枯丰季节影响因素下最大限度满足当地用户用电需求。

（5）Bui 瀑布下游站址

Bui 瀑布下游站址位于加纳北部和科特迪瓦交界处，加方已详细勘测，并绘制了河流纵、横断面图。从测绘结果以及现场考察结果来看，Bui 瀑布下游站址河段与 Tanoso 站址河段类似，坡降小，水流流速缓慢，能量密度不大，不适合建设水电站。

（6）加纳灌溉发展局 2 个灌溉站

据加纳灌溉发展局官员介绍，当地农场主希望在灌溉取水河段建造一个小水电站，以提供电力驱动水泵抽水。第一个灌溉站所在河流断面的流量小（现场测算小于 $0.3 m^3/s$），不具备资源条件，不足以建成所需容量发电站，且发电用水与灌溉用水存在矛盾，因此不适合建造符合灌溉要求的小型水电站。第二个灌溉站建设计划根据观测现场条件理论具备可行性。

（7）Tini 瀑布站址

Tini 瀑布站址位于东部省提尼河中游，自然资源方面条件较好，但鉴于该站址为传统旅游景观，具有较高的观赏性，仅考虑把瀑布底至附近停车场河段的落差利用起来建造一座微型水电站。

开发方案：采用引水开发的形式，在瀑布底建造一个小围堰，采用压力钢管将水沿现有河道引导至附近停车场位置，估计落差在 50~60m。

3. 加纳水务公司项目案例

加纳水务公司是加纳政府负责全国供水和水处理的管理部门。近几年来，由于电价较高以及供水系统电力损耗较大等问题，加纳水务公司用电成本不断上升，电费支出占公司每月水费收入近半数。为提高供水系统效率和效益，减少电力损耗和充分利用加纳水务公司现有水库弃水，加纳水务公司希望与中国开展小水电技术转移合作。

应加纳水务公司邀请，中国委派机电、测量等各行业专家组于2018年11月赴加纳对加纳水务公司MamPong、Weija和Barekese水库进行现场踏勘，为后续基于这些已有水库的水电建设项目奠定基础，以便利用供水水库弃水发电，满足水厂用电需求，在提高经济效益的同时，最大程度利用水力资源。本着趋利避害原则，遵循合理而充分的开发理念，在项目方案拟订中，无人口迁移，无珍稀野生动植物破坏，不存在制约工程建设的环境问题，没有大范围水土流失与大面积植被破坏，工程开展外部环境良好。

在项目现场，中国专家组在前期搜集相关资料的基础上对现场情况进行勘测，实测了河道流量并绘制了工程区地形图，综合研究了开发方案和枢纽总体布局，历时8天，取得了地形数据测量和调查研究等实物资料及成果。其中调查研究又包括获取人文、社会经济等社会资料，以及气象、降水等自然资料。

根据现场踏勘，中国项目组成员出具了3个不同水电站含装机容量、设施规划、引用流量和总投资等指标的项目报告。报告经过全面且详细的分析，认为以上3个项目均具有较好的技术开发条件和经济合理性。

13.3.3 项目成果

1）根据项目现场条件，优化了Tsatsadu水电站设计，促成了中国水电设备中国小水电设备在该项目上的应用。

2）经过现场勘察，认为Wli瀑布、Fuiier瀑布、Tini瀑布和加纳灌溉发展局第二灌溉站应由加纳方面积极寻求资金支持以进行开发建设；对于建成后经济价值及使用价值较高的Asentekron瀑布站址，应重点推动投资建设，将该项目作为中国-加纳技术转移项目后续落地成果，继续给予支持。

3）经过现场勘查，认为加纳水务公司3个项目有效利用了水力资源，具有建设成本低、周期短的优点，可以大大减少水务公司电费支出。其中Barekese、Weija水电项目除满足供水用电外，多余发电量还可并入国家电网，进一步提高水务公司收益。

13.4 经 验 总 结

13.4.1 技术转移面向需求

根据《世界小水电发展报告2016》对160个国家报告和20个区域报告的研究，多数国家高度重视小水电开发，但目前小水电开发率普遍较低，开发潜力巨大。各国在政策对接、技术转移、产能合作和融资支持等方面合作需求广泛，发展中国家需求尤为强烈。而中国拥有先进的、较成熟的、高性价比小水电技术，通过开展小水电南南合作，双方可进行技术和优势资源互补。

中非可再生能源技术转移项目就是"技术转移面向需求"的深刻实践。在该项目中，中国根据加纳和赞比亚两国国情和技术水平，推荐了具有高性价比的小水电相关技术。并在项目规划、选点、勘测应用等过程中与两国工程师开展了现场实践。通过项目合作，不仅根据需求对当地水电站选址给出了合理的参考建议，也带动了后续项目建设及设备供货等方面的深入合作。

13.4.2　理念传播融入技术转移

在项目执行中传播先进的科学理念。首先是积极倡导联合国开发计划署向发展中国家和地区提供资金与技术援助，促进以人为中心的经济和社会可持续发展，加强各国应对气候变化能力。其次是提倡创新、协调、绿色、开放、共享的发展理念。中国在小水电技术转移南南合作中应进行理念宣传，小水电作为绿色能源，其开发对于保护生态环境、减少温室气体排放具有较大帮助，应从顶层设计高度引导小水电南南合作开展，共同努力实现绿色发展，建立绿色能源体系，引导广大发展中国家共同构筑小水电技术转移合作体系。

在项目执行中宣传规划先行理念。首先要积极搭建中国与合作国政府高层次对话平台，不断推进达成合作共识，把可再生能源开发规划作为先行要素进行宣传和落实。其次是要因地制宜，充分研究合作国可再生能源发展现状并根据各国国情及实际诉求协调制定规划，帮助其建立科学的可再生能源发展体系。例如，在中非可再生能源技术转移项目中，通过在有关培训中进行探讨，提出小水电具体开发方案，同时开展项目资源调查，这有助于合作方进一步了解预先规划的重要性，避免如宗教、景点拆迁破坏等因素带来的额外挑战，并在此基础上形成合作方未来对可再生能源产能与技术的合理需求。

13.4.3　技术转移结合标准推广

中国在小水电工程建设过程中积累了经验，对小水电规划、设计、建设和管理已建立了一套较为完善的标准体系。随着中国小水电行业国际化水平不断提高，国际市场稳步开拓，中国小水电标准也应在国际舞台进一步发挥相应的作用。参与、推动小水电国际标准的制定和颁布实施，有利于巩固中国小水电的全球地位，推动小水电行业走出国门，在"一带一路"倡议下开展可再生能源国际合作，带动产业国际化，为中国开展小水电方面对外投资、产能合作和经济贸易合作创造优势条件。

为实现中国小水电技术标准向世界全面展示的目标，提升中国小水电技术国际地位，促进和引领世界范围内小水电行业的技术发展，除了在南南合作中积极提供技术转移方案和其他方面的引导帮助外，中国在推进小水电国际标准编制与发布工作方面也取得了重要进展。自 2018 年 9 月以来，联合国工业发展组织与中国水利部、中国国家标准化管理委员会等开展合作，开展了小水电标准技术导则编制工作。2019 年第二届"一带一路"国际合作高峰论坛上，中国把"小水电国际标准编制"列入论坛成果清单第 34 项，将其作为"一带一路"倡议下国际合作的重要成果。在中国水利部、中国国家标准化管理委员会、联合国工业发展组织和国际标准化组织（International Organization for Standardization，ISO）的指导下，将进一步完善小水电国际标准体系及各部分技术内容，加快推进小水电技术导则纳入 ISO 标准体系，积极推动小水电国际标准在"一带一路"相关国家率先推广应用。

在中非可再生能源技术转移项目中，通过小水电培训和现场技术指导、设备供货等一系列活动表明，中国标准与国际标准尚有差距，如小水电环境保护特别是环境流量和环境管理的标准、小水电工程公共安全导则、小水电安全生产事故、应急预案等。中国在开展小水电标准国际化工作的同时，也应丰富和完善自己的小水电技术标准。在此基础上，应扩大后续标准宣传和实践，进一步服务于全球小水电开发，以提高中国小水电国际市场话语权。

13.4.4　技术转移推动产能合作

国际产能合作是国际产业分工与产业发展的内在需求。它通过国际贸易、国际投资、国际开发合作等方式，将产业发展布局从一个国家或地区转移扩展至其他国家或地区，重构全球产业链、价值链与资本链，实现生产要素在全球范围内的重新配置整合。中国拥有以小水电技术为典型的可再生能源领域优质产能和完备的产业体系，其国际产能合作具有技术可行性和经济合理性，开展可再生能源国际产能合作有助于进一步提升中国小水电领域核心竞争力，提升其在全球价值链中的地位。

技术转移推动了广大非洲国家及其他同样在南南合作中受益的南方国家对于可再生能源产能合作的需求，其中主要体现为技术需求和资金需求。同时，各国也逐步认识到提高自身能力建设的重要性，这为日后的进一步合作打下了良好基础。

13.4.5　技术转移明确市场角色

在全球从北到南的技术转移链上，技术势差较大，而新兴经济体在其中起着集成、转化、传递的桥梁作用，是承上启下的关键环节。中国正处在南北、南南技术转移链的中间环上，充当着"媒介""桥梁""新动能"的角色。外部而言，在发达国家-中国-南方国家的技术转移链上，中国是连接发达国家和广大发展中国家的"传导者"；对内而论，中国正处在国家转型关键时期，从"引进来"到"走出去"，需要在引进、消化的基础上，具备集成创新、整合输出的能力。在此背景下，中国作为国际小水电技术转移链条中的新兴动力源，肩负独特使命，需要明确国际定位，在综合利用国内国际两个市场、两种资源的过程中，整合发展中国家和地区资源技术等要素，努力为南南合作中的技术受用方提供全方位支持，为构建全球技术转移链做出应有贡献。

13.4.7 技术转移服务后续合作

1. 全面扩大小水电技术转移合作范围

支持小水电相关研究培训机构能力建设活动开展。通过技术转移促进合作国小水电研究培训机构平台建立，不断培养技术和管理队伍，提高小水电开发政策规划设计能力及技术水平，为政府决策和行业发展提供有力支持。在赞比亚，通过技术转移项目，赞比亚卡富埃峡培训中心提出与中方续签合作协议，继续推动政策沟通及示范项目落实。在加纳，加纳能源委员会与中方签署了合作协议，希望通过技术转移项目扩大项目合作范围，为加纳更多小水电项目开发提供技术服务和金融支持。

探索小水电和太阳能等多能互补模式进行技术转移。小水电、太阳能等可再生能源具有较强互补性。可再生能源技术融合互补技术在中国已较为成熟，后续应开展多能互补技术转移，充分整合利用当地可再生资源，提高区域内电网建设广度和深度。

2. 积极推进小水电技术转移平台建设

在开展可再生能源技术转移的过程中，平台建设是项目合作的延续和深化，这对于提高发展中国家能力建设，促进技术转移、项目示范、人才培养具有重要作用。以赞比亚、加纳等国家为例，尽管它们拥有相关可再生能源研究培训机构，但技术能力明显不足，高素质专业技术人员相对缺乏。通过建立包括小水电在内的可再生能源专门技术培训机构，或依托有关研究机构和高校的小水电技术研究培训中心进行培训，可作为后续中国小水电南南合作技术转移平台建设的重要合作领域。

3. 不断加强小水电技术转移活动宣传

作为偏远地区重要的能源基础设施，小水电除为农村经济社会发展提供电力服务，在农村社会经济发展、精准扶贫、改善民生、中小河流治理等方面也发挥了重要作用。中国小水电现有的实用技术发展经验通过诸多南南合作技术转移项目传播至全球，对诸多正面临能源和电力短缺的国家具有启示和示范作用。在后续的技术转移项目中应继续讲好中国故事，贡献中国智慧和中国方案，要在国内外有关南南合作和"一带一路"相关活动中不断传播分享技术转移活动的成效与经验，扩大中国小水电国际市场影响力，促成更多合作机会。

4. 其他可开展合作领域

除了上述扩大能源合作范围、推进平台建设和加强活动宣传深化小水电技术合作外，协调小水电开发管理、提供小水电咨询服务、执行小水电经济援助、开展小水电政策研究和建立小水电信托基金等方面也可纳入合作范围，扩大中国小水电国际市场影响力，进一步深化中国在国际技术转移市场中全方位、宽领域、深层次的合作。

第六篇

合作探索

第 14 章　南南合作可再生能源政策互联互通实践

首席作者： 袁潇洋　王卫权
贡献作者： 杨　帆　张　璐　付　延

作为一个新兴的能源技术种类，可再生能源技术高速发展，产业结构随时可能因为一项新技术的突破而发生革命性的转变。为了适应可再生能源技术不断更新的特性，技术发展政策体系制定必须考虑政策的进步性和前瞻性。可再生能源技术先进国家和关注可再生能源发展的国家均制定了完善的长期规划和发展目标，引导可再生能源发展，如中国的《可再生能源中长期发展规划》、美国的能源安全战略等。

通过借鉴和吸收他国特别是成功国家的发展经验，国内的政策制定上可以更加有的放矢，如我国《可再生能源中长期发展规划》中明确指出规划的制定"借鉴了国际可再生能源发展经验"。在吸收和运用发达国家发展可再生能源及技术的经验基础上，中国形成了更适合发展中国家的可再生能源开发模式，更利于向其他发展中国家传播和分享。

国家间良好的互联互通机制是一国经验在另一国顺利转移和落地的重要保障。作为国家规划的外延，国家间合作机制促进了区域可再生能源技术的协调发展，为实现可再生能源技术共同进步提供了有力支撑。可再生能源技术领域互联互通机制的核心在于南南合作双方对可再生能源理解的高度一致性。换而言之，能源作为社会经济发展的主要动力，它需要在发展政策制定上体现前瞻性，同时规避其他国家可能走过的弯路。因此，相较于具体技术或设备的转移，国家间政策互联互通显得更为重要。一方面，政策互联互通帮助技术受让国家在顶层设计上做好技术接收的准备，另一方面，政策互联互通为其在受让基础上再发展自身技术打下坚实基础。

本章以中国–加纳可再生能源技术转移项目为例，从规划制定、能力建设、配套举措三个维度分享"北南南"三角合作在政策互联互通方面的实践和尝试。

14.1　中国–加纳可再生能源技术转移项目背景

中国是可再生能源领域发展最快也是体量最大的国家。自"十二五"规划以来，中国在可再生能源领域的投资快速增长，政策、法律、规章不断完善，有效推进了中国可再生能源市场的建立，并成为多领域可再生能源技术的领跑者。

丹麦、德国、日本等发达国家都有向非洲国家援助可再生能源技术的先例，然而并没有为当地的能源发展带来根本性的变革，这是因为发达国家与发展中国家之间技术转移存在天然壁垒。中国作为最大的发展中国家，过去 20 年可再生能源发展成就举世瞩目。通过吸收借鉴发达国家发展经验，中国形成了适合发展中国家的独特模式，因此更适宜与发展中国家通过南南合作来实现可再生能源技术的转移和对接。基于以上原因，作为支持南南合作和促进联合国"人人享有可持续能源"（SE4ALL）倡议的一部分，丹麦在 2015 年资助联合国开发计划署开展了一系列中非南南合作项目，旨在确保中国向非洲更有效地转移可再生能源技术。项目本身不会转移硬件，而是着重于使当地有效吸收可再生能源技术所需的体制框架和软实力。中非可再生能源技术转移项目作为南南合作典范成功入选联合国"南南合作与三角合作优秀实践"，而中国-加纳可再生能源技术转移项目便是其中之一。该项目以中国的发展经验为基础，促进中国与加纳的专业技术交流，旨在帮助加纳通过发展以社区为基础的离网电气化网络，促进能源生产利用，提高可再生能源份额，并满足加纳的能源需求。该项目能支持更广泛的国家社会经济和环境目标，最显著的是创造就业、减少贫困以及应对气候变化；此外还能促进加纳可再生能源技术的生产，发展加纳私营经济，为技术转移创造有利的环境。

2010 年以来，加纳政府在向公众提供现代化能源服务方面取得了长足进展，发展可再生能源是其中的一项重要举措。截至 2015 年，加纳水电在国家能源结构中占比高达 43.2%，但并网光伏电力占比仅为 0.6%。目前加纳大多数可再生能源项目仅作为试点项目进行，或在短期规划基础上进行，这导致加纳对于不同可再生能源的长期发展和推广没有明确的综合发展规划。除此之外，加纳也缺少成熟的政策框架体系及研究机构来进行政策相关的研究。

中国-加纳可再生能源技术转移项目在引入国际经验的基础上，实现了南南三角合作下的政策互联互通。在项目支持下，成立了中加可再生能源技术转移项目全球指导委员会（以下简称"委员会"）。中方与加纳能源委员会一同草拟和制定了"加纳可再生能源发展规划（2018—2030）"（以下简称"规划"），深度参与了加纳可再生能源发展顶层设计，并参与编制了《中国-加纳可再生能源技术转移路线图》（以下简称"路线图"）。"路线图"为加纳可再生能源的发展提供了政策指导及总量目标，同时为加纳制定更具体的可再生能源发展政策机制提供了参考。

14.2 建立中国-加纳可再生能源技术转移长效机制

14.2.1 关键部门直接领导中国-加纳可再生能源技术转移全球指导委员会

政策框架体系的建立分为立法与执法两个层面。立法包括法律、法规、规划、规章等，是一项政策的执行基础与指导方向；而执法则是切实落实政策的手段。二者的统一共同决定了一项政策的实施效果。可再生能源技术与产业发展日新月异，不同发展阶段也需要采取不同的政策来满足市场扩大与技术发展的需求。这不仅对执法者的执法能力提出了挑战，更对政策制定者适时调整政策的能力提出了更高要求。

在中国-加纳可再生能源技术转移项目伊始，搭建更适合技术转移的软环境成为项目工作的主要方向，其中建立良好的政策环境是重点任务之一。因此，项目伊始，项目组成立了中国-加纳可再生能源技术转移全球指导委员会。委员会由中国-丹麦-加纳三国政府部门代表、联合国开发计划署、中国21世纪议程管理中心，以及国际机构、高校、协会代表组成。委员会一方面推动中国和加纳双方各层面机构的合作，建立良好的互联互通机制，另一方面通过国际交流合作，增强加纳政府的立法与执法能力。委员会在项目实施的不同阶段，根据项目的不同需要开展了多期讨论会、评估会、培训会、调研考察等工作，在规划评估、能力建设、资源对接、项目落地等不同阶段进行了政策、商业、技术等多维度的组织、协调和支撑工作。

14.2.2　多形式合作保障可再生能源技术转移长效沟通机制顺利进行

依托中加双方项目管理办公室建立的中国-加纳可再生能源技术转移长效机制，技术转移得以稳步推进。

1. 中非可再生能源技术转移南南合作项目指导委员会会议

作为联合国开发计划署发起的三方合作项目，中非可再生能源技术转移项目在启动初期便逐步建立了高效规范的项目管理机制。在项目执行期内，联合国开发计划署、中国政府、加纳政府和丹麦政府，以及赞比亚政府（中国-赞比亚可再生能源技术转移合作项目）每年都会联合召开项目指导委员会会议，召集各方直接参与项目执行的单位和机构对过去一年的工作情况进行汇总、梳理与报告。

项目指导委员会会议分为两个级别，第一级别是国内项目指导委员会会议，即中方和加方剖析本国当年的项目进展，识别技术转移关键任务的成果、问题与挑战；第二级别是国际项目指导委员会会议，各方代表在交换国内会议主要思想后，商议未来工作计划，给出明确的指导意见与建议。

稳定的指导委员会会议机制确保了项目牵头方、技术转移合作双方和资金支持方对项目进展的认知高度统一，也保证了项目在每一年的规划和执行能够顺利完成。

2. 中非可再生能源技术转移相关方联合培训会

长期持续和多样化的培训交流会是中非可再生能源技术转移合作项目的亮点之一。项目执行期间，除了每年两次在中国举办的大型政策、技术培训会以外，针对具体事项，中方专家亦以小团队的形式多次奔赴加纳给予技术指导。同时，鉴于中国与加纳的空间距离，线上培训也发挥了关键作用，成为面对面培训交流的重要补充形式。

以2016年10月在中国成都召开的第一届中非可再生能源技术转移相关方联合培训会为例，该会议旨在促进中国可再生能源技术在非洲的落地与发展，以技术转移和经验共享代替物质援助和成果分享。会议主要围绕新能源领域的风电、太阳能、沼气、生物质能等话题进行讨论交流及参观，为中非政府部门、科研机构和企业提供重要合作交流平台。此会议最大的特点是加纳政府能源部门直接来中国宣讲当地的可再生能源发展情况、资源禀赋、优惠政策和广阔市场，以及加纳所面临的困难和亟待解决的问题。就此，会议各方对示范项目探索、商业模式与行政手段等内容进行了讨论。在会议互动交流环节，中方代表分享了中国可再生能源技术发展在创造就业，产业升级方面取得的经验，供加纳制定本国可再生能源具体政策参考。会后，加方代表参观了成都多个可再生能源产业项目，学习具体的项目管理模式，了解可再生能源发展需求及不同阶段的政策需要，同时也对中国可再生能源发展情况有了直观的认识。此次会议所有培训影像资料被制作并上传至网络，以供更多未能直接参加培训会议的中非相关方观看学习。

14.3 强化顶层设计：《加纳可再生能源发展规划（2018—2030）》

对于一个产业来说，长期规划起到产业发展总体协调和管控的顶层设计作用，旨在回答一个产业"发展什么"的问题，具有较长的期限与较为宽泛的空间约束力。受制于过去合作项目零散、规模偏小和以硬件援助为主的约束，加纳一直没有形成关于可再生能源发展的国家级长期规划。为更好地支持与规划可再生能源产业与技术的发展，长期可再生能源发展规划需要包括明确的发展目标以及可执行落地的法规和政策，以促进当地可再生能源技术水平提高与产业规模扩大。通过借鉴中国政策规划形成的《加纳可再生能源发展规划（2018—2030）》作为项目第一阶段成果，弥补了加纳在可再生能源领域长期规划的缺失，指明了加纳可再生能源领域未来10余年的发展方向，在顶层设计中贯彻了接受可再生能源技术转移作为加纳未来能源发展重要路径的理念，为中国–加纳可再生能源技术转移打下了基础。

14.3.1 制定过程的政策互联互通

在规划制定的初始阶段，由加纳能源委员会牵头，加纳电力部（Ministry of Power）与UNDP共同编制一套谅备忘录，使各主要相关方加入规划的制定工作，共同确定规划的范围。规划制定工作组通过梳理与可再生能源技术规划部署直接相关的能源领域政策与战略，分析包括中国可再生能源五年规划（如《可再生能源发展"十二五"规划》《可再生能源发展"十三五"规划》等）和丹麦可再生能源规划在内的其他国家现有相关总体规划，调研评估确定可再生能源相关干预措施与举措，考察适应加纳环境的可再生能源技术，最终制定出《加纳可再生能源发展规划（2018—2030）》。

在规划的编制过程中，加纳与中国进行了充分的交流和沟通，在深入解读中国可再生能源政策体系、政策实施情况、取得的成就与不足的基础上，双方专家结合加纳实际情况和中国经验，兼顾长远和当下，更加务实、科学和合理地编制了《加纳可再生能源发展规划（2018—2030）》。

14.3.2 《加纳可再生能源发展规划（2018—2030）》制定成果

《加纳可再生能源发展规划（2018—2030）》是在分析中国可再生能源发展的经验与教训，回顾中国在本国可再生能源产业不同阶段的政策和战略部署的基础上，结合加纳能源发展现状所制定的。规划制定的过程，本身就是中国-加纳-丹麦三方合作的实践过程，是软实力的提升过程。该规划勾勒了加纳能源发展的总体格局，提出了加纳到2030年实现能源发展具体愿景和目标。该规划还对太阳能、风能、水能、波浪/潮汐能、固体生物质能、废弃物能源化利用、生物燃料以及微型电网八类主要可再生能源相关技术提出了发展目标与行动方案。该规划弥补了加纳在自身制度建设上暂时的欠缺，为日后加纳可再生能源领域政策制定提供了经验。

1. 规划愿景与具体目标

《加纳可再生能源发展规划（2018—2030）》在加纳可再生能源建设初期具有高度的指导意义。该规划以可持续性地发展可再生能源、使加纳具备可再生能源研究、生产和服务的能力为愿景，以投资为导向发展可再生能源，实现促进经济增长，改善社会生活和减少气候变化所带来的不利影响等为目的。

为了将可再生能源发展规划的美好愿景早日变成现实，该规划还设计了四个具体目标：①将全国可再生能源电力装机从2015年的38MW提高到2030年的2561MW；②减少对生物质作为热能主要燃料的依赖；③在1000个离网社区提供可再生能源的分布式电气化方案；④促进可再生能源产业本地化发展。

2. 加纳能源供应与需求情况

了解能源供需现状以及对其进行预测是制定能源规划的重要组成部分，规划在制定过程中详细考察了加纳能源使用现状，并对其未来一段时间内能源需求情况进行了预测。如图14-1所示，加纳的一次能源供应主要依靠石油、生物质、天然气和水力。2015年，石油占能源总供应量的44.48%，其次是生物质（37.87%）、天然气（12.38%）和水力（5.27%）。2005~2015年，能源总供应量增长了65%，增长的主要原因是石油供应量翻了一番，其次是天然气。2005~2015年生物质供应几乎保持不变，而水力则略有下降。此外加纳一次能源消费以石油和生物质为主，如图14-2所示，2015年，石油占能源总消费量的47%，包括汽油、柴油、液化石油气和航空燃油等。生物质占能源总消费量的40%，包括木柴、木炭和农业废弃物等。电力仅占13%。2005~2015年，加纳能源总消费量增加了81%，增长的主要原因是石油的带动，其消费量同期增长了77%。生物质消费趋于稳定，电力消费量较2005年增长了62%。

《加纳可再生能源发展规划（2018—2030）》对可再生能源的发展现状也进行了深入阐述，见表14-1。虽然加纳目前可再生能源发展水平较低，但其高度重视有关技术在本国的发展，并初步形成了一定的规模，具备通过南南合作进一步加大可再生能源开发利用的基础。

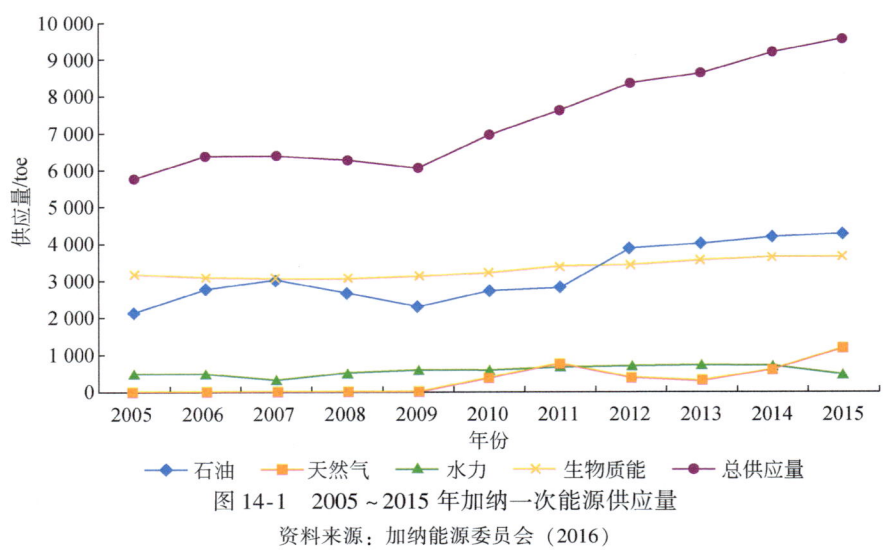

图 14-1　2005~2015 年加纳一次能源供应量

资料来源：加纳能源委员会（2016）

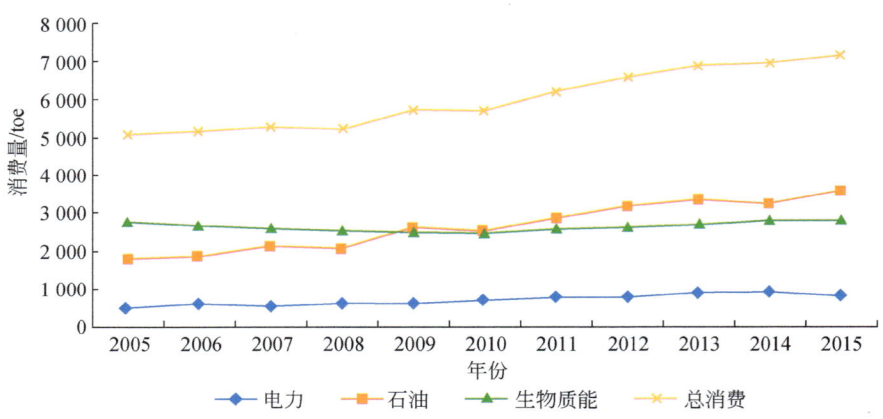

图 14-2　2005~2015 年加纳一次能源消费量

资料来源：加纳能源委员会（2016）

表 14-1　截至 2015 年 12 月加纳不同可再生能源技术类型装机容量

技术类型	装机容量
大型并网可再生能源/MWp	23
其他并网可再生能源（分布式发电）/MWp	15
微型电网（混合动力系统）/MWp	0.2
离网太阳能（包括街道/社区照明）/MWp	>5
太阳能灯/套	>72 000
沼气/m³	9 000
生物质能/沼气/MW	5.6
太阳能干燥器/t	50

在了解加纳能源供需情况的基础上，《加纳可再生能源发展规划（2018—2030）》对加纳到2030年的电力需求进行了预测，为其电力部门发展路径规划提供了支持。如图14-3所示，加纳每年的电力需求增速约为10%，每年电力装机容量需要增加约200MW才能满足中长期增长的用电需求。到2020年电力需求将达到23 000GW·h，到2030年将达到40 000GW·h。

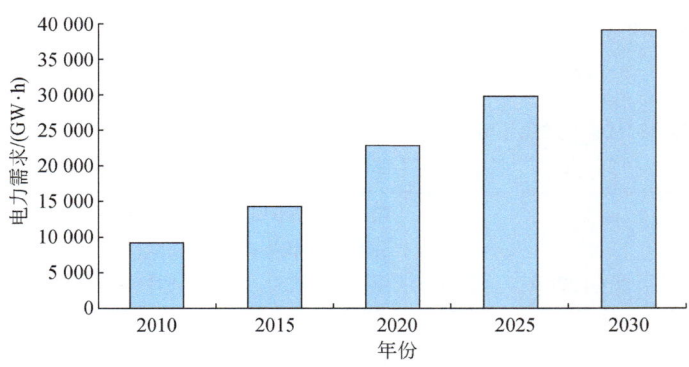

图14-3　2010~2030年加纳电力需求预测
资料来源：加纳能源委员会（2016）

3. 加纳能源政策和制度框架

好的行业政策制度体系能够保障行业秩序，促进行业发展。20世纪80年代至今，加纳政府及其发展伙伴一直支持加纳的可再生能源技术发展，相继推出各种政策和战略，在推进可再生能源发展方面起到了很好的推动作用。从1986年建立战略目标到加纳可再生能源法出台，加纳可再生能源开发利用领域的政策体系不断完善。表14-2为加纳可再生能源部门的主要政策、规划和战略文件。

表14-2　加纳可再生能源部门的主要政策、规划和战略文件

年份	政策、规划和战略	内容
1986	能源领域的问题和选择	在可再生能源领域建立战略目标
1989	国家电气化计划	力争到2020年实现全面电气化
1995	2020愿景	制定战略目标，以鼓励和扩大可再生能源技术（RET）市场
2003	加纳减贫战略	制定促进和鼓励私营部门参与的战略目标，并从国家预算中提供支持
2003	国家可再生能源战略	确定可再生能源发展的主要障碍，并提案（监管、定价、数据库和科研）以加速RET的开发和利用
2006	增长和减贫战略	制定战略目标以支持和增加RET，使国家能源结构多样化
2006	关于获得能源服务ECOWAS白皮书	建议可再生能源投资在农村和城市周边地区新建电力投资占比中至少达到20%
2006	国家能源战略	发展能源需求和供应方案

续表

年份	政策、规划和战略	内容
2009 和 2014	加纳共享增长和发展议程 I & II	制定战略目标,增加国家能源结构中可再生能源的比例;促进楼宇中 RET 的使用及设计;为水电项目建立适当的财政和监管框架
2010	国家能源政策	为能源部门增加投资创造一个引导环境,创造财政和价格激励,改善和促进太阳能、风能和生物质能技术
2010	能源部门战略与发展计划	强调到 2020 年,将可再生能源在全国能源结构中的比例提高到 10%。这一战略与发展计划包括推广专用林地、改良炉灶、生物燃料的财政和税收优惠、进口税收优惠
2011	《加纳可再生能源法》(第 832 法案)	可再生能源固定上网电价计划;可再生能源购买义务,即电力分配公用事业单位和电力用户必须从可再生能源发电中购买一定比例的电力;用生物燃料替代石油产品;商业可再生能源服务供应商的许可制度,以确保可再生能源行业运作的透明度;设立可再生能源基金,以鼓励可再生能源的推广、发展和利用;设立可再生能源管理局
2012/2016	加纳所有可持续能源的行动计划/议程	加纳的行动计划已被更新为行动议程,其中包括实现三个全球目标所需要的所有能源相关行动
2016	微型电网电气化政策	将微型电网电气化纳入国家电气化方案,并保证微型电网与国家电网相同的定价政策
2016	生物能源政策(草案)	在确保粮食安全的同时,发展和促进生物能源的可持续供应和利用,以提高加纳的能源安全

  作为可再生能源行业的一个重要里程碑,《加纳可再生能源法》于 2011 年正式颁布。《加纳可再生能源法》的目标是完善可再生能源技术的政策体制,建立一个相对公平公正的监察体制环境,让可再生能源技术能够快速发展并吸引更多私营部门来参与可再生能源技术的开发、管理和利用。为实现目标,加纳政府在制定法案条款时综合考虑了本国国情,从建立相关行业机构到加强行业发展政府干预,从基本的上网电价计划到可再生能源服务供应商许可制度等方面都做出了明确指示。《加纳可再生能源法》所包括的主要条款见表 14-2。

  为了保障可再生能源行业的稳定,《加纳可再生能源法》计划成立一系列可再生能源机构,并规定了关键机构的职能和责任,以促进法案条款的实施(表 14-3)。《加纳可再生能源法》自 2011 年颁布以来,部分条款已顺利实施并取得初步成果,如制定并实施上网电价;制定可再生能源基金框架;建立输电和配电系统的净电量计量规则和可再生能源细则;为服务提供商开发的《可再生能源许可手册》和起草《可再生能源购买义务指南》。这些法规政策为加纳进一步发展可再生能源打下了坚实的基础。

表 14-3 加纳可再生能源部门的主要机构及其职责

机构		职能
能源部		政策制定、监测和评价以及执行政府方案
公用事业机构	Volta 河流管理局（Volta River Authority，VRA）	发电商
	Bui 电力管理局（Bui Power Authority）	发电商
	独立发电商（Independent Power Producers，IPPs）	发电商
	加纳电网公司（Ghana Grid Company，GRIDCo）	输电商
	加纳电力公司（Electricity Company of Ghana，ECG）	加纳南部配电商
	北方配电公司（Northern Electricity Distribution Company，NEDCo）	加纳北部配电商
	飞地电力公司（Enclave Power Company）	加纳南部（部分）配电商
生物质能产业监管机构	散装油储存和运输公司（Bulk Oil Storage and Transportation Company，BOST）	生物燃料的运输和储存
	油料分销公司（Oil Marketing Companies，OMCs）	生物燃料分配
	公共事业监管委员会（Public Utilities Regulatory Commission，PURC）	电价的批准；监控服务质量和消费者保护
	能源委员会（Energy Commission，EC）	对可再生能源领域的经营者发放许可，并为他们的业绩、部门规划和政策建议制定技术标准
	国家石油管理局（National Petroleum Authority，NPA）	根据规定的石油定价公式，确定生物燃料的比例和价格
	加纳标准管理局（Ghana Standards Authority）	制定可再生能源技术和生物燃料标准
	森林委员会（Forestry Commission）	协助发展和执行木材燃料的可持续生产和消费

4. 八类可再生能源技术的目标与行动方案

根据加纳当地可再生能源的实际情况，《加纳可再生能源发展规划（2018—2030）》对太阳能、风能、水能、波浪/潮汐能、固体生物质能、废弃物能源化利用、生物燃料以及微型电网八类主要可再生能源相关技术提出了到 2030 年的发展目标与行动方案。目标与行动方案的制定影响因素见表 14-4。

表 14-4 目标与行动方案的制定影响因素

序号	考虑因素	序号	考虑因素
1	资源的可用性和开发的便利性	7	政府政策目标、计划和程序
2	到 2030 年的 22 000MW 电力需求	8	政治意愿
3	2016～2035 年国家能源战略提出的目标	9	企业利益
4	地区利益团体提出的目标	10	研究、开发和创新
5	金融和经济可行性	11	基础设施和土地使用要求
6	环境和社会文化问题		

目标与行动方案在项目执行期间由项目各方以及专业委托第三方持续评估，并将重点放在与实现目标相关的优先领域上，确保加纳在可再生能源领域持续发展。目标与行动方案修改后提交加纳国会进行新一轮论证，并由加纳国会最终发布。本小节以太阳能热水器技术目标与行动方案为例。

（1）太阳能热水器技术发展目标

每项技术均以5年作为一个时间节点提出发展目标，逐步推进可再生能源技术的发展，以太阳能热水器为例（表14-5）。

表14-5　太阳能热水器发展目标　　　　　　　　　　　　　（单位：个）

技术	参考（2015年）	2020年	2025年	2030年
太阳能热水器	4 700	20 000	70 000	135 000

（2）太阳能热水器技术发展行动方案

对每项技术，《加纳可再生能源发展规划（2018—2030）》均从挑战和推广策略两个角度进行分析，提出行动方案。以太阳能热水器技术为例，加纳虽然有丰富的太阳能资源，但是考虑到加纳本国的经济发展水平和加纳当地的实际需求状况，大规模推行太阳能利用仍存在一些挑战，如供水含氯量高，更易腐蚀铜管，增加了设备维护成本；低水压和不稳定供水导致系统无法正常工作；太阳能热水器进口关税高；较高的初始成本；市场上有更廉价热水供应方式；加纳气候炎热，公众缺少热水使用习惯等。为了应对这些挑战，中国-加纳相关的研究机构和合作伙伴积极思考应对策略，并提出了以下解决方案：提高需要热水的家庭、房地产开发商、酒店和商业建筑对太阳能热水器效益的认识；制定法规，鼓励现有商业地产安装太阳能热水器；推广混合（电力-太阳能）热水系统；提供税收优惠，支持本地组装/制造；将太阳能热水器纳入国家建筑规范；取消太阳能热水器组件的进口关税并对电热水器征收更高的进口关税。

14.4　出台行动方案：《中国-加纳可再生能源技术转移路线图》

政策互联互通是一个双向过程，一方面是由技术先发国家传授自身政策经验帮助后发国家建立自身政策体系；另一方面是后发国家结合自身国情建立自身政策体系并提出发展诉求，在《加纳可再生能源发展规划（2018—2030）》的指导下，双方结合两国政策找出技术转移具体路线和行动方案，实现技术转移的有效吸收。

14.4.1　编制过程的政策互联互通

截至2017年底，加纳政府已经制定了一系列政策、战略和立法工具对能源行业进行规范，促进了当地可再生能源的发展，并对可再生能源发展规划进行了多轮评估。其中着重提出了八类可再生能源相关技术发展目标与行动计划，分别是太阳能、风能、水能、波浪/潮汐能、固体生物质能、废弃物能源化利用、生物燃料以及微型电网。根据这八类可再生能源相关技术发展目标与行动计划，中加双方共同制定了技术转移路线图，以帮助加纳克服规划中提到的障碍，促进规划所确定目标的实现。此外，也为中国在南南技术转移领域更广泛的合作寻找路径。

在《中国-加纳可再生能源技术转移路线图》编制过程中，除了中加双方政府官员和专家的参与，更吸纳了来自双方多个部门、机构和企业以及国际组织等的经验与建议，加纳驻华大使馆、UNDP加纳办事处、国家可再生能源中心、中非民间商会、世界自然基金会北京办事处、金风科技等机构都为中加可再生能源技术转移贡献了珍贵的经验与智慧。

14.4.2　《中国-加纳可再生能源技术转移路线图》编制成果

《中国-加纳可再生能源技术转移路线图》从市场、监管框架、技术、文化等角度分析了加纳可再生能源发展需求，通过专家讨论及市场调研，一方面向中国可再生能源技术市场主体普及中加可再生能源技术转移项目，以期扩大技术转移规模；另一方面对八类可再生能源相关技术发展目标与行动计划进行第三方评估，分析不同技术在不同时期的技术转移可行性。在此基础上，针对加纳可再生能源发展目标，制定包含具体行动与里程碑的可再生能源技术转移路线图。最后对包括两国政府以及国际机构在内的各方提出具体建议，以继续加强政策互联互通保障技术转移效果。

1. 加纳可再生能源目标与行动方案分析评价

可再生能源的发展和应用受资源条件、基础设施、经济发展水平等自然、社会和经济因素的影响。项目根据遵循目标评价指标体系的构建原则，从金融、科研、人力、资源、市场五个方面对《加纳可再生能源发展规划（2018—2030）》中八类可再生能源相关技术发展目标与行动方案进行评价，并对其技术转移成熟度进行分析。如图14-4所示，以太阳能热水器为例，太阳能热水器技术在日常生活和医疗卫生方面均有广泛运用，该技术在中国已十分成熟，从设计到制造都有完备的技术体系。相比于其他技术，太阳能热水器技术难度低，工业化要求不高，适合加纳立即开展本地化科研与生产。

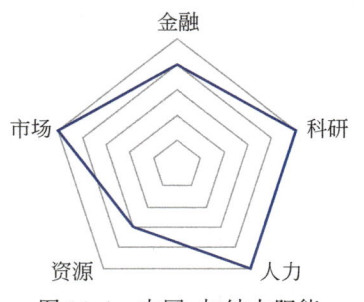

图14-4　中国-加纳太阳能热水器技术转移成熟度

1）金融：根据《加纳可再生能源发展规划（2018—2030）》，大型项目及产业的开发以私营资本为主，分布式及民生相关项目由国家支持部分资金。太阳能热水器项目开发规模灵活，产品应用广泛，安装场景多样化，在加纳具有投资前景。公开资料显示，加纳无法生产钢、铝等原材料，加纳可再生能源发展规划第一阶段（2018～2020年）难以建成钢、铝生产线，若2万个太阳能热水器所需金属全部进口，将提高热水器安装成本。

2）科研：太阳能热水器关键技术集热管技术、金属离子镀膜技术、彩钢板技术、镀铝锌板技术，在中国已十分成熟，技术本身难度不大，加纳可通过购买中国相关机械并通过简单培训掌握相关技术。

3）人力：根据《加纳可再生能源发展规划（2018—2030）》，到2030年，加纳太阳能热水器产业将提供3万个工作岗位。虽然太阳能热水器行业需要大量的技术工人来保证生产和运维，但是由于技术相对简单，通过培训即可满足大部分岗位的工作需求。在产业健康发展的基础上，人力不会成为技术转移的制约因素。

4）资源：太阳能热水器多在屋顶安装，占用土地较少。供水质量不达标是主要限制，将会影响热水器效率，缩短设备寿命，影响用户使用。

5）市场：太阳能热水器用途广泛，可满足人民日常所需用水并广泛用于医疗和疾病预防领域。随着经济的发展，生活水平的提高以及疾病预防意识的普及，加纳及西非地区其他国家对于太阳能热水器需求会持续增长。加纳在技术转移基础上建立起的本地化生产线可以利用地区优势辐射到整个西非次地区。

总体而言，《中国-加纳可再生能源技术转移路线图》建议加纳结合本国资源分布、需求和基建实际情况稳步发展可再生能源，从已成熟的、成本较低的技术开始转移。同时，推进相关制造业发展，提升电网技术等配套产业技术，开展对当地人员的运维培训。对于一个三期的发展规划而言，上述多是基于当前以及在可预期发展范围内的技术转移评述。随着科技发展，新技术将在未来以不可预期的方式涌现。在《加纳可再生能源发展规划（2018—2030）》的每一阶段开始前，都应进行相应的评估来确保项目所转移技术的迭代更新，以满足加纳对于可再生能源的新需求。各阶段适宜转移的技术总结见表14-6。

表14-6 《中国-加纳可再生能源技术转移路线图》各阶段适宜转移的技术

序号	技术种类	第一阶段（2018~2020年）	第二阶段（2021~2025年）	第三阶段（2026~2030年）
1	太阳能	太阳能热水器、户用光伏系统、太阳能干燥、太阳能灌溉、太阳能灯	大型地面电站、部分制造业	大型地面电站、光伏行业制造业
2	风能	小型独立风电、风电灌溉	大型风电场建设	
3	水能	中小水电建设	中小水电优化运行	
4	波浪/潮汐能	关注	关注	适当考虑
5	固体生物质能	生物质成型燃料技术、生物质新型炉灶		
6	微型电网	离网微型电网	并网微型电网	
7	废弃物能源化利用	沼气、填埋气发电	大型发电站	
8	生物燃料	关注	关注	适当考虑

2. 中国–加纳可再生能源技术转移行动及里程碑

通过分析中国受让可再生能源技术的经验，结合加纳国情及自身发展目标，制定出量化的技术转移行动及里程碑，分别见表 14-7 ~ 表 14-10。

表 14-7　次地区可再生能源中心里程碑

建议	时间节点
建立一个可再生能源产业示范区	2018 年
通过吸引投资促进示范区的建设	2020 ~ 2025 年
在示范区举办次地区可再生能源大会	自 2020 年
在示范区举办次地区可再生能源招商会与展销会	自 2020 年
将产业示范区转型成次地区可再生能源中心	2025 年
讨论并签署次地区可再生能源发展倡议	2025 年
推动可再生能源产业进一步区域性合作	自 2025 年

表 14-8　能力建设里程碑

建议	时间节点
提供 150 个研究岗位培训机会	2018 ~ 2020 年
在示范区内提供 8 000 ~ 13 000 个技工工作岗位	2018 ~ 2030 年
提供 400 个研究岗位培训机会	2020 ~ 2025 年
在示范区内提供 20 000 ~ 40 000 个技工工作岗位	2018 ~ 2025 年
提供 700 个研究岗位培训机会	2025 ~ 2030 年
在示范区内提供 30 000 ~ 70 000 个技工工作岗位	2025 ~ 2030 年

表 14-9　技术发展里程碑

建议	时间节点
在示范区内建立示范性项目	2018 ~ 2025 年
在无电地区推广分布式技术（太阳能灯、灌溉、热水器等）	自 2020 年
在无电地区建设微电网	2020 ~ 2030 年
发展基础工业以支撑可再生能源产业本地化（太阳能与水能）	自 2020 年
调整垃圾焚烧发电的目标以适应城市化发展	自 2020 年
开始发展生物质与风能等产业	自 2025 年
在次地区出口可再生能源产品	自 2025 年
在次地区发展可再生能源产业	自 2030 年
实现电网的一体化	自 2030 年

表 14-10 政策框架里程碑

建议	时间节点
调整加纳可再生能源发展规划并出台长期稳定的可再生能源扶持政策	2018~2020 年
对示范区进行政策倾斜	2018~2030 年
通过提供政策支持和商业化运作模式以降低营商风险、吸引投资	2020~2030 年
引入碳排放交易机制	2021~2025 年
对接可持续发展与金融产品	自 2025 年
出台次地区统一可再生能源政策	2026~2030 年
适时调整政策以推动可再生能源发展	长期

依照《加纳可再生能源发展规划（2018—2030）》以 5 年为一个阶段的总量目标制度，《中国–加纳可再生能源技术转移路线图》也将技术转移以 5 年为一个阶段分为三个转移周期。

第一个周期（2018~2020 年）是过渡阶段。根据《加纳可再生能源发展规划（2018—2030）》描述，尽管一些重大项目已经开工建设，但第一周期仍将作为可再生能源产业发展的筹备阶段。

虽然 ODA 有其自身的局限性，但在第一周期中，通过 ODA 机制建立一个示范区作为可再生能源发展的协调单元仍有一定作用。示范区可以提高民众对可再生能源的认识，检验可再生能源法规、政策和标准的适用性。示范区将涉及尽可能多的可再生能源类型，如太阳能灯将提供照明和交通信号，大型太阳能地面电站、风能和分布式太阳能光伏与微型电网将提供电力等。在示范区内，测试园区、产业结构调整、产品质量、能源和原材料节约等方面的实践能够完善加纳的产业政策制定。通过与中国专家团队合作评估以及与中国公司一起作业，加纳环境保护得以加强，劳动生产率得以提升。此外，示范区的集聚效应将降低项目风险和施工成本，有助于实现第一周期目标。但是，资源依赖型行业，如垃圾焚烧发电和小水电无法在示范区中部署，因此需要付出额外努力来实现《加纳可再生能源发展规划（2018—2030）》的目标。

第二个周期（2021~2025 年）是战略的关键阶段。政策必须足够坚定以吸引私人资本投资。同时，必须建立适当的商业机制，以保证可再生能源技术的可持续发展，从而使项目中的技术从示范区外溢到国家各个区域。当地工业也将开始生产仅需较低技术基础的产品，以满足加纳本国需要，并逐步向次地区出口。示范区的职能也将扩大，以展示加纳当地产品和工业能力。次地区可再生能源峰会也将在示范区举行，讨论西非社区的发展，并分享加纳在可再生能源行业取得的成就。交易会将吸引次地区的潜在买家并促进当地产业的增长。

第三个周期（2026~2030 年）将确定加纳在西非地区的可再生能源产业领先地位。在适当的财政政策支持下，可再生能源与其他能源相竞争，出口有关产品到邻国。本地化的工业将涉及需要更高技术的领域，如风能、生物质能、实用规模太阳能等。随着次地区可再生能源中心在加纳的建立，区域合作将更加频繁，更多的国际投资将被吸引到次地区。在三个周期之后，随着可再生能源和电网的发展，加纳将成为西非的电力中心，支持政策也将做出调整以适应可再生能源的发展情况。更重要的是，通过技术转移，加纳将与次地区其他国家一道实现能源转型，成为应对气候变化的重要组成部分。

3. 中国-加纳可再生能源技术转移各相关方保障措施

（1）加纳政府

加纳政策制定者所面对的是如何促进加纳可再生能源发展的问题。要达成可再生能源发展规划的既定目标，加纳需要转变看待和管理能源系统的既有思路。这一努力需要超越《加纳可再生能源发展规划（2018—2030）》的全社会支持以及不断更新的政策引导。基于国际可再生能源署全球能源转型的推动计划，针对加纳自身情况，细化制定了加纳可再生能源发展计划。《加纳可再生能源发展规划（2018—2030）》需要以政策、计划、认知、投资方面的转变为基础，规划相应流程（图 14-5）：①细化《加纳可再生能源发展规划（2018—2030）》所提供的长期发展目标和配套政策，并保证其切实落地以支撑技术转移项目，刺激企业兴趣，确保实现可再生能源商业化发展；②确保持续提供并增加研发和试点项目资金支持，促进已转移技术的成本效率增益和新技术转移；③根据国际公认指标，建立并落实各项可再生能源可持续性监察准则；④设定温室气体减排指标，在国家支持方案中融入能源环境性和社会性要求；⑤消除对化石燃料的补贴，建立碳价格机制；⑥确保可再生能源政策与其他行业政策协调一致，如农业、化石能源等行业。

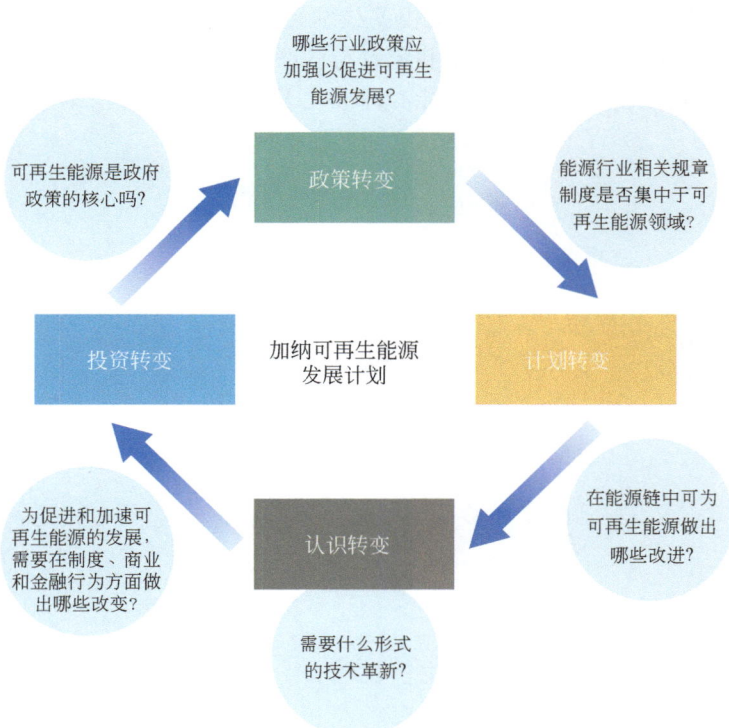

图 14-5 加纳政府需要做出的转变

（2）中国政府

中国作为技术转移的出让方，需要配合好加纳整体结构转变，在相应阶段给予其所需支持，具体如下：①制定相关政策刺激企业进行技术转移；②配合《中国–加纳可再生能源技术转移路线图》鼓励中方企业赴加进行技术转移；③利用现有政策性银行、基金和捐赠机制，对技术转移项目进行资金扶持。

（3）两国企业

政府无法单独主导可再生能源行业发展。为了实现市场繁荣和技术革新，业界必须建立新型伙伴关系以共同推动产业发展。应通过国家整合企业的力量，实现可再生能源发展目标：①努力建成商业化规模的全产业链工业区，实现生产组装本地化；②开发和落实独立可信的可持续性认证体系；③积极改善工艺，提高原料使用效率，减少原料竞争；④建立公私伙伴关系，支持土地持有人参与到可再生能源价值链中；⑤开展规模化试点，加强人员培训机制；⑥在更广泛的范围内分享试点数据，提高行业整体发展。

（4）行业协会、政府间组织和多边机构

行业协会与多边机构是介于国与国、政府与企业、商品生产者与经营者之间的服务、咨询、沟通、监督、协调非营利性机构。行业协会与多边机构可以更有效地保护国内产业，支撑本国企业增强国际竞争力。另外，行业协会和多边机构在协调企业间矛盾，贯彻政府政策方面也起到不可替代的作用。为发展可再生能源，行业协会、政府间组织和多边机构需做到以下几点：①作为各利益相关方之间的研究和交流平台；②提供监管框架和商业模式能力建设/培训，以帮助加纳落实相关技术转移；③提供相应技术支持，帮助加纳落实认证机制与配套政策；④促进政策制定者与认证制定者之间的结构性对话，以确保监管框架和标准的一致性；⑤开展可再生能源标准化工作，加强两国之间的贸易。

第 15 章　南南合作可再生能源技术转移机制

首席作者： 樊静丽　夏玉辉
贡献作者： 王家兴　王一丹　刘家琰　张　璐

近年来，中国在南南合作框架下开展了大量可再生能源技术转移实践，为中国和其他发展中国家可再生能源相关技术、设备、工程服务等提供了巨大发展契机。非洲作为世界上发展中国家最集中的地区，是中国开展可再生能源技术转移的重要合作伙伴。在积极协同中国"走出去"战略与非洲典型国家可再生能源领域发展规划的基础上，非洲地区可再生能源利用率得到提高，当地能源需求得到有效满足。因此，建立合适的技术转移机制，能够在一定程度上保证可再生能源技术落地并长期发展。本章以中非可再生能源技术转移项目为例，对南南合作可再生能源技术转移过程中机制的建立及具体实践方法进行了分析与总结。

15.1　南南合作可再生能源技术转移原则

可再生能源技术转移是指把相对先进的可再生能源技术从一个国家或地区转移到可再生能源技术发展相对落后的国家或地区。以中非合作为例，中国的可再生能源技术发展迅速，而非洲则相对滞后。开展可再生能源技术转移将对合作双方均产生深远影响。为稳步推进可再生能源技术转移，应坚持以下原则。

（1）保护知识产权原则

技术转移过程中，对有关可再生能源技术知识产权的保护十分重要。技术转移是国内可再生能源技术企业的一种投资方式，其在技术转移过程中往往面临着合作国知识产权保护有关法律标准与国内不对等的风险（马高雅，2015；张泽涛和刘尔思，2020）。若技术输入国没有较为明确的知识产权保护措施，技术输出国有关企业参与技术转移的积极性便会降低，从而影响两国间技术转移进程。在可再生能源技术转移过程中，保护知识产权就是保护创新，用好知识产权才能激励创新，有效的知识产权保护措施可以提升技术转移体系整体效能，促进技术市场与资本、人才等要素市场加速融合，激发技术转移双方经济社会发展新动能（李法章，2019）。因此，在可再生能源技术转移过程中，需要联合输入方制定切实可行的知识产权保护措施，保证双方意见统一，降低技术拥有企业的技术转移风险，从而避免争议，达到双赢的目标。

（2）可持续原则

促进非洲可持续发展是中非合作重要目的之一，中国在促进非洲可持续发展时应遵守以下原则：中国应与非洲国家或其他技术受用国在发展战略和优先发展领域相一致；促进先进、高效、适用、环境友好的以可再生能源技术向受用国转移；转移技术应有助于技术受用国社会经济发展和当地人民生活水平的提高等。

(3) 适用性原则

南南合作可再生能源技术转移应考虑当地科技、经济发展水平及技术人员的文化、学术水平等问题。科学技术的进步有利于促进人民生活水平提高，但即使能够引进符合当地需求的技术，还需要配套的设备和专业的人才。因此，要想获得更好的技术转移效果，还需要向发展中国家引进价格和应用程度均适合的技术。

(4) 创新原则

虽然中非之间的可再生能源技术转移只是要求中国把先进的、适合的技术转移到非洲地区，但这并不意味着仅仅局限于技术的转移，中非更应该在已有合作的基础上进一步开展创新型的南南合作。而在创新方面，政府仍然起着重要作用。建立健全可再生能源技术创新转移转化利益分配机制，发展产学研结合的可再生能源技术转移转化服务体系，如建立健全以优惠措施为支撑的法律保障机制，刺激可再生能源科技成果转移转化的资金投入，再出台一系列财政担保政策和财税优惠激励政策，完善有利于可再生能源技术风险投资的法律环境等（邢菁，2014）。

(5) 管理机制健全原则

健全的管理机制对于可再生能源技术成果的成功转移至关重要。中国应健全可再生能源技术转移法律法规体系，完善政府管理制度，充分发挥政府主导力量，将可再生能源技术转移作为政府南南合作政策的重点之一。同时，基础设施、研发技术、将技术转化为生产力的生产能力和统一的市场体系，是实现可再生能源引进、吸收、再创新的前提条件，而每个条件都需要大量的资金投入。政府此时可采取提出多项促进可再生能源技术转移的资助计划等组合应对措施，不断加强各方面管理机制。

(6) 友好互助原则

由于文化差异，中国对非洲地区的人文、法律法规、生活习惯、资源储备等地理、社会和文化特征不是特别了解，非洲国家对中国的了解也十分有限。双方文化差异大，导致中国的可再生能源技术在非洲需要长时间推广。但中非两方应对可再生能源技术的转移建立强大的信心，加大对彼此的了解力度，力争探寻一条友好互助、互利共赢的合作发展道路，持续推进可再生能源技术的顺利转移，以促进中非两方的共同进步、共同发展。

15.2 南南合作可再生能源技术转移模式

传统的可再生能源技术转移大多是点对点的直接合作，把中国技术转移到非洲国家，但很少考虑非洲地区的真实需求、技术转移与落地应用成本、技术在政策和国情条件下的可行性等问题，导致转移效果不佳。因此，未来南南合作技术转移过程应更注重受援国家实际需求，促进可再生能源技术转移项目更好地落地和开展。

15.2.1 早期技术转移模式

南南合作产生于20世纪50年代中期，最初是南方国家为了共赢和谋求发展的一种政治经济选择，尽管以技术、经济为主要内容，但通常带有明显的政治和意识形态因素。部分技术转移合作项目中存在不重视实际效益、不以市场需求为导向甚至违背经济规律等问题，导致合作成果缺乏延续性和稳定性。在技术合作方面，南方国家之间在技术转让、专利出售及培养人才方面虽取得了不少成绩，但总体而言仍具有一定的局限性。

早期中非技术转移形式主要是物资援助和技术转移。技术转移国几乎不考虑非洲的真实需求和基本情况，通过向受援发展中国家输送技术、出口成套的设备、帮助建设工厂、增加其基础设施等形式实现技术转移。这些形式的优点在于能够帮助受援发展中国家快速形成技术能力和产品生产能力，但缺少配套的管理和技术培训。例如，中国援助古巴太阳能电池生产线项目，为古巴提供了硅片、实验用品、原材料及设备等，帮助古巴建立生产线，然而自主创新性的缺乏，导致转移技术缺乏长远的市场竞争力。

15.2.2 新时代技术转移模式

21世纪以来，新型南南合作发展迅速，经济成效成为合作开展的首要出发点及动力来源。南方国家私人经济、股份制企业等市场单位得到发展，金融、市场体系不断成熟，国与国之间建立了交流合作机制，如金砖国家会议等。在新的时代背景下，技术转移新模式应运而生。

（1）商业化技术转让

通过技术购买和外商技术入股的方式成立合资企业来达到技术引进，这也是私营企业在发展中国家和经济转型国家地区对工业与能源供应等部门进行技术投资的主要方法。例如，FDI[①]技术引进方式在很大程度上缓解了发展中国家融资难的困境，近年来，无论是发达国家还是发展中国家，其国内的FDI流入量都在增加，全球FDI流入量大幅度上升（冯佳佳，2012）。例如，中国电力工程有限公司承建埃塞俄比亚垃圾焚烧发电厂；成都德通环境工程有限公司承建了布基纳法索市政人粪处理综合利用沼气工程等。中国积极加强与其他国家在非洲投资开发的双边及多边合作模式，同时也在非洲的能源、农业、安全和医疗卫生等方面合作积累了经验。

（2）政府间技术援助

政府间技术援助是南南合作技术转移的重要机制之一，政府出于政治考虑可无偿或以较低代价转移技术。受援国家政府应注重个人和社会组织适应新环境、获得新技能的能力

---

① FDI，即对外直接投资，是指一国的投资者将资本用于他国的生产或经营，并掌握一定经营控制权的投资行为。

建设，并对其进行调整使之适合技术转移。在提供技术转移的适宜环境和直接参与技术转移方面，政府起着不可替代的作用。例如，中国积极响应世界贸易组织"促贸援助"倡议，通过加强基础设施建设、给予零关税待遇等方式，为可再生能源技术转移提供便利环境，促进非洲不发达地区发展。技术转移的另一个重要形式是在政府促进下，依靠多元化组织进行技术流通，如信息服务提供者、商业咨询机构和金融公司之间协调合作，并加强不同组织间技术转让联系网。各组成部分作用不同，技术的成功转移需要不同部门通力合作。

（3）国际组织合作机制

国际组织合作机制是在南南合作框架下，通过国际性组织、国际基金会或非政府组织的资助，以定向合作和自由申请的途径形成的项目合作。例如，2005年，在联合国开发计划署、世界银行、亚洲开发银行和英国国际发展部的支持下由中国政府组织成立的中国国际扶贫中心，是南南国家间学习交流及能力建设的平台。又如，全球环境基金和多边开发银行分别是促进环境友好技术转移的国际资金机构和为发展中国家经济及社会发展活动提供资金援助和专业咨询的机构。这些国际组织合作机制能够集中执行机构的最大效力，汇聚全球环境科学技术有关信息，通过传播自身的经验，为技术转移创造有利环境。

（4）技术培训

技术培训是成效较高、花费较少的一种技术转移模式，适用于绝大多数发展中国家。技术培训也是进行技术理论指导、展示应用技术、积累受援国人力资源的有效手段。例如，世界银行和全球环境基金曾帮助斯里兰卡开发农村家庭使用太阳能系统市场，其本地技术人员接受培训，当地消费者接受教育。该模式有助于提高发展中国家个人和社会组织适应新环境、获得新技术的能力。

（5）试点和技术示范

试点和技术示范是指先在当地进行小范围应用技术，向当地技术人员、百姓、政府官员展示技术可行性及成效，获得当地技术应用认可，再不断扩大应用范围的方法。技术示范通常与培训、现场指导结合，是传播有关技术信息的有效方法。示范工程能够证明一项新的或不为人所熟悉的技术是切实可行的，虽然花费往往比较高，且通常需要政府支持，但其能加快信息传播，形成项目推广所需要的技能和经验。例如，为应对氯氟化碳的挑战，印度冰箱制造商进行了生态冰箱试点示范项目，为冰箱制造提供信息和技术知识；中国援建利比里亚农业示范中心，并通过该中心成功推广了近千公顷杂交水稻和玉米；中国援建的卢旺达农业技术示范中心在2011年4月建成，包括培训示范区、生产试验示范区等。

（6）联合研究

随着科学技术的进步，开展多领域联合（补充）研究十分重要。联合研究是以联合创新为目的，以共同利益为基础，充分利用双方资源优势，并通过契约约束的共同行动。例如，中国和巴西建立了中巴农业科学联合实验室，以及共同开展了中巴地球资源卫星的联合研究；中印开展了天气预报、气候变化、地震工程、纳米技术、生物纳米技术等领域的联合研究工作；中南（非）开展了环境与可持续发展、可再生能源、采矿与冶炼、生物技术、传统医药联合研究工作（陈雄，2018）；金风科技与德国 Vensys 开展技术转移合作，转移路径演变过程如图 15-1 所示（冯佳佳，2012）。

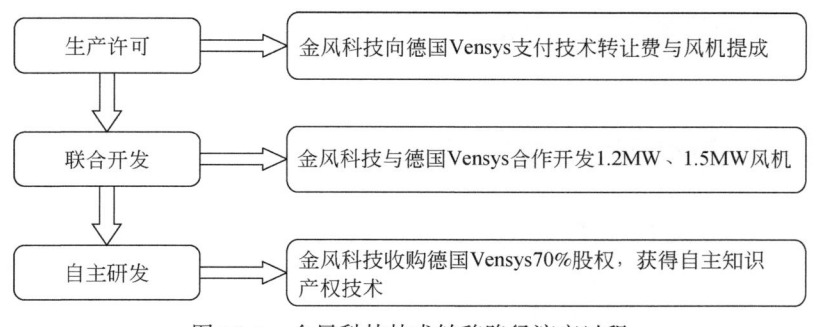

图 15-1　金风科技技术转移路径演变过程

（7）合作交流平台和有关技术信息共享网络平台

合作交流平台包括各类主题的国际研讨会、论坛、展览、培训班等，为发展中国家开展技术交流分享、共同合作提供了平台、机会和途径。有关技术信息共享网络平台是通过明确指定的交换中心（如国家能源中心和国家可再生能源中心）、信息专业公司、电子媒体或非政府组织和社会团体，把信息系统连接到国际网络和局域网络，建立可再生能源等相关技术信息共享平台。2011年，来自喀麦隆、埃塞俄比亚、坦桑尼亚、津巴布韦、加纳等 16 个非洲国家的 35 名农业官员及专家到湖南永顺学习，考察了杂交玉米生产情况；中国在苏丹援建恩图曼友谊职业培训中心，使苏方人员掌握设备使用方法和技术理念，促进了技术推广，有效地扩展了当地青年就业范围。中方应加大对非洲文化、基础设施、资源情况和法律法规的了解力度，非方也有必要充分了解中国可再生能源技术，找到适合的技术转移途径。

（8）企业联盟

企业联盟是各种类型企业间的合作，包括研发、生产和市场的联盟。它是在市场机制引导下，企业为了共同的利益形成的一种合作方式，能实现快速、高效的联盟内部技术转移。中国通过企业联盟的方式能够促进中国企业成功"走出去"，提升当地技术能力，并且有效降低中国企业"走出去"的成本和风险，加强中国企业国际竞争力。

（9）专家派遣和学位教育

专家派遣和学位教育方式包括派出援外教师、专家和接收留学生来中国学习。中国积极通过南南合作平台同广大发展中国家共享学习经验，实现人类共同进步。例如，2011年4月，中国热带农业科学院援非专家远赴刚果（布）执行农业援助，积极推动了非洲地区热带农业资源的合理有效利用，同时也大大提高了非洲国家的粮食安全保障水平；中国持续向科特迪瓦格格杜垦区派遣专家和技术人员开展农业技术合作，对其水利设施和设备的使用与维护进行指导和培训，指导当地农民进行水稻种植。在学位教育方面，真正本着"授人以渔"的原则，积极对有关发展中国家开展留学生教育，中国已成为亚洲最大留学目的地国，2018 年，共有来自 196 个国家和地区的 49.22 万名留学生来华留学；其中，"一带一路"沿线 64 国来华留学生人数共计 26.06 万人，占总人数的 52.95%（教育部，2019），有效提高了有关发展中国家的教育水平和人才储备。教育方面，2012 年 7 月，中国政府在中非合作论坛第五届部长级会议上宣布实施"非洲人才计划"，为非洲培训 3 万名各类人才，提供政府奖学金名额 18 000 个（宋微，2015），极大地促进了先进技术经验分享和人才培养。

15.2.3　需求导向的技术转移模式

技术转移要充分结合各国的实际情况，在新型南南合作中，中非合作为其中的重要组成部分，克服了传统方式的一些局限，充分结合非洲国家的需求和当地能源情况，向其转移最适合的技术。非洲相对落后的基础建设在很大程度上限制了其经济和社会的发展，而中国在基础设施领域居全球领先地位，可满足非洲对基础设施建设方面的需求；另外，非洲拥有非常丰富的自然资源、劳动力和市场，而中国拥有先进技术和设备及丰富的发展经验，做好有关技术供需匹配能够使双方形成优势互补，在最大程度上实现双赢。

中非以需求为导向的合作已有初步成果。由联合国开发计划署组织开展的中非可再生能源技术转移项目便是需求导向型南南合作的典范。该项目曾获联合国第八任秘书长潘基文题词，入选联合国"南南合作与三角合作优秀实践"成果，并通过多次举行对接会，推动中非双方相互交流。通过项目代表团到非洲国家进行实地考察，中国利益相关方充分了解非洲的能源现状、技术需求、当地国情和政府相关政策和可再生能源发展前景，从而为非洲提供最适合的可再生能源技术。

15.3　技术征集成果与实践

可再生能源技术的征集和筛选是技术转移过程中至关重要的环节，因其关系到中国可再生能源技术对非洲国家援助的精确性和高效性。本节以中非可再生能源适用技术征集工作为例，详细介绍开展技术征集实践的有关方法及取得的成果。

15.3.1　技术征集筛选程度与方法

1. 适用技术的影响因素预调研

中非南南合作可再生能源技术转移工作推进的第一步便是对适用技术的筛选和识别，只有筛选出适宜非洲发展的可再生能源技术，才能更好地促进相应技术在非洲的落地和发展，真正为非洲带来清洁、高效和可持续的能源供给。技术征集采用专家问卷形式向业内专家征集的方法，问卷将涉及的可再生能源技术进行了分类，邀请专家对不同种类的可再生能源技术以及技术转移过程中有关影响因素进行打分，以更好地识别适用技术。

2. 开发建立技术征集网站

为保证技术征集工作高效进行，建立有关技术征集平台十分必要。通过建立可再生能源技术征集网站，有技术转移意愿的企业和单位能够直接完成有关信息的填写，同时也有利于技术信息的汇总和整理。因此，在中非可再生能源技术征集过程中，通过如图15-2所示的技术征集平台（网站）统一收集技术信息，极大提高了征集效率。

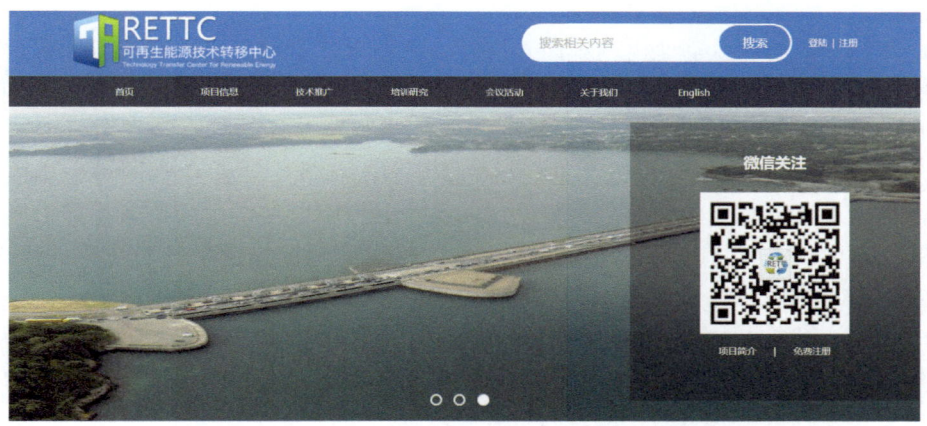

图15-2　可再生能源技术转移申报平台（网站）

可再生能源技术征集前期工作通过媒体、网站、报纸等各种信息传播渠道对征集通告进行扩散，使尽可能多的相关企业或单位了解并明确信息，逐步拓宽技术征集渠道，通过线上线下通知有关企业完成适用技术申报，最终拟定出预征集可再生能源企业清单（征集的信息主要是可再生能源企业单位信息和有关可再生能源的某些具体技术或某几类技术）。另外，征集平台基于已有南南合作技术转移经验，不断改进以增加征集工作的科学性和合理性，其主要体现在以下两点。

1）征集页面新增技术转移推广影响因素选项栏，由企业填写技术转移潜在壁垒以及希望得到的政府协助，这有利于后期推广障碍的识别分析。新增选项栏主要包括三大类：企业已有的技术转移经验、技术转移潜在壁垒和希望从政府及有关部门得到的帮助，这三大类问题看似简单，却在很大程度上帮助后续筛选人员及专家明确问题的考虑方向。

2）建立预征集可再生能源技术相关数据库，为可再生能源技术筛选小组提供技术和企业相关信息、业务指导与帮助。此数据库包括可再生能源行业领域基本信息数据库、预征集企业或单位、技术信息库和专家库等，其中行业领域基本信息数据库主要包括对可再生能源技术行业的描述以及相关资源、经济等方面的指标等；相关技术信息库主要是申请企业及提供的相关可再生能源技术的基本信息（名称、使用条件、对环境的影响因素等）；专家库提供企业、科研机构、高校和政府部门中相关领域的专家学者的基本信息，以便于邀请专家进行咨询分析。

3. 成立专家筛选小组

征集工作截止后需要对大量的技术信息进行筛选，而建立可再生能源技术筛选小组，是实现技术筛选工作科学化的重要保障。可再生能源技术筛选小组由专家团和负责协调工作的管理人员组成。一方面，筛选工作的专业性较强，需要多学科专家对各方面技术因素进行分析和综合评价；另一方面，筛选工作任务繁重且要求严谨，管理部门需积极配合。在总结南南合作技术转移方法、案例、经验及预调研结果的基础上，确定预筛选企业清单。

确定预筛选清单后，需要由小组内专家就筛选技术清单的真实性和可行性等进行进一步分析讨论，同时凝练项目进展过程中存在的问题，确定入选企业名单。要求范围广、品类多且整体要求偏低，主要依照的原则如下。

1）可再生能源技术供需相结合原则。在技术初次筛选中要避免中国可再生能源技术与非洲市场需求严重脱节的问题，本着供需相结合的原则，从中国的可再生能源技术输出能力和非洲地区的需要及其国家相应政策多角度出发，筛选出适于对非转移的候选技术，避免导致中国和非洲地区"双重过剩"现象的发生。

2）企业的前瞻性原则。可再生能源技术所在企业应具有一定的前瞻性，转移技术往往需要企业长久、持续的支持才能达到效果，对于投入能力相对不足的发展中国家，更需要企业在相关领域给予大力的、持续的支持。

3）效益性原则。从中国转移到非洲不发达地区的可再生能源技术应居于本行业相对领先水平，不仅要保证技术的先进，更要选择产生综合效益最大化的技术。成功转移的技术需具有高效率、高效益等重要特征，推动非洲地区经济、生活水平、就业率逐步提升。

在前期适用技术清单整理完毕后，召开后期研讨会，专家通过充分调研和深入讨论并进一步筛选和完善技术清单。最终筛选主要根据技术的真实性、可行性和经济效益，是否对环境友好，是否适合非洲国家等因素来进行，从而整理得到最终的适用技术清单。对可再生能源技术的最终筛选采用打分制，并应从以下几个方面进行考虑。

1）征集得到的可再生能源技术是否适应非洲地区基本国情，如资源情况、消费水平等。非洲幅员辽阔，可再生能源种类多且数量大，不同非洲国家有着不同的文化、基础设施、资源情况以及法律法规制度，所选技术应从技术受援国基本国情出发，充分调研论证该技术对技术受援国国情的适用情况，并根据适用程度进行打分（本项满分20分）。

2）技术的可行性。对于任何一项可再生能源技术，主要通过考察它在一家企业中的实际应用情况来判断其在发展中国家应用的可行性或应用障碍，包括此项技术应用会给当地带来的便利情况、安全问题等，对此方面进行讨论得出技术可行性的明确结论，并进行技术可行性打分（本项满分20分）。

3）是否实现经济、环境、社会三效益统一。对可再生能源技术的转移，应当考虑其经济效益、环境效益和社会效益，只有当三者协调发展时，才能真正实现可再生能源的成功转移（王明旭和杨建新，2009）。对经济、环境、社会效益进行分别讨论和综合讨论，得出最后结论并进行打分（每项满分20分）。

以上共五项指标，每项 20 分，满分 100 分（打分情况表见表 15-1），通过专家讨论进行打分、择优筛选，并最终确定技术清单。

表 15-1 各项可再生能源技术打分情况表

可再生能源技术	国情	技术可行性	经济效益	环境效益	社会效益	筛选结论（打分情况）
技术①						
技术②						
……						

最后，通知入围技术的所在企业提供更为详细的资料，并以筛选出的最终适用技术清单为基础组织有关专家编写适用技术手册（中英文版），同时建立适用技术线上数据库，便于中非利益相关方查阅有关技术的全方位信息。

15.3.2 适用技术评分及影响因素分析

专家问卷结果分析能够较为清晰地展示专家评分情况，从而在一定程度上反映相关技术对非洲的适用性，本节对中国-赞比亚可再生能源技术转移预调研结果进行展示和分析。

1. 技术评分结果

（1）太阳能利用技术

太阳能利用技术专家评分结果（图 15-3）表明，户用光伏技术的得分最高，相比于大型光伏技术，分布式户用光伏技术更加适宜非洲国家发展。另外，太阳能制热技术（如

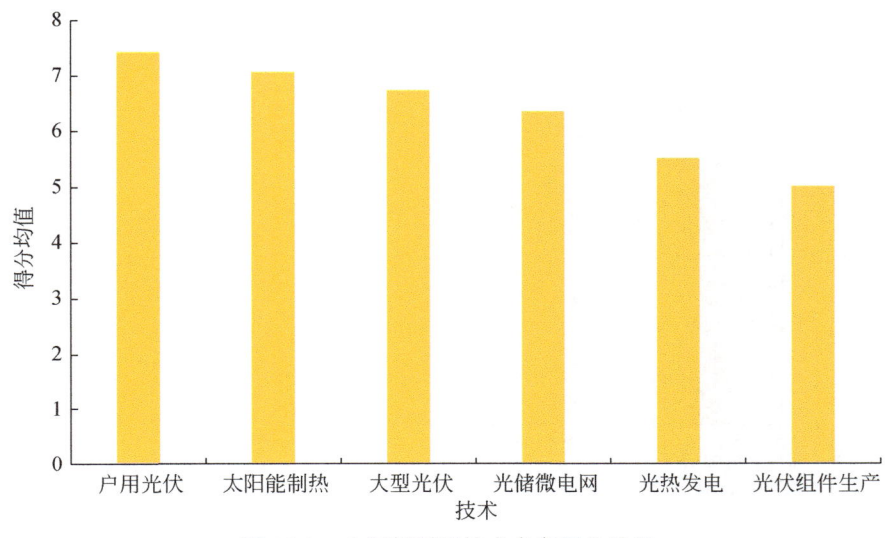

图 15-3 太阳能利用技术专家评分结果

太阳能热水器、太阳能灶等）的得分也相对较高，同样较适用于非洲国家。而光热发电、光伏组件生产由于对技术的要求较高，暂不适用于非洲国家，其得分相应也较低。

（2）水能利用技术

从图15-4可以看出，相比于大型水电站以及抽水蓄能电站的建设技术，技术转移应更加侧重于建设规模小、技术要求较低的小水电技术；同时还应关注水电设备监测技术，以保证水电站的平稳运行。

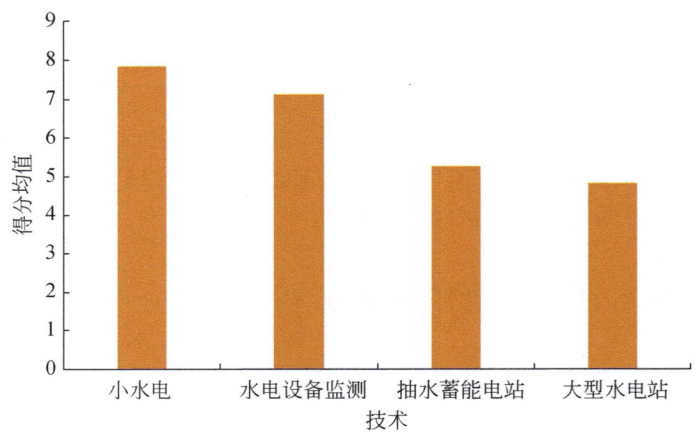

图15-4 水能利用技术专家评分结果

（3）生物质能利用技术

从图15-5可以看出，沼气技术得分明显高于其他生物质能利用技术，而成型燃料与清洁燃烧技术得分相近，但明显高于生物柴油与燃料乙醇等生物质液体燃料技术。

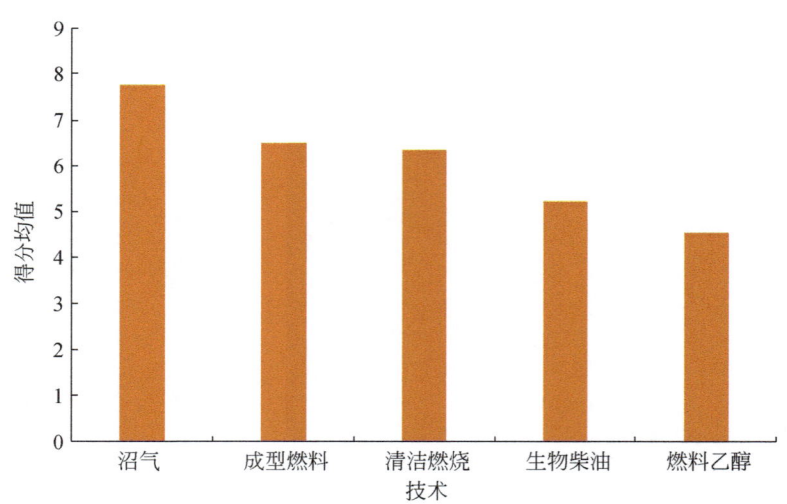

图15-5 生物质能利用技术专家评分结果

（4）风能技术

风能利用技术的评分与太阳能利用技术类似（图15-6），分布式风电技术的（包括微电网技术）得分相对较高；需要注意的是，相比于太阳能、水能和生物质能利用技术，风能利用技术的整体得分不高（均在6分以下）。因此，在有关技术筛选过程中，更应提高对风能利用技术的筛选标准，以防止被转移技术与目标国家不匹配的情况发生。

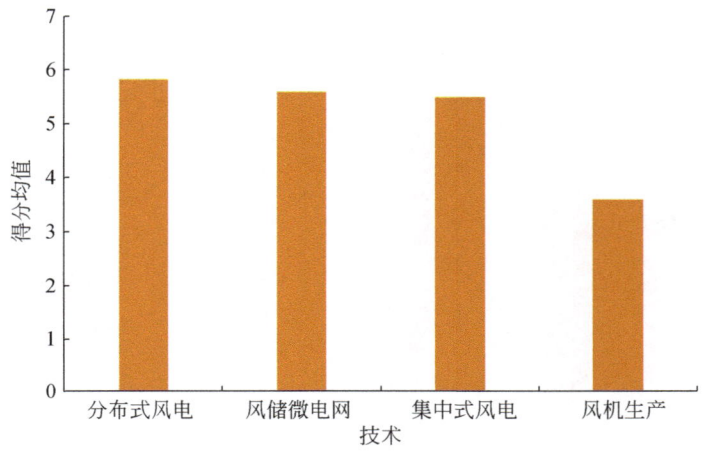

图 15-6　风能利用技术专家评分结果

（5）其他技术

在其他技术的评分结果中（图15-7），专家认为相比于发展单一种类的可再生能源技术，更应该注重多能互补的可再生能源技术种类（包括发电和微电网）。可再生能源多能互补发电技术有利于多种可再生能源资源的综合利用，更加适合在非洲国家应用与发展。地热发电技术得分最低，暂不适宜在非洲发展。

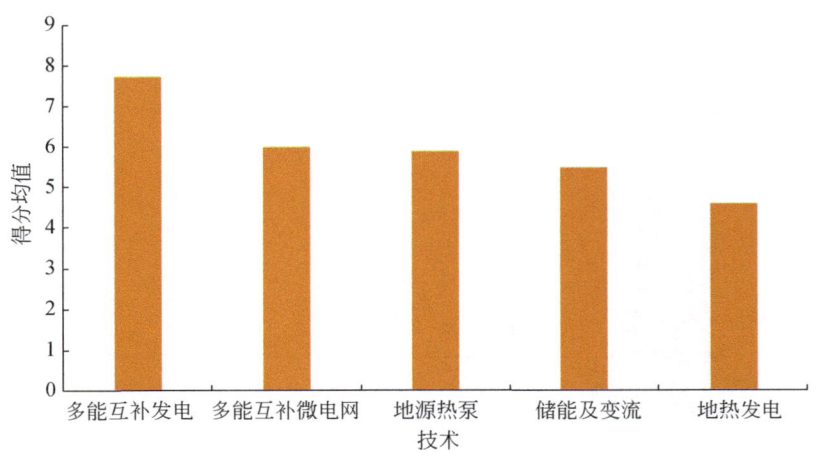

图 15-7　其他有关技术专家评分结果

2. 影响因素分析

（1）技术转移优势

专家对中国-赞比亚可再生能源技术转移的优势持乐观态度（图 15-8）。资源丰富和市场广阔是技术转移过程中的两大优势因素，其余两个因素虽得分较低，但仍高于 7 分，可见中国-赞比亚可再生能源技术转移过程中充满机遇。

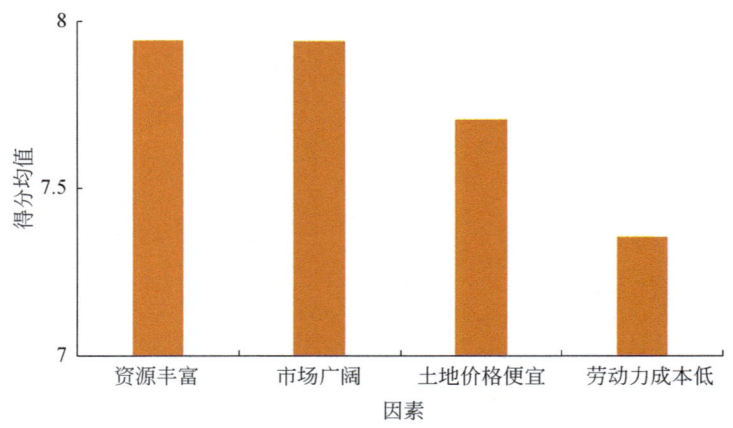

图 15-8　技术转移优势专家评分结果

（2）存在的障碍

图 15-9 展示了中非可再生能源技术转移过程中存在的障碍因素。其中，当地居民的经济承受度、基建水平以及政策支持被认为是最易阻碍技术转移推进的因素；同时，风险

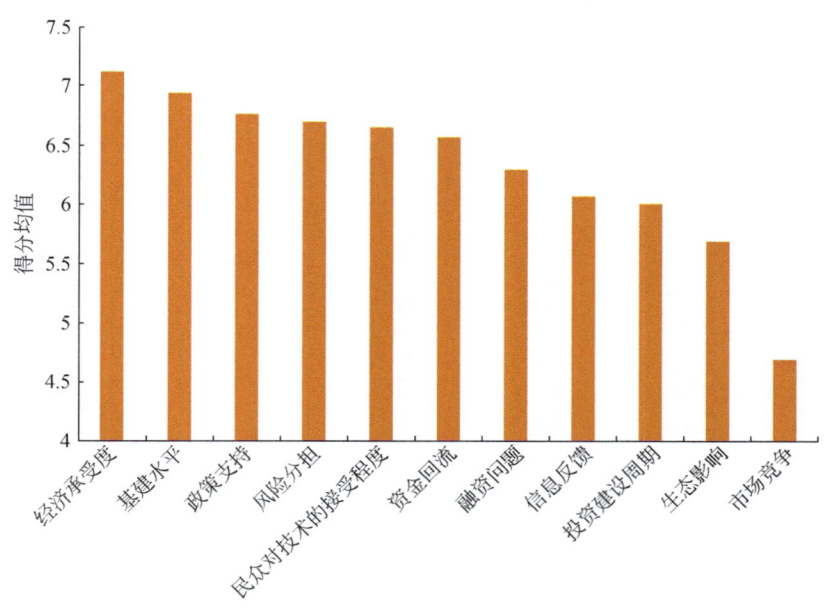

图 15-9　技术转移障碍专家评分结果

分担、民众对技术的接受程度以及相应的资金问题（如资金回流和融资问题）得分相对也较高；而市场竞争则对中非可再生能源技术转移的影响不大。

（3）适宜技术

从图 15-10 可以看出，技术转移过程中适宜的可再生能源技术应满足技术相对成熟、易于维护与使用、对基建要求低以及成本相对低廉等特征，同时应兼顾改善居民生活和对环境友好。这些特征为适用技术的筛选工作提供了宝贵的依据。

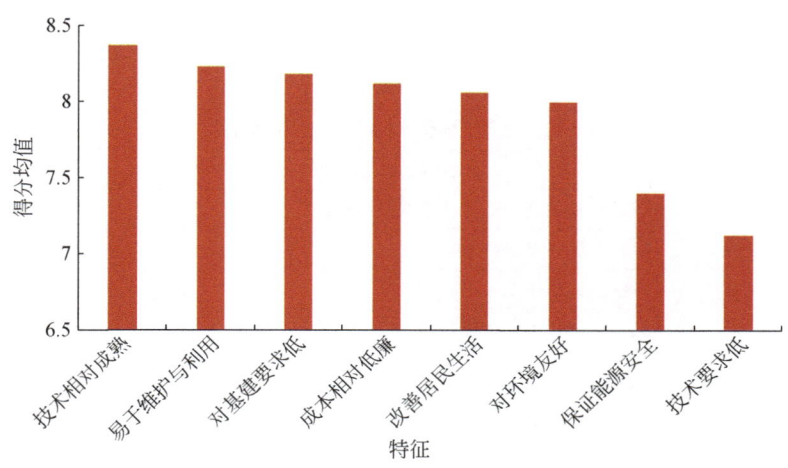

图 15-10　适宜技术特征专家评分结果

15.3.3　中非可再生能源技术转移适用技术清单

通过建立可再生能源适用技术征集体系，中非可再生能源技术转移项目的一期工作共征集到了 100 项可再生能源技术（表 15-2），并基于这些技术编制了适用技术手册，建立了适用技术数据库。同时，相应的二期征集工作也已经展开，预计将进一步扩大征集范围，并更加注重需求导向。

表 15-2　中非可再生能源技术转移适用技术清单

技术种类	技术名称
太阳能利用技术	光伏离网系统
	光储微电网系统
	分布式光伏发电
	分布式光伏电站设计、集成与运维一体化技术
	太阳能发电系统
	光伏发电系统
	槽式太阳能发电技术
	大型光伏发电技术

续表

技术种类	技术名称
太阳能利用技术	水、光、储多能互补发电系统
	太阳能热发电关键核心技术——镀膜钢管
	光柴互补发电系统
	太阳能工业、农业加热技术
	云集热太阳能热水系统
	高效率低成本非晶硅/微晶硅叠层薄膜太阳能电池制造技术及生产线
	铜铟镓硒薄膜太阳能电池组件生产设备
	透光型建筑一体化非晶硅薄膜太阳能电池
	太阳能光伏组件及太阳能支架
	多功能高效光伏水泵扬水系统
	葡光互补技术
	光伏水泵系统技术
	光伏农业大棚技术
	光伏储能一体逆变器
	光伏逆变器
	储能逆变器
	并网光伏逆变器
	组串式光伏逆变器
	光储微电网设备
	光伏控逆蓄一体机
	TGC 太阳能物联网移动平台
	美乐谛太阳能灯和音频播放器
	Sentry Pro 离网家用太阳能供电系统
	太阳能路灯
	交直流型太阳能光伏户用电源系统
	太阳能交通灯
	迷你型户用系统
	太阳能户用系统
	基于智能管控平台的太阳能热水节能系统
	太阳能路灯
	太阳能微照明系统
	太阳能便携式移动光伏系统
	太阳能微炬手电筒
	太阳能充电宝
	太阳能一体化 LED 路灯
	便携式离网型微网系统

续表

技术种类	技术名称
水能利用技术	发电机励磁系统
	中小型水电站的高低压成套开关设备
	整装立轴冲击式水轮发电机组
	中小型及微型水电设备
	轴流调桨水轮机
	微机励磁装置
	低压发电机组智能控制装置
	微机水轮机调速装置
	NDK-2001 低压机组智能控制系统
	MB80 系列可编程逻辑控制器
	UF-911 多声路超声波流量计
	小水电低压机组一体化控制技术
	IMS2000 智慧农业节水灌溉综合管控系统
	SSJ-3000 水电厂计算机监控系统
	SJ-9000 水电机组状态监测分析系统
	水轮机调速器
	水情水调自动化系统
	中小型水电厂或火电厂自动化监控 SCADA 系统
	发电厂站保护测量及控制平台
生物质能利用技术	生物质气化燃烧炉在谷物干燥机中的应用
	数控生物质颗粒热风炉
	生物质压缩技术
	高效环保生物油燃烧设备
	循环流化床生物质气化炉
	生物质气化发电
	生物质颗粒大锅灶
	大型动态气化燃烧生物质燃烧机
	生物质固体燃料成型设备
	年产 10 万~30 万 t 木薯燃料乙醇项目
	日产 5 000~20 000m³ 沼气项目
	高浓度生物质原料厌氧制取沼气技术
	分布式生物质气化发电技术
	一种畜禽养殖业污染物的处理装置
	生物质连续热解炭化技术与炭基肥产品应用
	沼气技术应用
	生物质干馏气化工程

续表

技术种类	技术名称
生物质能利用技术	农林生物质废弃物热解气化供气发电制肥技术
	生物柴油与高值化产品高效清洁生产技术
	固体废弃物立式旋转热解气化技术
	生物质清洁燃烧技术
	生物质气化发电技术
	生物质气化燃气技术及工业应用
风能及其他可再生能源利用技术	孤岛微电网系
	风电机组成套电控系统
	风光互补发电系统
	永磁直驱风力发电机
	中央空调节能管控系统
	节能服务解决方案
	燃气冷热电三联产技术
	绿色节能装配式建筑与可再生能源利用一体化应用
	基于感应耦合的无极荧光照明技术
	用于水质监测分析的气相分子吸收光谱仪
	中宝利高效节能 LED 灯
	智能分布式工程安全监控自动化系统
	双向储能变流器
	智能楼宇能源综合管控系统

注：此表为企业的具体技术，命名方式为企业确定；中宝利高效节能 LED 灯可写为高效节能 LED 等

15.4　可再生能源技术转移对接会机制

可再生能源技术对接会是技术转移的一种重要机制。通过面对面交流对接，供需双方充分交流与探讨，有利于真正做到二者的对接，最大限度满足非洲有关方面对可再生能源技术的需求。

15.4.1　对接会基本策略

对接会是为涉及多个领域的一项工程或计划而邀请不同部门、单位、企业和团体等共同解决问题所召开的会议。按照类型可以分为资本项目对接会、商贸对接会、银企对接会等。对需要商务洽谈的有关工作而言，对接会为项目推进提供了方便、快速、高效的平

台。中非可再生能源技术转移对接会围绕非洲国家具体的技术需求，为政府部门、机构、企业和单位等提供了重要的合作交流平台。各国政府官员、国际组织代表、技术专家和企业家借助平台展开跨领域深入交流，并通过平行会议、双边会谈和技术路演等形式鼓励与会者开展深入讨论。对接会主要分为以下几个环节：

1) 政策分享和需求采集。中非双方了解当地政策和可再生能源发展潜力，根据国情以及政策分析发展机遇或潜在障碍，充分了解非洲地区发展可再生能源的需求。中方将根据非洲地区可再生能源技术需求在全国范围内公开征集，并遴选出适合向非洲国家转移的可再生能源技术，组织技术提供方和需求方进行在线交流和沟通，使双方在会前互相了解更多相关信息，以提高对接成功率。

2) 技术分享。相关专家和技术人员讲解有关可再生能源技术的开发与利用方式，目的是让非洲利益相关方更好地了解中国可再生能源技术发展应用情况，并通过技术分享向非洲地区提供适合非洲国情和政策的可再生能源技术和相关经验，激发非洲利益相关方对发展可再生能源的兴趣，促进当地可再生能源领域专业人才培养。

3) 对接环节。非洲相关人员与中方企业提前进行在线沟通交流，进行初步了解，为对接环节深入了解奠定良好基础。在此环节，双方交流讨论结合实地考察等形式进行充分对接，从而加强中非双方的沟通与合作，利于双方就未来开展更深层次的技术合作等方面达成共识。

4) 实地学习，走进企业。通过真正地进入到企业中考察和学习，企业相关技术人员会向非洲人员讲解和展示适用于非洲国家的可再生能源技术状况，同时使非方了解中方企业的管理模式和理念。此外，技术人员还将对非方人员进行实操培训，确保非方人员对技术的了解更为深入，鼓励他们把适用的可再生能源技术带回非洲地区。

15.4.2 对接会典型案例

(1) 中非可再生能源技术转移相关方联合培训会

2016年10月，中非可再生能源技术转移相关方联合培训会分别在成都、北京和重庆三地举行。会议旨在促进可再生能源技术在非洲的应用与发展，向非洲分享技术和经验，为中非政府部门、科研机构、可再生能源技术相关企业提供了重要的合作交流平台。此外，政策技术分享、对接、实地学习等环节的顺利开展使得非洲利益相关方的需求得到了充分表达，其中，太阳能培训会更是直接于企业内进行，令非洲技术需求方更加直接和深入地对有关技术转移企业管理模式和生产理念进行学习，从而大大增加了对接成功率，促进合作意愿的达成。本届对接会新颖的会议模式极大地提高了中非双方关于可再生能源相关技术的认知效率，且对接会议开始前期完善了参会机构、企业或单位的介绍信息，方便非方人员与中方提前互相了解，增强了交流对接的实际效果，有效促进了双方合作。

(2) 中国-加纳/赞比亚可再生能源技术转移需求对接会

2017年11月30日~12月5日，由中国21世纪议程管理中心和联合国开发计划署共同主办的第二届中国-加纳/赞比亚可再生能源技术转移需求对接会在北京和成都举行，并通过需求采集、能力建设和"一对一"对接三个环节，逐步明确加纳与赞比亚两国迫切需要解决的问题和有关可再生能源技术需求。此次会议最终促成了中方企业与加纳能源委员会签署合作谅解备忘录的签署，为两国的进一步合作奠定基础。具体来讲，此次会议采用"大会+分会+参观""大会+分会+企业现场培训"等模式，使非方需求与中方企业技术对接更加精细化，也鼓励企业能够到非洲地区进行实地考察，了解当地情况，针对合作国的不同需要，采取差异化可再生能源技术转移方案，从而推动更深入的交流合作。

(3) 中国-加纳/赞比亚南南合作可再生能源技术转移对接会

2018年7月，中国-加纳/赞比亚南南合作可再生能源技术转移项目代表团赴赞比亚参加中国-赞比亚可再生能源技术转移研讨会、小水电示范工程考察、中国-赞比亚南南合作可再生能源技术转移项目对接会等活动。通过赞比亚能源部官员、赞比亚大学教授及当地企业代表召开技术转移项目对接会，中方对赞比亚能源与可再生能源发展现状、技术转移障碍及待解决的问题等有了更加直观的认识，其中通过调查问卷的形式直接向赞比亚利益相关方进行咨询，促进了中方对赞方需求的了解。通过本次对接会，双方深入探讨未来合作机遇、扩大交流范围的深度和广度、促进可再生能源技术转移合作，为加强贸易和商务对接打下基础。

(4) "2018亚太低碳技术高峰论坛""火锅"派对

2018年10月，"2018亚太低碳技术高峰论坛"在湖南长沙举办，论坛主要目的是支持、促进高科技投资和低碳技术发展等方面的合作，通过平行会议、双边会议和技术路演的形式使与会者展开深入讨论。其中的"火锅"派对采用全球创新的世界咖啡模式，由25家低碳、环保、能源技术类企业和24家银行、投资、产业促进等平台型机构作为"桌主"，同参会的近200家企业和机构开展洽谈，并通过每12分钟进行换桌与不同的桌进行对话以及桌主分享与反馈机制，企业与企业间的需求与供给信息得以广泛传播，促进了合作的达成。"火锅"派对为不同行业的国际参会者提供了交流机会，派对中的参与者就如何将政策、工业和创新措施与环境问题结合起来等问题展开讨论，促进了跨领域的认识和了解。

15.4.3 对接会成效

1) 促进技术转移共享交流。对接会中的实地考察成果对非洲利益相关方具有很好的学习和借鉴意义，促进了技术的转移和经验的共享，可提升非洲劳动力素质，创造就业机会，增强非洲低碳发展内生动力。中国对外的技术分享和技术培训，进一步提升了有关南南合作各国可再生能源领域的专业人才和技术人员的项目实施能力，有助于中非两方围绕可再生能源技术转移问题共同探讨新的发展思路和机遇。

2) 加强需求了解。对接会为各部门、科研机构、相关企业的交流合作提供了便利。可再生能源技术输出方可充分了解技术接受方的技术需求、当地政策、可再生能源发展情况等；接受方也通过交流讨论了解到相关技术情况、技术转移形式、障碍和解决办法等。中国通过举办对接会等类似活动，积极与各国共享中国可再生能源技术发展经验和问题解决方案，以促进有关国家选择适用的可再生能源技术。

3）深化交流合作。对接会使技术转移双方了解更加深入，有助于开展深层次的精准技术对接，吸引更多的交流合作，从而深化产业合作。为中非双方在可再生能源相关领域带来良好的合作前景，对促进中国可再生能源技术在非洲的落地与发展具有重要意义。同时，对接会也为加深中非友谊做出了巨大贡献。

第 16 章　构建南南合作可再生能源技术转移软环境

首席作者： 周宇光　董仁杰
贡献作者： 余　杏　巴哈尔古力·托哈尼亚孜　刘笑宇　刘家琰　夏玉辉

南南合作框架下的技术转移已经逐渐成为推动发展中国家实现 2030 年可持续发展目标的重要途径。在可再生能源技术转移过程中，能力建设软环境打造尤为重要。除缺乏资金、技术和物资支持外，对发展中国家而言，政策、标准和人才的缺乏也是制约其可持续发展的重要因素。通过搭建南南合作平台，推广成功的合作模式与经验，注重可再生能源技术的研发、转移和推广，构建实现技术转移落地的软环境，可显著提升南方国家可持续发展能力。本章着重介绍南南合作软环境构建的必要性和中国开展能力建设活动的主要形式及实施效果，阐述新时期南南合作与以往单一物资援助之间的区别，总结可再生能源技术转移中软环境构建的实践经验，为可再生能源技术转移南南合作广泛开展提供参考。

16.1　构建软环境必要性

有效的可再生能源南南合作不应仅局限于资金、技术和物资支持，合作软环境的构建应更加突出。越来越多的发展中国家正在为解决本国经济、环境问题寻求全方位解决方案——通过在技术转移过程中开展软环境建设，帮助其培训专业人员，设计符合其本土发展特点的解决方案，对发展中国家来说无疑有更大帮助。因此，南南合作应在原有转移方式基础上进一步创新与发展，除技术学习外，还需要各合作方在政策、管理层面产生知识、人才、技术、资金、资源等要素流动，在实践中不断积累对合作方式和内容的思考，以及国情民情的相互理解，这将有助于各国共同探索技术转移软环境建设的新模式。将软环境建设作为重点，发挥各自优势，破解发展难题，以互联互通、产能合作为突破口，带动有关国家提升能源清洁化利用水平，提高发展中国家整体竞争力，促进发展中国家实现可持续发展，为构建人类命运共同体提供更加坚实的保障。

南南合作国之间平等的合作关系以及长期以来坚持的相互尊重主权、互不干涉内政等原则，为南南合作奠定了基础。《布宜诺斯艾利斯行动计划》实施以来，南南合作方向不断拓展，从最初的科技与经济，到如今涵盖基础设施、中小企业、环境及能源等诸多领域。南南合作的内容也发生了深刻变化，从 1955 年万隆会议所倡导的南方国家间"穷帮穷"的政治团结，到具有实际意义的经济、贸易、对外直接投资及技术合作，南南合作逐渐面向多领域、全方位发展。

在经济上，南南合作主要体现为知识和经验分享、直接经济援助等，致力于为经济发展创造更佳条件（如建立自由贸易区、实施经济对外开放措施等），展开区域性经济合作；在贸易上，成立发展中国家全球贸易优惠制，并建立发展中国家间贸易组织，对外统一关税并实行共同市场；在技术上，合作主要集中在推广实用技术（如推广良种、种植水稻等）和从北方国家借鉴的"中间技术"两方面，中国也通过派遣技术人员和专家在当地组织培训等方式进行技术援助，或通过发展中国家合资经营，提供技术服务和劳务等方式，发展互利的技术合作。

在南南合作的可再生能源技术转移过程中，中国采取了提供基建项目支持、建立南南合作援助基金等一系列直接援助举措。2000~2014年，中国对138个国家和地区共承诺4304个援助项目，合计投资3510亿美元，援助资金多是以优惠贷款、优惠买方信贷和优惠卖方信贷组合的混合信贷，有助于促进发展中国家间的经济合作，然而此举并不能真正促进受援国的经济增长。对于基础设施项目的援助，技术输出国多采用"交钥匙"工程，导致技术输入国项目在运行过程中缺乏专业技术人员指导，部分项目由于市场不足也处于闲置状态，造成资源浪费。传统的物资援助式技术转移模式导致受援国缺乏相应的培训与能力建设，难以保证有关技术的本土化，不足以实现合作双方共赢的目标。由此可见，构建合作软环境是突破以往困境，实现技术顺利落地、双方互惠共赢的必要举措。

16.2 构建南南合作软环境

以南南合作中非可再生能源技术转移项目为例，中国已着力构建适宜开展技术转移合作的软环境。在南南合作框架下开展政策对接、实地考察、技术培训、经验交流、人才教育等能力建设活动，旨在促进中国向加纳、赞比亚等非洲发展中国家可再生能源技术转移推广，提升当地清洁能源产业，增强加纳、赞比亚对基于三方合作的可再生能源技术转移项目信心。在技术推广、产品遴选、模式构建等方面积极对接，辅以来华考察、技术培训、现场指导、人才培养等重要措施，提升软环境构建水平，加深各相关方互信，有力保障项目执行效果，有关项目综合效益开始逐渐显现。

自中国2013年提出"一带一路"倡议，截至2019年已有124个国家和29个国际组织加入，南南合作掀开了新篇章，并逐渐上升为一种全方位、全球治理层面的合作。中国所倡导的南南合作不只是单纯的项目合作，更是一种发展策略的对接。在实务层面发展迅速的合作呈现出高度"碎片化"特点，需要相互理解国情民情，制定有效的顶层政策协调机制，把已验证成功的模式拓展到其他地区，以产生更大规模、更为深远的影响。

发展中国家需要找到适合自己的发展模式，互相支持，互学互鉴，少走弯路。在开展南南合作过程中，实地考察有助于加深发展中国家彼此的了解，推动合作国之间更加务实、深入和全面的互动发展。中国从1996年起派出"南南合作"援外专家，截至2014年9月，通过与联合国粮食及农业组织开展的南南合作项目已向非洲等25个国家和地区派出了1023名专家和技术人员，占全球南南合作援外专家的56%。

中国已逐步建立起较为完整的现代高等教育体系和科学研究体系，越来越多的研究机构围绕可再生能源技术开展研发与应用，相关科技成果极大地促进了产业发展。这些成本适中、先进适用的可再生能源技术及其应用经验，均可作为其他发展中国家参考的重要范例。通过搭建南南合作平台，构建对接政策理解民情、考察实地了解现状、分享技术交流经验、培养人才提升能力等多种形式的南南合作软环境，可以更好地实现技术转移，不断提升发展中国家可再生能源发展应用水平，推动南南合作成果落地。通过南南合作，发展中国家更加紧密地团结起来，坚持共商共建共享，创造美好未来。合作与共赢是唯一出路，教育和人才是关键。南南合作重视通过培养人才提升综合实力，加强教育合作交流，为构建人类命运共同体夯实基础。

16.2.1 政策对接

政策沟通是南方国家开展各方面务实合作的基础，通过政策对接进一步深化南方国家在可再生能源领域的政策交流，建立有效的顶层政策协调机制，优化资源集中利用，助力南方国家巩固和提升可持续发展能力。

案例1：自2015年执行以来，"中非可再生能源技术转移项目"支持加纳能源委员会制定了"加纳可再生能源发展规划（2018—2030）"。开展《中国–加纳可再生能源技术转移路线图》研究，旨在减少非洲国家能源贫困与能源危机，促进可再生能源技术转移，使适合非洲国情的技术在非洲国家顺利落地和发展。《中国–加纳可再生能源技术转移路线图》研究为明确加纳可再生能源技术需求，总结中国可再生能源发展经验，对接中加双方可再生能源发展优势要素提供了契机。

16.2.2 实地考察

实地考察有助于加深合作国家间了解，推动合作双方在可再生能源方面的合作向更加务实、深入和全面的方向发展。在充分考虑国情不同所导致的差异化发展策略前提下，通过实地学习，中方能够根据合作对象国可再生能源技术承接环境，制定更为贴切的技术合作及投资方案；合作国通过实地考察所学习到的中国可再生能源相关方面的经验，也将为制定本国相关发展路径提供借鉴。南南合作可再生能源技术转移工作开展以来，中方多次邀请合作国政府要员、科研专家、企业高层来华实地参观，并受邀组织有关企业、专家代表团赴合作国考察交流。

案例2：2016年1月，联合国开发计划署、赞比亚大学和中国21世纪议程管理中心代表一行赴联合国工业发展组织国际太阳能技术促进转让中心考察访问，参观考察有关实验室和各项可再生能源技术示范设施，并分别考察该中心30多年前于中国甘肃省兰州市市郊建成的亚洲最大太阳能采暖与降温技术试验示范基地及兰州陇星沃尔凯采暖设备制造集团有限公司。中赞可再生能源技术转移合作项目组与国际太阳能中心就有关南南合作项目进行了座谈交流，并签订了合作意向书。

案例3：2016年4月，国际小水电中心派出专家代表团前往赞比亚进行示范项目技术理论培训和电站选址指导。赞比亚国家电力公司、赞比亚矿业部、赞比亚能源与水利发展部及联合国开发计划署等分别选派代表参加培训。培训后中方专家会同赞方代表实地开展项目选址工作，促进赞比亚开展小水电预可研和工作能力建设，取得了明显成效。

在南南合作框架下，中国 21 世纪议程管理中心还围绕技术、政策、机制、融资等多方面的策略研究设立相关课题，吸引了国内来自清华大学、中国人民大学、中央财经大学、中国农业大学、中国矿业大学（北京）、北京科技大学、国际小水电中心、中国循环经济协会等众多单位积极参与。

16.2.3 经验交流

在政府牵头组织方面，2015 年以来，由中国 21 世纪议程管理中心和联合国开发计划署驻华代表处组织，整合清华大学、中国农业大学、中国矿业大学（北京）、中央财经大学、北京科技大学和中国能源研究会可再生能源专委会等国内优势单位与企业，连续在中国、加纳、赞比亚等地举办了多场次的学术交流、中外企业技术对接会等活动，并为中非可再生能源技术转移项目录制了系列视频课程，编译整理了可再生能源领域系列教材。在充分调研、收集和论证的基础上，筛选编制出《可再生能源技术转移手册》（中英文版），手册收录了 100 项适宜开展技术转移的可再生能源技术，并同步提供了线上版本，在第 23 届联合国气候变化大会（COP23）等场合宣发并取得广泛关注。自 2006 年起，由中国农业大学首倡举办的发展中国家可再生能源发展研讨会（Forum on Renewable Energy Promotion in Developing Countries），已累计邀请来自蒙古国、柬埔寨、印度、尼泊尔等发展中国家代表，以及加拿大、澳大利亚、韩国等发达国家专家共 100 余人次来华。研讨会主要针对中国与其他发展中国家在农村能源、清洁炉具标准、性能等方面的需求和技术情况展开讨论，有效促进了广大发展中国家，特别是"一带一路"沿线国家对相关成果的了解，并构建了 AfriCAU（中国农业大学–非洲国家专家网络）、S^4G（South-South Sustainable Stove Group，南南合作可持续炉具工作组）等专家合作平台，共同探讨生物质能源清洁高效燃烧新途径，增强中国与其他发展中国家经验交流，促进可再生能源技术转移（图 16-1）。

案例 4：中国–加纳可再生能源技术转移示范工程交流会为中非相互了解提供了交流契机。通过交流会上加方技术需求阐述和中方经验分享，中方专家充分了解了加纳可再生能源技术需求，并为加方代表准备了相关技术和知识培训，促成了双方的进一步合作。经验交流对于双方顺利开展技术转移具有重要意义。一方面，通过前期调研和交流讨论，双方进一步明确了可再生能源的技术供给和需求情况，做到了精准对接。另一方面，通过加方对技术转移成功案例经验的学习借鉴，带动中方企业"走出去"，深入参与中非可再生能源产业合作，提升中国在可再生能源领域国际影响力（图 16-2）。

16.2.4 技术培训

南南合作技术培训是以南南合作为平台、知识传播为目的、经验分享为手段的能力建设活动。其主要目标包括推动发展中国家间的技术和经济合作，致力于加强基础设施建设、能源资源利用、中小企业发展、人才资源开发等领域的交流合作，并提升对当地人技

图 16-1　2018 年发展中国家可再生能源发展研讨会

图 16-2　中国–加纳可再生能源技术转移示范工程交流会

术培训接受的重视程度。这种合作方式在促进发展中国家经济发展的同时，增强了发展中国家集体自力更生能力，对南南合作持续开展具有重要的意义。

案例 5：2011 年 4 月，中国热带农业科学院 7 位专家肩负中非友好使命奔赴非洲执行农业援助任务，为加快中国援刚果（布）农业技术示范中心建设、推广普及先进技术贡献了力量，提高了当地农业技术水平。

案例 6：2015 年 5 月 12 日~6 月 1 日，由中国商务部主办、国家外国专家局承办的"发展中国家智力引进和国际化人才培养管理官员研修班"成功举行。来自埃及、斯里兰卡、厄瓜多尔等 8 个发展中国家的 23 位学员参观了杭州和北京的众多企业、机构，如吉利汽车、中国计量科学院和万向集团等。在中国向其他发展中国家提供经验和培训的同时，也不断地提升本国实力水平，达到双赢，进一步加深了与其他发展中国家的合作（图16-5）。

案例7：2017年8月，首期适应气候变化南南合作培训班在中国气象局干部培训学院举行结业仪式。本期适应气候变化南南合作培训班是落实习近平主席在巴黎气候变化大会期间宣布的中国应对气候变化南南合作"十百千"项目的具体行动之一。培训班共招收了来自22个国家的29名学员，并邀请外交部、国家发展和改革委员会、中国气象局等部门相关领域专家和IPCC评估报告主要作者为学员授课，使学员充分了解气候变化的科学事实，认识到国际社会和中国在气候变化政策与行动方面的积极态度以及中国在气候变化减缓与适应领域的先进技术和优秀实践。

案例8：2018年9月，2018年中非南南合作农业技术培训班在中国山西省举行，30名中非学员在农业农村部对外经济合作中心和山西省农业农村厅农业国际交流合作站的组织下，先后考察了山西省一系列农业产业龙头企业和研究机构。

16.2.5 人才教育

应对气候变化南南合作为中外可再生能源领域教育科技合作和人文交流提供了前所未有的机遇。由科学技术部设立专项经费，中国科学技术交流中心启动的"发展中国家杰出青年科学家来华工作计划"（Talented Young Scientist Program，TYSP）项目，简称"国际杰青计划"，旨在落实"一带一路"科技创新行动计划，促进中国同其他发展中国家的科技人文交流，合作培养青年科技领军人才，巩固科研机构、大学与企业的长期合作关系，搭建青年科技人文交流平台，促进务实国际科技合作。

中国积极推动人才国际化培养环节，吸收了一大批来自不同国家的青年学生来华攻读硕士、博士学位。例如，中国农业大学自2013年起为生物质工程方向硕士、博士研究生开设了英文授课研究生项目，包含"Agricultural Machinery""Agricultural Engineering""Biomass Engineering""BioEnergy Engineering for Energy and Ecology"等全英文授课课程，并为研究生配备具有海外留学背景的导师团队；北京化工大学2012年开始面向来华留学生硕士与博士开展全英文课程教学，留学生来自全球50多个国家和地区。中国高校充分发动生物质能源研究领域具有海外背景的优秀师资团队力量，通过校际合作为"一带一路"沿线国家培养了大批高级专门人才（表16-1）。此外，中国农业大学于2017年成立了中国南南农业合作学院，北京化工大学于2018年成立了"一带一路"学院，这些人才培养基地的升级对构建"一带一路"全球合作网络起到了重要支撑作用。

表16-1 可再生能源清洁化利用方向留学生培养情况（部分）

序号	学生姓名	国籍	就读院校	培养层级	就读时间	论文题目/研究方向
1	Sambuu Tsend-Ayush	蒙古国	中国农业大学	博士	2005~2009年	Study on the Optimization of Digester Structure Fermentation System's of Large and Middle Size Biogas Plant in Cold Region（高寒地区大中型沼气工程发酵系统罐体结构优化研究）

续表

序号	学生姓名	国籍	就读院校	培养层级	就读时间	论文题目/研究方向
2	Wesley Kipkemoi Kirui	肯尼亚	中国农业大学	博士	2012~2015年	Nitrobenzene Degradation Pathways in Horizontal Subsurface Flow Constructed Wetland（硝基苯在水平潜流人工湿地中的降解规律及途径究）
3	Kibet Rodgers	肯尼亚	中国农业大学	硕士	2013~2015年	Carbon Dioxide Fixation Using Microalgae and Investigating the Potential Use of Unsterilized Anaerobic Digestion Effluent as a Culture Medium（微藻固定二氧化碳和采用未灭菌厌氧发酵液培养微藻的潜力研究）
4	Hamidou Bah	几内亚	中国农业大学	硕士	2012~2014年	Assessment of Potential Biogas Production from Oil Palm Biomass and Co-digestion with Cattle Manure（棕榈有机废弃物产气潜能及与牛粪共混发酵特性研究）
5	Shailendra Khatri	尼泊尔	中国农业大学	硕士	2013~2015年	Effect of Sodium Hydroxide Pretreatment and Iron Supplementation on Anaerobic Digestion of Maize Straw for Biogas Production（NaOH 预处理和 Fe^{2+} 添加对玉米秸秆厌氧发酵的影响研究）
6	Simon Kizito	乌干达	中国农业大学	博士	2013~2017年	Effectiveness of Biochar Use for Nitrogen and Phosphorus Recovery from Liquid Anaerobic Digestate and Potential Land Application（沼液氮磷养分生物炭吸附回收及农田利用可行性研究）
7	Axel Mauricio Herrera Moreno	哥伦比亚	中国农业大学	硕士	2014~2017年	Design of Geographic Information Platform for Biogas Projects in Beijing Based on Suitability Analysis Using GIS and MCE Techniques（北京市沼气工程建址适宜性分析及地理信息平台设计）
8	Jarga Lsaikhan Altanzul	蒙古国	中国农业大学	硕士	2014~2017年	Research on the Structure Optimization and Emissions Performance of a Kind of Household Heating Stove（一种新型户用采暖炉具结构优化及其排放性能研究）

续表

序号	学生姓名	国籍	就读院校	培养层级	就读时间	论文题目/研究方向
9	Dalal Ezaldeen Abdelrhman Algapani	苏丹	中国农业大学	博士	2014～2018 年	Bio-hydrogen and Bio-methane Production from Food Waste in a Continuous Two-stage Anaerobic Digestion System（餐厨垃圾连续两阶段厌氧产氢产甲烷的研究）
10	Riaz Ahmad	巴基斯坦	中国农业大学	博士	2014～2019 年	Design Development and Performance Analysis of Biomass Gasifier Stove（节能生物质气化炉研发、性能评价及与燃煤炉具比较研究）
11	Simon Mdondo Wandera	肯尼亚	中国农业大学	博士	2015～2019 年	Anaerobic Digested of Thermal Hydrolysed Sewage Sludge Using Anaerobic Membrane Bio-reactor（水力停留时间对水解预处理污泥厌氧消化性能的影响）
12	Zeeshan Ajmal	巴基斯坦	中国农业大学	博士	2015～2019 年	Dynamics of Iron Oxides Nano-particles and Magnetic Biochar Implication for Efficient Phosphate Recovery Analysis from Agricultural Waste Effluents（铁氧化物纳米颗粒动力学及磁性生物炭在农业废水磷酸盐高效回收的应用）
13	Atif Muhmood	巴基斯坦	中国农业大学	博士	2015～2020 年	Nutrient Recovery from Anaerobically Digested Chicken Slurry via Struvite: Performance Optimizatio and Interactions with Heavy Metals and Pathogens（利用鸟粪石从厌氧消化的鸡粪中回收营养：性能优化以及与重金属和病原体的相互作用研究）
14	Mostafa Sobhi Ibrahim	埃及	中国农业大学	博士	2017～2021 年	Optimization the Utilizations of Liquid Biogas Digestate Based Feed-Energy-Nutrients Recovery Using Heterotrophic Microorganisms（异养微生物优化沼液的饲料–能量–营养回收利用研究）
15	Dominic Aboagye	加纳	中国农业大学	博士	2017～2021 年	Exploring the Potential Mechanisms, Multiple Interactions and Pathways of Iron-Carbon Micro-electrolysis on Nitrogen and Phosphorus Removal in CW Handling Saline effluents from Wastewater Treatment Plant（探讨铁碳微电解法处理污水厂含盐污水脱氮除磷的潜在机理、相互作用及途径）

续表

序号	学生姓名	国籍	就读院校	培养层级	就读时间	论文题目/研究方向
16	Rahul Kadam	印度	中国农业大学	博士	2017~2021年	Struvite Precipitation as a Pretreatment for Ammonia Stripping（鸟粪石沉淀用于氨吹脱的预处理）
17	Muhammad Abdul Hanan Siddhu	巴基斯坦	北京化工大学	博士	2014~2017年	Anaerobic Digestion of Pretreated Lignocellulosic Biomass for Enhancing Biomethane Production（预处理木质纤维素生物质的厌氧发酵提高甲烷产量研究）
18	Naveed Anwar	巴基斯坦	北京化工大学	博士	2014~2018年	Optimization of Methane Production from Anaerobic Digestion of Kitchen Waste（餐厨废弃物厌氧消化产甲烷性能优化）
19	Farrukh Raza Amin	巴基斯坦	北京化工大学	博士	2015~2020年	Microbial Pretreatment of Biomass for Improving Biomethane Production via Anaerobic Digestion（微生物预处理提高生物质厌氧消化甲烷产量研究）
20	Habiba Khalid	巴基斯坦	北京化工大学	博士	2016~2020年	Methane Production from Protein-rich Substrates and Associated Microbial Community Dynamics（高蛋白废弃物产甲烷及微生物群落研究）
21	Diego Fernando Peña Jaramillo	哥伦比亚	北京化工大学	硕士	2016~2020年	Biogas Production from Coffee Wastes（咖啡废弃物的产沼气研究）
22	Abdul Sami	巴基斯坦	北京化工大学	博士	2017~2020年	Application of Additives in Anaerobic Digestion of Organic Waste for Enhancing Methane Production（添加剂在有机废物厌氧消化中提高甲烷产量的研究）
23	Kurbonova Malikakhon	俄罗斯	北京化工大学	硕士	2017~2020年	Mitigation of Ammonia Inhibition Through Conductive Materials Addition During Anaerobic Digestion（外源材料促进高含氮有机物厌氧产甲烷工艺优化及机理探究）
24	崔真革	朝鲜	北京化工大学	硕士	2017~2020年	常温下SNAD稳定运行及特征研究
25	Prabin Shrestha	尼泊尔	北京化工大学	硕士	2018年至今（预计2021年）	Emission and Impact Assessment: Field Evaluation of a Pellet Based Stove Intervention in Shandong and Heilongjiang Province（山东和黑龙江地区生物质成型颗粒炉炉具干预效果研究）

续表

序号	学生姓名	国籍	就读院校	培养层级	就读时间	论文题目/研究方向
26	Samuel Arhin	加纳	北京化工大学	博士	2019年至今（预计2022年）	Chain Elongation in Anaerobic Reactor Microbiomes to Recover Carboxylate from Waste（有机废弃物厌氧发酵碳链延长制备羧酸盐）
27	Khushk Shujauddin	巴基斯坦	北京化工大学	博士	2019年至今（预计2022年）	Enhanced Syngas Biomethanation by Conductive Materials Addition（外源材料添加促进合成气甲烷化工艺及机理探究）
28	Mawusi Sylvester Kosi	加纳	北京化工大学	博士	2019年至今（预计2022年）	Emissions from Biomass Cook Stoves and Cook Stove Start-up Materials（生物质炊事炉具点火特性污染排放研究）

16.3 软环境构建成果

构建南南合作可再生能源技术转移软环境，推动了合作国可再生能源技术转移，助力合作国实现可持续发展和绿色低碳发展的目标。通过政策对接、实地考察、技术培训、经验交流及人才教育等多种形式，分享各国在软环境构建方面取得的成功经验，互相借鉴并运用到实践中，极大地推动了发展中国家间技术转移进程和单一技术合作向经济、贸易等多领域合作的延伸，不断深化南南合作。

南南合作下的政策对接，充分尊重合作国自主选择发展道路和模式的权利，助力发展中国家探索出适合本国国情的发展道路。政府从"台前"走到"幕后"，为企业合作创造政策优惠、法规完善、服务高效的技术转移软环境，南南合作也呈现出"政府搭台、企业主体、人民受益"的新景象。中非可再生能源技术转移项目形成《中国-加纳可再生能源技术转移路线图》《中国-加纳/赞比亚可再生能源技术转移障碍与对策分析》等多项研究报告，为发展当地清洁能源产业，巩固和提升国家可持续发展能力做出贡献。

通过实地考察与经验交流，技术转移合作国对技术概况进行了详细且直观的调查，透彻地了解了技术发展过程，因地制宜地推进了技术转移。截至2018年4月，中国专家通过技术援助（实地考察、现场教学）、提供物资和现汇等方式累计援助80多个发展中国家，援助范围涉及清洁能源、低碳示范、农业抗旱技术、水资源利用和管理、粮食种植、智能电网、绿色港口、水土保持、紧急救灾等多个领域。在考察过程中，通过将抽象的理论与实际的技术经济发展相对照，中外专家实地感受实践成果，互学互鉴成功经验，在学习借鉴的同时保持自身制度优势和制度特色，推动了南南合作技术转移向更大范围、更高质量的方向发展。

高质量的技术培训和人才教育是保证南南合作成果可持续的关键因素，有助于可再生能源技术理念转移成功和在受援国的传播与普及。中国作为南南合作的积极推动者，面向发展中国家举办了多次关于应对气候变化、农业技术、可再生能源技术等的南南合作培训班。2011~2014年,国家发展和改革委员会共开展了39期气候变化领域的培训班,培养了1193名应对气候变化领域官员和技术人员,涵盖亚洲、非洲、北美洲、南美洲、大洋洲与欧洲6个大洲的119个发展中国家。适时开展的技术培训使中国充分了解其他发展中国家需求,稳步加大技术培训力度,支撑需求导向的征集技术推进,帮助发展中国家增强自身克服障碍的能力。中国还通过援建学校、提供教学设备、提供来华留学奖学金等方式,积极帮助其他发展中国家提升教育水平、增加人力资源储备。国家主席习近平在2015年中国和联合国共同举办的南南合作会议期间宣布,为帮助发展中国家发展经济、改善民生,未来5年,中国将向发展中国家提供"6个100"项目支持,向发展中国家提供12万个来华培训和15万个留学奖学金名额,为发展中国家培养50万名职业技术人员。

第七篇

未来展望

第17章 南南合作可再生能源技术转移新前景

首席作者： 易冰星　刘笑宇
贡献作者： 魏世杰　李 凯　赵雪婷　谢璨阳

作为南南合作的重要形式，可再生能源技术转移还需向更高层次发展及向更大范围延伸。中国作为推进南南合作可再生能源技术转移的重要力量，需明确南南合作可再生能源技术转移过程中存在的具体问题，从而有的放矢地提出对策，切实推进南南合作可再生能源技术转移持续开展，为中国和其他发展中国家的可持续发展做出更大贡献。

17.1 南南合作可再生能源技术转移新挑战

尽管南南合作可再生能源技术转移取得了明显的阶段性成效，但是要推进其深入发展，还面临着诸多阻碍。多变的国际能源格局和仍不完善的国际合作模式使得南南合作可再生能源技术转移存在诸多不确定性因素。国内政策、资金、技术、人才、标准和市场方面也存在诸多问题，限制了南南合作可再生能源技术转移的潜力和规模。

17.1.1 国际能源发展格局多变，存在潜在发展阻碍

1. 现有国际能源发展体系受到冲击

在人类历史上，每一次生产力的巨大飞跃和社会的重大进步都离不开能源变革。抓住新一轮能源革命的契机，与工业革命相结合，国家就有可能顺势崛起。如果新兴市场国家和发展中国家保持现有的发展速度，对世界经济增长的贡献率达到80%，10年后这些国家经济总量将接近世界总量的一半，那么上百年形成的西方发达国家占据主导地位的国际格局将发生变化。广大发展中国家是未来能源消费的主要拉动者（于汶加和王安建，2009），更应该抓住能源变革的机遇，通过南南合作提升清洁和可再生能源的利用水平，为本国的可持续发展打下坚实基础。

全球能源格局和治理体系加快重塑，清洁低碳能源发展大势所趋。可再生能源革命正在挑战化石能源主导的行业旧秩序，为发展中国家形成和扩大国际制度性权力提供了机遇。但是新技术的兴起和扩散需要诸多条件，对发展中国家而言，如何找到适合自己的发展道路、抓住新一轮能源革命契机以步入发达国家行列仍然是一个重大挑战。在目前国际

能源变革与调整动荡时期，南南合作可再生能源技术转移仍面临诸多挑战，迫切需要注入新思维、新理念，这样发展中国家才能在全球能源治理中掌握话语权。

2. 发展中国家能源发展与改革的国际关注度不够

为消除可再生能源技术转移障碍，发展中国家需要进行大胆改革。在大力发展经济的同时，需要与国际社会加强交流，扩大互利合作。发达国家需要承担起应有的责任和义务，对发展中国家公平开放市场，并通过增加资金和技术援助，提高发展中国家自我发展的能力。世界各国、各地区应共同促进全球经济一体化，站在构建人类命运共同体、促进全人类的共同发展的视角，努力消除可再生能源技术转移障碍。但是，出于延长技术生命周期以及技术保护等原因，很多跨国公司不愿转让技术给潜在竞争对手，仅愿意转让一些早已成熟的技术，导致转让技术的先进程度有限。另外，一些发达国家与发展中国家在政策、信仰等方面相互对立，其政府会限制向有关发展中国家转让高新技术，这进一步削弱了对发展中国家能源发展和改革的国际援助力度。

17.1.2 国际合作模式落后，难以达到预期成效

在国际合作方面，可再生能源技术南南合作仍存在如何建设对外开放平台、如何形成"走出去"开放战略新动能、如何建立长期有效的对外技术合作开发机制，以及如何加强国际合作的高素质人才建设等问题。发展中国家在对外开放新实践方面缺乏有效对接，对战略性转移技术发展诉求的挖掘深度不够。另外，联合国至今没有一个明确的、可操作的、有效的可再生能源技术转移核查机制，发达国家哪些技术应该向发展中国家第一时间转让，哪些技术可以延续转让，哪些属于无偿或优惠转让，这些都没有明确规定。这不但给一些不想承担温室气体减排责任的发达国家提供了拒绝可再生能源技术转移的借口，也给有意履行义务的发达国家开展可再生能源技术转移活动带来了困难。

17.1.3 多层次政策缺位，难以形成稳定动力

1. 可再生能源总体规划

多数发展中国家政府尚未制定可再生能源发展的总体规划，缺少明确的能源发展目标和配套的金融税收、公共投资及补贴等一系列可再生能源激励政策。一些国家虽然制定了税收优惠、财政贴息和研发支持等可再生能源发展的激励政策，但其中大部分国家没有形成详细的能源规划及成熟连贯的政策体系，使得优惠政策往往在实施过程中受到阻碍而无法发挥应有的作用。另外，发展中国家由于自身发展水平和国际话语权的限制，在政策制定过程中易受到来自其他国家或国际组织等各方面的综合影响，不能充分结合本国实际国情，制定合理的可再生能源总体规划，不利于可再生能源持续健康发展。

2. 产业与财税政策

跨国公司直接投资是可再生能源技术转移的重要途径，产业政策的支持力度是吸引外资的重要影响因素。发展中国家现有可再生能源产业政策普遍支持力度薄弱，缺少明确的政策导向、稳定的政策环境和有效的激励机制，导致技术转移活动面临的困难重重。相反，合理的财税政策有利于降低技术转移成本，从而对可再生能源技术转移起到促进作用。发达国家普遍对可再生能源技术这种具有战略意义、附加值高、研发成本大的技术采取积极的补贴和退税政策以促进其产业发展，相较而言，发展中国家对发展可再生能源技术战略性认识不足，补贴力度较为有限，从而阻碍了本国可再生能源产业的发展。

3. 环保与减排政策

一个国家的环保与减排政策是可再生能源技术引进的关键环节之一。如果缺乏相关政策，没有对二氧化碳及污染物排放进行强制性的规范和控制，一些企业出于自身利益的考虑，不会主动更替现有的对环境损害严重的设备或生产技术手段，也不会主动采用对环境保护有利但是成本较高的可再生能源技术。而大多数发展中国家的公众环保意识仍相对淡薄，环保与减排的相关政策和规定还存在很大漏洞且执行力度不够，不利于其国内可再生能源产业的发展。

17.1.4 多方面资金不足，难以实现持续发展

1. 政府引导投资环节薄弱

资金匮乏、项目融资渠道单一以及融资资本量不足是大多数发展中国家可再生能源发展过程中面临的巨大挑战。技术转让国通常对可再生能源技术转移持消极态度，采取的控制技术出口、设置出口壁垒等措施，更是加大了融资的困难程度，从而导致发展中国家获得的可再生能源转移技术的层次偏低。在可再生能源发展初期，发展中国家项目融资来源基本依赖于政府的财政融资，但受经济基础的限制，许多国家对可再生能源的长期财政投入不足，各级预算和计划都没有合理纳入建设项目，也没有固定的资金渠道。此外，与市场融资相比，金融融资仍然存在融资渠道单一、资金来源范围狭窄的问题；金融投资受部门利益和规范利益驱动，盲目投资现象普遍，投资效率低下（史际春，2010），且金融理财管理体制不健全，不同部门各自为政，缺乏一个统筹资金、协调行动的管理机构（熊宁，2004；别琴和黄柳娟，2017）。

2. 企业抵抗金融风险能力差

可再生能源属于资金密集型行业，承接项目的企业每年需要投入庞大的资金进行生产和维护。与传统能源生产相比，可再生能源技术通常初期投入高、投资回收期长，这对企业的资金运转能力具有很大的考验。可再生能源项目开发商的适用性、可靠性和偿付能力

具有多种风险（如技术风险、合同风险、市场风险和收益风险），这些风险会导致可再生能源投资不确定性（方天舒，2017）。同时，部分发展中国家可再生能源领域的企业规模较小，承担金融风险能力较差，不足以支撑可再生能源项目的持续运转。

3. 居民可再生能源消费能力不足

很多发展中国家地域辽阔，具有丰富的自然资源与广阔的市场前景，但相对薄弱的制造业严重阻碍可再生能源设备制造的本地化和商业化，导致可再生能源的使用成本高、市场发展滞后，难以与常规化石能源相竞争（孙湃，2015）。居民难以负担高成本的可再生能源产品，进一步限制了其可再生能源市场的产能扩张。小市场容量将阻碍可再生能源的成本降低，形成恶性循环，使可再生能源产业发展陷入困境，对政府、银行和私营企业投资可再生能源发展的前景产生不利影响（胡丽霞，2008）。

17.1.5　南方国家技术发展条件较差，难以实现快速突破

1. 可再生能源技术发展能力缺陷

尽管可再生能源技术在经济、环境方面有着重大的积极意义，但许多发展中国家的可再生能源技术水平整体不高，大多数技术处于起步阶段。与发达国家相比，其可再生能源产业生产规模小，资源分散，集约化程度低，生产技术落后，产品质量不稳定。

例如，在光伏方面，由于许多发展中国家太阳能光伏发电系统起步较晚，太阳能电池的开发生产技术水平与发达国家有很大差距。在风能方面，风电设备技术仍然比较落后，大型并网风力发电设备制造技术与发达国家存在较大差距，风电机组单机容量较小，关键技术依赖进口。在生物质方面，生物质固体成型机的生产和应用等一些技术已初步形成规模，但仍处于工业化发展的早期阶段，工业化、商业化程度低，缺乏自我可持续发展能力。对于一些可再生能源技术，发展中国家很难获得完善的设备和关键的零件，缺乏支持使用的基础设施，存在技术人员操作不佳、设备维护程度低等问题（迟永宁等，2017）。

2. 当地基础条件差

受资源条件、经济水平以及居民生活习惯等影响，很多发展中国家仍然长期使用传统能源。同时，当地基础设施建设条件较差，缺乏配套的发展政策和资金支持，难以满足可再生能源发展的需要，引进的先进技术无法完成有效推广，更进一步阻碍了有关技术的本地化发展。

3. 可再生能源项目成本高

尽管可再生能源有关技术的成本呈现下降趋势，但相较于传统能源来说其成本仍然偏高。国际合作虽然推动了可再生能源技术在发展中国家的应用和发展，但由于技术需求国缺乏可再生能源技术的自主设计与设备生产制造能力，核心零部件仍依赖于进口，这极大提高了可再生能源的本地化发展和使用成本。

17.1.6 人才队伍培养不足，难以形成有力支撑

1. 人才培养周期长、难度大

可再生能源领域的优秀人才需要经过专业培养和技术训练，才能具有扎实的基础理论知识和实践技能。无论是在高校还是企业，培养动手能力强、综合素质好，同时具有探索精神和创新能力的专业人才都需要一个漫长的过程。高校可再生能源技术人才培养的课程体系应以相关技术发展为导向，同时集中反映发展态势，体现可再生能源技术的实践性、应用性。但目前很多高校的课程体系不能适应可再生能源技术的实际应用和发展需要，一方面专业基础课设置不够合理，教材建设滞后，跟不上可再生能源先进技术研发和应用的需要；另一方面课程体系过于注重理论结构的阐释，缺乏实践性、应用性的案例分析。此外，课程评价和人才质量评价模式单一，只注重学科考试成绩，未将知识应用能力和实践创造能力纳入系统考核评价体系。在企业层面，需要构建多层次的人才培养体系，培养对象包括高级经营人才、职能管理人才和基层技术人才，同时加大因材施教力度。

2. 企业员工项目运行/维护经验缺失

发展中国家可再生能源企业较少，大部分当地政府官员、基层干部及公司员工缺乏可再生能源技术开发管理经验，不能在项目开发之前对其进行正确预估和评价，也不具备对项目基础设施进行设计、制造、安装和管理的能力。例如，可再生能源潜力评估方面的人才缺失将导致开发商缺少资源开发的关键数据，不能对投入的成本和风险进行正确评价，从而影响企业投资决策的合理性；可再生能源安装运行调试的标准制定及相关人才培养体系的不完善，严重制约电力部门、能源公司、监管机构等对可再生能源技术的开发和管理，影响可再生能源项目建设的质量及运营维护规范。综上所述，可再生能源技术研究团队缺乏，可再生能源资源评价、技术标准、产品测试和认证系统尚不完备，人才培养不能满足市场快速发展的需要，支持新能源和可再生能源产业发展的技术服务体系及其法律体系亟待完善（史际春，2010；魏伟和张绪坤，2012）。

3. 人才培养体系及国际人才交流薄弱

可再生能源工程的施工、建设及运营需要大量的技术工人，但目前在很多发展中国家的高等院校并未开展可再生能源方向的课程教育，相关领域的人才培养工作欠缺。此外，可再生能源技术及相关知识社会层面宣传力度不够，缺乏相关领域的成人教育体系。虽然技术输入国从发达国家引进了很多可再生能源设备，但由于未邀请专业人员进行技术指导，容易出现仅引进技术设备，未掌握有关技术的问题。同时，企业在组织员工定期进行装备操作和维护培训方面工作力度不够，国际联合培养机会较少，人才管理经验不足。

17.1.7 标准制定不甚完善，难以形成有效对接

1. 部分国家标准不完善

可再生能源作为全球能源互联网清洁能源核心内容之一，得到了世界主要国家的高度重视并迅猛发展（张占奎等，2017）。但目前大部分可再生能源产品缺乏系统的技术规范和产品质量标准、地方各自为战等问题严重影响了可再生能源市场的健康发展（柯坚，2015），特别是在相对偏远的农村地区，其能源标准的可操作性较差，加大了可再生能源技术转移的难度，主要体现在以下几个方面：一是缺乏对标准的系统研究，许多农村可再生能源标准的制定没有进行充分的论证，从而造成既定标准难以实施；二是标准实用性差，农村可再生能源标准的制定大多仍旧是政府行为，缺乏必要的信息沟通渠道和企业、用户的参与，使得标准的制定难以反映市场和行业发展的真实需要（高素玲，2009；常晓娜，2010）；三是标准的针对性差，部分农村可再生能源标准制定过于笼统，容易产生误读；四是部分标准覆盖面窄，在现行的标准体系缺乏配套性和系列化信息的现象普遍存在，限制了行业的全面健康发展；五是标准的推广和执行力度不足，一些国家虽已制定了农村可再生能源标准，但由于推广实施工作力度不够，一些标准未能得到执行，标准的作用没有完全发挥出来。

2. 国内标准与国际标准不匹配

很多发展中国家可再生能源的建设和发展主要着重于独立、分散、离网的小型户用能源系统（特别是在农村地区），与大规模集中利用形式不同，分布式的可再生能源系统难以实现统一标准体系的建立。在以往农村可再生能源标准的制（修）订过程中，存在标准的采标缺乏与国外同类标准的沟通，标准的实施推广力度不够，标准人才队伍建设有待加强等问题，同时对国际标准缺乏必要的了解和研究，也阻碍了可再生能源技术的国际交流。

17.1.8 市场环境不够理想，难以实现迅速扩张

1. 居民接受程度不高

近年来，南南合作可再生能源技术转移取得了很多成就，但发展中国家社会各层面对可再生能源技术的接受度并不尽如人意。新能源市场持续低迷，反映出公众对可再生能源、低碳经济等概念仍知之甚少，对发展可再生能源必要性的认识不够深刻。同时，可再生能源在发展中国家总体发展战略中的地位还不突出，有关部门对发展可再生能源的认识不到位，配套措施未能跟上，这导致可再生能源缺乏良好的发展环境，难以实现相应的社会效益，社会各界对开发可再生能源的关注不够，不能形成全社会积极参与和支持可再生

能源发展的良好氛围。例如，由于缺少宣传和演示，生物能源资源数据尚未形成，系统公开程度较低，社会整体对生物质能产品缺乏认知。民众不能切身体会到可再生能源的益处，消费动力就会不足。另外，一些地区的文化习俗和宗教信仰会影响民众对可再生能源的看法，如以施粪培养的植物作为原料用以生产家用燃气和肥料，可能会触犯部分地区的文化和宗教禁忌，受到民众的抵制。目前部分发展中国家可再生能源产业仍处于起步阶段，决策者、产业界严重缺乏对社会可接受度问题的关注和考量，有关公众接受度的研究工作亟待开展。

2. 各层次风险不明确

可再生能源的季节性和不稳定性因素限制了其大规模发展，且很多发展中国家现有的可再生能源资源信息网络尚不健全，更增加了投资者的投资风险，具体到操作层面则表现为缺乏明确的技术需求清单以及信息需求还不够具体化、公开化。虽然各个国家对可再生能源技术转移发展的支持力度正逐步加大，但由于缺乏可再生能源市场保障政策和相应激励措施，难以形成稳定的市场需求。与此同时，可再生能源产业生产能力的扩大并没有与市场需求的增长相适应，因为缺乏统一规划，许多项目在同一地区重复布点，这使本来就相对匮乏的资源供应雪上加霜。另外，同行业间出现的恶性竞争也直接导致了企业收益的大幅度下滑。对投资者来说，潜在规模项目的融资难是制约企业涉足可再生能源产业的关键，尤其是中小型投资者，更加难以获得相关项目投资的信贷或贷款。

3. 市场管理不规范

可再生能源市场监管机制不完善也是阻碍南南合作可再生能源技术转移的一大障碍。大部分发展中国家的市场管理机制不够成熟，政府职能尚未彻底转型，现有的能源管理体制存在诸多缺陷。可再生能源电力市场没有明确规范的标准，没有考虑不同地区可再生能源的实际需求和消纳能力之间的差异，统一的定价机制会导致部分地区可再生能源消费能力不足。目前来看，相对于常规能源而言，可再生能源所面临的市场障碍，实际上就是能源领域的"市场失灵"，从而决定了可再生能源发展初期不能单纯依赖市场机制，必须纳入经济法视野，通过政府的政策干预，在国家和社会的大力扶持及市场培育下才能获得稳步发展。

17.2 南南合作可再生技术转移新机遇

17.2.1 南南合作可再生能源技术转移可促成地缘政治新格局

与化石燃料不同，可再生能源在大部分地理位置以不同形式存在，有助于加强本地的能源供给安全，从而促进大多数发展中国家在更大程度上实现能源独立。与此同时，随着各国可再生能源进一步发展及相邻电网的不断整合，各国间将会不断涌现出新的依存关系和贸易模式。可再生能源对化石能源的替代效应可能会减少各国之间与石油和天然气有关的能源冲突，一些海上阻塞点的战略重要性也会随之下降。能源转型还将形成新的能源领导者，对可再生能源技术的大力投资也加强了一些国家的影响力。例如，中国凭借在对清洁能源领域大力投资发展，成为世界上最大的太阳能电池板、风力涡轮机、蓄电池和电动汽车生产国、出口国和安装国，从而提升了地缘政治地位。与之相对应，若不能适应新能源时代的经济形势，化石燃料出口国的全球影响力可能会下降。可再生能源驱动的全球能源转型能够缓解当前与能源相关地缘政治紧张局势，并将促进各国之间开展更大规模的合作。这种转型还有助于缓解社会、经济和环境等方面的问题，而这些问题往往是地缘政治不稳定和冲突的根源所在（IRENA，2019b）。

17.2.2　南南合作可再生能源技术转移可成为伙伴关系网络新节点

国际社会日益成为一个"你中有我、我中有你"的命运共同体。2015年9月28日，国家主席习近平出席第七十届联合国大会一般性辩论并发表题为《携手构建合作共赢新伙伴 同心打造人类命运共同体》的重要讲话，呼吁国际社会紧密地团结起来，携手构建合作共赢新伙伴，同心打造人类命运共同体。2017年5月，在"一带一路"国际合作高峰论坛开幕式发表的主旨演讲中，国家主席习近平进一步明确指出，和平赤字、发展赤字、治理赤字是摆在全人类面前的严峻挑战。

中国积极推动南南合作，始终与广大新兴市场和发展中国家一起，在全球治理平台上协调立场，形成共同声音，不断扩大新兴市场国家和发展中国家在全球治理中的话语权。在此过程中，中国发挥了积极的引导作用，并利用以金砖国家为代表的新兴市场国家合作机制的聚合作用，让中国构建公平合理新秩序的理念和主张得到更多支持。同时，中国还不断加强以南南合作为基础的国际发展合作框架，发展新型多边开发机构，提出全球治理的中国方案。在积极推进多边经济外交的同时，中国积极倡导和构建具有平等性、和平性和包容性的全球伙伴关系网络。在近邻国家，以"亲诚惠容"理念为指导，与东盟巩固面向和平与繁荣的战略伙伴关系；与中亚各国全部建立战略伙伴关系或全面战略伙伴关系；与印度、巴基斯坦、阿富汗、斯里兰卡、韩国等结为战略合作伙伴。在非洲，提出"真实亲诚"方针，将中非关系提升为全面战略合作伙伴关系。在拉美，建立平等互利、共同发展的中拉全面合作伙伴关系。在中东，启动全面合作、共同发展的中阿战略合作关系。通过广泛的南南合作，中国正在建立一个更立体、更注重整体和区域相协调的外交布局。可再生能源技术转移作为进行全球治理以及南南合作的重要领域，也成为连接这一伙伴关系网络的关键节点。

17.2.3　南南合作可再生能源技术转移可获得应对气候变化新成效

2019年3月在阿根廷首都布宜诺斯艾利斯举行的第二次联合国南南合作高级别会议开幕式上，联合国秘书长古特雷斯表示，南南合作在实现可持续发展与应对气候变化方面发挥着关键作用。目前，全球应对气候变化的需求日益迫切。2018年是有记录以来全球平均气温第四高的年份，世界上几乎每一个地区都遭受了自然灾害的袭击。各成员国必须进一步扩大国家自主贡献的规模，而南南合作则是"确保面对气候变化严重后果的发展中国家和社区之间能够相互支持、分享最佳实践、提升适应和抵御能力的重要手段"，同时也有利于"实施注重可持续发展和环境保护的全新战略，推动经济转型，减轻对化石燃料的依赖"。南南合作可再生能源技术转移更是帮助发展中国家应对气候变化的重要方式，有利于更多国家为实现应对气候变化目标做出贡献。

作为最大的发展中国家，中国积极参与并引领应对气候变化国际合作。正如联合国第八任秘书长潘基文所评价，在达成《巴黎协定》并推动其快速生效的进程中，中国方案与中国行动做出了历史性、基础性的突出贡献。通过一系列务实行动，南南合作成为中国与广大发展中国家深化团结互信、实现互利共赢的新亮点，为继续深化合作奠定了基础。中国开展应对气候变化行动与合作的能力逐渐增长，这也体现在社会各界的积极参与上。各级地方政府、工商企业、民间组织等逐步提升了战略意识，拓展了国际视野，提高了合作能力。越来越多的中国企业制定科学的低碳目标并积极参与碳减排；许多民间组织通过分析研究建言献策、探索试行方案、公众宣传教育等方式，积极助力社会向绿色低碳转型。以上优势也使中国在南南合作可再生能源技术转移过程中发挥了更大作用，为中国在应对气候变化这一问题上做出更大贡献奠定了坚实基础。

17.2.4　南南合作可再生能源技术转移可形成可持续发展新路径

中国已把国家发展规划与联合国2030年可持续发展议程紧密结合起来，"十三五"规划明确提出，中国将积极落实2030年可持续发展议程。为此，外交部发布了《落实2030年可持续发展议程中方立场文件》；国务院发布了《中国落实2030年可持续发展议程国别方案》《中国落实2030年可持续发展议程创新示范区建设方案》。2017年8月中国发布的《中国落实2030年可持续发展议程进展报告》显示，自可持续发展目标生效以来，中国在短短两年内已取得长足进展，在经济、社会、环境等领域取得了多项成果。作为一个负责任的大国，中国积极开拓国际合作路径，分享自身发展经验。为推动国际合作进一步开展，中国通过建立南南合作援助基金、中国-联合国和平与发展基金、气候变化南南合作基金、中非南南合作可再生能源技术转移等机制，积极助力其他发展中国家落实可持续发展议程，并取得了明显成效。在已有框架和丰富经验的支撑下，更大规模的南南合作可再生能源技术转移将成为可能，这将为发展中国家的可持续发展开辟一条持续稳定的新路径。

17.3　南南合作可再生能源技术转移新启示

为推动南南合作不断深化发展，增强南南合作可再生能源技术转移的稳定性、适用性和持续性，还需要针对可再生能源的发展框架、国际合作、规划政策、金融支持、产业水平、人才培养、国家标准和市场规模等开展相关工作，不断扎实推进南南合作可再生能源技术转移在经济、社会、科技领域深入发展，充分发挥中国等可再生能源先进国家在南南合作可再生能源技术转移中的重要作用。

17.3.1 构建合理的可再生能源发展框架

一是要积极推动能源发展方式转变，构建可持续的能源供应体系。大力推进节能和提高能效的活动，调整优化能源结构，推进能源科技进步，积极发展新能源和可再生能源。不仅要满足当代人的能源需求，而且要着眼未来，谋划和建设低碳可持续的能源体系，以能源的可持续发展，推动经济发展方式和人民生活方式的转变，进而支撑并促进经济社会的可持续发展。

二是完善国际能源合作机制，提高能源经济外交战略意识，把开展可再生能源合作作为处理国际关系、国际问题的重要战略要素，积极主动参与国际能源安全、能源政策和能源协调等议题的多边交流。建立全方位、多领域、多层级的协作关系和利益纽带，强化与主要能源消费大国的战略对话和合作，构建共赢的国际能源合作格局。同时，深化与主要国际能源机构和能源出口国的交流与合作，完善国际能源市场监测和应急机制，促进能源开发以保障能源供给，实现能源供应的多样化和全球化。

三是积极推进新能源国际合作，加大新能源国际合作力度。新能源技术是实现经济可持续发展的重要保障，也是应对气候变化和环境问题的重要环节。发展中国家不失时机地引进国外新能源技术、设备和成果，能有效地提升自身新能源产业竞争力。同时要重视与发达国家的能源对话机制，阐述不同国家之间在新能源合作中的立场、态度和政策，争取国际新能源领域的话语权，这样才能有效地维护发展中国家的能源经济利益与国家政治利益。

17.3.2 推进新型可再生能源国际合作

国际合作是提升产业竞争力的重要途径，除了采用"引进来"的相关政策大量地吸引外商投资、引进技术和人才，还需要向"走出去"战略转变，充分利用国际市场发展可再生能源。因此，可再生能源技术转移的发展需要打破制度约束，与东盟、欧美、日韩等企业建立合作伙伴关系，扩大贸易往来；建立境内外研发机构和长期有效的对外技术合作开发机制，提高可再生能源产业国际化水平。另外，拥有一批具备国际视野的高素质领军人才，也是推进国际合作成功的关键，通过技术转移合作加强可再生能源行业从业人员能力建设，开展有针对性的知识和技术培训，为可再生能源的发展打下坚实的人才基础。

对中国而言，应积极扩大可再生能源合作领域，逐步实现能源技术创新，推动能源技术创新体系的建设和完善，实现可再生能源技术转移的多元化发展，形成清洁、安全、经济的全球能源供应体系，树立负责任的大国形象，为可再生能源合作和良好环境创造有利条件（闫世刚，2010；宇文君，2017）。与此同时，中国还需要着力营造尊重知识价值的营商环境，全面完善知识产权保护法律体系，大力强化执法能力，加强对外国知识产权人合法权益的保护，杜绝强制技术转让，完善商业秘密保护，依法严厉打击知识产权侵权行为。

17.3.3 完善可再生能源相关规划政策

各国政府必须足够重视可再生能源技术转移和推广，从政策、法规、资金、税收等方面给予优惠和支持。发展中国家政府应充分把握南南合作带来的机遇，借助中国成熟的政策规划经验，把可再生能源发展规划列入社会整体规划，并完善配套政策法规，包括可再生能源法、中长期发展规划、国家标准、技术路线图、部门规章、节能法、电力法、环境保护法、知识产权法等；建立健全知识产权管理制度，提高企业知识产权保护意识，为企业提供安全的技术转移平台，维护良好的企业发展环境；借鉴国外的相关经验和做法，鼓励使用可再生能源发电，为可再生能源行业提供政策支持。

17.3.4 提高对可再生能源的金融财税支持

从资本角度看，发展中国家应从政府投入、资金补贴、税收优惠等方面积极向市场化方向转变，加大风险投资在新能源领域的融资规模；借鉴国外绿色证书交易模式，建立市场化的激励机制，调动资源丰富地区开发利用新能源的积极性；积极发展创新型融资产品，如与政府减排目标、能源价格等挂钩的指数型债券，通过补偿机制有效规避新能源发展中的政策风险和市场风险。

可再生能源项目需要政府在财政预算、投融资和信贷等方面给予大力支持。为了保障可再生能源技术转移的持续发展，政府需要制定各类融资政策，通过开放市场、吸引外资和私营企业投资等，实现投资主体多元化。根据国家财政安排的年度资金和可再生能源电价增收资金，设立可再生能源专项发展基金（刘京和李志武，2003）；利用债券、公共私营部门合作等方式拓宽融资渠道，与商业银行达成战略合作伙伴关系，吸引商业贷款，加强相关部门在提供资源、信息方面的时效性；完善政府"放管服"（简政放权、放管结合、优化服务）等公共服务，创新可再生能源项目开发机制，激发市场活力，为企业投资绿色能源产业创造良好环境；大力优化投资环境，减轻企业负担，推进绿色金融创新，使中小型企业和广大消费者也成为绿色能源的投资者，不断壮大绿色能源发展的力量（常亮亮，2016）；抓住新技术协同应用和商业模式创新的市场机遇，培育创新型企业和平台型企业，发展智慧能源、能源互联网等新业态。

17.3.5 提升可再生能源技术产业水平

发展中国家应根据自身实际情况制定可再生能源开发利用目标，并不断加强和完善现有的技术水平和设备制造能力，为发展可再生能源创造良好的宏观环境。工程装备应选择良好的工艺和可靠的优质材料，项目工程施工前，进行专业的环境影响评估，装备设计中加入废弃物处理设施，定期检验排放污水水质，检测周边环境的有害物质成分及含量，定期向环保部门上报并备份，降低可再生能源工程造成的环境污染风险。优化电力系统调度运行，制定保障清洁能源优先发电的实施细则，发挥大电网的统筹协调作用。推进煤电机组灵活性改造，严格规范自备电厂运行管理，提升电力系统的调峰能力，为可再生能源消纳利用创造空间（陈向国，2018）。

同时还需改善现有能源管理和运行机制，选取适合国情的分布式可再生能源运营模式（刘树杰等，2017）。政府能源部门应对国家可再生能源储备进行官方评估，公开能源开发潜力数据并为本土及国际企业开放咨询通道。可再生能源项目建设期短，应重视工程项目设计、施工、监理等各个环节。项目设备质量要严格把关，降低电力系统开发利用的成本，提高补贴资金的使用效率。重点发展为工业和商业用户设置的"附近利用"型可再生资源。同时，政府应加大指导和支持力度，为自发自用型项目在备案、并网以及补贴资金申请流程中建立绿色通道（刘树杰等，2017）。

17.3.6 建立全方位的可再生能源人才培养机制

（1）定位具有地方特色的人才培养目标

现代化高等教育与传统高等教育不同，准确定位培养目标尤为重要。各个国家应以自己国家的生物质能、风能、太阳能产业为依托，结合有关人才培养机构原有的学科特色和优势，确定以培养厚基础、宽平台、高素质、富有创新精神及为地方经济服务的复合型人才为主要目标的培养体系。大学开设可再生能源方向课程教育，培养专业人员；政府组织开展可再生能源科普成人教育班，提高人们对可再生能源的认知和参与度；积极向国际寻求帮助，可以邀请国内外知名专家或本专业教师讲授本专业领域的最新研究进展及发展动态，以此来扩宽学生视野，提高学生的专业兴趣，适应社会发展需求；可再生能源公司应组织员工定期进行装备操作和维护培训，形成良好的专业技术交流模式，通过专业人员的技术指导，当地工作人员应当胜任可再生能源建设工作。同时，在设定人才培养具体目标时，必须结合企业的实际人力资源情况与未来发展需求，通过一些既定的程序分析，找到具体的人力资源差距，针对这些差距设定人才培养目标。

（2）加强国际人才的培养，开发联合培养平台

可再生能源技术转移、落地以及资源的评估离不开一支强大的人才队伍。在国际合作人才队伍建设方面，要有适宜的政策环境，政府要建立和完善有利于培养国际合作人才的政策，营造良好的氛围，健全人才留存的有效机制，为前来工作的海外专家提供良好的软硬环境，提供更多的平台，鼓励和吸引人才创业就业。高校要培养适应国际交流合作的各层次人才，选派学生外出交流，注重学生知识和技能的培养。企业要定期安排员工学习跨国公司先进的技术和人才管理经验，营造良好的工作氛围。政府、企业和高校三方的共同努力，使具有国际水平的科技人才和研发团队为国效力。同时，加强各国之间的交流和沟通，加深对各方文化、生活习惯、基础设施、法律法规等方面的了解，加深对可再生能源技术的了解，在此基础上找到双方互惠互利的合作领域。可再生能源制造企业、项目开发公司、金融机构、行业协会应组团"走出去"，互相配合支持，发挥协同作用，多角度与其他国家开展可再生能源合作。

（3）为企业员工创造学习与交流的机会

可再生能源技术人员的培养需要政府、高校及企业的共同努力。当地企业可以邀请有教学经验的专家负责教学培训工作，邀请有经验的施工技术人员到现场负责指导规范施工；企业技术组应认真执行工作岗位责任制，充分调动员工工作积极性。在构建人才培养体系的同时，打造崇尚学习的组织氛围，充分调动员工的学习积极性。

17.3.7 制定适用的可再生能源国家标准

制定国家标准，建立完善的管理和推广体系尤为重要。发展中国家可参照国外先进的可再生能源行业规范，制定适于本国的标准，并建立完善的管理和推广体系。在推广过程中，政府的宣传工作至关重要，应让居民能够清楚地认识到使用可再生能源的优势，提高公众接受可再生能源的意愿。多国实践证明，应采用强制性法律法规确保实现新能源和可再生能源目标，如美国的《公共事业管制政策法》及其实施细则，日本的《关于电力公司采用新能源的特别措施法》等。因此，各国应当借鉴发达国家的经验，加强能源立法，使国家对可再生能源市场培育的公共权力干预能够遵循法律的规定，使政策制度化、规划法治化。具体举措主要包括如下几个方面。

1）有必要对新能源和可再生能源提出新的立法思路。将以人为本、生态安全和可持续发展理念体现在新能源和可再生能源立法中，特别是具体的法律规范；在立法框架上，打破统一的单向调整模式，实行全面、综合调整；在立法内容的设计上，应理顺可再生能源立法与相关制度的关系，实现各系统的有机协调（杨解君，2012；孙钟超，2011；辛会敏，2009）。

2）发展中国家有必要制定行政法规，地方政府也必须制定地方性法规。现行的一些行政法规、规章和规范性文件具有临时性特点，且不够完善，仍需进一步制定法律法规及其规范性文件，以补充和完善技术规范和标准。

3）加强和完善可再生能源法律法规实施监督，建立健全法律实施、信息披露和报告制度，完善市场主体产权保护制度，改革和完善减少腐败的独立司法体制，优化法治环境。

4）制定可再生能源并网的基础通用技术要求。目前，国际上风电、光伏、光热、海洋能等方面的标准主要集中于设备层面，而可再生能源并网的基础通用技术要求主要存在于国家层面。未来需要制定国际层面的通用技术要求，确保并网可再生能源具有满足电网基本要求的性能。

17.3.8 扩大可再生能源市场规模

政府通过有计划地组织大型可再生能源项目，保证可再生能源在相当长的时期内能够积累和形成一定的市场规模。同时，按照政府引导、政策支持和市场推动相结合的方式，建立持续稳定的可再生能源市场环境，特别是对非水电可再生能源发电规定强制性市场份额目标，引导主要能源企业积极投资可再生能源产业（庄幸，2006；孙亮，2013）。为促进可再生能源的市场消纳，相关政策应将配额考核主体从发电侧转移到电网和用电侧，同时逐步提升考核主体的配额比例，进行政策引导，扩大市场需求，进而吸引投资进入。配额制使可再生能源消纳具有强制性，还将促进跨区域调度，提高风电、光伏等可再生能源发电在终端的消费比例。配额制推出后，可以配合推动可再生能源绿色证书销售，在可再生能源发电企业的补贴上，可以通过绿证交易来填补一部分财政补贴缺口。

国家应逐步加大对可再生能源发展的支持力度，制定强制性的市场保障政策，持续推动可再生能源市场规模的扩张，促进可再生能源新技术的快速发展（占明珍和杨艳琳，2012）。建立相应规模的市场管理框架，为大型电站和离网系统创造市场；建立完整的光伏产业链，包括晶硅、电池片、组件、逆变器等关键零部件的生产销售，实现光伏发电设备的本地化生产，降低可再生能源的技术成本；学习和借鉴发达国家的可再生能源技术经验和做法，加快可再生能源市场融资机制的建设。具体包括如下几个方面。

1）考虑在全国范围内设立由政府支持的专业综合性投融资机构，以避免银行之间政策的不协调和政府的过度介入，促进可再生能源领域融资的市场化。

2）应采用财税政策促进新能源和可再生能源开发利用的融资市场化。制定税收优惠政策，鼓励社会投资；制定优惠信贷和财政贴息政策，如国家开发银行对可再生能源企业的优惠贷款，向从事可再生能源的企业提供中央财政贴息。

3）系统推进能源市场化改革和监管体系建设。加快实施电力体制改革、构建有效竞争的市场结构和体系，有序放开发用电计划，探索新能源电力市场化交易与经济激励新机制（柏吉宽，2016；喻小宝等，2016）。探索推动供暖市场化改革，形成公平开放、多元经营、服务水平较高的清洁供暖市场；建立健全专业监管体系，确保电力、油气、热力管网等自然垄断环节经营企业为清洁能源提供开放入网条件和公平服务。

参考文献

白莉莉. 2018-03-09. 中国可以助力非洲能源绿色化. 中外对话, https://www.chinadialogue.net/article/show/single/ch/10799-Are-China-s-energy-investments-in-Africa-green-enough-[2019-12-23].

柏吉宽. 2016. 新形势下, 电网企业教育培训业务发展趋势与应对策略分析. 经营管理者, (31): 215-216.

别琴, 黄柳娟. 2017. 浅析我国财政投融资体制的现状、问题及政策研究. 商情, (30): 68.

常亮亮. 2016. CZ电脑设计公司创业战略研究. 南宁: 广西大学.

常晓娜. 2010. 我国食品安全监管的经济学分析. 西安: 陕西师范大学.

陈敏曦. 2017. 巴西水电发展现状. 中国电力企业管理, (13): 90-93.

陈向国. 2018. 全球可再生能源发展从降成本向消纳补偿转变. 节能与环保, (2): 42-44.

陈晓夫, 王晓君, 刘广青. 2012. 全球清洁炉灶的发展以及和中国的合作. 可再生能源, (6): 10-12.

陈雄. 2018. 南南合作中资源开发利用技术转移模式、机制研究. 北京: 中国地质大学(北京).

程夏蕾, 朱效章. 2007. 我国小水电技术发展路线的探讨. 小水电, (1): 3-5.

迟永宁, 张占奎, 李琰, 等. 2017. 大规模风电并网技术问题及标准发展. 华北电力技术, (3): 1-7.

崔文星. 2016. 2030年可持续发展议程与中国的南南合作. 国际展望, (1): 34-55.

丁雪真. 2019-02-20. 中国朋友帮我们建设现代化水电站. 人民日报.

杜博斯. 2012. 联手培养中国风电人才. 国际人才交流, (11): 1.

方思越. 2011. 风能专利技术国际转让机制研究. 上海: 复旦大学.

方天舒. 2017. 西部各省碳金融的发展水平探究. 西安: 陕西师范大学.

冯佳佳. 2012. 我国可再生能源技术国际转移机制研究. 长沙: 中南大学.

冯正强, 冯佳佳. 2013. 我国可再生能源国际合作机制研究. 中国科技论坛, (3): 150-155.

高强, 董启锦. 2006. 印度尼西亚农村城市化进程、特点、问题与启示. 世界农业, (12): 35-38.

高素玲. 2009. 我国农产品质量安全管理体系存在问题和对策. 郑州: 河南农业大学.

高翔. 2016. 中国应对气候变化南南合作进展与展望. 上海交通大学学报(哲学社会科学版), 24(1): 38-49.

高志平. 2011. 不结盟运动倡导和促进南南合作的历程探析. 黄石理工学院学报(人文社会科学版), 28(2): 51-56.

葛晓敏. 2018. 印度屋顶光伏系统投资将增加. 太阳能, (1): 80.

耿殿忠. 1995. 南南合作的开端与典范——纪念万隆会议40周年. 世界经济与政治, (3): 79-85.

郭朝先, 邓雪莹, 皮思明. 2016. "一带一路"产能合作现状、问题与对策. 中国发展观察, 6: 44-47.

国际能源署. 2017. 世界能源展望中国特别报告——中国能源展望2017. 北京: 石油工业出版社.

国际小水电中心. 2016. 世界小水电发展报告2016. http://www.inshp.org:8051/worldReport/summary [2019-12-25].

国家发展和改革委员会, 科学技术部. 2007. 可再生能源与新能源国际科技合作计划. http://www.gov.cn/jrzg/2007-11/12/content_803232.htm [2019-12-25].

国家发展和改革委员会, 农业部. 2017. 全国农村沼气发展"十三五"规划. http://www.gov.cn/xinwen/2017-02/10/content_5167076.htm [2019-12-25].

国家发展和改革委员会. 2017. 国家发展改革委关于全面深化价格机制改革的意见. http://www.ndrc.gov.cn/zcfb/zcfbtz/201711/t20171110_866776.html [2019-12-25].

国家发展和改革委员会 . 2016.《能源发展 "十三五" 规划》http：//www. ndrc. gov. cn/zcfb/zcfbghwb/201701/W020170117350627940556. pdf［2019-12-25］.

国家经贸委 . 2000. 2000～2015 年新能源和可再生能源产业发展规划要点 . 中国经贸导刊，(21)：25-28.

国家可再生能源中心 . 2017. 可再生能源数据手册 2017. http：//www. cnrec. org. cn/cbw/zh/2017-08-25-529. html［2019-12-25］.

国家能源局 . 2017. 2016 年风电并网运行情况 . http：//www. nea. gov. cn/2017-01/26/c_136014615. htm［2019-12-25］.

国家能源局 . 2018. 国家能源局综合司征求《关于实行可再生能源电力配额制的通知》意见的函 . http：//www. nea. gov. cn/2018-11/15/c_137607356. htm［2019-12-25］.

国家统计局 . 2018a. 2017 年度中国对外直接投资统计公报 . 北京：中国统计出版社 .

国家统计局 . 2018b. 中国统计年鉴 2018. 北京：中国统计出版社 .

国务院 . 2007. 中国应对气候变化国家方案 . http：//www. gov. cn/zwgk/2007-06/08/content_641704. htm［2019-12-25］.

河南省人民政府 . 2015-04-14. 南阳市：联合国南南合作可持续发展高级别论坛举办 . https：//www. henan. gov. cn/2015/04-14/565572. html［2019-04-14］.

侯安德，威泽尔 . 2018. 可再生能源配额新政可用于支持可再生能源投资 . http：//zhongwaiduihua. blog. caixin. com/archives/180001［2018-04-23］.

胡丽霞 . 2008. 北京农村可再生能源产业化发展研究 . 保定：河北农业大学 .

黄梅波，朱丹丹 . 2013. 知识合作在国际发展援助中的作用 . 国际论坛，15（2）：21-27，79-80.

黄其励，高虎，赵勇强 . 2011. 我国可再生能源中长期（2030、2050）发展战略目标与途径 . 中国工程科学，(6)：88-94.

蒋莉，代翠玲，黄伟文 . 2018. 弃光现象成因及光伏产能转化路径研究——以西北地区为例 . 中国集体经济，(35)：30-31.

教育部 . 2019-9-12. 从 "有学上" 到 "上好学". http：//www. moe. gov. cn/jyb_xwfb/moe_2082/zl_2019n/2019_zl76/201909/t20190924_400551. html［2019-12-25］.

景跃军，杜鹏 . 2011. 中日低碳技术合作现状及前景探讨 . 现代日本经济，(3)：35-40.

柯坚 . 2015. 全球气候变化背景下我国可再生能源发展的法律推进——以《可再生能源法》为中心的立法检视 . 政法论丛，(4)：75-83.

兰忠成 . 2015. 中国风能资源的地理分布及风电开发利用初步评价 . 兰州：兰州大学 .

李大薇 . 2009. 印度产业结构调整研究 . 贵阳：贵州财经学院 .

李敦瑞 . 2018. "一带一路" 背景下的产业转移与中国全球价值链地位提升 . 西安财经学院学报，31（5）：78-84.

李法章 . 2019. 基于技术转移工作的知识产权保护策略研究 . 河南科技，(24)：26-28.

李合，王宇栋 . 2017. 点兵非洲五大可再生能源 . 中国投资，(2)：54-57.

李贺，徐玉波 . 2016. 中国—WFP 开展南南合作现状、存在问题和政策建议 . 世界农业，(5)：64-67.

李时瑛，朱谢飞，张立强，等 . 2019. 基于不同萃取剂的生物油常压蒸馏研究 . 燃料化学学报，47（3）：312-317.

李文慧，周波 . 2017. 巴西等国的水电建设进展 . 水利水电快报，8（3）：1-3，9.

李小云，肖瑾 . 2017. 新南南合作的兴起：中国作为路径 . 华中农业大学学报（社会科学版），(5)：1-11，144.

李杨. 2018. 气候变化视角下中国-欧盟可再生能源发展与合作路径研究. 商学研究, 25（6）：95-107.
李耀华, 孔力. 2019. 发展太阳能和风能发电技术加速推进我国能源转型. 中国科学院院刊, 34（4）：426-433.
梁丹. 2015. 从国际化角度看中国南南合作. 管理观察,（27）：8.
梁益坚. 2015. 试论非洲新型工业化与产业聚集. 非洲研究, 7（2）：95-112, 267-268.
刘海云, 赵珺楠, 严安. 2017. 发达国家技术转移服务体系及启示. 对外经贸,（10）：7-8, 38.
刘京和, 李志武. 2003. 我国小水电激励政策框架设计. 小水电,（2）：4-7.
刘树杰, 杨娟, 刘晓君. 2017. 提高可再生能源补贴效率的政策建议. 中国物价,（5）：35-39.
刘阳. 2012. 分布式小水电对电网小干扰稳定性的影响研究. 长沙：湖南大学.
路甬祥. 2016. 大力发展分布式可再生能源应用和智能微网. 中国科学院院刊, 31（2）：157-164, 152, 265.
马高雅. 2015. 我国可再生能源技术转移中的知识产权问题. 濮阳职业技术学院学报, 28（5）：72-73.
马隆龙, 唐志华, 汪丛伟, 等. 2019. 生物质能研究现状及未来发展策略. 中国科学院院刊, 34（4）：434-442.
马隆龙. 2007. 生物质能利用技术的研究及发展. 化学工业,（8）：9-14.
马忠法. 2011. 论应对气候变化的国际技术转让法律制度完善. 法学家,（5）：122-133, 179.
毛开云, 范月蕾, 王跃, 等. 2018. 国内外燃料乙醇产业现状+深度解析. 高科技与产业化, 265（6）：8-15.
孟浩, 陈建东, 陈颖健, 等. 2016. 新能源研发态势及对我国能源战略的影响. 北京：科学技术文献出版社.
南南合作金融中心. 2017. 迈向2030：南南合作在全球发展体系中的角色变化. 北京：社会科学文献出版社.
彭衡, 李扬. 2019. 发展中国家知识产权保护对绿色技术转移的影响机制研究. 青海社会科学,（2）：87-92, 104.
彭纪生, 李昆, 王秀江. 2010. 跨国技术转移的策略交互行为研究. 科研管理, 31（4）：1-8.
齐文亮, 明平剑, 张文平, 等. 2019. 生物柴油（菜籽油）与柴油的喷雾燃烧特性研究. 哈尔滨工程大学学报,（8）：1-7.
秦海岩. 2018. 2018年风电产业实现高质量发展. 风能,（12）：1.
申文, 季宇. 2016. 南南合作发展的新趋势与动力论析. 理论界,（6）：117-123.
生态环境部. 2018. 中国应对气候变化的政策与行动2018年度报告. http：//qhs.mee.gov.cn/zcfg/201811/P020181129539211385741.pdf［2019-12-25］.
施鹏飞. 2016. 回忆20世纪80年代我所经历的风能国际合作. 风能,（12）：10-12.
石定寰. 1995. 中国新能源和可再生能源发展纲要（1996—2010）. 太阳能,（3）：2-4.
史际春. 2010. 新能源与可再生能源市场培育的经济法考量. 甘肃社会科学,（2）：1-6.
宋微. 2015. 南南合作视角下的中国对非援助. 商业文化,（30）：20-25.
苏晓. 2013. 印度风电发展情况分析. 风能,（12）：42-47.
孙亮. 2013. 辽阳地区能源供需预测与农村能源发展对策研究. 沈阳：沈阳农业大学.
孙湃. 2015. 我国农村能源结构优化的法律对策研究. 徐州：中国矿业大学.
孙玉琴. 2014. 中国农业对外投资与合作历程回顾与思考. 国际经济合作,（10）：42-45.
孙钟超. 2011. 我国生物质能发展中的法律问题研究. 天津：天津大学.
覃彪, 刘杨, 马程枫. 2017. 太阳能利用技术发展现状及前景分析. 化工管理,（8）：178-180.

唐鑫，廖华，魏一鸣，等．2014．国际组织应对能源贫困的方案与行动．中国能源，36（4）：30-34．
万泰雷，张绍桐．2019．浅析联合国发展融资机制改革创新及对中国参与国际多边发展援助的影响．国际经济评论，（1）：77-88，7．
汪烈．2019．建筑设计中可再生能源的利用分析．建筑技术开发，46（3）：153-154．
汪秀丽．2005．埃及水电与阿斯旺而坝环境影响评价．水利电力科技，（3）：20-33．
王明旭，杨建新．2009．可持续技术的筛选方法与评价指标体系研究．科技进步与对策，26（22）：128-131．
王涛，赵跃晨．2016．非洲太阳能开发利用与中非合作．国际展望，8（6）：110-131，153．
王卫权，李丹，袁潇洋．2019．中非可再生能源合作现状与建议．中国能源，41（2）：44-47．
王学军．2010．欧盟对非洲政策新动向及其启示．现代国际关系，（7）：50-56．
王英．2012．印度城市居住贫困及其贫民窟治理——以孟买为例．国际城市规划，27（4）：50-57．
魏伟，张绪坤．2012．生物质固体成型燃料的发展现状与前景展望．广东农业科学，39（5）：135-138．
吴进，李江，程静思，等．2018."一带一路"倡议下，中国沼气"走出去"现状、问题与策略——以农业部沼气科学研究所为例．中国沼气，36（1）：105-112．
伍浩松，张焰．2018．撒哈拉以南非洲国家与核电．国外核新闻，（5）：29-32．
谢治国，胡化凯，张逢．2005．建国以来我国可再生能源政策的发展．中国软科学，（9）：50-57．
辛会敏．2009．我国节能法规改进研究．上海：上海交通大学．
新华网．2015-04-10．南南合作论坛聚焦可再生能源．http：//www.xinhuanet.com//world/2015/04/10/c_1114933912.htm［2019-04-10］．
新能源网．2011-08-01．南南合作可再生能源的新思考．http：//www.china-nengyuan.com/news/19443.html［2019-08-01］．
邢菁．2014．FDI可再生能源技术扩散对我国区域能源产业绩效影响研究．哈尔滨：哈尔滨工程大学．
熊宁．2004．对我国财政投融资体系的几点思考．成都行政学院学报（哲学社会科学），（3）：44-45．
徐春晓，周玉良，金菊良，等．2011．中国大陆地区小水电开发利用潜力评价探讨．水电能源科学，29（6）：145-148．
徐殿金．2012．中欧新能源合作的技术转移法律问题研究．上海：复旦大学．
徐兰，徐婷．2017．德国技术转移体系对我国的启示．中国高校科技，（4）：51-53．
许勤华．2018．中国国际能源合作战略重点之——能源技术、能源网络共享与绿色发展．石油科技论坛，37（4）：8-12．
亚达夫 M S，刘泽文．2011．印度能源危机及水电开发前景．水利水电快报，32（10）：4-6．
闫世刚．2010．后金融危机时期中国能源外交战略构建．太平洋学报，18（8）：42-48．
闫世刚．2017．低碳经济下北京市新能源发展模式、战略与国际合作机制研究．北京：对外经济贸易大学出版社．
杨解君．2012．论中国能源立法的走向——基于《可再生能源法》制定和修改的分析．南京大学学报（哲学·人文科学·社会科学版），49（6）：49-58，155．
杨萌．2018-11-20．可再生能源电力配额制1月1日执行．http：//www.xinhuanet.com/energy/2018-11/20/c_1123738584.htm［2019-12-19］．
佚名．2017．第六届IET可再生能源发电国际会议RPG2017在武汉召开．通信电源技术，34（5）：234．
易卜拉欣 E M，程晖．2016．非盟委员会关于非洲能源开发的行动计划．水利水电快报，37（1）：14-17．
尹航．2008．利比亚举行首届可再生能源国际研讨会．能源研究与信息，（1）：22．
于汶加，王安建．2009．发展中国家——未来全球能源消费的拉动者．消费导刊，（3）：9-11．

宇文君．2017．中欧能源合作与中国国家安全．北京：北京外国语大学．

喻小宝，谭清坤，李鹏，等．2016．售电侧放开的电力市场阶段划分及特征分析．企业改革与管理，（15）：193-194．

月轩．2019-4-19．中国能源转型速度引世界聚焦．中国石化报，第005版．

占明珍，杨艳琳．2012．低碳经济下的中国可再生能源产业发展对策探析．生态经济，（4）：130-133．

张博庭．2016．中国水电与水资源开发．电器工业，（3）：17-25．

张德蕊．2018．浅析中美燃料乙醇发展现状及发展趋势．石油化工管理干部学院学报，20（5）：62-65．

张建新，朱汉斌．2018．非洲的能源贫困与中非可再生能源合作．国际关系研究，（6）：43-57，151-152．

张群．2016．我国水力发电的现状和前景．科技风，（8）：104．

张雪伟．2018．埃及欲振兴可再生能源产业．风能，（7）：64-65．

张亚匀，张嘉俊．2014．巴西城市化面临的问题．国际研究参考，（11）：9-14．

张泽涛，刘尔思．2020．企业跨境技术转移合作中知识产权保护研究．项目管理技术，18（3）：62-66．

张占奎，李琰，迟永宁，等．2017．国内外可再生能源并网技术标准现状及进展研究．供用电，34（9）：8-13．

赵立欣，孟海波，姚宗路，等．2011．中国生物质固体成型燃料技术和产业．中国工程科学，13（2）：78-82．

赵巧良．2018．生物质发电发展现状及前景．农村电气化，（3）：60-63．

赵玉凤．2003．开展南南合作，推动我国沼气技术进入国际市场．中国沼气，21（增刊）：169-171．

中丹合作办公室．2011．新思维 新平台 新成就——中国-丹麦可再生能源国际合作项目．风能，（8）：88-92．

中国电器工业协会．2016-12-13．小水电：从中国走向世界．http：//www．ceeia．com/News_ View．aspx?newsid=68753&classid=2［2019-12-13］．

中国风能协会．2017．中国风电装机容量统计．http：//www．cwea．org．cn/industry_ data．html［2019-12-25］．

中国能源报．2010-03-22．风机制造领头羊维斯塔斯（Vestas）．第11版．http：//paper．people．com．cn/zgnyb/html/2010-03/22/content_ 471816．htm［2020-01-19］．

中国政府网．2018-01-26．一带一路全面务实合作成果亮眼 去年我国与沿线国家贸易额达7.4万亿元．http：//www．gov．cn/xinwen/2018-01/26/content_ 5260719．htm［2019-07-26］．

中国政府网．2017-11-15．中国与东盟：赢得过去，托付未来．http：//www．gov．cn/xinwen/2017-11/15/content_ 5239746．htm［2019-12-15］．

中华人民共和国商务部．2015．中国承诺出资600亿美元支持非洲经济发展．http：//www．mofcom．gov．cn/article/i/jyjl/k/201512/20151201203543．shtml［2019-12-11］．

中华人民共和国外交部．2017．中国落实2030年可持续发展议程进展报告．https：//www．fmprc．gov．cn/web/ziliao_ 674904/zt_ 674979/dnzt_ 674981/qtzt/2030kcxfzyc_ 686343/P020170824519122405333．pdf［2019-8-24］．

周谷平，阚阅．2015．"一带一路"战略的人才支撑与教育路径．教育研究，(10)：4-9．

周建平，周兴波，杜效鹄，等．2018．"一带一路"倡议下中国水电国际化发展路径．水利水电施工，(5)：1-6．

周强，汪宁渤，冉亮，等．2016．中国新能源弃风弃光原因分析及前景探究．中国电力，49（9）：7-12，159．

周文, 冯文韬. 2018. 在全面对外开放中推进新型南南合作. 开放导报, (3): 38-42.

朱林, 叶增明. 2010. 小水电技术与发展现状. 农业科技与信息, (8): 47-48.

朱月季, 周德翼, 汪普庆. 2015. 援非农业技术示范中心运行的现状、问题及对策——以中国-莫桑比克农业技术示范中心为例. 世界农业, (9): 64-69, 251-252.

庄贵阳. 2003. 举步维艰的《京都议定书》. http://www.china.com.cn/chinese/zhuanti/263852.htm [2019-12-20].

庄幸. 2006. 促进可再生能源发展的国家行动和政策. 环境经济, (4): 35-36.

自然资源保护协会. 2019-04-24. "一带一路"可再生能源发展合作路径及其促进机制研究. http://nrdc.cn/Public/uploads/2019-04-24/5cbfd534b89d4.pdf [2019-12-24].

查道炯. 2018. 南南合作运动历程: 对"一带一路"的启示. 开发性金融研究, (3): 3-11.

Afful-Koomson T. 2015. The green climate fund in Africa: what should be different? Climate Development, 7 (4): 367-369.

Baker L. 2015. The evolving role of finance in South Africa's renewable energy sector. Geoforum, 64: 146-156.

Banerjee S. 1985. Non-Alignment Today: Challenges and Prospects. NewDelhi: Allied Pub. Private Ltd.

BP. 2018. Statistical Review of World Energy. https://www.bp.com/en/global/corporate/energy-economics/statistical-review-of-world-energy.html [2019-12-26].

Buckley T, Nickolas S, Brown M. 2018. China 2017 Review-World's Second-Biggest Economy Continues to Drive Global Trends in Energy Investment. http://ieefa.org/wp-content/uploads/2018/01/China-Review-2017.pdf [2019-12-25].

Gutman J, Sy A, Chattopadhyay S. 2015. Financing African Infrastructure: Cancan the World Deliver? Washington, DC: Global Economy and Development at Brookings Institution.

Hussain M Z. 2013. Financing Renewable Energy Options for Developing Financing Instruments Using Public Funds. Washington, DC: World Bank.

IEA. 2019. World Energy Balances. https://www.iea.org/statistics/balances/srren.IPCC-wg3.de/report [2019-12-25].

IPCC. 2011. IPCC special report on renewable energy sources and climate change mitigation. http://srren.IPCC-wg3.de/report http://srren.IPCC-wg3.de/report [2019-12-25].

IRENA, CPI. 2018. Global Landscape of Renewable Energy Finance. https://www.irena.org/publications/2018/Jan/Global-Landscape-of-Renewable-Energy-Finance [2019-12-25].

IRENA. 2016. The UMEME Framework for NDC Implementation: Advancing renewable energy in Africa together with national climate plans. https://www.irena.org/publications/2016/Nov/The-UMEME-Framework-for-NDC-Implementation-Advancing-renewable-energy-in-Africa-together-with-nation [2019-12-25].

IRENA. 2019a. Renewable Capacity Statistics 2019. https://www.irena.org/publications/2019/Mar/Renewable-Capacity-Statistics-2019 [2019-12-25].

IRENA. 2019b. A New World: The Geopolitics of the Energy Transformation. https://irena.org/-/media/Files/IRENA/Agency/Press-Release/2019/Jan/Geopolitcs-Press-Release-final_7-Jan_ZH.pdf?la=en&hash=974B99F73B9647A4B6037A664C1401DE6D7FF294 [2019-12-25].

Jones L. 2014. Renewable energyintegration. Green Energy and Technology, 52 (82): 67-81.

Joseph A A. 2015. Solar energy in Sub-Saharan Africa: The challenges and opportunities of technological leapfrogging. Thunderbird International Business Review, 57 (1): 15-31.

Kutan A M, Paramati S R, Ummalla M, et al. 2018. Financing renewable energy projects in major emerging market economies: Evidence in the perspective of sustainable economic development. Emerging Markets Finance and Trade, 54: 8, 1761-1777.

Michael W. 2019. The Future for Financing Africa's Renewable Energy. http://www.ipsnews.net/2017/10/future-financing-africas-renewable-energy/ [2019-5-25].

Mukasa A, Mutambatsere E, Arvanities Y, et al. 2015. Wind energy in Sub-Saharan Africa: Financial and political causes for the sector's under-development. Energy Research and Social Science, 5: 90-104.

Panos E, Turton H, Densing M, et al. 2015. Power the growth of Sub-Saharan Africa: The Jazz and Symphony scenarios of World Energy Council. Energy for Sustainable Development, 26: 14-33.

REN21 (Renewable Energy Policy Network for the 21st Century). 2018. Renewables 2018, Global Status Report. https://www.ren21.net/wp-content/uploads/2019/05/GSR2018_Full-Report_English.pdf [2020-01-20].

Schmidt T S. 2014. Low-carbon investment risks and de-risking. Nature Climate Change, 4 (4): 237-239.

Shen W, Marcus P. 2017. Africa and the export of China's clean energy revolution. Third World Quarterly, (38): 3, 678-697.

UNDESA (United Nations Department of Economic and Social Affairs). 2008. Climate Change: Technology Development and Technology Transfer.

UNDESA. 2008. Climate Change: Technology Development and Technology Transfer (Background Paper). https://sustainabledevelopment.un.org/content/documents/1465back_paper.pdf [2020-01-19].

United Nations Office for South-South Cooperation. 2019. What is South-South Cooperation? http://www.arab-ecis.unsouthsouth.org/about/what-is-south-south-cooperation/ [2019-12-12].

World Bank. 2019. World Bank Open Data. https://data.worldbank.org/ [2019-12-12].